Bundeselterngeld- und Elternzeitgesetz
Basiskommentar

Inge Böttcher/Bettina Graue

Bundeselterngeld- und Elternzeitgesetz

Basiskommentar zum BEEG

5., überarbeitete und aktualisierte Auflage

BUND VERLAG

Bibliografische Information Der Deutschen Nationalbibliothek
Die Deutsche Nationalbibliothek verzeichnet diese Publikation in der
Deutschen Nationalbibliografie; detaillierte bibliografische Daten sind
im Internet über http://dnb.d-nb.de abrufbar.

5. Auflage 2016
© 2007 by Bund-Verlag GmbH, Frankfurt am Main
Herstellung: Jens Kaufmann
Umschlag: Ute Weber, Geretsried
Satz: Satzbetrieb Schäper Bonn
Druck: CPI books GmbH, Leck
Printed in Germany 2016
ISBN 978-3-7663-6477-7

Alle Rechte vorbehalten,
insbesondere die des öffentlichen Vortrags,
der Rundfunksendung
und der Fernsehausstrahlung,
der fotomechanischen Wiedergabe und der Speicherung,
Verarbeitung und Nutzung in elektronischen Systemen,
auch einzelner Teile.

www.bund-verlag.de

Vorwort

Der vorliegende Basiskommentar behandelt in allgemein verständlicher Form die Bestimmungen des zum 1.1.2007 durch das Bundeselterngeld- und Elternzeitgesetz (BEEG) abgelösten Bundeserziehungsgeldgesetzes unter Berücksichtigung der Änderungen, die für Geburten ab dem 1.1.2013 in Kraft getreten sind. Ferner sind die Änderungen durch die Einführung des Betreuungsgeldes ab dem 1.8.2013 sowie die als **Elterngeld Plus** bekannte letzte Änderung des BEEG vom 18.12.2014 (BGBl. I 2325) einbezogen.

Das am 1.1.2007 eingeführte Elterngeld (zukünftig zur Unterscheidung als **Basiselterngeld** bezeichnet) orientiert sich an der Berufstätigkeit und -fähigkeit beider Elternteile. Die Elterngeldleistung ist dynamisch in Anknüpfung an das individuelle Erwerbseinkommen geregelt. Der Elternteil, der seine Berufstätigkeit unterbricht, erhält für die Dauer von zwölf Lebensmonaten des Kindes in der Regel 67 % seines früheren Nettoentgelts, mindestens jedoch 300,00 € und höchstens 1800,00 €. Zu beachten sind hier jedoch die für Geburten ab dem 1.1.2013 mit dem Gesetz zur Vereinfachung des Elterngeldvollzugs vom 10.9.2012 zustande gekommenen Änderungen, die sich in einem pauschal berechneten Nettoentgelt als Basis der Elterngeldberechnung niederschlagen. Das Mindestelterngeld in Höhe von 300,00 € erhalten dabei alle Eltern, d.h. also auch diejenigen, die vor der Geburt des Kindes nicht erwerbstätig gewesen sind. Seit dem 1.1.2011 wird dieses Mindestelterngeld aber bei Empfängern von Leistungen nach dem SGB II (Hartz IV), Sozialhilfe nach dem SGB XII und beim Kinderzuschlag nach dem BKKG angerechnet, so dass das Elterngeld nicht mehr zusätzlich zur jeweiligen Sozialleistung zur Verfügung steht. Für Geringverdiener mit einem Einkommen von weniger als 1000,00 € erhöht sich der Prozentsatz des Einkommensersatzes schrittweise von 67 % auf bis zu 100 %. Berücksichtigt wird auch die Situation von Familien, in denen nach kurzer Zeit ein Geschwisterkind geboren wird.

Innerhalb der zwölf Monate können Eltern wählen, wer von beiden wann die Leistung in Anspruch nimmt oder ob sie beide das **Basiselterngeld** gleichzeitig erhalten. Damit der Wahlfreiheit zwischen Familie und Beruf eine realistische Chance auf Verwirklichung eingeräumt wird, können

Vorwort

zwei weitere Monate Elterngeld hinzukommen (sog. **Partnermonate**), wenn der andere Partner die Berufstätigkeit unterbricht. Die 14 Monate können zwischen Vater und Mutter frei aufgeteilt werden. Anstelle des Basiselterngeldes können Eltern das Elterngeld Plus (=halbiertes Basiselterngeld), das für Geburten ab dem 1.7.2015 gilt, wählen. Dabei handelt es sich um eine Verdoppelung des Elterngeldzeitraumes auf maximal 24 Monate. Elterngeld Plus wie Basiselterngeld können mit oder ohne Hinzuverdienst bezogen werden. Verringern Eltern während der Elternzeit ihre Arbeitszeit zeitlich auf 25 bis 30 Wochenstunden im Durchschnitt eines Monats, erhalten sie einen sog. **Partnerschaftsbonus** von weiteren vier aufeinander folgenden Monaten. Alleinerziehende können, wie nach alter Rechtslage, Basiselterngeld für die Dauer von 14 Lebensmonaten des Kindes beanspruchen. Hinzu kommt auch für sie die Möglichkeit der Inanspruchnahme der weiteren vier Monate Partnerschaftsbonus, wenn ihre Arbeitszeit bei 25 bis 30 Wochenstunden im Durchschnitt des Monats liegt.

Mit dem Elterngeld Plus soll ein weiterer Anreiz geschaffen werden, früher in den Beruf zurückzukehren, um eine partnerschaftliche Aufteilung der Kinderbetreuung bzw. Familienarbeit für Mütter und Väter zu ermöglichen.

Ein einmal gestellter Elterngeldantrag kann außerdem ohne Begründung bis zum Ende des Bezugszeitraums mehrfach geändert werden.

Elterngeld wird grundsätzlich steuerfrei gewährt, es unterliegt allerdings dem Progressionsvorbehalt. Das heißt, dass es zum sonstigen Einkommen hinzugerechnet wird und die Höhe des Steuersatzes verändert. Beiträge für Sozialversicherungen werden auf das Elterngeld nicht erhoben; Privatversicherte sind hiervon ausgenommen.

Die Frist zur Anmeldung der **Elternzeit und Elternteilzeit** zwischen der Geburt und vollendetem dritten Lebensjahr des Kindes ist wie bisher auf sieben Wochen vor dem gewünschten Beginn festgeschrieben. Mit der Einführung eines Anspruchs auf Elternzeit von max. 24 Monaten zwischen dem dritten Geburtstag und dem vollendeten achten Lebensjahr des Kindes wurde die Anmeldefrist auf dreizehn Wochen ausgeweitet. Durch die Ausweitung der Anmeldefrist der Elternzeit und der Teilzeit im Zeitraum zwischen dem dritten und dem achten Geburtstag des Kindes werden einheitliche Fristen sichergestellt. Die Anmeldefrist fällt vollständig in die Zeit des Kündigungsschutzes, der bis zum dritten Lebensjahr des Kindes frühestens acht Wochen und zwischen dem dritten Geburtstag und dem vollendeten achten Lebensjahr des Kindes frühestens vierzehn Wochen vor Beginn einer Elternzeit beginnt.

Jeder Elternteil kann in Teilzeit bis zu 30 Wochenstunden im Durchschnitt eines Monats bei einem anderen Arbeitgeber arbeiten bzw. die Arbeitszeit auf bis zu 30 Wochenstunden im Durchschnitt des Monats beim bisheri-

Vorwort

gen Arbeitgeber verringern. Für diese Ansprüche gelten aber hohe Voraussetzungen: So ist vor allem die Zustimmung des Arbeitgebers erforderlich, wenn bei einem anderen Arbeitgeber gearbeitet werden soll. Hinzu kommt, dass der Anspruch auf Teilzeitbeschäftigung während der Elternzeit beim bisherigen Arbeitgeber u. a. davon abhängt, dass der Betrieb mehr als fünfzehn Arbeitnehmer hat und der Arbeitgeber keine dringenden betrieblichen Gründe entgegenhalten kann. Die Ablehnung aus dringenden betrieblichen Gründen muss vom Arbeitgeber bis zum vollendeten dritten Lebensjahr des Kindes innerhalb von vier Wochen und zwischen dem dritten Geburtstag und dem vollendeten achten Lebensjahr innerhalb von acht Wochen nach Zugang des Antrags mit schriftlicher Begründung erfolgen. Hat der Arbeitgeber diese Fristen nicht eingehalten, gilt die Zustimmung als erteilt. Trotz kleiner Verbesserungen durch das Gesetz zur Einführung von Elterngeld Plus gibt es erhebliche Kritik; eines der größten arbeitsrechtlichen Probleme – die zumeist gewünschte Teilzeitarbeit nach Beendigung der Elternzeit – ist nicht gelöst worden (s. a. Klenter, Der Personalrat 2014, S. 13).

Beide Eltern können Elternzeit ganz oder teilweise gemeinsam in Anspruch nehmen. Die Elternzeit ist auf eine Gesamtdauer von drei Jahren für ein Kind beschränkt und darf nach der Neuregelung in drei Zeitabschnitte aufgeteilt werden. Ein Anteil der Elternzeit von bis zu 24 Monaten kann zudem auf die Zeit zwischen dem dritten Geburtstag und dem vollendeten achten Lebensjahr des Kindes genommen werden; dieser Anspruch bedarf nach der Neuregelung nicht mehr der Zustimmung des Arbeitgebers. Der Arbeitgeber kann diese Inanspruchnahme aber binnen acht Wochen ab Zugang des Elternzeitantrags aus »dringenden betrieblichen Gründen« ablehnen. Bereits für Geburten ab dem 1.1.2013 gilt, dass eine laufende Elternzeit auch ohne Zustimmung des Arbeitgebers beendet werden kann, um die Mutterschutzfristen sechs Wochen vor und acht Wochen nach der Geburt eines weiteren Kindes in Anspruch nehmen zu können. Dies ist finanziell attraktiv, da nicht nur Mutterschaftsgeld, sondern auch der Arbeitgeberzuschuss zum Mutterschaftsgeld in dieser Zeit gezahlt werden muss.

Berücksichtigt sind auch eingetragene Lebenspartnerschaften aufgrund des seit dem 1.8.2001 geltenden Lebenspartnerschaftsgesetzes. Für den Bereich »Elterngeld und Elternzeit« bedeutet das, dass der eingetragene Lebenspartner dem Ehegatten rechtlich größtenteils gleichgestellt ist.

Bestehen geblieben ist die Möglichkeit, bei Verringerung der Arbeitszeit während der Elternzeit auf denselben bzw. gleichwertigen Vollzeitarbeitsplatz zurückzukehren. Dies gilt selbstverständlich auch bei keiner beruflichen Tätigkeit während der Elternzeit.

Schließlich ist zum 1.8.2013 das umstrittene – und mittlerweile für nichtig erklärte – Betreuungsgeld eingeführt worden. Die Vorschriften wurden ins

Vorwort

Bundeselterngeld- und Elternzeitgesetz integriert. Das Betreuungsgeld wird für Kinder in der Regel vom 15. bis zum 36. Lebensmonat gezahlt, die ab dem 1.8.2012 geboren worden sind und für die kein Anspruch auf Elterngeld mehr besteht. Betreuungsgeld setzt weiter voraus, dass keine Betreuung des Kindes in einer staatlich geförderten Kita oder Kindertagespflege erfolgt. Bis zum 31.7.2014 beträgt es pro Kind 100 € monatlich, ab dem 1.8.2014 dann 150 € monatlich. Das Bundesverfassungsgericht erklärte in seinem Urteil vom 21.7.2015 (1 BvF 2/13) nun jedoch das Betreuungsgeld als mit dem Grundgesetz unvereinbar und nichtig. Dem Bund stehe hierfür keine Gesetzgebungskompetenz zu. Folge ist, dass Neuanträge für Betreuungsgeld seit dem 21.7.2015 nicht mehr bewilligt werden und nur noch bereits bewilligtes Betreuungsgeld aus Vertrauensschutzgesichtspunkten heraus weitergezahlt wird.

Der Kommentar will dem Benutzer eine Auseinandersetzung mit allen praxisrelevanten Fragen des Elterngeld- und Elternzeitrechts ermöglichen. Unter Einbeziehung der Beteiligungsrechte des Betriebs-/Personalrats wird insbesondere auf die Auswirkungen der Elternzeit auf das Arbeitsverhältnis sei es beispielsweise zu Sonderzahlungen, Benachteiligung während der Elternzeit bei Aufnahme einer Teilzeittätigkeit oder von Rückkehrern und Rückkehrerinnen aus der Elternzeit sowie auf Kranken-, Renten- und Arbeitslosenversicherung eingegangen.

Die Autorinnen haben sich bemüht, ihre Erläuterungen so praxisnah und aktuell wie möglich zu fassen, und die wichtigsten Fragen anhand konkreter Beispiele verdeutlicht. Für Anregungen und kritische Hinweise sind sie dankbar.

Inhaltsverzeichnis

Vorwort 5
Abkürzungsverzeichnis 13
Literaturverzeichnis 19

**Gesetz zum Elterngeld und zur Elternzeit
(Bundeselterngeld- und Elternzeitgesetz – BEEG)
Kommentierung zum Bundeselterngeldgesetz**

Abschnitt 1 – Elterngeld

§	1	Berechtigte	23
§	2	Höhe des Elterngeldes	40
§	2a	Geschwisterbonus und Mehrlingszuschlag ..	49
§	2b	Bemessungszeitraum	53
§	2c	Einkommen aus nichtselbständiger Erwerbstätigkeit ...	60
§	2d	Einkommen aus selbständiger Erwerbstätigkeit	65
§	2e	Abzüge für Steuern	70
§	2f	Abzüge für Sozialabgaben	76
§	3	Anrechnung von anderen Einnahmen	81
§	4	Art und Dauer des Bezugs	89

Abschnitt 2 – Betreuungsgeld

§	4a	Berechtigte	103
§	4b	Höhe des Betreuungsgeldes	109
§	4c	Anrechnung von anderen Leistungen	110
§	4d	Bezugszeitraum	112

Abschnitt 3 – Verfahren und Organisation

§	5	Zusammentreffen von Ansprüchen	117
§	6	Auszahlung	121
§	7	Antragstellung	123
§	8	Auskunftspflicht, Nebenbestimmungen	128
§	9	Einkommens- und Arbeitszeitnachweis, Auskunftspflicht des Arbeitgebers	134

Inhaltsverzeichnis

§ 10	Verhältnis zu anderen Sozialleistungen	136
§ 11	Unterhaltspflichten	142
§ 12	Zuständigkeit; Aufbringung der Mittel	144
§ 13	Rechtsweg	149
§ 14	Bußgeldvorschriften	151

Abschnitt 4 – Elternzeit für Arbeitnehmerinnen und Arbeitnehmer

§ 15	Anspruch auf Elternzeit	155
§ 16	Inanspruchnahme der Elternzeit	183
§ 17	Urlaub	193
§ 18	Kündigungsschutz	199
§ 19	Kündigung zum Ende der Elternzeit	207
§ 20	Zur Berufsbildung Beschäftigte, in Heimarbeit Beschäftigte	209
§ 21	Befristete Arbeitsverträge	212

Abschnitt 5 – Statistik und Schlussvorschriften

§ 22	Bundesstatistik	221
§ 23	Auskunftspflicht; Datenübermittlung an das Statistische Bundesamt	224
§ 24	Übermittlung von Tabellen mit statistischen Ergebnissen durch das Statistische Bundesamt	225
§ 24a	Übermittlung von Einzelangaben durch das Statistische Bundesamt	226
§ 25	Bericht	226
§ 26	Anwendung der Bücher des Sozialgesetzbuches	227
§ 27	Übergangsvorschrift	227

Anhang

1. Allgemeine Verwaltungsvorschrift zum Kündigungsschutz bei Elternzeit 232
2. Verordnung über den Mutterschutz für Beamtinnen des Bundes und die Elternzeit für Beamtinnen und Beamte des Bundes (Mutterschutz- und Elternzeitverordnung – MuSchEltZV) .. 236
3. Verordnung über die Elternzeit für Soldatinnen und Soldaten (Elternzeitverordnung für Soldatinnen und Soldaten – EltZSoldV) 241
4. Gesetz zur Neuordnung des Bayerischen Landeserziehungsgeldes (Bayerisches Landeserziehungsgeldgesetz – BayLErzGG) . 244

5. Gesetz über die Gewährung von Landeserziehungsgeld im Freistaat Sachsen (Sächsisches Landeserziehungsgeldgesetz – SächsLErzGG) 254
6. Thüringer Landeserziehungsgeldgesetz 259

Stichwortverzeichnis 267

Abkürzungsverzeichnis

a. A.	andere Ansicht
a. a. O.	am angegebenen Ort
Abs.	Absatz
AEUV	Vertrag über die Arbeitsweise der Europäischen Union
a. F.	alte Fassung
AGG	Allgemeines Gleichbehandlungsgesetz
AiB	Arbeitsrecht im Betrieb (Zeitschrift)
Anh.	Anhang
Anm.	Anmerkung
AP	Arbeitsrechtliche Praxis, Nachschlagewerk des Bundesarbeitsgerichts
ArbG	Arbeitsgericht
ArbGG	Arbeitsgerichtsgesetz
AR-Blattei	Arbeitsrechts-Blattei
ARSt	Arbeitsrecht in Stichworten
Art.	Artikel
ArbStättVO	Verordnung über Arbeitsstätten
ArbZG	Arbeitszeitgesetz
AufenthG	Aufenthaltsgesetz
AuR	Arbeit und Recht (Zeitschrift)
Az.	Aktenzeichen
AZO	Arbeitszeitordnung
BA	Bundesanstalt für Arbeit
BAföG	Bundesausbildungsförderungsgesetz
BAG	Bundesarbeitsgericht
BAGE	Sammlung der Entscheidungen des Bundesarbeitsgerichts
BAT	Bundes-Angestelltentarifvertrag
BB	Betriebs-Berater (Zeitschrift)
BBG	Bundesbeamtengesetz
BBergG	Bundesberggesetz

Abkürzungsverzeichnis

BBiG	Berufsbildungsgesetz
Bd.	Band
BEEG	Bundeselterngeld- und Elternzeitgesetz
BErzGG	Bundeserziehungsgeldgesetz
BeschFG	Beschäftigungsförderungsgesetz
Beschl.	Beschluss
BetrAVG	Gesetz zur Verbesserung der betrieblichen Altersversorgung
BetrVG	Betriebsverfassungsgesetz
BGB	Bürgerliches Gesetzbuch
BGBl.	Bundesgesetzblatt
BGH	Bundesgerichtshof
BGHZ	Sammlung der Entscheidungen des Bundesgerichtshofs in Zivilsachen
BKGG	Bundeskindergeldgesetz
BKK	Die Betriebskrankenkasse (Zeitschrift)
BlStSozArbR	Blätter für Steuerrecht, Sozialversicherung und Arbeitsrecht
bmfsfj	Bundesministerium für Familie, Senioren, Frauen und Jugend
BPersVG	Bundespersonalvertretungsgesetz
BR-Drs.	Bundesratsdrucksache
Breithaupt-Slg.	Sammlung von Entscheidungen aus dem Gebiet der Sozialversicherung, Versorgung und Arbeitslosenversicherung
BSG	Bundessozialgericht
BSGE	Sammlung der Entscheidungen des Bundessozialgerichts
bspw.	beispielsweise
BSHG	Bundessozialhilfegesetz
BStG	Bundesstatistikgesetz
BT-Drs.	Bundestagsdrucksache
BUrlG	Bundesurlaubsgesetz
BVA	Bundesversicherungsamt
BVerfG	Bundesverfassungsgericht
BVerfGE	Sammlung der Entscheidungen des Bundesverfassungsgerichts
BVerwG	Bundesverwaltungsgericht
BVerwGE	Sammlung der Entscheidungen des Bundesverwaltungsgerichts
bzw.	beziehungsweise
DB	Der Betrieb (Zeitschrift)

Abkürzungsverzeichnis

ders.	derselbe
d. h.	das heißt
DKKW	Däubler/Kittner/Klebe/Wedde (Hrsg.), Betriebsverfassungsgesetz mit Wahlordnung, Kommentar für die Praxis, 14. Auflage 2014
DM	Deutsche Mark
DVBl.	Deutsches Verwaltungsblatt (Zeitschrift)
EFZG	Entgeltfortzahlungsgesetz
EG/EU	Europäische Gemeinschaften/Europäische Union
ErzUrlV	Verordnung über Elternzeit für Bundesbeamte und Richter im Bundesdienst
EStG	Einkommensteuergesetz
etc.	et cetera
EuGH	Europäischer Gerichtshof
€	Euro
EuroAS	Europäisches Arbeits- und Sozialrecht (Zeitschrift)
EWG	Europäische Wirtschaftsgemeinschaft
EWR	Europäischer Wirtschaftsraum
EzA	Entscheidungssammlung zum Arbeitsrecht
FA	Fachanwalt Arbeitsrecht (Zeitschrift)
FamRZ	Zeitschrift für das gesamte Familienrecht
f., ff.	folgende
Fitting	Fitting: Engels/Schmidt/Trebinger/Linsenmaier Kommentar zum Betriebsverfassungsgesetz, 27. Auflage 2014
GBl.	Gesetzblatt
gem.	gemäß
GewO	Gewerbeordnung
GG	Grundgesetz
ggf.	gegebenenfalls
GS	Großer Senat
GVBl.	Gesetz- und Verordnungsblatt
Hk-MuSchG/ BEEG/Bearb	Rancke (Hrsg.), Handkommentar, Mutterschutz, Elterngeld, Elternzeit
HAG	Heimarbeitsgesetz
HGB	Handelsgesetzbuch
h. M.	herrschende Meinung
HRG	Hochschulrahmengesetz

Abkürzungsverzeichnis

i. d. F.	in der Fassung
i. d. R.	in der Regel
i. S. d.	im Sinne der/s
i. V. m.	in Verbindung mit
JArbSchG	Jugendarbeitsschutzgesetz
JM	juris – Die Monatszeitschrift
KiföG	Kinderförderungsgesetz
KSchG	Kündigungsschutzgesetz
KVLG	Gesetz über die Krankenversicherung der Landwirte
LAG	Landesarbeitsgericht
LAGE	Sammlung der Entscheidungen der Landesarbeitsgerichte
lfd.	laufend
LPartG	Lebenspartnerschaftsgesetz
LSG	Landessozialgericht
m.	mit
MAK-Werte	Maximale Arbeitsplatz-Konzentrations-Werte
MuSchG	Mutterschutzgesetz
m. w. N.	mit weiteren Nachweisen
n. F.	neue Fassung
NJW	Neue Juristische Wochenschrift
Nr.	Nummer
NZA	Neue Zeitschrift für Arbeitsrecht
o. Ä.	oder Ähnliches
o. g.	oben genannte/n
OwiG	Ordnungswidrigkeitengesetz
PersVG	Personalvertretungsgesetz
pVV	positive Vertragsverletzung
RdA	Recht der Arbeit (Zeitschrift)
RdErl.	Runderlass
RegE	Regierungsentwurf
Rn.	Randnummer
RVO	Reichsversicherungsordnung
S.	Satz

Abkürzungsverzeichnis

s. a.	siehe auch
SAE	Sammlung arbeitsrechtlicher Entscheidungen
SGb	Die Sozialgerichtsbarkeit, Zeitschrift
SGB I	Sozialgesetzbuch – Erstes Buch, Allgemeiner Teil
SGB II	Sozialgesetzbuch – Zweites Buch, Grundsicherung für Arbeitsuchende
SGB III	Sozialgesetzbuch – Drittes Buch, Arbeitsförderung
SGB IV	Sozialgesetzbuch – Viertes Buch, Gemeinsame Vorschriften für die Sozialversicherung
SGB V	Sozialgesetzbuch – Fünftes Buch, Gesetzliche Krankenversicherung
SGB VI	Sozialgesetzbuch – Sechstes Buch, Gesetzliche Rentenversicherung
SGB VII	Sozialgesetzbuch – Siebtes Buch, Gesetzliche Unfallversicherung
SGB IX	Sozialgesetzbuch IX – Neuntes Buch, Rehabilitation und Teilhabe behinderter Menschen
SGB X	Sozialgesetzbuch – Zehntes Buch, Verwaltungsverfahren
SGG	Sozialgerichtsgesetz
s. o.	siehe oben
sog.	so genannte/r
SozR	Sozialrecht (Entscheidungssammlung)
StGB	Strafgesetzbuch
StPO	Strafprozessordnung
Streit	Feministische Rechtszeitschrift
TVöD	Tarifvertrag für den öffentlichen Dienst
TzBfG	Gesetz über Teilzeitarbeit und befristete Arbeitsverträge (Teilzeit- und Befristungsgesetz)
u. a.	unter anderem
Urt.	Urteil
u. U.	unter Umständen
v.	vom
vgl.	vergleiche
VO	Verordnung
VwGO	Verwaltungsgerichtsordnung
VwVfG	Verwaltungsverfahrensgesetz
z. B.	zum Beispiel
ZPO	Zivilprozessordnung

Abkürzungsverzeichnis

ZRP	Zeitschrift für Rechtspolitik
ZTR	Zeitschrift für Tarifrecht
zz.	zurzeit

Literaturverzeichnis

Bär/Schiedek, Ist das Betreuungsgeld verfassungsgemäß?, DRiZ 2013, S. 164

BMFSFJ (Hrsg.), Elterngeld, ElterngeldPlus und Elternzeit, Broschüre, 17. Aufl. 2015

BMFSFJ (Hrsg.), Informationen zum Betreuungsgeld, Broschüre, 2. Aufl. 2013

Buchner/Becker, Mutterschutzgesetz Bundeselterngeld- und Elternzeitgesetz (MuSchG/BEEG), 8. Aufl. 2008

Brall/Kerschbaumer/Scheer/Westermann (Hrsg.), Sozialrecht Kompaktkommentar, 2013

Bruns, Elternzeit, RdW Schriftenreihe, Bd. 237, Januar 2008

Bruns, Zweifelsfragen zum Recht der Elternzeit, BB 2008, 330

Däubler/Kittner/Klebe/Wedde, BetrVG Betriebsverfassungsgesetz mit Wahlordnung und EBR-Gesetz, Kommentar für die Praxis, 14. Auflage 2014

Dau, Gesetz zur Vereinfachung des Elterngeldvollzugs, jurisPR-SozR 20/2012, Anm. 1

Dau, »Gleichheitsrechtliches Desaster« oder »unbestritten verfassungsgemäß« – Anrechenbarkeit des Elterngeld-Mindestbetrages, jurisPR-SozR 7/2013 Anm. 5

Dau, Einführung des Elterngeld Plus, jurisPR-SozR 12/2015, Anm. 1

Dau, Bundesrechtliches Betreuungsgeld – mit dem Kopf durch die Wand, jurisPR-SozR 18/2015, Anm. 1

Dersch/Neumann, Bundesurlaubsgesetz, Kommentar, 10. Auflage 2011

Düwell, Änderungen der Elternzeit durch das Gesetz zur Vereinfachung des Elterngeldvollzugs, jurisPR-ArbR 34/2012, Anm. 1

Düwell, Das Gesetz zur Einführung des Elterngeldes, FA 2007, 44

Düwell, Elternschaft und Arbeitsrecht – Neue Entwicklungen, NZA 2009, 759

Düwell, Elterngeld Plus mit Partnerschaftsbonus, jurisPR-ArbR 41/2014

Düwell/Göhle-Sander/Kohte (Hrsg.), Vereinbarkeit von Familie und Beruf, juris Praxiskommentar, 2009

Literaturverzeichnis

Ebener/Graue, Mutterschutz – Elterngeld – Elternzeit, Broschüre der Arbeitnehmerkammer Bremen, 9. Aufl. 2013
Eichenhofer, Betreuungsgeld und Grundgesetz, ZG 2013, S. 60
Fitting/Engels/Schmidt/Trebinger/Linsenmaier, Betriebsverfassungsgesetz: BetrVG mit Wahlordnung, Handkommentar, 27. Auflage 2014
Forst, Mehr Zeit und Geld für den Nachwuchs, DB 2015, 68
Gaul/Wisskirchen, Änderung des Bundeserziehungsgeldgesetzes, BB 2000, 2466
Graue/Diers, Verfassungs- und europarechtliche Probleme bei der Berechnung von Elterngeld, NZS 2015, 777
Grün, Elterngeld, SGb 2014, 632
Hambüchen/Bearb., BEEG, EStG, BKGG, Kommentar, Stand Juni 2009 (Loseblatt)
Huber, Das Bundeserziehungsgeld nach neuem Recht – Rechtslage ab 2001, NZA 2000, 1319
Hoppach, Auswirkungen des gesetzlichen Erziehungsurlaubs und anderer Fehlzeiten auf die betriebliche Altersversorgung, DB 1993, 1672
Ismer/Luft/Schachameyer, Mehr oder weniger Steuerrecht? – Die neuen Regeln zur Einkommensermittlung beim Elterngeld, NZS 2013, S. 327
Joussen, Teilzeitarbeit bei einem fremden Arbeitgeber während der Elternzeit, NZA 2003, 644
Joussen, Elternzeit und Verringerung der Arbeitszeit, NZA 2005, 336
Klenter, Neues zu Elternzeit und Elterngeld, Der Personalrat 2014, 13
Köster/Schiefer/Überacker, Arbeits- und sozialversicherungsrechtliche Fragen des Bundeserziehungsgeldgesetzes 1992, DB 1992, Beilage 10
Kolmhuber, Die gerichtliche Durchsetzung des Anspruchs auf Verringerung der Arbeitszeit nach § 15 Abs. 7 BErzGG, FA 2006, 357
KR-Etzel u. a. (Hrsg.), Gemeinschaftskommentar zum Kündigungsschutzgesetz und sonstigen kündigungsrechtlichen Vorschriften, 10. Auflage 2013
Lackner, Strafgesetzbuch mit Erläuterungen, 28. Auflage 2014
Leßmann, Der Anspruch auf Verringerung der Arbeitszeit im neuen Bundeserziehungsgeldgesetz, DB 2001, 94
Marschner, Änderungen beim Erziehungsgeld und Erziehungsurlaub zum 1. Januar 2001, ZTR 2001, 17
Meisel/Sowka, Mutterschutz und Erziehungsurlaub, Kommentar, 5. Auflage 1999
Neumann, Sozial(versicherungs)recht für Arbeitsrechtler – Grundlagen und aktuelle Probleme, DeutscheAnwaltAkademie, Düsseldorf 2013
Nollert-Borasio/Perreng, Allgemeines Gleichbehandlungsgesetz (AGG), Basiskommentar zu den arbeitsrechtlichen Regelungen, 4. Auflage, 2015
Palandt, Bürgerliches Gesetzbuch: BGB, 74. Auflage 2015
Peter, Neuregelung des Erziehungsurlaubs, AiB 2000, 713

Literaturverzeichnis

Pernice-Warnke, Anmerkung zur Entscheidung des BVerfG vom 21.07.2015 (Az: 1 BvF 2/13) – »Zur Frage der Gesetzgebungskompetenz des Bundes für das Betreuungsgeld«, NVwZ 2015, 1129

Ramrath, Arbeitsrechtliche Fragen der Teilzeitarbeit während des Erziehungsurlaubs, DB 1987, 1785

Rancke (Hrsg.), Mutterschutz Elterngeld Betreuungsgeld Elternzeit, 4. Auflage 2015

Reinecke, Elternzeit statt Erziehungsurlaub, Fachanwalt für Arbeitsrecht 2001, 10

Richter, Das Gesetz zur Vereinfachung des Elterngeldvollzugs, DStR 2012, S. 2285

Rixen, Hat der Bund die Gesetzgebungskompetenz für das Betreuungsgeld?, DVBl. 2012, S. 1393

Röhl, Neues Teilzeitelterngeld soll Gleichberechtigung weiter stärken, JM 2015, 246

Sacksofsky, Verfassungsmäßigkeit des geplanten Betreuungsgeldes, Streit 2010, S. 167

Schaub, Arbeitsrechts-Handbuch, 16. Auflage 2015

Schmidt, »Vereinfachungen« beim Elterngeld durch neue (steuerliche) Pauschalberechnungen und finanzielle Folgen, NWB 2012, S. 3448

Sowka, Die Übertragung von Erholungsurlaub auf die Zeit nach Beendigung des Erziehungsurlaubs, NZA 1989, 497

Sowka, Der Erziehungsurlaub nach neuem Recht – Rechtslage ab 1.1.2001, NZA 2000, 1185

Tillmanns/Mutschler (Hrsg.), Mutterschutzgesetz Bundeselterngeld- und Elternzeitgesetz, Praxiskommentar, 1. Auflage 2015

Uerpmann-Wittzack, Anm. zur Entscheidung des BVerfG, Urteil vom 21.07.2015, 1 BvF 2/13, FamRZ 2015, 1465

Winkel, Doppelte Mogelpackung beim Elterngeld: Im Schnitt gibt es nur 58 Prozent für 10 Monate, FA 2007, 36

Zmarzlik/Zipperer/Viethen, Mutterschutzgesetz. Mutterschaftsleistungen, Bundeserziehungsgeldgesetz, 8. Auflage 1999

Kommentierung
Gesetz zum
Elterngeld und zur Elternzeit
(Bundeselterngeld- und
Elternzeitgesetz – BEEG)

vom 5.12.2006 (BGBl. I, 2748), neugefasst durch Bekanntmachung vom 27.1.2015 (BGBl. I, 33).

Abschnitt 1
Elterngeld

§ 1 Berechtigte

(1) Anspruch auf Elterngeld hat, wer
1. einen Wohnsitz oder seinen gewöhnlichen Aufenthalt in Deutschland hat,
2. mit seinem Kind in einem Haushalt lebt,
3. dieses Kind selbst betreut und erzieht und
4. keine oder keine volle Erwerbstätigkeit ausübt.

Bei Mehrlingsgeburten besteht nur ein Anspruch auf Elterngeld.

(2) Anspruch auf Elterngeld hat auch, wer, ohne eine der Voraussetzungen des Absatzes 1 Satz 1 Nr. 1 zu erfüllen,
1. nach § 4 des Vierten Buches Sozialgesetzbuch dem deutschen Sozialversicherungsrecht unterliegt oder im Rahmen seines in Deutschland bestehenden öffentlich-rechtlichen Dienst- oder Amtsverhältnisses vorübergehend ins Ausland abgeordnet, versetzt oder kommandiert ist,
2. Entwicklungshelfer oder Entwicklungshelferin im Sinne des § 1 des Entwicklungshelfer-Gesetzes ist oder als Missionar oder Missionarin der Missionswerke und -gesellschaften, die Mitglieder oder Vereinbarungspartner des Evangelischen Missionswerkes Hamburg, der Arbeitsgemeinschaft Evangelikaler Missionen e. V., des Deutschen katholischen Missionsrates oder der Arbeitsgemeinschaft pfingstlich-charismatischer Missionen sind, tätig ist oder
3. die deutsche Staatsangehörigkeit besitzt und nur vorübergehend bei einer zwischen- oder überstaatlichen Einrichtung tätig ist, insbesondere nach den Entsenderichtlinien des Bundes beurlaubte Beamte und Beamtinnen, oder wer vorübergehend eine nach § 123a des

Beamtenrechtsrahmengesetzes oder § 29 des Bundesbeamtengesetzes zugewiesene Tätigkeit im Ausland wahrnimmt.

Dies gilt auch für mit der nach Satz 1 berechtigten Person in einem Haushalt lebende Ehegatten, Ehegattinnen, Lebenspartner oder Lebenspartnerinnen.

(3) Anspruch auf Elterngeld hat abweichend von Absatz 1 Satz 1 Nr. 2 auch, wer

1. mit einem Kind in einem Haushalt lebt, das er mit dem Ziel der Annahme als Kind aufgenommen hat,
2. ein Kind des Ehegatten, der Ehegattin, des Lebenspartners oder der Lebenspartnerin in seinen Haushalt aufgenommen hat oder
3. mit einem Kind in einem Haushalt lebt und die von ihm erklärte Anerkennung der Vaterschaft nach § 1594 Abs. 2 des Bürgerlichen Gesetzbuchs noch nicht wirksam oder über die von ihm beantragte Vaterschaftsfeststellung nach § 1600 d des Bürgerlichen Gesetzbuchs noch nicht entschieden ist.

Für angenommene Kinder und Kinder im Sinne des Satzes 1 Nr. 1 sind die Vorschriften dieses Gesetzes mit der Maßgabe anzuwenden, dass statt des Zeitpunktes der Geburt der Zeitpunkt der Aufnahme des Kindes bei der berechtigten Person maßgeblich ist.

(4) Können die Eltern wegen einer schweren Krankheit, Schwerbehinderung oder Tod der Eltern ihr Kind nicht betreuen, haben Verwandte bis zum dritten Grad und ihre Ehegatten, Ehegattinnen, Lebenspartner oder Lebenspartnerinnen Anspruch auf Elterngeld, wenn sie die übrigen Voraussetzungen nach Absatz 1 erfüllen und von anderen Berechtigten Elterngeld nicht in Anspruch genommen wird.

(5) Der Anspruch auf Elterngeld bleibt unberührt, wenn die Betreuung und Erziehung des Kindes aus einem wichtigen Grund nicht sofort aufgenommen werden kann oder wenn sie unterbrochen werden muss.

(6) Eine Person ist nicht voll erwerbstätig, wenn ihre Arbeitszeit 30 Wochenstunden im Durchschnitt des Monats nicht übersteigt, sie eine Beschäftigung zur Berufsbildung ausübt oder sie eine geeignete Tagespflegeperson im Sinne des § 23 des Achten Buches Sozialgesetzbuch ist und nicht mehr als fünf Kinder in Tagespflege betreut.

(7) Ein nicht freizügigkeitsberechtigter Ausländer oder eine nicht freizügigkeitsberechtigte Ausländerin ist nur anspruchsberechtigt, wenn diese Person

1. eine Niederlassungserlaubnis besitzt,
2. eine Aufenthaltserlaubnis besitzt, die zur Ausübung einer Erwerbstätigkeit berechtigt oder berechtigt hat, es sei denn, die Aufenthaltserlaubnis wurde
   a) nach § 16 oder § 17 des Aufenthaltsgesetzes erteilt,

b) nach § 18 Abs. 2 des Aufenthaltsgesetzes erteilt und die Zustimmung der Bundesagentur für Arbeit darf nach der Beschäftigungsverordnung nur für einen bestimmten Höchstzeitraum erteilt werden,
c) nach § 23 Abs. 1 des Aufenthaltsgesetzes wegen eines Krieges in ihrem Heimatland oder nach den §§ 23a, 24, 25 Abs. 3 bis 5 des Aufenthaltsgesetzes erteilt,
d) nach § 104a des Aufenthaltsgesetzes erteilt oder

3. eine in Nummer 2 Buchstabe c genannte Aufenthaltserlaubnis besitzt und
a) sich seit mindestens drei Jahren rechtmäßig, gestattet oder geduldet im Bundesgebiet aufhält und
b) *im Bundesgebiet berechtigt erwerbstätig ist, laufende Geldleistungen nach dem Dritten Buch Sozialgesetzbuch bezieht oder Elternzeit in Anspruch nimmt. (Vgl. Rn. 35)*

(8) Ein Anspruch entfällt, wenn die berechtigte Person im letzten abgeschlossenen Veranlagungszeitraum vor der Geburt des Kindes ein zu versteuerndes Einkommen nach § 2 Absatz 5 des Einkommensteuergesetzes in Höhe von mehr als 250 000 Euro erzielt hat. Erfüllt auch eine andere Person die Voraussetzungen des Absatzes 1 Satz 1 Nummer 2 oder der Absätze 3 oder 4, entfällt abweichend von Satz 1 der Anspruch, wenn die Summe des zu versteuernden Einkommens beider Personen mehr als 500 000 Euro beträgt.

Inhaltsübersicht	Rn.
1. Rechtscharakter und Ziel der Leistung	1–7
2. Elterngeld für Mütter und Väter	8–9
3. Wohnsitzprinzip	10–12
4. Gewöhnlicher Aufenthalt	13
5. Ausnahmen vom Wohnlandprinzip	14–18
6. Mehrlinge	19
7. Elterngeldberechtigende Kinder	
a) Gleichgestellte Beziehungen	20–21
b) Gemeinsamer Haushalt	22
c) Betreuung und Erziehung	23–26
8. Erwerbstätigkeit	27–31
9. Anspruchsberechtigung ausländischer Eltern	32–36
10. Ausschluss von Spitzenverdienern	37

1. Rechtscharakter und Ziel der Leistung

Ab dem 1.1.2007 wurde das Bundeserziehungsgeldgesetz (BErzGG) durch das Bundeselterngeld- und Elternzeitgesetz (BEEG) abgelöst. Das BErzGG wurde, seit es am 1.1.1986 in Kraft trat, in der Bezugsdauer für das

Erziehungsgeld, das keine Lohnersatzfunktion besaß, und in der Dauer der Elternzeit schrittweise verbessert. Bereits mit Wirkung vom 1.1.2001 wurde der Begriff »Erziehungsurlaub« durch den Begriff »Elternzeit« ersetzt. Damit sollte bestehenden Vorbehalten begegnet werden, dass Kinderbetreuung und Arbeit in der Familie mit der Vorstellung über Freizeit und Muße verbunden werden.[1]

2 Mit dem Bundeselterngeld- und Elternzeitgesetz ist für die ab dem 1.1.2007 geborenen Kinder ein Elterngeld eingeführt worden, das sich an der Berufstätigkeit und -fähigkeit beider Elternteile orientiert. Es sollte Eltern bei der Sicherung ihrer Lebensgrundlage helfen, die sich im ersten Lebensjahr des Neugeborenen vorrangig der Betreuung ihres Kindes widmen. Für die meisten Anspruchsberechtigten wird damit nicht nur eine verbesserte Lebensgrundlage geschaffen, sondern auch das Einfinden ins Familienleben gegenüber dem Erziehungsgeld verbessert.

3 Nach der Gesetzesbegründung zur Einführung des Elterngeldes sollte ferner die wirtschaftliche Existenz möglichst dauerhaft und unabhängig von staatlichen Fürsorgeleistungen gewährleistet werden. Wie eine zeitliche bzw. in der Höhe begrenzte Leistung eine nachhaltige Stärkung und unabhängige wirtschaftliche Existenz ermöglichen soll, bleibt allerdings nach wie vor zweifelhaft. Für die Zeit nach dem ersten Lebensjahr existiert immer noch keine ausreichende Betreuungsinfrastruktur, denn auch der ab dem 1.8.2013 in Kraft getretene Rechtsanspruch auf einen Kita-Platz für Kinder ab dem vollendeten ersten Lebensjahr konnte tatsächlich bislang nicht flächendeckend verwirklicht werden. So fehlten nach Schätzungen des Statistischen Bundesamts vom März 2012 noch rund 220000 Plätze für Kinder unter drei Jahren.[2] Am 1.3.2014 wurden ca. 32,3 % der unter Dreijährigen in Kitas oder von Tagesmüttern betreut, was gegenüber 2013 eine Steigerung von ca. 3 % bedeutet;[3] gleichwohl darf dies nicht darüber hinwegtäuschen, dass insbesondere im ländlichen Raum die Kinderbetreuung nach wie vor problematisch ist. Zeitgleich mit der Einführung des Rechtsanspruchs auf einen Kita-Platz wurde das Betreuungsgeldgesetz ins Bundeselterngeld- und Elternzeitgesetz integriert. Es galt für ab dem 1.8.2012 geborene Kinder, für die der Elterngeldanspruch ausgelaufen gewesen ist und die **nicht** ab Vollendung des ersten Lebensjahres in einer staatlichen Kita oder Krippe betreut wurden. Auf die 2013 beim Bundesverfassungsgericht eingereichte Normenkontrollklage des Bundeslandes Hamburg gegen das rechtspolitisch umstrittene Betreuungsgeldgesetz hat das Gericht am 21.7.2015[4] entschieden, dass das Betreuungsgeld

---

1 BT-Drs. 14/4133, S. 10.
2 Statistisches Bundesamt, Pressemitteilung 382/12 v. 6.11.2012.
3 Statistisches Bundesamt, Pressemitteilung 253/14 v. 16.7.2014.
4 BVerfG 21.7.2015 – 1 BvF 2/13.

Berechtigte § 1

aus kompetenzrechtlichen Gründen verfassungswidrig und demnach unwirksam ist.

Ziel des Elterngeldes ist die Verbesserung der Teilhabe an Beruf und 4
Familie von Frauen **und** Männern. Es werden danach Bedingungen geschaffen, dass Eltern leichter ins Berufsleben zurückkehren können. Für eine schnelle Wiederaufnahme der Erwerbstätigkeit sind zum einen die gesicherte Betreuung des Kindes und zum anderen die finanzielle Absicherung wichtigste Voraussetzung. Das Elterngeld kann das Ausstiegsrisiko durch eine kürzere Unterbrechung der Erwerbstätigkeit nur mindern, wenn nach Ablauf des Jahres ausreichend und qualifizierte Tagespflege- oder Betreuungs- und Erziehungsangebote zur Verfügung stehen und dies wurde mit der Einführung des Betreuungsgeldes konterkariert.

Mit dem BEEG, insbesondere der Einführung des Elterngeld Plus und 5
Partnerschaftsbonus für ab dem 1.7.2015 geborene Kinder, soll die partnerschaftliche Aufteilung der Familienarbeit verbessert werden und Männern bessere Chancen für eine aktive Vaterschaft vermittelt werden. Dieses ist wegen der höheren finanziellen Kompensation an entgangenem Einkommen durch das Elterngeld im Unterschied zum früheren Erziehungsgeld deutlich, denn für die 663000 im Jahr 2011 geborenen Kinder bezogen bereits 27,3 % der Väter Elterngeld.[5] Gleichwohl konzentriert sich die Inanspruchnahme des Elterngeldes bei Vätern auf die zwei sog. »Partnermonate«[6] – die Kinderbetreuung wird demzufolge nach wie vor überwiegend von den Müttern wahrgenommen mit den entsprechenden Folgen für die individuelle Erwerbskarriere. Die mit dem BEEG verbundene Hoffnung, das »Elternzeitrisiko« gleichmäßiger auf weibliche und männliche Beschäftigte zu verteilen und so dazu beizutragen, Diskriminierungen von Frauen auf dem Arbeitsmarkt (bei Einstellungen, Beförderungen usw.) abzubauen, ist demnach bislang nur in Ansätzen gelungen. Die letzte Änderung des BEEG durch das Elterngeld Plus Gesetz vom 18.12.2014[7] fördert an dieser Stelle die schnellere Rückkehr an den Arbeitsplatz in Teilzeit und ermöglicht den längeren Elterngeldbezug, da durch die Inanspruchnahme von Elterngeld Plus der Bezugszeitraum des normalen Elterngeldes (jetzt Basiselterngeld genannt) von bisher 12 Monaten auf maximal 24 Monate verdoppelt und neben dem Teilzeiteinkommen ein Elterngeld Plus in Höhe von höchstens der Hälfte des Basiselterngeldes **ohne Erwerbstätigkeit** nach der Geburt bezogen werden

---

5 Statistisches Bundesamt, Pressemitteilung 176/13 v. 27.5.2013.
6 Statistisches Bundesamt, Pressemitteilung 176/13 v. 27.5.2013; danach haben 2011 lediglich 7 % der Väter das Elterngeld für zwölf Monate in Anspruch genommen.
7 Vgl. Rn. 7.

kann. Eltern haben damit jetzt ein Wahlrecht, ob sie das Basiselterngeld oder aber das Elterngeld Plus in Anspruch nehmen wollen.

6 Auch das zwar nicht ausdrücklich angeführte, aber mit intendierte Ziel des Elterngeldes, einen Anreiz für eine Familiengründung mit Kindern zu geben, hat sich in den vergangenen Jahren seit der Einführung des Elterngeldes nur in geringem Maße realisiert. Die Geburtenrate hat seit 1967 kontinuierlich abgenommen – sie liegt für das Jahr 2010 bei 1,39 Kindern pro Frau in Westdeutschland und bei 1,46 Kindern pro Frau in Ostdeutschland.[8] Erst für das Jahr 2014 verzeichnet das Statistische Bundesamt wieder eine Steigerung der Geburtenrate um 4,8 % gegenüber 2013 auf 715 000 geborene Kinder.[9] Es bleibt abzuwarten, ob dieser Trend anhält.

7 Hinzuweisen ist weiter auf das von der Öffentlichkeit kaum bemerkte Gesetz zur Vereinfachung des Elterngeldvollzugs vom 10.9.2012[10]. Es erleichtert den Elterngeldstellen der Länder zwar die Berechnung des Elterngeldes und beschleunigt für die Eltern die Auszahlung des Elterngeldes; jedoch müssen Eltern für ihre ab dem 1.1.2013 geborenen Kinder spürbare finanzielle Einbußen bei der Höhe des Elterngeldes hinnehmen. Schwerpunkt dieser Änderung von 2012 bildet die vereinfachte Ermittlung des Nettoeinkommens der elterngeldberechtigten Person durch einen **Pauschalabzug von Steuern und Sozialversicherungsbeiträgen** vom Bruttomonatsverdienst. Da u. a. individuelle steuerrechtliche Freibeträge und Freibeträge bei einer Behinderung der Mutter, des Vaters oder des Kindes keine Rolle mehr spielen und die Pauschalierung der Steuern und Sozialabgaben zu einem fiktiven Nettogehalt führen, reduziert sich für die meisten Anspruchsberechtigten das Elterngeld. Von dem mit dem Elterngeld verfolgten Ziel, nämlich auch die betreuungsbedingten Einkommensausfälle nach der Geburt des Kindes weitestgehend durch eine Entgeltersatzleistung auszugleichen bzw. abzumildern, ist durch diese »gesetzgeberische Fehlkonstruktion«[11] weiter abgerückt worden. Die letzte Änderung des BEEG durch das Gesetz zur Einführung des Elterngeld Plus mit Partnerschaftsbonus und einer flexibleren Elternzeit im Bundeselterngeld- und Elternzeitgesetz vom 18.12.2014[12] (Elterngeld Plus Gesetz) hat an dieser Berechnung des Elterngeldes nichts geändert. Verbesserungen liegen in einer verlängerten Bezugsdauer bei Inanspruchnahme des Elterngeld Plus auf bis zu 24 Monate für eine elterngeldberechtigte Person bzw. für Paare auf bis zu 28 Monate, die sich vor allen Dingen bei Teilzeitarbeit lohnt. Hinzu kommt ein Partnerschaftsbonus von weiteren 4 Monaten pro

---

8 Statistisches Bundesamt, Geburten in Deutschland, Ausgabe 2012, S. 15.
9 Pressemitteilung 302/15 v. 21.8.2015.
10 BGBl. I 1878.
11 Dau, jurisPR-SozR 20/2012, Anm. 1.
12 BGBl. I, 2325.

Elternteil in Form des Elterngeld Plus, wenn beide Eltern zeitgleich ihre Arbeitszeit auf 25 bis 30 Wochenarbeitsstunden im Monatsdurchschnitt reduzieren. Elterngeld Plus und Partnerschaftsbonus stehen neben dem altbekannten und jetzt Basiselterngeld genannten Elterngeld auch Alleinerziehenden zur Verfügung. Beim Partnerschaftsbonus zeichnet sich jedoch ab, dass es sich um einen sehr engen Zeitkorridor handelt, den wenige Elternpaare und Alleinerziehende wahrnehmen können, sei es, weil sie keinen Arbeitgeber haben, der eine solche Arbeitszeitgestaltung ermöglichen kann oder aber, weil sie weniger als 25 Stunden wöchentlich arbeiten.[13] Für ab dem 1.7.2015 geborene Kinder wird zwischen Basiselterngeld einerseits und Elterngeld Plus andererseits unterschieden. Es gibt weiter wie bisher zwei zusätzliche Partnermonate, wenn auch der andere Elternteil mindestens für die Dauer von zwei Monaten seine Arbeitszeit auf maximal 30 Wochenstunden im Monatsdurchschnitt verringert oder komplett mit der Arbeit aussetzt sowie den oben beschriebenen zusätzlichen Partnerschaftsbonus, der die Familienarbeit beider Eltern bei gleichzeitiger Teilzeit honoriert. Elterngeld ist dabei der Oberbegriff für das Basiselterngeld und das Elterngeld Plus.

2. Elterngeld für Mütter und Väter

Den **Elterngeldanspruch** können Mütter wie Väter haben, unabhängig davon, ob sie erwerbstätig oder arbeitslos, abhängig beschäftigt oder selbständig tätig sind. Ebenfalls können Schüler und Studenten Anspruch auf Elterngeld haben. Eine Umschulung oder Fortbildung hindert den Elterngeldanspruch genauso wenig wie ein Beamtenverhältnis. Das bedeutet, dass es auf das Vorliegen eines Arbeitsverhältnisses nicht ankommt, um Elterngeld – Basiselterngeld wie Elterngeld Plus – beziehen zu können.

8

Die vier **Voraussetzungen** für den Anspruch auf Elterngeld sind (Abs. 1):
- die Berechtigten müssen in Deutschland wohnen (Rn. 10 bis 21),
- sie müssen mit ihrem Kind in einem Haushalt leben (Rn. 22 bis 26),
- sie müssen das Kind selbst betreuen und erziehen (Rn. 23 bis 26) und
- sie dürfen entweder keine Erwerbstätigkeit ausüben oder müssen einer Teilzeittätigkeit von nicht mehr als 30 Stunden wöchentlich im Durchschnitt des Monats nachgehen (Rn. 27 bis 31).

Ausgeschlossen ist das Elterngeld für Eltern, deren zu versteuerndes Einkommen bei Alleinerziehenden über 250 000 € – und bei Elternpaaren über 500 000 € im letzten abgeschlossenen Veranlagungszeitraum vor der

9

---

13 Klenter, Der Personalrat 2014, 13, 17; Röhl, JM 2015, 246, 248 f.

Geburt des Kindes beträgt (Abs. 8). **Spitzenverdiener** erhalten folglich weder Basiselterngeld noch Elterngeld Plus.[14]

3. Wohnsitzprinzip

10 Nach **Abs. 1 Nr. 1** kommt es für die Anwendung des BEEG darauf an, ob der Berechtigte seinen **Wohnsitz** oder seinen **gewöhnlichen Aufenthalt** in Deutschland hat. Auf die Staatsangehörigkeit der Eltern kommt es dabei nicht an, denn ausländische Eltern, die aus einem Mitgliedstaat der Europäischen Union oder der Schweiz kommen, genießen nach Art. 45 des Vertrags über die Arbeitsweise der Europäischen Union (AEUV) Freizügigkeit und erhalten somit Elterngeld, wenn sie in Deutschland wohnen oder ihren gewöhnlichen Aufenthalt hier haben. Besonderheiten gelten nach Abs. 7 für die nicht freizügigkeitsberechtigten Ausländer.[15] Die Begriffe »Wohnsitz« und »gewöhnlicher Aufenthalt« sind in § 30 Abs. 3 SGB I definiert. Danach hat einen Wohnsitz jemand dort, wo er eine Wohnung unter Umständen innehat, die darauf schließen lassen, dass er die Wohnung beibehalten und nutzen wird. Den gewöhnlichen Aufenthalt hat jemand dort, wo er sich unter Umständen aufhält, die erkennen lassen, dass er an diesem Ort nicht nur vorübergehend verweilt (§ 30 Abs. 3 SGB I). Im Sozialrecht ist abzustellen auf die **tatsächlichen Verhältnisse**,[16] wegen deren Maßgeblichkeit die §§ 7 ff. BGB nicht anwendbar sind.[17]

11 Bei der **Wohnung** muss es sich um für einen längeren Aufenthalt geeignete Räumlichkeiten handeln, die für eine zumindest regelmäßige Benutzung ausgestattet sind. Es muss die Befriedigung elementarer Lebensbedürfnisse möglich sein, wozu eine auf Dauer angelegte Häuslichkeit, Eigengestaltung der Haushaltsführung und des häuslichen Wirkungskreises gehört, was u.a. eine Kochgelegenheit voraussetzt.[18] Es soll dafür durchaus auch ein Raum z.B. in einem Studentenwohnheim genügen können, was aber umstritten ist.[19]

12 Möglich ist auch ein **doppelter oder mehrfacher Wohnsitz**, sei es in Deutschland oder im Ausland. Halten sich Personen unter Beibehaltung ihrer Wohnung in Deutschland aus beruflichen oder sonstigen Gründen im Ausland auf, ist von der Aufrechterhaltung eines Wohnsitzes im Inland auszugehen, wenn der Auslandsaufenthalt von vornherein auf zwei Jahre

---

14 Vgl. dazu Rn. 37.
15 Vgl. dazu Rn. 32 ff.
16 S.a. Buchner/Becker, § 1 BEEG, Rn. 7.
17 Vgl. Hambüchen/Irmer, § 1 BEEG, Rn. 23.
18 BVerwG 29.4.1992, E 90, 140, 143 zu § 13 BauNVO.
19 S.a. Buchner/Becker, § 1 BEEG, Rn. 8 m.w.N.

begrenzt und ein Rückkehrwille erkennbar ist.[20] Das kann bspw. der Fall sein, wenn Personen lediglich vorübergehend zu nahen Familienangehörigen ins Ausland gehen.

4. Gewöhnlicher Aufenthalt

Anders als beim Wohnsitz ist für den **gewöhnlichen Aufenthalt** erforderlich, dass die Person den **Schwerpunkt ihrer Lebensverhältnisse** im Inland hat.[21] Der Aufenthalt ist nicht nur **vorübergehend**, wenn er voraussichtlich von einer gewissen Dauer ist. Danach wäre ein erheblich über ein halbes Jahr hinausgehender Aufenthalt im Ausland nicht mehr als vorübergehend einzustufen.[22] Der gewöhnliche Aufenthalt im Inland wird aufgegeben. Anderes gilt, wenn der Auslandsaufenthalt Besuchs-, Erholungs- oder ähnlichen privaten Zwecken dient und die Dauer eines Jahres nicht überschritten wird.[23]

13

5. Ausnahmen vom Wohnlandprinzip

Abs. 2 sieht für bestimmte Personengruppen, die abschließend aufgezählt sind, eine **Ausnahme vom Wohnlandprinzip** vor. Dabei lassen sich zwei Gruppen unterscheiden, und zwar zum einen die allgemeinen Beschäftigungsverhältnisse und andererseits die Dienst- oder Amtsverhältnisse.

14

Ausgenommen vom Wohnlandprinzip ist ein Arbeitnehmer, der im Rahmen seines in Deutschland bestehenden Beschäftigungsverhältnisses zur Arbeitsleistung im Ausland **entsandt** wird. Wird diese Entsendung zeitlich begrenzt, werden nach § 4 SGB IV die wesentlichen sozialversicherungsrechtlichen Vorschriften auf die Tätigkeit im Ausland erstreckt (**Abs. 2 Nr. 1**).

15

Beamte und sonstige Angehörige des öffentlichen Dienstes, die zur vorübergehenden Dienstleistung ins Ausland **abgeordnet, versetzt** oder **kommandiert** werden, sind ebenfalls vom Wohnlandprinzip ausgenommen (**Abs. 2 Nr. 1**). Hier ist ohne weitere Prüfung davon auszugehen, dass die Dienstleistung im Ausland vorübergehender Natur ist.[24] Bei **Abordnung** und **Versetzung** ist Voraussetzung, dass durch Ernennung ein Beamtenverhältnis begründet wurde. **Abordnung** heißt, dass einem Beamten vorübergehend ein konkret-funktionelles Amt bei einer anderen

16

---

20 BSG 30.10.1990, SozR 1200 § 30 Nr. 3.
21 BSG 29.5.1991, SozR 3–1200 § 30 Nr. 5.
22 Buchner/Becker, § 1 BEEG, Rn. 13.
23 So die Durchführungsanweisungen der BA im Runderlass 375/74 zum Bundeskindergeldgesetz.
24 Dienstblatt-Runderlass 375/74, DA 1–26 BA.

Dienststelle oder einem anderen Dienstherren übertragen wurde, ohne dass das abstrakt-funktionelle Amt oder der Status verändert wurden, § 14 Beamtenstatusgesetz. Davon zu unterscheiden ist die **Versetzung**, bei der ein abstrakt-funktionelles Amt neu und dauerhaft übertragen wird, § 15 Beamtenstatusgesetz. Unter **Abkommandieren** ist die auf Grundpflichten gestützte Anordnung zur vorübergehenden Dienstleistung von Soldaten bei einer anderen Einheit oder an einem anderen Standort zu verstehen.[25]

17 In den anspruchsberechtigten Personenkreis einbezogen werden grundsätzlich **Entwicklungshelfer** im Sinne des § 1 des Entwicklungshelfergesetzes (**Abs. 2 Nr. 2**), weil sie in einem Beschäftigungsverhältnis zu einem deutschen Träger stehen und die Tätigkeit öffentlichen Interessen dient. Auch einbezogen ist derjenige, der bei einer internationalen Organisation als **Missionar** tätig ist oder derjenige, der wegen einer nach § 123a Beamtenrechtsrahmengesetz oder § 29 Bundesbeamtengesetz zugewiesenen Tätigkeit vorübergehend weder einen Wohnsitz noch einen gewöhnlichen Aufenthaltsort im Geltungsbereich dieses Gesetzes hat (**Abs. 2 Nr. 3**).

18 Ebenfalls gehören zum anspruchsberechtigten Personenkreis die mit dem Entsandten in einem Haushalt lebenden Ehegatten, Ehegattinnen, Lebenspartner oder Lebenspartnerinnen. Ihre Staatsangehörigkeit und ihr Aufenthaltsstatus sind dafür ohne Bedeutung (**Abs. 2 Satz 2**).

6. Mehrlinge

19 Die Ergänzung des § 1 Abs. 1 BEEG um einen Satz 2, der klarstellt, dass bei Mehrlingsgeburten nur **ein Elterngeldanspruch** besteht, steht im Zusammenhang mit der Entscheidung des BSG vom 27.6.2013.[26] Das BSG hatte bei Mehrlingsgeburten für jedes Kind einen eigenen Elterngeldanspruch angenommen und dem Gesetzgeber aufgetragen, für eine Klarstellung zu sorgen, sofern bei Mehrlingen Elterngeld nur für ein Kind gezahlt werden soll und für das zweite, dritte etc. Kind lediglich der Mehrlingszuschlag nach § 2a Abs. 4 BEEG. Der Gesetzgeber hat den Auftrag des BSG durch das Elterngeld Plus Gesetz umgesetzt mit Wirkung für ab dem 1.1.2015 geborene Kinder (vgl. § 27 Abs. 1 S. 1 BEEG).

---

25 Vgl. Buchner/Becker, § 1 BEEG, Rn. 21.
26 BSG 27.6.2013 – B 10 EG 3/12 R und B 10 EG 8/12.

7. Elterngeldberechtigende Kinder

a) Gleichgestellte Beziehungen

Anspruchsberechtigt sind grundsätzlich zunächst die **leiblichen Eltern**, die mit ihrem Kind in einem Haushalt leben. Anspruch auf Elterngeld (Basiselterngeld und Elterngeld Plus) hat aber auch, wer mit einem Kind zusammenlebt, das er mit dem Ziel der Annahme als Kind in Obhut genommen hat (**Abs. 3 Nr. 1**). Zur Begründung des Elterngeldanspruchs muss das Verfahren zur Adoption bzw. der Adoptionsvermittlung durch die Adoptionsbewerbung eingeleitet sein, sofern sich diese auf ein bestimmtes Kind bezieht.[27] Dies gilt ebenfalls für ein in den Haushalt aufgenommenes **Kind des Ehegatten** (sog. Stiefkind) oder **Lebenspartners**, das in dem Haushalt seine persönliche Betreuung und Versorgung gefunden hat (**Abs. 3 Nr. 2**[28]). Mit Inkrafttreten des Lebenspartnerschaftsgesetzes vom 16.2.2001[29] können seit dem 1.8.2001 zwei Personen gleichen Geschlechts eine Lebenspartnerschaft begründen, wenn sie gegenseitig persönlich und bei gleichzeitiger Anwesenheit erklären, miteinander eine Partnerschaft auf Lebenszeit führen zu wollen (Lebenspartnerinnen oder Lebenspartner). Die Erklärungen werden wirksam, wenn sie vor der zuständigen Behörde erfolgen. Bei der »Lebenspartnerschaft« handelt es sich um ein eigenständiges Rechtsinstitut, mit dem die rot-grüne Bundesregierung ihren Beitrag zum Abbau der Diskriminierung von Menschen mit gleichgeschlechtlicher Identität und zum Respekt vor anderen Lebensformen leistete. Die Anspruchsvoraussetzungen für den Elterngeldbezug liegen ebenfalls vor bei einem leiblichen Kind des Berechtigten, mit dem er in einem Haushalt lebt und die von ihm erklärte Anerkennung der Vaterschaft noch nicht wirksam ist oder über die von ihm beantragte Vaterschaftsfeststellung noch nicht entschieden ist. Das Bundeselterngeld- und Elternzeitgesetz verfolgt das Ziel, unverheiratete Väter in ihrer Verantwortung für ihr Kind zu stärken. Wegen einer langen Verfahrensdauer könnte diese Absicht ansonsten wirkungslos bleiben (**Abs. 3 Nr. 3**). Dieses hat primär Bedeutung, wenn die Mutter im Zeitpunkt der Geburt des Kindes noch mit einem anderen Mann verheiratet ist und dessen Vaterschaft zunächst aufgehoben werden muss.

Nach **Abs. 3 Satz 2** ist für den Anspruch auf Elterngeld für angenommene Kinder und Kinder, die in den Haushalt mit dem Ziel der Adoption aufgenommen worden sind, statt der Geburt der Zeitpunkt der Aufnahme des Kindes bei dem Berechtigten maßgeblich.

---

27 BSG 15.8.2000, SozR 3-7833 § 1 Nr. 23.
28 BSG 26.6.1979, Breithaupt 1970, S. 75.
29 BGBl. I S. 266.

b) Gemeinsamer Haushalt

22 Wer Elterngeld beansprucht, muss mit **seinem** Kind **in einem Haushalt** leben (**Abs. 1 Nr. 2**). Der Begriff »Haushalt« deckt sich mit dem des Familienhaushalts in § 8 Abs. 4 MuSchG. Hierunter wird der Mittelpunkt der privaten Lebensführung zur Befriedigung der persönlichen Bedürfnisse einer Familie oder einer einzelnen Person verstanden.[30] Es kommt nicht darauf an, dass es sich um den eigenen Haushalt des Berechtigten handelt; er muss mit dem Kind nur in einem gemeinsamen Haushalt, etwa mit Geschwistern, Großeltern, befreundeten Personen oder in einem Mutter-Kind-Heim, leben.[31] Lebt die Mutter dagegen mit ihrem Kind in einer Justizvollzugsanstalt, weil sie eine mehrjährige Haftstrafe zu verbüßen hat, so erfüllt sie damit nicht die Voraussetzung eines gemeinsamen Haushalts, der im Sinne einer häuslichen, wohnungsmäßigen und familienhaften Wirtschaftsführung zu verstehen ist.[32]

c) Betreuung und Erziehung

23 Für den Anspruch auf Elterngeld ist weiter Voraussetzung, dass der Berechtigte das Kind **selbst betreut und erzieht** (**Abs. 1 Nr. 3**). Er muss sich jedoch nicht ununterbrochen um das Kleinkind kümmern. Die Betreuung und Erziehung wird nicht dadurch unterbrochen, dass das Kind kurzfristig (z. B. während einer ärztlich verordneten Kur, einer Fortbildungsveranstaltung, einem Erholungsurlaub von angemessener Dauer) vom Ehegatten, eingetragenen Lebenspartner oder anderen Angehörigen versorgt wird.[33]

> **Beispiel 1:**
> Frau Janssen nimmt zehn Wochen nach der Geburt ihres Kindes wieder ihren Fortbildungskurs (4 × wöchentlich 4 Std.) bei der Volkshochschule auf. Ihr Kind wird während dieser Zeit von ihrer Freundin betreut. Frau Janssen hat trotzdem Anspruch auf Elterngeld, da sie sich im Wesentlichen um die Betreuung des Kindes kümmert.

> **Beispiel 2:**
> Frau Dirks beantragt Elterngeld bei der zuständigen Elterngeldstelle. Sie wird ihren für sechs Monate nach Frankreich versetzten Mann begleiten. Das Kind bleibt während dieser Zeit bei der Großmutter. Frau Dirks überträgt die Kindesbetreuung in vollem Umfang auf die Großmutter und hat damit keinen Anspruch auf Elterngeld.

---

30 BT-Drs. IV/3652, S. 5.
31 Vgl. Grüner-Dalichau, § 1 S. 42 f.
32 BSG 4.9.2013 – B 10 EG 4/12 R; vgl. kritisch dazu Grün, SGB 2014, 632.
33 Ebenso Halbach, DB 1986, Beilage Nr. 1 S. 6; Meisel/Sowka, § 1 Rn. 11.

Berechtigte § 1

Die Anspruchsvoraussetzung, ob das Kind selbst betreut und erzogen wird, ist ebenso schwierig zu prüfen wie die, ob der Berechtigte mit dem Kind in einem gemeinsamen Haushalt lebt (vgl. Abs. 1 Nr. 2), so dass man sich grundsätzlich auf die Versicherungen des Berechtigten verlassen muss und nur bei Zweifeln, die auf objektiven Anhaltspunkten beruhen, weitergehende Nachweise zu erbringen sind. **24**

Ausnahmen von dem Grundsatz der persönlichen Betreuung und Erziehung des Kindes durch den Berechtigten enthalten **Abs. 4** und **Abs. 5**. Danach bleibt der Anspruch auf Elterngeld (Basiselterngeld wie Elterngeld Plus) unberührt, wenn der Berechtigte aus einem **wichtigen Grund** die Betreuung und Erziehung des Kindes nicht sofort aufnehmen kann oder sie unterbrechen muss. Die **Verhinderung** oder **Unterbrechung der Betreuung und Erziehung** können nur Tatbestände erfassen, die von nicht ganz geringfügiger Dauer sind. Wann ein derartiger Grund vorliegt und von welcher Dauer die Unterbrechung sein darf, ist unklar. Es wird die Auffassung vertreten, dass eine Unterbrechung von zwei bis drei Monaten als vorübergehend angesehen werden kann.[34] Ein **wichtiger Grund** dürfte z. B. vorliegen, wenn der Berechtigte oder das Kind sich in Krankenhausbehandlung befindet[35] (**Abs. 4**). **25**

Beispiel 3:
Frau Janssen muss nach der Geburt ihres Kindes noch für neun Wochen im Krankenhaus bleiben. Das Kind wird nach zwei Wochen entlassen. Frau Janssen hat trotzdem grundsätzlich – nach Auslaufen des Mutterschaftsgeldes durch die Krankenkasse und ggf. dem Arbeitgeberzuschuss – Anspruch auf Elterngeld.

Beispiel 4:
Das sechs Monate alte Kind muss wegen einer Lungenentzündung für zwei Wochen ins Krankenhaus. Auch für diese Zeit besteht Anspruch auf Elterngeld.

An Stelle der Eltern können Verwandte bis zum dritten Grad (z. B. Großeltern, Urgroßeltern oder Onkel und Tanten) Elterngeld beziehen, wenn beide Eltern gestorben sind oder wegen schwerer Krankheit oder Schwerbehinderung ihr Kind nicht selbst betreuen können. Die frühere Regelung wurde geändert. Andere Härtefälle – insbesondere wirtschaftliche – werden nicht mehr berücksichtigt, weil das Elterngeld dem betreuenden Elternteil eine grundsätzlich ausreichende wirtschaftliche Absicherung bieten soll. Auch der allgemeine Begriff Behinderung wurde ersetzt durch **26**

---

34 So Halbach, DB 1986, Beilage Nr. 1 S. 6; Meisel/Sowka, § 1 Rn. 17; Grüner/Dalichau, § 1 S. 140.
35 BT-Drs. 10/3792, S. 15.

Schwerbehinderung (hierzu vgl. § 2 Abs. 2 SGB IX). Der Bezug von Elterngeld für Personen bis zum dritten Grad kommt nur dann in Betracht, wenn Elterngeld von anderen Berechtigten (Eltern, Stiefeltern, Personen, die das Kind in Adoptionspflege genommen haben) nicht beansprucht wird (**Abs. 4**).

8. Erwerbstätigkeit

27 Weitere Voraussetzung für den Anspruch des Berechtigten auf Elterngeld ist, dass neben der Kindesbetreuung und -erziehung keine oder **keine volle Erwerbstätigkeit** ausgeübt wird (Abs. 1 S. 1 Nr. 4, Abs. 6). Dies ist der Fall, wenn die **wöchentliche Arbeitszeit** 30 Stunden im Durchschnitt des Monats nicht übersteigt. Mit der Regelung in Abs. 6 (und § 15 Abs. 4) durch das Gesetz zur Vereinfachung des Elterngeldvollzugs vom 10.9.2012 ist auf die monatliche Arbeitszeit abzustellen, die durchschnittlich 30 Stunden pro Woche nicht überschreiten darf. Die bisherige starre 30-Stunden-Grenze der wöchentlichen Arbeitszeit wurde flexibilisiert.[36] D. h., dass jetzt auch mehr als 30 Stunden in der Woche gearbeitet werden kann, sofern in einer der nächsten Wochen des Kalendermonats ein Ausgleich durch eine geringere Wochenstundenzahl erfolgt. Vereinbarte Arbeitszeiten für andere Zeiträume, z. B. Jahresarbeitszeiten, müssen auf die wöchentliche Arbeitszeit umgerechnet werden. Bei schwankenden Arbeitszeiten ist von der voraussichtlichen Gestaltung des ganzen Beschäftigungsverhältnisses auszugehen und die auf die Woche entfallende durchschnittliche Arbeitszeit zugrunde zu legen.[37] Zu beachten ist allerdings, dass auch derjenige »keine volle Erwerbstätigkeit« im Sinne des § 1 Abs. 1 S. 1 Nr. 4, Abs. 6 BEEG ausübt, der vom Arbeitgeber bei vollem Gehalt von der Arbeitsleistung freigestellt worden ist und deshalb nicht arbeitet.[38]

28 **Erwerbstätigkeit** ist jede Beschäftigung, die gegen Entgelt verrichtet wird. Somit gehört auch die Tätigkeit Selbständiger und mithelfender Familienangehöriger dazu. Erwerbstätig sind weiterhin Wehrpflichtige und Zivildienstleistende[39], auch wenn ihre Tätigkeit nicht der Einnahmeerzielung dient, sondern sie gesetzlich auferlegte Pflichten erfüllen.[40] Es kommt nicht auf die Höhe der Vergütung oder des erzielten Gewinns an. Bei **Heimarbeitern** ist von der vereinbarten Heimarbeitsmenge auszugehen und abzustellen auf die tatsächliche Abwicklung des Heimarbeitsverhält-

---

36 Düwell, jurisPR-ArbR 34/2012, Anm. 1.
37 Vgl. BSG 22.8.1984 – 7 Ar 12/83.
38 BSG 29.8.2012 – B 10 EG 7/11 R.
39 Der Zivildienst wurde am 1.7.2011 durch das Bundesfreiwilligendienstegesetz (BGBl. I, S. 687) abgelöst.
40 Vgl. Buchner/Becker, § 1 BEEG, Rn. 78.

nisses, die am erzielten Heimarbeitsentgelt abzulesen ist. Unter Zugrundelegung der Stückentgelte sowie von »Mindeststundenentgelten« oder »Grundentgelten« kann die wöchentliche Stundenzahl berechnet werden.[41] Die aus dieser Tätigkeit erzielten **Einnahmen werden angerechnet** auf das für das ersetzte Einkommen zustehende Elterngeld, soweit es den Betrag von 300,00 € (150,00 € im Fall von Elterngeld Plus) überschreitet; dieser Betrag erhöht sich bei mehreren Kindern (s. § 3 Abs. 2).

Schüler und **Studenten** üben keine Erwerbstätigkeit aus, so dass sie unabhängig von der zeitlichen Beanspruchung Elterngeld beziehen können.[42] Ebenso sind Personen nicht erwerbstätig, die sich für **karitative, religiöse** oder **ideelle** Zwecke einsetzen oder beispielsweise durch Übernahme eines Ehrenamtes einer gesetzlichen Pflicht nachkommen. 29

Eine Beschäftigung zur **beruflichen Bildung** ist allgemein für den Bezug von Elterngeld unschädlich. Unerheblich ist, ob die berufliche Bildung in einem Ausbildungsverhältnis oder Arbeitsverhältnis vermittelt wird. Ebenfalls ist ohne Bedeutung, ob der zur Berufsbildung Beschäftigte Ausbildungsvergütung oder Arbeitsentgelt erhält. Es fallen also unter diese Bestimmung sowohl Beschäftigte in Berufsausbildungsverhältnissen oder in praktischer Ausbildung als Lernschwester wie auch Anlernlinge, Volontäre, Praktikanten, Beschäftigte zur Fortbildung, Weiterbildung, Umschulung sowie alle Beschäftigten in Bildungsverhältnissen, die zu einer beruflichen Qualifikation führen sollen.[43] Berufsbildung im Sinne des Abs. 6 ist nicht nur die Ausbildung zum ersten beruflichen Abschluss, sondern auch eine darauf aufbauende weitere Ausbildung zum beruflichen Aufstieg.[44] Mit dieser Regelung soll es auch den Auszubildenden ermöglicht werden, Elterngeld in Anspruch zu nehmen, ohne ihre Ausbildung zu unterbrechen. Eine derartige Regelung erscheint gerechtfertigt, da eine abgeschlossene Berufsausbildung für den künftigen Werdegang von entscheidender Bedeutung ist. Vor allem soll der Konflikt verhindert werden, sich entweder für den Abschluss der Ausbildung oder für das Kind entscheiden zu müssen. 30

Auch eine Person, die als geeignete Tagespflegeperson im Sinne des § 23 SGB VIII nicht mehr als fünf Kinder in Tagespflege betreut gilt nicht als voll erwerbstätig. Tagespflegepersonen sind Personen, die die Kindertagespflege mit Erlaubnis des Trägers der öffentlichen Jugendhilfe erbringen und dabei nach § 3 Nr. 11 EStG eine einkommensteuerfreie Geldleistung als Anerkennung der Förderung und Erstattung von Sachkosten erhalten. Davon zu unterscheiden sind **gewerbliche Tagespflegepersonen**, denn sie 31

---

41 Vgl. Zmarzlik/Zipperer/Viethen, § 2 Rn. 11.
42 Hambüchen/Irmen, § 1 BEEG, Rn. 85, 95.
43 Vgl. Zmarzlik/Zipperer/Viethen, § 2 Rn. 26.
44 BSG 3.11.1993 – 14b Reg 3/93.

erhalten eine Vergütung aufgrund privatrechtlicher Vereinbarung für ihre Betreuungsleistung. Deshalb sind sie von der Ausnahmeregelung des Abs. 6 nicht erfasst.[45]

9. Anspruchsberechtigung ausländischer Eltern

32 Alle in Deutschland lebenden Eltern sind unabhängig von ihrer Staatsangehörigkeit Elterngeld berechtigt, wenn sie die allgemeinen Anspruchsvoraussetzungen des § 1 BEEG erfüllen. Eine Ausnahme gilt für nicht freizügigkeitsberechtigte Ausländer, weshalb zwischen **freizügigkeitsberechtigten** und **nicht freizügigkeitsberechtigten Ausländern** zu unterscheiden ist (**Abs. 7**). Freizügigkeitsberechtigte Ausländer haben einen Anspruch auf Elterngeld, ohne besondere aufenthaltsberechtigte Voraussetzungen zu erfüllen. Sie sind Staatsangehörige eines Mitgliedstaates der Europäischen Union oder eines der Vertragsstaaten des Europäischen Wirtschaftsraums (EU/EWR-Bürger) oder der Schweiz.
EU-Mitgliedstaaten sind derzeit: Belgien, Bulgarien, Dänemark, Deutschland, Estland, Finnland, Frankreich, Griechenland, Großbritannien, Irland, Italien, Lettland, Litauen, Luxemburg, Malta, Niederlande, Österreich, Polen, Portugal, Rumänien, Schweden, Slowakei, Slowenien, Spanien, Tschechische Republik, Ungarn und Zypern. Ab Juli 2013 ist Kroatien als 28. Mitgliedstaat in die EU aufgenommen worden. Zum Europäischen Wirtschaftsraum gehören neben den EU-Mitgliedstaaten noch Island, Liechtenstein und Norwegen.

33 **Abs. 7** regelt die Berechtigung der **nicht freizügigkeitsberechtigten** ausländischen Eltern. Es gilt der Grundsatz, dass Familienleistungen nur solchen Eltern gezahlt werden sollen, die sich voraussichtlich dauerhaft im Inland aufhalten werden. Von einem voraussichtlich dauerhaften Aufenthalt ist auszugehen, wenn der Ausländer die Niederlassungserlaubnis, also einen unbefristeten Aufenthaltstitel gemäß § 9 AufenthG oder eine Aufenthaltserlaubnis besitzt, die zur Ausübung einer Erwerbstätigkeit berechtigt oder berechtigt hat (**Abs. 7 Nr. 1 und 2**). Letzteres gilt nicht, wenn der Aufenthalt der Teilnahme am Studium, an Sprachkursen oder dem Schulbesuch dient (**Abs. 7 Nr. 2 a**). Bedingt durch die am 25.12.2013 abgelaufene Umsetzungsfrist der Richtlinie 2011/98/EU über ein einheitliches Verfahren zur Beantragung einer kombinierten Erlaubnis für Drittstaatsangehörige, sich im Hoheitsgebiet eines Mitgliedstaats aufzuhalten und zu arbeiten, sowie über ein gemeinsames Bündel von Rechten für Drittstaatsarbeitnehmer, die sich rechtmäßig in einem Mitgliedstaat aufhalten,[46] ist § 1 Abs. 7 BEEG nunmehr europarechtskonform auszulegen.

---

45 Wersig in jurisPK-Familie und Beruf, Kapitel 6.1 Rn. 20f.
46 ABl. EG L 343, S. 1 v. 23.12.2011.

Das bedeutet, dass jetzt auch Personen, die eine betriebliche Aus- und Weiterbildung machen und deren Aufenthaltserlaubnis für mehr als sechs Monate erteilt worden ist, elterngeldberechtigt sind. Hinzu kommen Arbeitnehmer, die nach der Beschäftigungsverordnung in Deutschland für einen begrenzten Zeitraum tätig sind, insbesondere hochqualifizierte Arbeitskräfte, die eine Aufenthaltserlaubnis nach § 18 Abs. 2 AufenthG besitzen (**Abs. 7 Nr. 2b**). Darunter fallen aber nicht Saisonarbeitskräfte,[47] Au Pairs, entsandte oder innerbetrieblich versetzte AN.[48] Durch die Genfer Flüchtlingskonvention dürfen **Asylberechtigte** und **anerkannte Flüchtlinge** ohne Einschränkungen erwerbstätig sein und haben einen Anspruch auf Verlängerung ihrer Aufenthaltserlaubnis. Folge ist, dass sie elterngeldberechtigt sind.[49]

Ordnet die oberste Landesbehörde an, dass Ausländern wegen eines Krieges in ihrem Heimatland eine Aufenthaltserlaubnis erteilt wird (§ 23 Abs. 1 AufenthG), haben sie ebenso wenig Anspruch auf Elterngeld, wie Ausländer, denen auf Ersuchen einer von der Landesregierung eingerichteten Härtefallkommission aus völkerrechtlichen, humanitären oder politischen Gründen ein Aufenthaltstitel oder eine Aufenthaltserlaubnis erteilt oder verlängert wird (§ 23a AufenthG) sowie auch diejenigen, denen zum vorübergehenden Schutz eine Aufenthaltserlaubnis erteilt wird (§ 24 AufenthG). 34

Auch ein Ausländer mit Aufenthaltserlaubnis, erteilt unter Vorliegen der Voraussetzungen für die Aussetzung der Abschiebung, bei Erfordernis der vorübergehenden Anwesenheit im Bundesgebiet aus dringenden humanitären oder persönlichen Gründen oder erheblicher öffentlicher Interessen sowie dann, wenn seine Ausreise – obwohl vollziehbar ausreisepflichtig – aus rechtlichen oder tatsächlichen Gründen unmöglich ist und mit dem Wegfall der Ausreisehindernisse in absehbarer Zeit nicht zu rechnen ist (§ 25 Abs. 3–5 AufenthG), ist nicht anspruchsberechtigt (**Abs. 7 Nr. 2c**). Ebenfalls nicht anspruchsberechtigt ist derjenige mit einer sog. Aufenthaltserlaubnis »auf Probe« nach § 104a AufenthG (**Abs. 7 Nr. 2d**). Dieser Titel führt nicht zu einem Daueraufenthalt und wurde zunächst nur bis zum 31.12.2009 erteilt und später bis Ende 2011 verlängert.[50] Etwas anderes gilt in den unter 2c aufgeführten Fällen dann, wenn der Ausländer eine Aufenthaltserlaubnis besitzt, sich seit mindestens drei Jahren rechtmäßig gestattet oder geduldet im Bundesgebiet aufhält (**Abs. 7 Nr. 3a**). **Abs. 7 Nr. 3b** wurde vom Bundesverfassungsgericht wegen Verstoßes 35

---

47 Wersig in jurisPK-Familie und Beruf, Kapitel 6.1, Rn. 24.
48 Lenz in Rancke (Hrsg.), § 1 Rn. 23.
49 Lenz in Rancke (Hrsg.), § 1 Rn. 22.
50 Lenz in Rancke (Hrsg.), § 1 Rn. 25.

gegen Art. 3 Abs. 1 und Art. 3 Abs. 3 Grundgesetz für nichtig erklärt.[51] Diese Vorschrift ist demnach unwirksam und nicht mehr anwendbar.

36 Im Aufenthaltsrecht wird zwischen verschiedenen aufenthaltsrechtlichen Titeln differenziert. Die Oberbezeichnung ist die Aufenthaltsgenehmigung, die die für Einreise und Aufenthalt von Ausländern erforderliche Genehmigung meint. Arten der Aufenthaltsgenehmigung sind die Aufenthaltserlaubnis, die Aufenthaltsberechtigung, die Aufenthaltsbewilligung und die Aufenthaltsbefugnis. Für bestimmte Zwecke, also vorübergehende Aufenthaltszwecke oder aus humanitären Gründen, werden die Aufenthaltsbewilligung und Aufenthaltsbefugnis erteilt. Wird einem Ausländer der Aufenthalt ohne Bindung an einen bestimmten Aufenthaltszweck erlaubt, kann ihm die Aufenthaltserlaubnis erteilt werden. Das ausländerrechtlich vorgesehene stärkste Aufenthaltsrecht ist die Aufenthaltsberechtigung. Diese dient der Ermöglichung eines Daueraufenthalts und wird lediglich unter besonderen Voraussetzungen verliehen.

10. Ausschluss von Spitzenverdienern

37 Seit dem 1.1.2011 sind die sog. Spitzenverdiener, d.h. Personen, die als alleinerziehende Eltern ein zu versteuerndes Einkommen von mehr als 250 000 € oder als Elternpaar von mehr als 500 000 € im Kalenderjahr vor der Geburt des Kindes erzielen, vom Elterngeldanspruch komplett ausgenommen (**Abs. 8**). Dieser Ausschluss orientiert sich an der Reichensteuer, von der etwa 2200 eigentlich nach § 1 Abs. 1, 3 oder 4 BEEG elterngeldberechtigte Personen betroffen sind.[52] Für den Bund bedeutet das Einsparungen in Höhe von ca. 39 Millionen €.[53]

§ 2 Höhe des Elterngeldes

(1) Elterngeld wird in Höhe von 67 Prozent des Einkommens aus Erwerbstätigkeit vor der Geburt des Kindes gewährt. Es wird bis zu einem Höchstbetrag von 1 800 Euro monatlich für volle Monate gezahlt, in denen die berechtigte Person kein Einkommen aus Erwerbstätigkeit hat. Das Einkommen aus Erwerbstätigkeit errechnet sich nach Maßgabe der §§ 2c bis 2f aus der um die Abzüge für Steuern und Sozialabgaben verminderten Summe der positiven Einkünfte aus
1. **nichtselbständiger Arbeit nach § 2 Absatz 1 Satz 1 Nummer 4 des Einkommensteuergesetzes sowie**
2. **Land- und Forstwirtschaft, Gewerbebetrieb und selbständiger Arbeit**

---

51 BVerfG 10.7.2012 – 1 BvL 2/10.
52 Neumann, S. 6.
53 Neumann, S. 6.

Höhe des Elterngeldes § 2

nach § 2 Absatz 1 Satz 1 Nummer 1 bis 3 des Einkommensteuergesetzes,
die im Inland zu versteuern sind und die die berechtigte Person durchschnittlich monatlich im Bemessungszeitraum nach § 2 b oder in Monaten der Bezugszeit nach § 2 Absatz 3 hat.

(2) In den Fällen, in denen das Einkommen aus Erwerbstätigkeit vor der Geburt geringer als 1000 Euro war, erhöht sich der Prozentsatz von 67 Prozent um 0,1 Prozentpunkte für je 2 Euro, um die dieses Einkommen den Betrag von 1000 Euro unterschreitet, auf bis zu 100 Prozent. In den Fällen, in denen das Einkommen aus Erwerbstätigkeit vor der Geburt höher als 1200 Euro war, sinkt der Prozentsatz von 67 Prozent um 0,1 Prozentpunkte für je 2 Euro, um die dieses Einkommen den Betrag von 1200 Euro überschreitet, auf bis zu 65 Prozent.

(3) Für Monate nach der Geburt des Kindes, in denen die berechtigte Person ein Einkommen aus Erwerbstätigkeit hat, das durchschnittlich geringer ist als das Einkommen aus Erwerbstätigkeit vor der Geburt, wird Elterngeld in Höhe des nach Absatz 1 oder 2 maßgeblichen Prozentsatzes des Unterschiedsbetrages dieser Einkommen aus Erwerbstätigkeit gezahlt. Als Einkommen aus Erwerbstätigkeit vor der Geburt ist dabei höchstens der Betrag von 2770 Euro anzusetzen. Der Unterschiedsbetrag nach Satz 1 ist für das Einkommen aus Erwerbstätigkeit in Monaten, in denen die berechtigte Person Elterngeld im Sinne des § 4 Absatz 2 Satz 2 in Anspruch nimmt, und in Monaten, in denen sie Elterngeld Plus im Sinne des § 4 Absatz 3 Satz 1 in Anspruch nimmt, getrennt zu berechnen.

(4) Elterngeld wird mindestens in Höhe von 300 Euro gezahlt. Dies gilt auch, wenn die berechtigte Person vor der Geburt des Kindes kein Einkommen aus Erwerbstätigkeit hat.

Inhaltsübersicht	Rn.
1. Einkommen aus Erwerbstätigkeit	1– 2
2. Höhe des Elterngeldes	3– 6
3. Aufstockung und Absenkung des Elterngelds	7– 8
4. Teilelterngeld und getrennte Berechnung bei Basiselterngeld und Elterngeld Plus	9–10
5. Mindestbetrag	11

1. Einkommen aus Erwerbstätigkeit

Das Elterngeld hat das Erziehungsgeld abgelöst. Es wird für ab dem 1.1.2007 geborene Kinder gezahlt. Das Elterngeld knüpft an das individuelle Einkommen an. Es beträgt 67 % des Erwerbseinkommens der letzten zwölf Kalendermonate der Antragstellenden vor dem Monat der

Geburt des Kindes (sog. Bemessungszeitraum, § 2b). Das Elterngeld ist dabei auf einen Höchstbetrag von 1800,00 € begrenzt (**Abs. 1**). Dieser Höchstbetrag wird erreicht, wenn das pauschaliert errechnete (fiktive) Nettoeinkommen des berechtigten Elternteils vor der Geburt 2770,00 € betragen hat (**Abs. 3**), da der anzulegende abgesenkte Prozentsatz bei diesem hohen Nettoeinkommen nicht 67 %, sondern lediglich 65 % beträgt (**Abs. 2**).

2 **Als Einkommen aus Erwerbstätigkeit** gelten alle Einkünfte aus Land- und Forstwirtschaft, aus Gewerbebetrieb, aus selbständiger sowie nichtselbständiger Arbeit.

2. Höhe des Elterngeldes

3 Mit dem Gesetz zur Vereinfachung des Elterngeldvollzugs vom 10.9.2012 ist die Vorschrift des § 2 neugefasst worden, um eine bessere Lesbarkeit und Verständlichkeit zu erreichen.[1] Dabei wurden die bisherigen Absätze 1 bis 6 in überarbeiteter Form von § 2 und § 2a übernommen und die Absätze 7 bis 9 in die neu ins BEEG eingefügten §§ 2b bis 2f integriert.[2] Die Berechnung des Elterngeldes erfolgt nunmehr auf der Grundlage der §§ 2c bis 2f, wobei es für die Berechnung keine Rolle spielt, ob das altbekannte und jetzt Basiselterngeld genannte Elterngeld beansprucht wird oder die eigenständige neue Variante des Elterngeld Plus. Das Gesetz zur Einführung des Elterngeld Plus mit Partnerschaftsbonus und einer flexibleren Elternzeit im Bundeselterngeld- und Elternzeitgesetz vom 18.12.2014[3] hat die wesentlichen Berechnungsmodalitäten des Elterngeldes unangetastet gelassen. Maßgeblich sind danach die um die Abzüge für Steuern und Sozialabgaben verminderten positiven Einkünfte aus nichtselbständiger und selbständiger Arbeit, Land- und Forstwirtschaft sowie Gewerbebetrieb. War früher vom »erzielten Einkommen« die Rede, wird seit dem Gesetz zur Vereinfachung des Elterngeldvollzugs vom Einkommen gesprochen, welches die elterngeldberechtigte Person »hat«. Hintergrund ist eine Entscheidung des Bundessozialgerichts vom 30.9.2010[4], demnach beim Elterngeld das sog. »modifizierte Zuflussprinzip« gelten sollte. Durch die Neuregelung für Geburten ab dem 1.1.2013 hat der Gesetzgeber klargestellt, dass der **steuerrechtliche Einkommensbegriff** auch im Elterngeldrecht gilt.[5] Bei der Berechnung des Elterngeldes wurden

---

1 BT-Drs. 17/9841, S. 17.
2 BT-Drs. 17/9841, S. 17.
3 BGBl. I, S. 2748.
4 BSG 30.9.2010 – B 10 EG 19/09 R, DB 2011, 538; BSG 18.8.2011 – B 10 EG 5/11 R.
5 BT-Drs. 17/9841, S. 17.

nach der Rechtsprechung nämlich auch solche Einkünfte einbezogen, die die elterngeldberechtigte Person im Bemessungszeitraum erarbeitet hat und zwar unabhängig davon, ob das Geld bereits ausgezahlt worden ist.

Beispiel:
Das befristete Arbeitsverhältnis von Frau Meier ist während der Mutterschutzfrist vor der Geburt am 31.5.2015 ausgelaufen. Sie konnte ihren Resturlaub von 10 Tagen bis zur Beendigung des Arbeitsverhältnisses nicht mehr nehmen. Da der Arbeitgeber nicht bereit gewesen ist, die Urlaubstage auszuzahlen, musste Frau Meier die Urlaubsabgeltung beim Arbeitsgericht einklagen. Die Auszahlung des Geldes erfolgte nach der Geburt ihres Kindes. Diese Einkünfte, die Frau Meier im Bemessungszeitraum vor der Geburt ihres Kindes erarbeitet hat, werden entgegen der früheren Rechtslage aufgrund der Regelung in § 2 Abs. 1 in die Berechnung ihres Elterngeldes **nicht mehr** einbezogen, da es außerhalb des zwölfmonatigen Bemessungszeitraums zugeflossen ist. Gleiches gilt für rückwirkende (tarifliche) Lohnerhöhungen und eine spätere Steuererstattung.[6]

Die Höhe des Elterngeldes (Basiselterngeld wie Elterngeld Plus) bestimmt sich weiter danach, ob es sich um **Voll-** oder **Teilelterngeld** handelt.[7] Während sich Abs. 1 auf das Vollelterngeld bezieht, ist in Abs. 3 das Teilelterngeld geregelt. Neu ist für Geburten ab dem 1.7.2015 die getrennte Berechnung des Teilelterngeldes in Abhängigkeit von der jeweiligen Wahl des Basiselterngeldes oder aber des Elterngeld Plus (**Abs. 3 S. 3**). Mit der Vorschrift wird gewährleistet, dass Eltern ihre Erwerbstätigkeit in einem **gestuften Arbeitszeitumfang** wieder aufnehmen können,[8] um eine ihren jeweiligen Bedürfnissen angepasste Teilzeitarbeit während des Elterngeldbezugs aufnehmen zu können. Für die Eltern eröffnen sich damit drei Gestaltungsmöglichkeiten: 1. Elterngeld ohne Einkommen nach der Geburt (Basiselterngeld) i.S.d. § 2 Abs. 1 BEEG, 2. Teilbasiselterngeld gemäß § 2 Abs. 3 S. 3, 1. Variante BEEG und 3. Teilelterngeld in Form des Elterngeld Plus nach § 2 Abs. 3 S. 3, 2. Variante BEEG.[9]

Elterngeld in voller Höhe (jetzt Basiselterngeld) wird nur gezahlt, wenn während des Bezugszeitraums keine Einkünfte aus Erwerbstätigkeit erzielt werden bzw. zufließen. Das bedeutet, dass die Erwerbstätigkeit regelmäßig vollständig unterbrochen sein muss, insbesondere durch die Elternzeit. Grundlage der Berechnung bildet ausschließlich das im Bemessungszeitraum erzielte Einkommen aus nichtselbständiger oder selbständiger Arbeit, aus Land- und Forstwirtschaft sowie aus einem Gewerbebetrieb. Keine Rolle spielen demzufolge andere Einkünfte, etwa aus Kapitalver-

---

6 LSG Rheinland-Pfalz 21.10.2010 – L 5 EG 4/10.
7 Ismer/Luft/Schachameyer, NZS 2013, 327, 328.
8 BT-Drs. 18/2583, S. 24.
9 BT-Drs. 18/2583, S. 24.

mögen, Vermietung und Verpachtung,[10] da Abs. 1 Satz 3 insoweit abschließend ist. Maßgeblich ist allein das im **Inland zu versteuernde Einkommen**, so dass Arbeitsentgelt, das im Ausland bei einem ausländischen Arbeitgeber verdient wird, nicht berücksichtigt werden kann. Die damit verbundene Benachteiligung insbesondere von Grenzgängern und Grenzgängerinnen, die in Deutschland wohnen, aber z. B. in Frankreich bei einem französischen Arbeitgeber tätig sind, wird vom Bundessozialgericht bislang nicht gesehen.[11] Immerhin existieren innerhalb der Europäischen Union Freizügigkeitsrechte, die im Vertrag über die Arbeitsweise der EU (AEUV) u. a. als **Arbeitnehmerfreizügigkeit** in Art. 45 niedergelegt sind. Hinzu kommt Art. 15 der Grundrechte-Charta der EU. Die Arbeitnehmerfreizügigkeit hat somit Grundrechtscharakter, der sich auch auf das in Art. 45 Abs. 2 AEUV verankerte Diskriminierungsverbot erstreckt[12]. Danach ist jede auf der Staatsangehörigkeit beruhende Diskriminierung von Arbeitnehmern mit EU-Staatsangehörigkeit verboten, die im Zusammenhang mit der Beschäftigung, Entlohnung oder den sonstigen Arbeitsbedingungen steht. Elterngeld dürfte als Entgeltersatzleistung durchaus zu den mit der Beschäftigung und Entlohnung zusammenhängenden Leistungen gehören, wenn auch andere finanzielle Leistungen von Art. 45 AEUV erfasst werden wie z. B. berufliche Eingliederung, Weiterbildungen und Beschäftigungsprogramme.[13] Eine doppelte Inanspruchnahme von Elterngeld und dem Elterngeld vergleichbaren Leistungen, die ggf. im anderen europäischen Mitgliedstaat gezahlt werden, ist nach § 3 Abs. 1 Nr. 3 ohnehin ausgeschlossen, so dass damit entsprechende Befürchtungen entkräftet werden können. Spezielle Informationen zu diesem Thema, insbesondere zu der Frage, welche Familienleistung aus welchem europäischen Mitgliedstaat vorrangig oder nachrangig ist, gibt es auf der Internetseite »Ihr Europa«[14] sowie durch die Broschüre der Europäischen Kommission »Die Bestimmungen über die soziale Sicherheit«.[15]

5 Nicht in die Berechnung der Elterngeldhöhe einbezogen werden außerdem steuerfreie Einnahmen wie z. B. **Arbeitslosengeld, Krankengeld** oder **Streikgeld**.[16] **Stipendien, BaföG, Renten** und **Arbeitslosengeld II** fließen ebenfalls nicht in die Berechnung des Elterngeldes ein. Außer Betracht

---

10 Ismer/Luft/Schachameyer, NZS 2013, 327, 328.
11 Ismer/Luft/Schachameyer, NZS 2013, 327, 329 mit Hinweis auf BSG 19. 2. 2009 – B 10 EG 2/08 R und BSG 25. 6. 2009 – B 10 EG 3/08 R.
12 Vgl. Jarass, § 20 Rn. 1 ff.
13 Oppermann/Classen/Nettesheim, § 28 Rn. 40, 42.
14 http://europa.eu/youeurope/citizens/index_de.htm.
15 http://ec.europa.eu/social/main.jsp?catId=738&langId=de&pubId=486&type=2&furtherPubs=no.
16 BSG 17. 2. 2011 – B 10 EG 17/09 R; BSG 17. 2. 2011 – B 10 20/09 R; BSG 17. 2. 2011 – B 10 EG 21/09 R.

bleiben auch steuerfrei gezahlte **Zuschläge für Sonntags-, Feiertags-** oder **Nachtarbeit**.[17] In die Einkommensermittlung gehen ferner keine **Einmalzahlungen**, u. a. Weihnachts- und Urlaubsgeld, einmalige Abfindungen, Jubiläumszuwendungen, ein. Sie gehören zu den sonstigen Bezügen, die § 2c Abs. 1 Satz 2 ausdrücklich von der Berücksichtigung ausnimmt. Beiträge des Arbeitgebers für die **betriebliche Altersversorgung** (Pensionskassen, Direktversicherung oder Pensionsfond) sind ebenfalls ausgenommen.[18] **Provisionen** werden im Unterschied zu den Einmalzahlungen jedoch als laufender Arbeitslohn bewertet, wenn sie mehrmals im Jahr neben dem monatlichen Grundgehalt gezahlt werden.[19]

Zu beachten ist, dass die Einkünfte aus mehreren Arbeitsverhältnissen zusammenzurechnen sind. Dies gilt auch für 450 € Jobs. Von diesem (Gesamt-) Bruttoeinkommen werden die in den §§ 2c bis 2f festgelegten Abzüge für Steuern und Sozialversicherungsbeiträge vorgenommen. Das Ergebnis ist die Summe der positiven Einkünfte. Wegen der in den §§ 2e und 2f vorgesehenen Pauschalabzüge für Steuern und Sozialabgaben handelt es sich um ein pauschaliertes Nettoeinkommen, von dem die elterngeldberechtigte Person ein Elterngeld in Höhe von 67 % erhält. Es beträgt immer mindestens 300 € und maximal 1800 €. Wird Elterngeld Plus in Anspruch genommen, gibt es höchstens die Hälfte des Basiselterngeldes, wenn die berechtigte Person während des Elterngeldbezuges keine Einnahmen aus Erwerbstätigkeit hätte oder hat (**§ 4 Abs. 3 S. 2 BEEG**). Wird das Mindestelterngeld von 300 € bezogen, halbiert dieses sich im Fall von Elterngeld Plus (**§ 4 Abs. 3 S. 3 Nr. 1 BEEG**). Basiselterngeld wie Elterngeld Plus wird nicht für Kalendermonate, sondern für **Lebensmonate des Kindes** gezahlt.

6

3. Aufstockung und Absenkung des Elterngelds

Nach **Abs. 2 Satz 1** erhöht sich der Prozentsatz von 67 % für je 20 €, die das Einkommen unter 1000 € liegt, um 1 %. Der Anteil, zu dem das Elterngeld an die Stelle des wegfallenden Erwerbseinkommens tritt, wird erhöht. Die Obergrenze von 100 % wird bei einem Einkommen von 340 € vor der Geburt erreicht.

7

> **Beispiel 1:**
> Nina verdiente durchschnittlich 900 €. Sie liegt mit ihrem Einkommen also 100 € niedriger und erhält (100 €: 20 € = 5) 5 % zu den 67 % hinzu. Ihr Elterngeld würde als Basiselterngeld also 72 % ihres vorherigen Einkommens

---

17 BSG 5.4.2012 – B 10 EG 3/11 R.
18 BSG 25.6.2009 – B 10 EG 9/08 R.
19 BSG 3.12.2009, NJW 2010, 3804; BSG 29.8.2012 – B 10 EG 8/11 R.

§ 2 Höhe des Elterngeldes

und somit 648 € betragen. Hat sie Elterngeld Plus gewählt, so erhält sie 324 € monatlich, wobei sich aber der Bezugszeitraum verdoppelt.

Beispiel 2:
Vera verdiente durchschnittlich 400 €, also 600 € unter 1000 € (600 €: 20 = 30). 30 % sind also zu 67 % hinzuzusetzen, so dass bei diesem Einkommen 97 % und somit 388 € ersetzt werden (die Werbungskostenpauschale ist für von Arbeitgebern gem. § 40 EStG versteuerte geringfügige Beschäftigungen nicht abzuziehen).

Beispiel 3:
Gerrit und Steffi sind verheiratet. Er verdient vor der Geburt 2900 € brutto im Monat, Steffi 450 € netto aus einer vom Arbeitgeber pauschal versteuerten geringfügigen Beschäftigung. Gerrit hat Steuerklasse III. Das gemeinsame Nettoeinkommen vor der Geburt liegt bei 2470 €, wovon 450 € auf den Partner mit der geringfügigen Beschäftigung entfallen. Steffi ist nach der Geburt nicht mehr erwerbstätig und erhält ein Basiselterngeld von 425,25 €, das sind fast 100 % ihres bisherigen Nettoeinkommens. Ohne die Anhebung der Ersatzrate bei kleinen Einkommen würde das Basiselterngeld nur dem Mindestbetrag von 300,00 € entsprechen, so erhält die Familie rund 125 € mehr. Das aus dem Nettolohn, dem Elterngeld und dem Kindergeld in Höhe von 188 € (ab 2016 beträgt das Kindergeld 190 € monatlich) zusammengesetzte Familieneinkommen beträgt 2633,25 €.

Das Elterngeld unterstützt damit gering verdienende Eltern und insbesondere die Ausübung gering bezahlter Teilzeitarbeit.

8 Seit dem 1.1.2011 ist in **Abs. 2 Satz 2** eine Absenkung des Elterngelds auf bis zu 65 % des pauschalierten Nettoeinkommens vorgesehen. Liegt das Einkommen über 1200 €, so reduziert sich der Prozentsatz von 67 % um 0,1 % je 2 € bzw. 1 % je 20 €, die das Einkommen 1200 € überschreitet. Die Untergrenze von 65 % wird bereits bei einem Einkommen in Höhe von 1240 € erreicht.

Beispiel 4:
Sonja verdiente vor der Geburt 1230 € netto. Sie liegt mit ihrem Einkommen um 30 € höher (30 €: 20 = 1,5). Von den 67 % sind folglich 1,5 % abzuziehen. Die Ersatzrate beträgt bei ihr 65,5 %, so dass sie ein Baiselterngeld in Höhe von 805,65 € erhält. Würde Sonja 1240 € netto verdient haben, so hätte sie ein Baiselterngeld in Höhe von 806 € zu erwarten. Im Fall von Elterngeld Plus erhält sie ein hälftiges Basiselterngeld für einen doppelt so langen Zeitraum. Auch alle anderen Eltern, die mehr als 1240 € netto vor der Geburt verdient haben, erhalten Elterngeld in Höhe von 65 % ihres im zwölfmonatigen Bemessungszeitraum vor der Geburt des Kindes erhaltenen Nettoeinkommens.

4. Teilelterngeld und getrennte Berechnung bei Basiselterngeld und Elterngeld Plus

Elterngeld wird auch für die Lebensmonate gezahlt, in denen ein Elternteil die Erwerbstätigkeit nicht unterbricht, sondern lediglich einschränkt, also **Teilzeitarbeit** leistet. Mit dem Elterngeld Plus Gesetz soll die Teilzeitarbeit bei gleichzeitigem Bezug von Teilelterngeld attraktiver werden, da die Eltern mit Elterngeld Plus länger vom Elterngeld profitieren können,[20] weil es für einen doppelt so langen Zeitraum gezahlt wird. Im Beispiel 1 wird dieser Vorteil deutlich. In diesem Zusammenhang ist außerdem zu bedenken, dass Eltern die ihrer jeweiligen Lebensphase angepasste Elterngeldvariante wählen können.[21] So kann der Einkommensverlust in Phasen mit geringem Teilzeiteinkommen durch Basiselterngeld und in Phasen mit hohem Teilzeiteinkommen durch Elterngeld Plus ausgeglichen werden, da das Elterngeld Plus zwar geringer ist, jedoch doppelt solange gezahlt wird.[22] Die Betreuungsperson, die nicht mehr als 30 Wochenstunden im Monatsdurchschnitt arbeitet, erhält 67 % bzw. mindestens 65 % des bis zur Bemessungsgrenze von 2770 € entfallenden Einkommens. Verglichen wird das durchschnittliche Einkommen vor der Geburt mit dem voraussichtlich durchschnittlich erzielten Einkommen nach der Geburt. Liegen die Einkommensausfälle oberhalb dieser Bemessungsgrenze, besteht nur ein Anspruch auf den Mindestelterngeldbetrag von 300 € (150 € bei Elterngeld Plus) monatlich. Unterhalb von 2770,00 € wird der Wegfall von Einkommen in der Differenz zu dem Betrag der Bemessungsgrenze in Höhe von 67 % bzw. 65 % ersetzt (**Abs. 3**).[23] Wird während des Elterngeldbezugs eine Teilzeitbeschäftigung aufgenommen, so muss die Elterngeldstelle davon unverzüglich informiert werden, um die Höhe des Elterngeldes neu berechnen zu können.

9

> **Beispiel 1:**
> Susanne ist allein erziehend und verdiente vor der Geburt monatlich 1400 € netto. Nach der Geburt arbeitet sie in Teilzeit und erhält monatlich 550 € netto. Für die Berechnung des Teilelterngeldes ist der Einkommensverlust zwischen dem Einkommen aus Teilzeittätigkeit und dem früheren Vollzeitgehalt in Höhe von 850 € maßgeblich, auf den die Einkommensersatzrate von

---

20 Düwell in jurisPR-ArbR 41/2014.
21 Vgl. Rn. 4.
22 BT-Drs. 18/2583, S. 24.
23 § 2 Abs. 3 BEEG findet aber nur dann Anwendung, wenn die elterngeldberechtigte Person nach der Geburt des Kindes auch positive Einkünfte, d.h. berücksichtigungsfähiges Einkommen, erwirtschaftet hat. Bei negativen Einkünften (hier steuerrechtliche Verluste eines selbständigen Rechtsanwalts durch Betriebskosten für die Zeit der Kinderbetreuung) entfällt jedoch die Einkommensersatzfunktion des Elterngeldes, vgl. BSG 4.9.2013 – B 10 EG 18/12 R.

§ 2 Höhe des Elterngeldes

65 % angelegt wird. Susanne erhält bei Wahl des Basiselterngeldes zusätzlich 550 € Teilbasiselterngeld, so dass sie auf insgesamt 1100 € Einkommen kommt. Würde sie Elterngeld Plus wählen, dann stünden ihr 455 € Teilelterngeld Plus zu (= 1005 € Gesamteinkommen) da sie bei voller beruflicher Unterbrechung ein Basiselterngeld in Höhe von 910 € monatlich beanspruchen könnte (65 % von 1400 €), und das Elterngeld Plus monatlich höchstens die Hälfte des Basiselterngeldes beträgt, welches ihr zustünde, wenn sie während des Elterngeldbezugs keine Einnahmen aus Erwerbstätigkeit hat oder hätte.

Beispiel 2:
Bernd und Nele sind verheiratet. Bernd verdiente vor der Geburt von Jan 6600 € brutto und Nele 7100 € brutto in den Steuerklassen IV. Sie hatten ein gemeinsames Einkommen von über 7330 € netto. Nele war in den ersten sechs Monaten nach der Geburt nicht erwerbstätig. Es entfällt ihr Nettolohn von rund 3800 €. Ihr Elterngeld als Basiselterngeld entspricht dem Höchstbetrag von 1800 € (bei Elterngeld Plus 900 €). Bernd, der als Alleinverdiener nun in die Steuerklasse III wechselt, verdient dann etwa 4200 € netto. Zusammen mit dem Kindergeld von 188 € verfügt die Familie somit über gut 6188 €, was etwa 84 % des früheren Einkommens entspricht.
Ab dem siebten Monat arbeitet Nele in Teilzeit, ihr maßgebliches Nettoeinkommen beträgt rund 2000 €. Da vom Einkommen vor der Geburt höchstens 2770 € für das Elterngeld berücksichtigt werden, bestimmt sich das Elterngeld nun aus der Differenz von 2770 € und 2000 €. Es beträgt 65 % hiervon, also 500,50 € als Basiselterngeld. Damit liegt das verfügbare Einkommen einschließlich Kindergeld bei 6884,50 €, das sind ca. 94 % des Einkommens vor der Geburt von Jan.

10 **Zur Orientierung bei der Höhe des Elterngeldes** kann der Elterngeldrechner auf der Internetseite des Bundesministeriums für Familie, Senioren, Frauen und Jugend[24] genutzt werden. In diesem Zusammenhang zu beachten ist jedoch, dass verbindliche Auskünfte nur durch die Elterngeldstellen gegeben werden können.

5. Mindestbetrag

11 Nach **Abs. 4** wird Elterngeld **mindestens in Höhe von 300 €** (= Mindestbasiselterngeld) gezahlt. Also auch Personen, die vor der Geburt des Kindes nicht erwerbstätig waren, erhalten ein Elterngeld. Dieser Betrag ist insbesondere für die Elterngeldberechtigten von Bedeutung, bei denen sich wegen der geringen Höhe des vor der Geburt erzielten Einkommens ein unter 300 € liegendes Elterngeld ergeben würde. Den Sockelbetrag erhalten dementsprechend Alleinverdienerelternpaare wie auch Studierende etc. für die Dauer von zwölf Monaten. Das stellt allerdings eine Verschlechterung zu der früheren Regelung nach dem BErzGG dar. Nach dem

---

24 www.bmfsfj.de oder www.familien-wegweiser.de.

BErzGG erhielt dieser Personenkreis das Geld nämlich 24 Monate lang. Damit profitieren vom Mindestelterngeld hauptsächlich diejenigen, bei denen ein Elternteil erwerbstätig ist. Der erwerbstätige Elternteil kann Elterngeld nur dann in Anspruch nehmen, wenn er seine Erwerbstätigkeit für einen Zeitraum von mindestens zwei Monaten aufgibt oder wenigstens im Sinne des Abs. 3 einschränkt. Der Bezugszeitraum kann dadurch auf 14 Monate erhöht werden. Der **Geschwisterbonus** und der **Mehrlingszuschlag** nach § 2a werden auch beim Mindestelterngeldbezug gezahlt. Die Einkommensermittlung entfällt (anders als bei der Überprüfung der Partnermonate) beim Antrag auf den Mindestbetrag in der Regel. Zu beachten ist, dass auch das Mindestelterngeld von 300 € in ein Elterngeld Plus in Höhe von 150 € monatlich für einen doppelt so langen Zeitraum umgewandelt werden kann (§ 4 Abs. 3 S. 3 Nr. 1 BEEG).

§ 2a Geschwisterbonus und Mehrlingszuschlag

(1) Lebt die berechtigte Person in einem Haushalt mit
1. zwei Kindern, die noch nicht drei Jahre alt sind, oder
2. drei oder mehr Kindern, die noch nicht sechs Jahre alt sind,
wird das Elterngeld um 10 Prozent, mindestens jedoch um 75 Euro erhöht (Geschwisterbonus). Zu berücksichtigen sind alle Kinder, für die die berechtigte Person die Voraussetzungen des § 1 Absatz 1 und 3 erfüllt und für die sich das Elterngeld nicht nach Absatz 4 erhöht.
(2) Für angenommene Kinder, die noch nicht 14 Jahre alt sind, gilt als Alter des Kindes der Zeitraum seit der Aufnahme des Kindes in den Haushalt der berechtigten Person. Dies gilt auch für Kinder, die die berechtigte Person entsprechend § 1 Absatz 3 Satz 1 Nummer 1 mit dem Ziel der Annahme als Kind in ihren Haushalt aufgenommen hat. Für Kinder mit Behinderung im Sinne von § 2 Absatz 1 Satz 1 des Neunten Buches Sozialgesetzbuch liegt die Altersgrenze nach Absatz 1 Satz 1 bei 14 Jahren.
(3) Der Anspruch auf den Geschwisterbonus endet mit Ablauf des Monats, in dem eine der in Absatz 1 genannten Anspruchsvoraussetzungen entfällt.
(4) Bei Mehrlingsgeburten erhöht sich das Elterngeld um je 300 Euro für das zweite und jedes weitere Kind (Mehrlingszuschlag). Dies gilt auch, wenn ein Geschwisterbonus nach Absatz 1 gezahlt wird.

Inhaltsübersicht	Rn.
1. Allgemeines	1
2. Geschwisterbonus	2–4
3. Geschwisterbonus bei angenommenen und behinderten Kindern	5–7
4. Mehrlingszuschlag	8–9

§ 2 a — Geschwisterbonus und Mehrlingszuschlag

1. Allgemeines

1 Die ursprünglich in der alten Fassung des § 2 Abs. 4 und 6 enthaltene Regelung zum Geschwisterbonus und Mehrlingszuschlag ist durch das Gesetz zur Vereinfachung des Elterngeldvollzugs vom 10.9.2012 neu strukturiert und in § 2 a zusammengefasst worden. Der Geschwisterbonus wird nunmehr in Abs. 1 Satz 1 legaldefiniert.[1] Abs. 2 bezieht sich auf angenommene Kinder und Kinder, die mit dem Ziel der Annahme als Kind im Haushalt aufgenommen worden sind sowie auf behinderte Kinder. Für diese Kinder gelten im Zusammenhang mit dem Geschwisterbonus andere Altersgrenzen. Durch Abs. 3 wird die zeitliche Dauer für die Zahlung des Geschwisterbonus festgelegt und Abs. 4 bezieht sich auf den Mehrlingszuschlag. Insgesamt ist die Vorschrift jetzt klarer und besser verständlich formuliert worden, so dass die gesetzgeberische Absicht, die Lesbarkeit zu verbessern,[2] erreicht sein dürfte. Neu ist durch das Elterngeld Plus Gesetz vom 18.12.2014, dass sich nach § 4 Abs. 3 S. 3 Nr. 2 und 3 BEEG für Geburten ab dem 1.7.2015 der Mindestgeschwisterbonus und der Mehrlingszuschlag halbieren, sofern die elterngeldberechtigte Person ein Elterngeld Plus gewählt hat.

2. Geschwisterbonus

2 Abs. 1 trägt dem Umstand Rechnung, dass Elternteile, die bereits ein oder mehrere Kinder haben, nach der Geburt eines weiteren Kindes Einkommenseinschränkungen hinnehmen müssen. Es ist daher ein **Geschwisterbonus** in Höhe von 10 % des Elterngeldes, aber mindestens 75 €, für Mehrkindfamilien festgeschrieben. Der Anspruch auf den Erhöhungsbetrag besteht, solange mindestens ein älteres Geschwisterkind unter drei Jahren im Haushalt lebt, **Abs. 1 Satz 1 Nr. 1**. Leben drei oder mehr ältere Geschwisterkinder im Haushalt, dürfen sie nach **Abs. 1 Satz 1 Nr. 2** das sechste Lebensjahr noch nicht vollendet haben. Der Geburtenabstand zu dem Kind, für das Elterngeld beantragt wird, kann deshalb sogar größer als drei Jahre sein. Vollendet das älteste Kind die jeweilige Altersgrenze, d.h. entweder den dritten oder aber sechsten Geburtstag, so entfällt auch der Erhöhungsbetrag.

> **Beispiel 1:**
> Tom und Anja sind verheiratet. Tom verdient im Monat 3500 € brutto, Anja ist nicht erwerbstätig, sondern betreut den zweijährigen Dirk. Vor der Geburt ihres zweiten Kindes erhält Tom in der Steuerklasse III ein Nettoeinkommen

---

[1] BT-Drs. 17/9841, S. 19.
[2] BT-Drs. 17/9841, S. 19.

Geschwisterbonus und Mehrlingszuschlag § 2 a

von rund 2330 €. Zusammen mit dem Kindergeld hat die Familie netto 2518 € zur Verfügung. Anja übernimmt nach der Geburt von Lena auch weiter die Betreuung der Kinder und erhält 300 € Mindestbasiselterngeld. Für den Zeitraum, in dem Dirk das dritte Lebensjahr noch nicht vollendet hat, erhalten sie zusätzlich den Geschwisterbonus. Dieser beträgt 10 % des Elterngeldes, jedoch mindestens 75 €. Somit beträgt das gesamte Elterngeld von Anja 375 €. Zusammen mit dem Kindergeld für beide Kinder verfügt die Familie dann über 3081 € im Monat, das sind rund 20 % mehr als vorher.

Beispiel 2:
Oliver und Katrin sind verheiratet und haben bereits zwei Kinder (3 und 5 Jahre). Beide sind vor der Geburt des dritten Kindes berufstätig. Katrin verdient 2200 € brutto bei Steuerklasse IV. Das für das Elterngeld maßgebliche, pauschal errechnete (fiktive) Nettoeinkommen liegt bei etwa 1224 €. Das Elterngeld für Katrin beträgt 805,39 € (65,8 % von 1224 €), sofern sie Basiselterngeld gewählt hat. Für den Zeitraum, in dem das älteste Kind das sechste Lebensjahr noch nicht vollendet hat, erhält die Familie zusätzlich einen Geschwisterbonus von 10 % des ihr zustehenden Elterngeldes, also 80,54 €, bis das älteste Kind das sechste Lebensjahr vollendet hat.

Für die Zahlung des Geschwisterbonus sind alle Kinder der elterngeldberechtigten Person zu berücksichtigen, für die diese Person die Voraussetzungen aus § 1 Abs. 1 und 3 erfüllt, **Abs. 1 Satz 2**. Erhöht sich das Elterngeld wegen einer Mehrlingsgeburt gemäß **Abs. 4**, weil Zwillinge oder Drillinge geboren worden sind, entfällt der Geschwisterbonus jedoch. Hintergrund ist, dass bei Mehrlingsgeburten das Elterngeld pro weiterem Kind jeweils um 300 € angehoben wird. 3

Nach **Abs. 3** endet der Anspruch auf den Geschwisterbonus mit Ablauf des Monats, in dem das älteste Kind die jeweilige Altersgrenze aus Abs. 1 erreicht hat. 4

Beispiel:
Wird in einer Familie mit zwei Kindern das älteste Kind am 15. Oktober 2016 drei Jahre alt, so endet die Zahlung des Geschwisterbonus am 31.10.2016.

3. Geschwisterbonus bei angenommenen und behinderten Kindern

Für **angenommene Kinder** oder für im Haushalt lebende Kinder mit dem Ziel der Annahme als Kind, gilt als Alter des Kindes der Zeitraum seit der Aufnahme bei der berechtigten Person. Es handelt sich dabei um ein »fiktives Alter«, das ab der Aufnahme des betroffenen Kindes bei der elterngeldberechtigten Person zählt.[3] Dies geht aus **Abs. 2 Satz 1 und 2** hervor. Der Anspruch auf den Erhöhungsbetrag besteht also auch dann, 5

---

3 BT-Drs. 16/2785, S. 45.

wenn das vor einem Jahr angenommene Kind bereits fünf Jahre alt ist und jetzt noch ein Kind dazu kommt, da es hier auf den Zeitraum seit der Aufnahme und nicht auf das tatsächliche Alter des zuerst angenommenen Kindes ankommt.

6 Bei **behinderten Kindern** beträgt die Altersgrenze jeweils 14 Jahre, **Abs. 2 Satz 3**. Hat ein behindertes Kind im September 2015 sein 12. Lebensjahr vollendet und wird im Oktober 2015 ein weiteres Kind geboren, so wird der Geschwisterbonus auf das Elterngeld für das zweite Kind gezahlt.

7 Auch der Geschwisterbonus bei angenommenen und behinderten Kindern endet nach **Abs. 3** in dem Zeitpunkt, in dem das angenommene oder behinderte Kind die fiktive Altersgrenze bzw. das 14. Lebensjahr vollendet hat.

4. Mehrlingszuschlag

8 Bei **Mehrlingsgeburten** erhöht sich das Elterngeld um je 300 € für das zweite und jedes weitere Kind, **Abs. 4**. Es wird also zusätzlich zum Elterngeld von mindestens 65 % des entfallenden Erwerbseinkommens oder zum Mindestbetrag von 300 € für jedes weitere Mehrlingskind jeweils Elterngeld in Höhe von zusätzlichen 300 € gezahlt. Das Elterngeld kann bei Mehrlingsgeburten auch über den Maximalbetrag von 1800 € hinausgehen.

> **Beispiel:**
> Frauke verdient vor der Geburt 3200 € brutto. Das maßgebliche pauschalierte (fiktive) Nettogehalt bei Steuerklasse IV liegt bei etwa 1817,47 €. Das Elterngeld für den betreuenden Elternteil entspricht bei Geburt eines Kindes 65 % des wegfallenden Einkommens und damit 1181,36 €. Bei einer Geburt von Zwillingen erhöht sich das Elterngeld für das zweite Kind pauschal um 300 € auf 1481,36 €. Bei Drillingen hätte sich ein Elterngeld von 1781,36 € ergeben.

Zu beachten ist gemäß **Abs. 1 Satz 2** jedoch, dass sich das Elterngeld nicht noch einmal um den Geschwisterbonus nach Abs. 1 und 2 erhöht. Ein zusätzlicher Geschwisterbonus kann nur dann gezahlt werden, wenn neben den Mehrlingen noch ein älteres Geschwisterkind existiert,[4] das die in Abs. 1 bzw. Abs. 2 vorgesehenen Altersgrenzen noch nicht überschritten hat, vgl. **Abs. 4 Satz 2**.

9 Mit seiner Entscheidung vom 27.6.2013 hatte das Bundessozialgericht[5] klargestellt, dass der Anspruch auf Elterngeld unabhängig vom Mehrlingszuschlag für **jedes Kind** einer Mehrlingsgeburt zusteht. Im vorliegenden Rechtsstreit hatten beide Eltern teilweise zeitgleich Elterngeld für ihre am 9.2.2007 geborenen Zwillinge beantragt und dabei auf eine Erwerbstätig-

---

4 Buchner/Becker, § 2 Rn. 57.
5 B 10 EG 8/12 R.

keit verzichtet. Das Gericht urteilte, dass »jeder Elternteil für jedes Kind die Anspruchsvoraussetzungen für Elterngeld erfüllen kann und ihm dann grundsätzlich zusammen mit dem anderen Elternteil – für die ersten 14 Lebensmonate des betreffenden Kindes – unter Berücksichtigung von zwei Partnermonaten – bis zu 14 Monatsbeträge Elterngeld zustehen.«[6] Hintergrund bildete für das Gericht die Überlegung, dass weder § 1 noch § 4 Sonderregelungen für Mehrlingskinder enthalten und sich deshalb der Gesetzeswortlaut ausschließlich auf ein bestimmtes Kind beziehe.[7] Im Ergebnis konnten Mehrlingseltern also für jedes Kind Elterngeld für die Dauer von 12 bzw. 14 Monaten in Anspruch nehmen. Hinzu kam der Mehrlingszuschlag von 300 €, der an das Elterngeld für das jeweilige Kind gebunden ist.[8] Diese elterngeldfreundliche Rechtsprechung hat keinen Bestand gehabt, denn schon mit dem Gesetz zur Einführung eines Betreuungsgeldes vom 15.2.2013[9] hatte der Gesetzgeber deutlich gemacht, dass er davon ausgeht, dass die Mehrbelastung der Eltern durch den Mehrlingszuschlag abgegolten wird, nicht aber durch eine mehrfache Leistungsgewährung.[10] Durch das Elterngeld Plus Gesetz hat der Gesetzgeber mit Wirkung ab dem 1.1.2015 in § 1 Abs. 1 S. 2 BEEG klargestellt, dass bei Mehrlingsgeburten nur **ein Anspruch auf Elterngeld** besteht.

§ 2b Bemessungszeitraum

(1) Für die Ermittlung des Einkommens aus nichtselbstständiger Erwerbstätigkeit im Sinne von § 2c vor der Geburt sind die zwölf Kalendermonate vor dem Monat der Geburt des Kindes maßgeblich. Bei der Bestimmung des Bemessungszeitraums nach Satz 1 bleiben Kalendermonate unberücksichtigt, in denen die berechtigte Person
1. **im Zeitraum nach § 4 Absatz 1 Satz 1 Elterngeld für ein älteres Kind bezogen hat,**
2. **während der Schutzfristen nach § 3 Absatz 2 oder § 6 Absatz 1 des Mutterschutzgesetzes nicht beschäftigt werden durfte oder Mutterschaftsgeld nach dem Fünften Buch Sozialgesetzbuch oder nach dem Zweiten Gesetz über die Krankenversicherung der Landwirte bezogen hat,**
3. **eine Krankheit hatte, die maßgeblich durch eine Schwangerschaft bedingt war, oder**
4. **Wehrdienst nach dem Wehrpflichtgesetz in der bis zum 31. Mai 2011**

---

6 BSG 27.6.2013 – B 10 EG 8/12 R, Rn. 43.
7 BSG 27.6.2013 – B 10 EG 8/12 R, Rn. 44.
8 BSG 27.6.2013 – B 10 EG 8/12 R, Rn. 60.
9 BGBl. I, S. 254.
10 BT-Drs. 17/9917, S. 10.

geltenden Fassung oder nach dem Vierten Abschnitt des Soldatengesetzes oder Zivildienst nach dem Zivildienstgesetz geleistet hat und in den Fällen der Nummern 3 und 4 dadurch ein geringeres Einkommen aus Erwerbstätigkeit hatte.

(2) Für die Ermittlung des Einkommens aus selbstständiger Erwerbstätigkeit im Sinne von § 2 d vor der Geburt sind die jeweiligen steuerlichen Gewinnermittlungszeiträume maßgeblich, die dem letzten abgeschlossenen steuerlichen Veranlagungszeitraum vor der Geburt des Kindes zugrunde liegen. Haben in einem Gewinnermittlungszeitraum die Voraussetzungen des Absatzes 1 Satz 2 vorgelegen, sind auf Antrag die Gewinnermittlungszeiträume maßgeblich, die dem diesen Ereignissen vorangegangenen abgeschlossenen steuerlichen Veranlagungszeitraum zugrunde liegen.

(3) Abweichend von Absatz 1 ist für die Ermittlung des Einkommens aus nichtselbstständiger Erwerbstätigkeit vor der Geburt der steuerliche Veranlagungszeitraum maßgeblich, der den Gewinnermittlungszeiträumen nach Absatz 2 zugrunde liegt, wenn die berechtigte Person in den Zeiträumen nach Absatz 1 oder Absatz 2 Einkommen aus selbstständiger Erwerbstätigkeit hatte. Haben im Bemessungszeitraum nach Satz 1 die Voraussetzungen des Absatzes 1 Satz 2 vorgelegen, ist Absatz 2 Satz 2 mit der zusätzlichen Maßgabe anzuwenden, dass für die Ermittlung des Einkommens aus nichtselbstständiger Erwerbstätigkeit vor der Geburt der vorangegangene steuerliche Veranlagungszeitraum maßgeblich ist.

Inhaltsübersicht	Rn.
1. Allgemeines	1
2. Bemessungszeitraum bei nichtselbständiger Erwerbstätigkeit	2– 4
3. Bemessungszeitraum bei selbständiger Erwerbstätigkeit	5– 6
4. Ausnahmeregelung bei nichtselbständiger und selbständiger Erwerbstätigkeit im Bemessungszeitraum	7–10

1. Allgemeines

1 § 2b regelt den Bemessungszeitraum, d.h. den Zeitraum, der die Berechnungsgrundlage des Elterngeldes bildet. Dabei differenziert die Vorschrift in den Absätzen 1 und 2 nach nichtselbständiger und selbständiger Erwerbstätigkeit und enthält in Absatz 3 eine Ausnahmeregelung für den Wechsel von selbständiger in unselbständige Arbeit während des Bemessungszeitraums sowie für sog. Mischeinkünfte aus selbständiger und nichtselbständiger Arbeit. Es handelt sich um eine Kollisionsregel,[1] die die

---
1 Ismer/Luft/Schachameyer, NZS 2013, 327, 333.

Deckungsgleichheit der Bemessungszeiträume für unselbständige und selbstständige Arbeit gewährleisten soll.[2]

2. Bemessungszeitraum bei nichtselbständiger Erwerbstätigkeit

Abs. 1 legt den Bemessungszeitraum bei einem Einkommen aus nichtselbständiger Tätigkeit im Sinne von § 2 c fest. Das für die Berechnung des Elterngeldes maßgebliche Einkommen wird auf der Basis der letzten zwölf Monate vor dem Monat der Geburt des Kindes ermittelt. Da Abs. 1 ausschließlich auf die Situation der nichtselbständigen Erwerbstätigkeit bezogen ist, ist in dem Moment **Abs. 3** anwendbar, wenn ein weiteres Einkommen aus selbständiger Arbeit hinzukommt.[3] Elterngeldberechtigte Personen mit solchen **Mischeinkünften** werden dementsprechend wie ausschließlich Selbständige behandelt und dies kann für eine Reihe von betroffenen Eltern zu erheblichen finanziellen Einbußen beim Elterngeld führen,[4] insbesondere wenn sie sich im Übergang vom Studium in einen Beruf befinden.

2

> **Beispiel:**
> Petra hat ihr Studium der Psychologie im Februar 2013 erfolgreich abgeschlossen und überbrückt die drei Monate bis zur Aufnahme einer nichtselbständigen Arbeit als angestellte Psychologin im Juni 2013 mit einem Bruttomonatseinkommen in Höhe von 3000 € mit freiberuflicher selbständiger Arbeit. Ihr Kind wird im Dezember 2013 geboren. Ihr Elterngeld wird auf der Basis des letzten abgeschlossenen steuerlichen Veranlagungszeitraums berechnet, nämlich das Jahr 2012. 2012 hatte sie als Studentin jedoch keine elterngeldrelevanten Einkünfte, denn das BAföG bleibt für die Berechnung außer Betracht. Petra erhält deshalb das Mindestelterngeld in Höhe von 300 €.

Dies stellt nach Ansicht des LSG Bremen-Niedersachsen[5] eine unzumutbare Härte dar, da die betroffene Frau unter Zugrundelegung des Bemessungszeitraums für unselbständige Arbeit aus § 2b Abs. 1 BEEG ein deutlich höheres Elterngeld erhalten hätte. Für das LSG Bremen-Niedersachsen liegt dann eine mit der typisierenden Regelung des § 2b Abs. 3 BEEG verbundene unzumutbare Härte vor, wenn das Elterngeld um mehr als 20 % niedriger ausfällt. Elterngeld hat eine Einkommensersatzfunktion[6] und soll gerade das Einkommen ausgleichen helfen, welches unmittelbar

---

2 BT-Drs. 17/9841, S. 21.
3 BT-Drs. 17/9841, S. 20.
4 Kritisch dazu Ismer/Luft/Schachameyer, NZS 2013, 327, 333; Löbner, Sozialrecht aktuell 2014, 1, 4.
5 LSG Bremen-Niedersachsen 25.2.2015 – L 2 EG 4/14 (noch nicht rechtskräftig).
6 BVerfG 6.6.2011 – 1 BvR 2712/09.

vor der Geburt des Kindes erzielt worden ist. Es soll den Eltern, die sich nach der Geburt vorrangig um die Kinderbetreuung kümmern und deshalb die Erwerbstätigkeit ganz oder teilweise unterbrechen, eine dem individuellen Einkommen angepasste Lebensgrundlage gewährleisten.[7] Eine ausschließlich am Wortlaut orientierte Anwendung des § 2 b BEEG[8] führt dabei nicht nur zu sachwidrigen Auslegungsergebnissen[9] und unzumutbaren Härten, sondern auch zu einer unverhältnismäßigen Ungleichbehandlung von Eltern in unterschiedlichen finanziellen Situationen unmittelbar vor der Geburt im Sinne des Art. 3 Abs. 1 GG.[10] Weiter ist die Europarechtskonformität des § 2 b Abs. 3 BEEG zumindest fraglich, da die Elternurlaubsrichtlinie 2010/18/EU vom 8.3.2010[11] sowohl in ihren Erwägungsgründen Nr. 19 und Nr. 20 als auch in Art. 5 Nr. 5 Abs. 2 klarstellt, dass eine Vergütung und deren Höhe während eines Elternurlaubs entscheidend dafür sind, ob überhaupt Elternurlaub, insbesondere auch von Vätern, in Anspruch genommen wird. Auch Art. 33 Abs. 2 der Grundrechte-Charta sieht einen bezahlten Elternurlaub vor. Die Nutzung eines bezahlten Elternurlaubs macht für Eltern aber nur dann Sinn, wenn sich dieser auch am tatsächlich vor der Geburt des Kindes erzielten Einkommen orientiert.[12] An dieser Stelle bleibt die noch ausstehende Entscheidung des BSG[13] abzuwarten.

3   Nach **Abs. 1 Satz 2** werden bestimmte Kalendermonate bei der Festlegung des Bemessungszeitraums ausgeklammert. Unberücksichtigt bleiben gemäß **Nr. 1** Zeiträume, in denen Elterngeld für ein älteres Kind bezogen worden ist. Keine Rolle spielt es nach der alten Rechtslage für Geburten vor dem 1.7.2015, ob die elterngeldberechtigte Person die Auszahlung des Elterngeldes über § 6 Satz 2 verlängert hat. Mit dem Elterngeld Plus Gesetz ist die Verlängerungsmöglichkeit aus § 6 Satz 2 gestrichen und durch die Einführung des Elterngeld Plus abgelöst worden. Allerdings bleiben jetzt nur noch die ersten 14 Monate Elterngeldbezug (Basiselterngeld oder Elterngeld Plus) für Geburten ab dem 1.7.2015 außer Betracht. Bezieht die elterngeldberechtigte Person dagegen nach dem 14. Lebensmonat des Kindes Elterngeld Plus, dann wird ab diesem Zeitpunkt das Elterngeld für das ältere Kind berücksichtigt. Anderenfalls würden für die Bemessung des Elterngeldes für das jüngere Kind bis zu 36 Monate unberücksichtigt bleiben und dies stünde nicht mehr im Einklang mit der tatsächlichen

---

7   LSG Bremen-Niedersachsen 25.2.2015 – L 2 EG 4/14 Rn. 39.
8   So aber SG München 8.1.2015 – S 33 EG 17/14; SG Karlsruhe 30.6.2015 – S 11 EG 1430/15.
9   Vgl. auch LSG Hamburg 23.4.2015 – L 1 EG 8/14.
10 LSG Bremen-Niedersachsen 25.2.2015 – L 2 EG 4/14 Rn. 53.
11 ABl. EG Nr. L 68, S. 13.
12 Vgl. zum Ganzen Graue/Diers, NZS 2015, 777.
13 BSG – B 10 EG 5/15 R.

wirtschaftlichen Situation der Eltern vor der Geburt des jüngeren Kindes.[14] Mit der **Nr. 2** bleiben außerdem die Monate unberücksichtigt, in denen die mutterschutzrechtlichen Beschäftigungsverbote aus § 3 Abs. 2 und § 6 Abs. 1 MuSchG – in der Regel sechs Wochen vor und acht Wochen nach der Geburt – eingreifen oder Mutterschaftsgeld nach dem Fünften Buch Sozialgesetzbuch (SGB V) oder dem 2. Gesetz über die Krankenversicherung der Landwirte (2. KVLG) bezogen worden ist. In beiden Fällen verschiebt sich der zwölfmonatige Bemessungszeitraum um die Anzahl der unberücksichtigt gebliebenen Kalendermonate in die Vergangenheit, d. h., es kommt auf die zwölf Kalendermonate **vor Bezug des Mutterschafts- bzw. Elterngeldes** an.[15] Von der gesetzgeberischen Klarstellung, dass diese Verschiebung auch erfolgt, wenn die mutterschutzrechtlichen Beschäftigungsverbote ohne Bezug von Mutterschaftsgeld gelten, sind ausdrücklich privat krankenversicherte Arbeitnehmerinnen erfasst.[16] Zu beachten ist noch, dass die Inanspruchnahme von Elternzeit für ein älteres Kind ohne gleichzeitigen Elterngeldbezug nicht zu der Verschiebung des Zwölfmonatszeitraums in die Vergangenheit führt.[17] Daraus kann folglich eine erhebliche Minderung des Elterngeldes resultieren, wenn im fraglichen Zeitraum kein Einkommen erzielt worden ist.[18]

Nach **Nr. 3** bleiben auch Zeiten mit Verdienstausfällen wegen einer schwangerschaftsbedingten Erkrankung außer Betracht. Gemäß **Nr. 4** sind schließlich Wehr- und Zivildienstzeiten bei der Ermittlung des Erwerbseinkommens vom Bemessungszeitraum ausgenommen, die in der bis zum 31.5.2011 geltenden Fassung des Wehrpflichtgesetzes geleistet worden sind. Hiermit soll insbesondere den mit der zum 1.6.2011 aufgehobenen Wehrpflicht verbundenen Beschränkungen der Berufsausübungsfreiheit Rechnung getragen werden.[19] Eventuelle Benachteiligungen bei der einkommensabhängigen Berechnung des Elterngeldes sollen dadurch ausgeglichen werden, dass die betroffenen Monate aus dem Bemessungszeitraum herausgenommen und durch weiter in der Vergangenheit liegende Monate ersetzt werden,[20] da diese Zeiten ohne die Verschiebung in der Regel zu einer Verringerung des Elterngeldes führen würden. **§ 2b Abs. 1 Satz 2 Nr. 1 bis 4** stellt demnach einen Nachteilsausgleich dar. Allerdings fehlen andere ebenso anerkennenswerte Verlängerungstatbestände, wie z. B. ein freiwilliges soziales oder ökologisches Jahr, ein

4

---

14 BT-Drs. 18/2583, S. 24.
15 Ebener/Graue, S. 103.
16 BT-Drs. 17/9841, S. 20.
17 Wersig in Vereinbarkeit von Familie und Beruf, Kap. 6.2, § 2 Rn. 7.1.
18 BSG 25.6.2009 – B 10 EG 8/08 R.
19 BT-Drs. 17/9841, S. 21.
20 S. BR-Drs. 341/08, S. 7.

anderer Freiwilligendienst nach dem Jugendfreiwilligendienstgesetz oder eine Pflege- bzw. Familienpflegezeit. Kritisch ist außerdem, dass es nicht der Antragstellung bedarf, sondern dass die Verschiebung des Bemessungszeitraums in die Vergangenheit automatisch erfolgt. Dies kann in Einzelfällen zur Schlechterstellung der betroffenen Eltern im Hinblick auf die Elterngeldhöhe führen, wenn trotz Verdienstausfällen die Einnahmen höher sind als in den ersatzweise zu berücksichtigenden Monaten.[21]

3. Bemessungszeitraum bei selbständiger Erwerbstätigkeit

5 Mit **Abs. 2** wird der Bemessungszeitraum festgelegt, der für die Ermittlung des Einkommens von Selbständigen im Sinne des § 2 d verantwortlich ist. Für die Einkommensermittlung von Selbständigen sind dabei die Gewinnermittlungszeiträume maßgeblich, die dem letzten abgeschlossenen steuerlichen Veranlagungszeitraum vor der Geburt des Kindes zugrunde liegen, **Abs. 2 Satz 1**. Der Nachweis für das Einkommen aus selbständiger Erwerbstätigkeit wird somit ausschließlich durch den Einkommenssteuerbescheid erbracht, wobei es für die Frage nach dem Abschluss des Veranlagungszeitraums nicht auf den Zugang des Bescheids ankommt, sondern auf den letzten Tag des Veranlagungszeitraums.[22] Da eine einheitliche Festlegung des Bemessungszeitraums wegen der unterschiedlichen Arten selbständiger Arbeit (Land- und Forstwirtschaft, Gewerbebetrieb oder selbständige Tätigkeit) nicht möglich ist,[23] ist der Einkommenssteuerbescheid die sachgerechteste Grundlage der Einkommensermittlung. Die Anknüpfung an den Einkommenssteuerbescheid bei Selbständigen verdeutlicht außerdem die enge Anbindung der Elterngeldberechnung an das Einkommenssteuerrecht,[24] die sich auch auf die nichtselbständige Erwerbsarbeit erstreckt[25]. Dem in diesem Zusammenhang vom Bundessozialgericht entwickelten »modifizierten Zuflussprinzip«[26], demnach es nicht auf den tatsächlichen Zufluss des Arbeitsentgelts bei Arbeitnehmern oder der Einkünfte (z. B. eines Honorars) bei Selbständigen ankommt, sondern vielmehr auf die im Bemessungszeitraum bereits erwirtschaftete Leistung, hat der Gesetzgeber eine Absage erteilt. Allerdings hat sich das Bundessozialgericht schon zwei Jahre später wieder vom selbst entwickelten modifizierten Zuflussprinzip gelöst und ausschließlich einkommenssteu-

---

21 Ismer/Luft/Schachameyer, NZS 2013, 327, 333.
22 BT-Drs. 17/9841, S. 20.
23 BT-Drs. 17/9841, S. 21.
24 Richter, DStR 2012, 2285, 2286.
25 Dau, jurisPR-SozR 20/2012 Anm. 1.
26 BSG 30.9.2010 – B 10 EG 19/09 R; BSG 18.8.2011 – B 10 EG 5/11 R.

errechtliche Regeln angewendet.[27] Deshalb ist es nunmehr für Selbständige wie für Arbeitnehmer einzig und allein ausschlaggebend, wann die jeweiligen Einkünfte auf dem Konto eingegangen sind.[28]

Abs. 2 Satz 2 ermöglicht dem elterngeldberechtigten Elternteil außerdem, durch einen Antrag den Bemessungszeitraum zu verschieben, wenn in dem eigentlich maßgeblichen Veranlagungszeitraum ein Tatbestand im Sinne des § 2b Abs. 1 Satz 2 (z. B. Elterngeldbezug für ein älteres Kind etc.) vorgelegen hat. In diesem Fall ist der vorhergehende Veranlagungszeitraum entscheidend. Diese Verschiebung der maßgeblichen Veranlagungszeiträume kann sogar mehrmals erfolgen,[29] so dass damit faktisch ein Wahlrecht existiert, welches Bemessungseinkommen der Berechnung des Elterngeldes zugrunde gelegt werden soll.[30] Existenzgründer, die ein Kind im Jahr der Gründung des Unternehmens bekommen, sind damit jedoch faktisch schlechter gestellt, da sie lediglich das Mindestelterngeld in Höhe von 300 € (bzw. 150 € bei Elterngeld Plus) aus § 2 Abs. 4 beanspruchen können.[31]

4. Ausnahmeregelung bei nichtselbständiger und selbständiger Erwerbstätigkeit im Bemessungszeitraum

Die von § 2b vorgenommene Differenzierung zwischen unselbständiger und selbständiger Erwerbstätigkeit erfordert in **Abs. 3** eine Kollisionsregel,[32] wenn vor der Geburt des Kindes sowohl Monate mit Einkommen aus selbständiger als auch aus unselbständiger Arbeit gegeben sind. **Abs. 3 Satz 1** bestimmt deshalb für diese Fallkonstellation, dass der Ermittlungszeitraum für selbständige Arbeit gemäß Abs. 2 für die Berechnung des Elterngeldes entscheidend ist und es allein auf den Einkommenssteuerbescheid des letzten abgeschlossenen Veranlagungszeitraums im Kalenderjahr vor der Geburt ankommt. Damit wird nicht nur das Einkommen aus der wechselnden Erwerbstätigkeit vollständig erfasst, sondern auch der Gleichlauf der Bemessungszeiträume hergestellt.[33]

Abs. 3 Satz 2 sieht wiederum die Möglichkeit der einheitlichen Verschiebung des Bemessungszeitraums auf Antrag vor, wenn die elterngeldberechtigte Person im maßgeblichen Zeitraum z. B. Elterngeld für ein älteres Kind erhalten oder Wehr- bzw. Zivildienst etc. im Sinne von § 2b Abs. 1

---

27 BSG 5. 4. 2012 – B 10 EG 10/11 R.
28 So auch Richter, DStR 2012, 2285, 2286.
29 BT-Drs. 17/9841, S. 21.
30 Ismer/Luft/Schachameyer, NZS 2013, 327, 333.
31 Ismer/Luft/Schachameyer, NZS 2013, 327, 333.
32 Ismer/Luft/Schachameyer, NZS 2013, 327, 333.
33 BT-Drs. 17/9841, S. 21.

Graue

Satz 2 geleistet hat.[34] Demnach wird hier die Einkommensermittlung auf der Basis der Gewinnermittlungszeiträume des vorangegangenen steuerlichen Veranlagungszeitraums sowie für die nichtselbständige Tätigkeit zusätzlich der letzte steuerliche Veranlagungszeitraum vor der Geburt berücksichtigt.[35]

9 Hat die elterngeldberechtigte Person gleichzeitig sowohl Einkünfte aus unselbständiger als auch aus selbständiger Arbeit, d. h. sie verfügt über **Mischeinkünfte**, dann wird das Einkommen im Kalenderjahr vor dem Jahr der Geburt des Kindes anhand der Lohn- und Gehaltsbescheinigungen des Arbeitgebers für die unselbständige Arbeit ermittelt und das Einkommen aus der selbständigen Arbeit anhand des Steuerbescheids des maßgeblichen Kalenderjahres.[36] Diese Verschiebung des Bemessungszeitraums kann unter Umständen zu unzumutbaren Härten für die betroffenen Eltern führen.[37]

10 Im Ergebnis dient Abs. 3 zwar der Verwaltungsvereinfachung, denn die vorrangige und einheitliche Berücksichtigung des letzten steuerlichen Veranlagungszeitraums, der durch den entsprechenden Einkommensteuerbescheid im Kalenderjahr vor der Geburt nachgewiesen wird, mag die Elterngeldberechnung deutlich vereinfachen. Es bleibt jedoch bei der oben ausgeführten Kritik, mit der sich das BSG[38] in den nächsten Monaten auseinanderzusetzen haben wird.

§ 2c Einkommen aus nichtselbstständiger Erwerbstätigkeit

(1) Der monatlich durchschnittlich zu berücksichtigende Überschuss der Einnahmen aus nichtselbstständiger Arbeit in Geld oder Geldeswert über ein Zwölftel des Arbeitnehmer-Pauschbetrags, vermindert um die Abzüge für Steuern und Sozialabgaben nach den §§ 2e und 2f, ergibt das Einkommen aus nichtselbstständiger Erwerbstätigkeit. Nicht berücksichtigt werden Einnahmen, die im Lohnsteuerabzugsverfahren nach den lohnsteuerlichen Vorgaben als sonstige Bezüge zu behandeln sind. Maßgeblich ist der Arbeitnehmer-Pauschbetrag nach § 9a Satz 1 Nummer 1 Buchstabe a des Einkommensteuergesetzes in der am 1. Januar des Kalenderjahres vor der Geburt des Kindes für dieses Jahr geltenden Fassung.

(2) Grundlage der Ermittlung der Einnahmen sind die Angaben in den für die maßgeblichen Monate erstellten Lohn- und Gehaltsbescheini-

---

34 Vgl. Rn. 6.
35 BT-Drs. 17/9841, S. 21.
36 BMFSFJ (Hrsg.), S. 21 f.; BT-Drs. 17/9841, S. 21.
37 Vgl. Rn. 2.
38 BSG – B 10 EG 5/15 R.

gungen des Arbeitgebers. Die Richtigkeit und Vollständigkeit der Angaben in den maßgeblichen Lohn- und Gehaltsbescheinigungen wird vermutet.

(3) Grundlage der Ermittlung der nach den §§ 2e und 2f erforderlichen Abzugsmerkmale für Steuern und Sozialabgaben sind die Angaben in der Lohn- und Gehaltsbescheinigung, die für den letzten Monat im Bemessungszeitraum mit Einnahmen nach Absatz 1 erstellt wurde. Soweit sich in den Lohn- und Gehaltsbescheinigungen des Bemessungszeitraums eine Angabe zu einem Abzugsmerkmal geändert hat, ist die von der Angabe nach Satz 1 abweichende Angabe maßgeblich, wenn sie in der überwiegenden Zahl der Monate des Bemessungszeitraums gegolten hat. § 2c Abs. 2 Satz 2 gilt entsprechend.

Inhaltsübersicht	Rn.
1. Allgemeines	1
2. Grundlagen der Einkommensberechnung	2– 5
3. Lohn- und Gehaltsbescheinigungen des Arbeitgebers	6
4. Nachweis der Abzugsmerkmale	7–10

1. Allgemeines

§ 2c enthält die grundlegende Regelung zur Einkommensermittlung bei 1
nichtselbständiger Arbeit im Bemessungs- und Bezugszeitraum des Elterngeldes.[1] Mit dem Gesetz zur Vereinfachung des Elterngeldvollzugs vom 10.9.2012 wurde insbesondere der pauschale Abzug von Steuern und Sozialversicherungsbeiträgen für Geburten ab dem 1.1.2013 ins BEEG eingeführt, um dass für das Elterngeld maßgebliche (fiktive) Nettoeinkommen zu bestimmen. Kernpunkt der Vorschrift ist es, aus den Lohn- bzw. Gehaltsbescheinigungen des Arbeitgebers im Bemessungszeitraum das laufende steuerpflichtige Bruttoeinkommen zu entnehmen, um daraus EDV-gesteuert ein fiktives Nettoeinkommen zu errechnen.[2] Als Vorbild dient dabei die Berechnung des Arbeitslosengeldes nach § 153 SGB III[3] und des Wohngeldes.[4] In § 2c findet sich aber nur der Hinweis auf den pauschalen Abzug für Steuern nach Maßgabe des § 2e und den für Sozialversicherungsbeiträge gemäß § 2f. Deshalb sind auch erst diesen beiden Vorschriften die konkreten Pauschalen zu entnehmen. § 2c ist vor diesem Hintergrund die Ausgangsnorm für die nichtselbständige Erwerbstätigkeit – die Konkretisierung erfolgt durch die §§ 2e und 2f, die allerdings sehr

---

1 BT-Drs. 17/9841, S. 21.
2 Richter, DStR 2012, 2285.
3 Richter, DStR 2012, 2285, 2286; Dau, jurisPR-SozR 20/2012 Anm. 1.
4 Schmidt, NWB 2012, 3448, 3449.

textintensiv ausgestaltet sind und eine Berechnung des Elterngeldes im Vorfeld regelmäßig erschweren.[5]
Mit dem Elterngeld Plus Gesetz vom 18.12.2014 ist es zu Ergänzungen und Klarstellungen in der Vorschrift gekommen, nämlich in § 2c Abs. 1 S. 2, in Abs. 2 durch die Aufnahme der Richtigkeits- und Vollständigkeitsvermutung der Lohn- und Gehaltsbescheinigungen des Arbeitgebers sowie in Abs. 3, der auf die Richtigkeits- und Vollständigkeitsvermutung des Abs. 2 verweist.

2. Grundlagen der Einkommensberechnung

2   In **Abs. 1 Satz 1** ist der Inhalt des früheren § 2 Abs. 7 BEEG a.F. aufgegangen.[6] Das Einkommen aus nichtselbständiger Arbeit errechnet sich nach **Abs. 1 Satz 1** zunächst aus dem monatlich durchschnittlich zu berücksichtigenden Überschuss der Einnahmen in Geld oder Geldeswert über ein Zwölftel des Arbeitnehmer-Pauschbetrags. Der Arbeitnehmer-Pauschbetrag, mit dem der Werbungskosten-Pauschbetrag gemäß § 9a Satz 1 Nummer 1 Buchstabe a des Einkommensteuergesetzes gemeint ist,[7] der jedes Kalenderjahr zum 1. Januar neu festgelegt wird (vgl. **Abs. 1 Satz 3**), beträgt zurzeit kalenderjährlich 1000 €. Hiervon wird für jeden Monat des Bemessungszeitraums ein Zwölftel in Abzug gebracht, derzeit also 83,33 €. Eine Berücksichtigung individuell ggf. höherer oder niedrigerer Werbungskosten scheidet damit folglich aus. Berücksichtigt werden weiter die Einnahmen in Geld oder Geldeswert. Damit knüpft die Vorschrift für die Frage, ob ein geldwerter Vorteil im Rahmen des Arbeitsverhältnisses gewährt worden ist (u.a. ein Dienstwagen, der auch zur privaten Nutzung überlassen ist, eine Werkmietwohnung etc.), an die steuerrechtliche Regelung des § 8 Abs. 1 EStG an.[8]

3   **Abs. 1 Satz 2** stellt außerdem klar, dass »sonstige Bezüge« im Lohnsteuerabzugsverfahren keine Berücksichtigung finden. Diese Klarstellung ist durch das Elterngeld Plus Gesetz noch einmal hervorgehoben worden, indem die Einordnung von Lohn- und Gehaltsbestandteilen als sonstige Bezüge allein nach lohnsteuerlichen Vorgaben erfolgt.[9] Unter die »sonstigen Bezüge« fallen nach § 38a Abs. 1 S. 3 und § 39b EStG **Einmalzahlungen** wie z.B. Weihnachtsgeld, Urlaubsgeld, 13. Monatsgehalt, eine einmalige Abfindung, eine jährliche Leistungsprämie und Jubiläumszuwen-

---

5 Schmidt, NWB 2012, 3448, 3449; so auch Ismer/Luft/Schachameyer, NZS 2013 327, 334.
6 BT-Drs. 17/9841, S. 21.
7 Buchner/Becker, § 2 Rn. 31.
8 Buchner/Becker, § 2 Rn. 29.
9 BT-Drs. 18/2583, S. 24.

dungen.[10] Steuerfreie **Zuschläge** für Sonntags-, Feiertags- oder Nachtarbeit sowie Schichtzulagen bleiben bei der Einkommensermittlung ebenfalls außer Betracht.[11] Nicht berücksichtigt werden darüber hinaus vom Arbeitgeber durch Gehaltsumwandlung steuerfrei gezahlte Beiträge zu einer **betrieblichen Altersversorgung** in Form einer Pensionskasse, Direktversicherung oder eines Pensionsfonds.[12] Das Bundessozialgericht hat jedoch regelmäßig an einem Stichtag gezahlte **Umsatzbeteiligungen** (Provisionen) als laufenden Arbeitslohn interpretiert und dementsprechend als elterngeldsteigerndes Einkommen berechnet.[13]

Hat die elterngeldberechtigte Person vor der Geburt des Kindes ein Einkommen aus mehreren Arbeitsverhältnissen, weil sie z. B. eine zusätzliche geringfügige Beschäftigung im Sinne von § 8 Abs. 1 SGB IV[14] ausübt, so werden die Einnahmen aus beiden Arbeitsverhältnissen auch zusammengerechnet.[15] 4

Für die Einkommensermittlung spielt es dagegen keine Rolle mehr, ob der Arbeitgeber Arbeitsentgelt verspätet gezahlt hat, denn das vom Bundessozialgericht im Jahr 2010 entwickelte »modifizierte Zuflussprinzip«[16] wurde bereits 2012 wieder aufgegeben[17] und vom Gesetzgeber mit den Änderungen des BEEG für Geburten ab dem 1.1.2013 aufgegriffen. Nunmehr kommt es aufgrund der strikten steuerrechtlichen Behandlung der Einnahmen nur noch auf den tatsächlichen Zufluss des Arbeitsentgelts im Bemessungszeitraum an. Wird die Vergütung demgegenüber später, d. h. nach Ablauf des Bemessungszeitraums, ausgezahlt, so bleiben sie für die Elterngeldberechnung außer Betracht.[18] 5

3. Lohn- und Gehaltsbescheinigungen des Arbeitgebers

Nach **Abs. 2** richtet sich die Einkommensermittlung nach den Angaben, die den vom Arbeitgeber zu erstellenden Lohn- und Gehaltsbescheinigungen für die maßgeblichen Monate zu entnehmen sind. Den Lohn- und Gehaltsbescheinigungen kommt dabei sowohl eine Vollständigkeits- als auch eine Richtigkeitsvermutung zu;[19] dies hat der Gesetzgeber durch die 6

---

10 BT-Drs. 16/1889, 21; Ebener/Graue, S. 106.
11 LSG Baden-Württemberg 28.6.2011 – L 11 EG 4107/09.
12 BSG 25.6.2009 – B 10 EG 9/08 R.
13 BSG 3.12.2009 – B 10 EG 3/09 R.
14 Die Einkommensgrenze bei sog. Mini-Jobs wurde zum 1.1.2013 auf 450 € angehoben, § 8 Abs. 1 Nr. 1 SGB IV.
15 Ebener/Graue, S. 107.
16 BSG 30.9.2010 – B 10 EG 19/09 R; BSG 18.8.2011 – B 10 EG 5/11 R.
17 BSG 5.4.2012 – B 10 EG 10/11 R.
18 Dau, jurisPR-SozR 20/2012, Anm. 1.
19 BT-Drs. 17/9841, S. 22.

Aufnahme des Satzes 2 noch einmal klargestellt. Es handelt sich um eine Vermutung, weil der Arbeitgeber die Abrechnungen nach einheitlichen Vorgaben erstellt, die sich aus der Verordnung zur Erstellung einer Entgeltbescheinigung nach § 108 Abs. 3 S. 1 der GewO ergeben.[20] Gleichwohl scheidet eine rechtliche Bindungswirkung aus, da sie lediglich die Sachverhaltsaufklärung durch die Elterngeldstellen erleichtern sollen.[21] Korrekturmeldungen in späteren Monaten, die sich auf die Monate des Bemessungszeitraums beziehen, sind möglich und zwar unabhängig davon, ob der Arbeitgeber eine neue Gehaltsbescheinigung ausstellt oder die Korrektur nur in einer späteren Abrechnung für einen oder mehrere vorangegangene Monate vornimmt.[22]

4. Nachweis der Abzugsmerkmale

7 Aus **Abs. 3 Satz 1** ergibt sich, dass in der Regel die Angaben zu den Abzugsmerkmalen für Steuern und Sozialabgaben in den Lohn- oder Gehaltsbescheinigungen des **letzten Monats im Bemessungszeitraum** entscheidend sind. Zu den für die Einkommensermittlung notwendigen Abzugsmerkmalen für Steuern gehören die Steuerklasse, der Faktor nach § 39 f EStG und die Freibeträge gemäß § 32 Abs. 6 EStG für jedes Kind. Es handelt sich hierbei um den Kinderfreibetrag in Höhe von derzeit 2 184 € und den Freibetrag für den Betreuungs-, Erziehungs- oder Ausbildungsbedarf des Kindes in Höhe von weiteren 1 320 €. Hinzu kommt die ggf. bestehende Kirchensteuerpflicht.[23] Hinsichtlich der Sozialabgaben geht es um die Angaben zur Versicherungspflicht in der Renten-, Kranken-, Pflege- und Arbeitslosenversicherung.

8 **Abs. 3 Satz 2** bezieht sich demgegenüber auf die Situation, dass sich eine Angabe zu einem oder mehreren Abzugsmerkmalen im Bemessungszeitraum geändert hat. Diese **Änderung** kann aber nur dann berücksichtigt werden, wenn sie in der überwiegenden Zahl der Monate des Bemessungszeitraums, d. h. mindestens sieben Monate vor der Geburt des Kindes,[24] gegolten hat. Insbesondere mit Blick auf den vom Bundessozialgericht ausdrücklich akzeptierten **Steuerklassenwechsel** verheirateter Eltern bzw. erstmaliger **Steuerklassenwahl** bei der Eheschließung zur Steigerung des Elterngeldes[25] muss deshalb von den Eltern zügig gehandelt werden: Wollen sie ein höheres Elterngeld beziehen, so ist der Steuerklassenwech-

---

20 BT-Drs. 18/2583, S. 25.
21 Ismer/Luft/Schachameyer, NZS 2013, 327, 330.
22 BT-Drs. 17/9841, S. 22.
23 BT-Drs. 17/9841, S. 22.
24 Schmidt, NWB 2012, 3448, 3451.
25 BSG 25.6.2009 – B 10 EG 3/08 R.

sel in die günstigere Steuerklasse III oder IV für den Elternteil, der nach der Geburt des Kindes zu Hause bleiben will, rechtzeitig beim zuständigen Finanzamt des Wohnorts zu beantragen. Das bedeutet, dass der Steuerklassenwechsel bereits in den ersten beiden Schwangerschaftsmonaten stattgefunden haben muss – findet er später statt, so hat er keine Auswirkungen mehr auf die Höhe des Elterngeldes. Im Ergebnis bedarf es hier der vorausschauenden Elterngeldplanung, um durch niedrigere Steuern im Bemessungszeitraum zunächst ein höheres Nettoeinkommen und später ebenfalls ein höheres Elterngeld zu erzielen.[26]

Hinzuweisen ist an dieser Stelle auf die Regelung des § 2e **Abs. 6**, demnach **Freibeträge** und **Pauschalen** beim Steuerabzug nur noch dann Berücksichtigung finden, wenn sie ohne weitere Voraussetzung jeder berechtigten Person zustehen. Diese Vorschrift führt zu einer finanziellen Schlechterstellung derjenigen Eltern, die in der Vergangenheit durch die Eintragung von Freibeträgen in ihrer Steuerkarte eine Minderung der Steuerlast und somit eine Steigerung des für die Elterngeldberechnung maßgeblichen Nettoeinkommens erreichen konnten.[27] Freibeträge, wie z. B. die für Pendler zwischen Wohnung und Arbeitsstätte oder für eine doppelte Haushaltsführung, spielen keine Rolle mehr.[28] Außer Betracht bleiben außerdem Freibeträge gemäß § 33b EStG für Eltern mit Behinderung oder aber mit einem behinderten Kind. Die damit verbundene Benachteiligung behinderter Menschen, die im Vergleich zur früheren Rechtslage eine deutliche Verschlechterung beim Elterngeld hinnehmen müssen,[29] wurde im Bundestag zwar diskutiert, aber mit den Stimmen der CDU/CSU und FDP gleichwohl verabschiedet.[30] 9

Abs. 3 S. 3 ist neu aufgenommen worden. Danach gilt die Richtigkeits- und Vollständigkeitsvermutung der Lohn- und Gehaltsbescheinigungen auch bei der Ermittlung der Abzugsmerkmale für Steuern und Sozialabgaben.[31] 10

§ 2d Einkommen aus selbstständiger Erwerbstätigkeit

(1) Die monatlich durchschnittlich zu berücksichtigende Summe der positiven Einkünfte aus Land- und Forstwirtschaft, Gewerbebetrieb und selbstständiger Arbeit (Gewinneinkünfte), vermindert um die Ab-

---

26 Ismer/Luft/Schachameyer, NZS 2013, 327, 332.
27 Schmidt, NWB 2012, 3448, 3450.
28 Schmidt, NWB 2012, 3448, 3450.
29 Dau, jurisPR-SozR 20/2012 Anm. 1.
30 BT-Drs. 17/9841, S. 15.
31 BT-Drs. 18/2583, S. 25.

§ 2d   Einkommen aus selbstständiger Erwerbstätigkeit

züge für Steuern und Sozialabgaben nach den §§ 2e und 2f, ergibt das Einkommen aus selbstständiger Erwerbstätigkeit.

(2) Bei der Ermittlung der im Bemessungszeitraum zu berücksichtigenden Gewinneinkünfte sind die entsprechenden im Einkommensteuerbescheid ausgewiesenen Gewinne anzusetzen. Ist kein Einkommensteuerbescheid zu erstellen, werden die Gewinneinkünfte in entsprechender Anwendung des Absatzes 3 ermittelt.

(3) Grundlage der Ermittlung der in den Bezugsmonaten zu berücksichtigenden Gewinneinkünfte ist eine Gewinnermittlung, die mindestens den Anforderungen des § 4 Absatz 3 des Einkommensteuergesetzes entspricht. Als Betriebsausgaben sind 25 Prozent der zugrunde gelegten Einnahmen oder auf Antrag die damit zusammenhängenden tatsächlichen Betriebsausgaben anzusetzen.

(4) Soweit nicht in § 2c Absatz 3 etwas anderes bestimmt ist, sind bei der Ermittlung der nach § 2e erforderlichen Abzugsmerkmale für Steuern die Angaben im Einkommensteuerbescheid maßgeblich. § 2c Absatz 3 Satz 2 gilt entsprechend.

Inhaltsübersicht	Rn.
1. Allgemeines	1– 2
2. Einkommensteuerbescheid als Berechnungsgrundlage im Bemessungszeitraum	3– 6
3. Gewinneinkünfte während des Elterngeldbezugs	7– 8
4. Nachweis der Abzugsmerkmale	9–10

1. Allgemeines

1   Das Einkommen aus selbständiger Arbeit wird nach Maßgabe dieser Vorschrift ermittelt. § 2d ist wie § 2c für die nichtselbständige Arbeit als grundlegende Regelung ausgestaltet. Hier wie dort wird für die pauschalierten Abzüge für Steuern und Sozialabgaben auf die §§ 2e und 2f verwiesen. Somit stellt § 2d die Ausgangsnorm dar, die durch die Abzugsvorgaben in §§ 2e und 2f konkretisiert wird. Die Vorschrift unterscheidet dabei zwischen der Einkommensermittlung im Bemessungszeitraum (Abs. 2), die grundsätzlich auf der Basis des Einkommenssteuerbescheids[1] erfolgt, und der gesonderten Ermittlung im Bezugszeitraum (Abs. 3), da hier im allgemeinen noch kein Steuerbescheid vorliegt.[2] Darüber hinaus wird der Begriff der **Gewinneinkünfte** als die Summe der positiven Ein-

---

1   BT-Drs. 17/9841, S. 22.
2   Ismer/Luft/Schachameyer, NZS 2013, 327, 331.

künfte aus Land- und Forstwirtschaft, Gewerbebetrieb und selbständiger Arbeit definiert.³

Auch die Berechnung des Elterngeldes für Selbständige ist mit dem Gesetz zur Vereinfachung des Elterngeldvollzugs vom 10.9.2012 vereinfacht worden. So wird durch die Pauschalierung der Abzüge wie bei Arbeitnehmern nicht nur der Verwaltungsaufwand reduziert, sondern auch die Bearbeitung der Elterngeldanträge beschleunigt.⁴ Damit kommt es wie bei der nichtselbständigen Arbeit zu einer fiktiven Einkommensberechnung,⁵ die individuellen Besonderheiten keinen Raum bietet.

2. Einkommensteuerbescheid als Berechnungsgrundlage im Bemessungszeitraum

Gemäß **Abs. 2** bildet der Einkommensteuerbescheid des letzten abgeschlossenen steuerlichen Veranlagungszeitraums vor der Geburt des Kindes die Grundlage der Einkommensermittlung. Entscheidend sind demzufolge die im Einkommensteuerbescheid ausgewiesenen **positiven Einkünfte**, die nach **Abs. 1** monatlich durchschnittlich zu berücksichtigen sind. **Negative Einkünfte** werden nach § 2 Abs. 1 Satz 3 mit 0 € angesetzt und schlagen deshalb nicht negativ zu Buche.⁶ Liegt der Einkommensteuerbescheid bei der Stellung des Antrags auf Elterngeld noch nicht vor, kann das Einkommen der selbständigen elterngeldberechtigten Mutter oder des Vaters durch andere Unterlagen nachgewiesen werden. So kann der Nachweis z.B. über den letzten verfügbaren Einkommensteuerbescheid, eine Einnahmen-Überschussrechnung oder eine Bilanz geführt werden⁷ mit der Folge, dass das Elterngeld zunächst nur vorläufig gezahlt wird, vgl. § 8 Abs. 3.⁸ Erst dann, wenn der maßgebliche Einkommensteuerbescheid vorliegt, wird das Elterngeld endgültig berechnet, so dass es unter Umständen auch zu einer Rückzahlung des zuviel erhaltenen Elterngeldes kommen kann.⁹

Abs. 2 Satz 2 bezieht sich auf den Fall, dass kein Einkommensteuerbescheid zu erstellen ist. Diese Situation liegt vor, wenn zwar eine grundsätzliche steuerliche Veranlagungspflicht nach § 25 EStG besteht, jedoch für den Bemessungszeitraum kein geänderter Einkommensteuerbescheid wegen der fehlenden bzw. geringen Auswirkung auf die Höhe der fest-

---

3 BT-Drs. 17/9841, S. 22.
4 Richter, DStR 2012, 2285, 2286.
5 Schmidt, NWB 2012, 3448, 3451.
6 Richter, DStR 2012, 2285, 2286.
7 BMFSFJ (Hrsg.), S. 21.
8 BT-Drs. 17/9841, S. 23.
9 Schmidt, NWB 2012, 3448, 3452.

zusetzenden Steuern zu erlassen ist[10] oder aber vom Finanzamt ausnahmsweise eine sog. Nichtveranlagung bescheinigt wird.[11]

5   Nach Abs. 2 Satz 2 werden die beschriebenen Fälle nach Maßgabe des **Abs. 3** behandelt. Demnach wird die Berechnung des Elterngeldes aufgrund einer Gewinnermittlung der Gewinneinkünfte vorgenommen, die mindestens den Anforderungen des § 4 Abs. 3 EStG entspricht. Betriebsausgaben werden dabei mit einer Pauschale von 25 % angesetzt, Abs. 3 Satz 2.

6   Hier ist insgesamt Kritik angebracht, denn der von der Gesetzesbegründung in Bezug genommene § 156 AO hat nur den seltenen Fall im Blick, in dem ausnahmsweise keine Steuern festzusetzen sind; darüber hinaus findet sich in Abs. 2 Satz 2 keine Aussage zu etwaigen Änderungen des Einkommensteuerbescheids, die ohnehin nur mit einem Bescheid des Finanzamtes ergehen können.[12] Ergeht jedoch ein Bescheid, dann ist die Vorschrift eigentlich vom Wortlaut her nicht anwendbar. Insgesamt muss die Regelung deshalb als wenig geglückt bezeichnet werden.

3. Gewinneinkünfte während des Elterngeldbezugs

7   **Abs. 3** regelt die Ermittlung der Gewinneinkünfte während des Bezugs von Elterngeld. Hintergrund ist, dass für die Bezugsmonate in der Regel noch kein Einkommensteuerbescheid erteilt worden ist und dies deshalb eine gesonderte Berechnung notwendig macht. Die von Abs. 3 Satz 1 vorgesehene Gewinnermittlung muss mindestens den Anforderungen des § 4 Abs. 3 EStG entsprechen, d.h., es genügt eine Einnahmen-Überschussrechnung. Möglich ist aber auch eine Bilanz nach § 4 Abs. 1 bzw. § 5 Abs. 1 EStG. Dabei kann sich die Berechnung auf die Betriebseinnahmen beschränken, weil der Abzug für die Betriebsausgaben gemäß Abs. 3 Satz 2 pauschal vorgenommen wird.[13] Insgesamt wird der Einkommensnachweis durch die Einnahmen-Überschussrechnung erleichtert, so dass der Elterngeldantrag auch schneller bearbeitet werden dürfte.[14]

8   Da die Betriebsausgaben im Zeitraum des Elterngeldbezugs grundsätzlich pauschal mit 25 % der zugrunde gelegten Einnahmen angesetzt werden, bedarf es eines gesonderten **Antrags**, wenn die **tatsächlichen Betriebsausgaben** berücksichtigt werden sollen, § 2d Abs. 3 Satz 2 2. Halbsatz.

---

10   BT-Drs. 17/9841, S. 23 nimmt dabei Bezug auf § 156 Abgabenordnung (AO).
11   Ismer/Luft/Schachameyer, NZS 2013, 327, 331 plädieren hier außerdem dafür, auch die sog. Freistellungsbescheide des Finanzamtes gleich zu behandeln, sofern sie eine Steuer von Null festsetzen.
12   Ismer/Luft/Schachameyer; NZS 2013, 327, 331.
13   Ismer/Luft/Schachameyer, NZS 2013, 327, 331.
14   BT-Drs. 17/9841, S. 23.

Wird der Elterngeldstelle eine Einnahmen-Überschussrechnung übersendet, die höhere Betriebsausgaben als die Pauschale von 25 % verzeichnet, so kann darin gleichzeitig auch ein konkludenter, d. h. stillschweigender, Antrag auf Berücksichtigung der tatsächlichen Betriebsausgaben gesehen werden.[15] Mit der Neuregelung entfällt außerdem der nach der bisherigen Rechtslage erforderliche Prüfungsaufwand im Zusammenhang mit § 2 Abs. 8 und 9 BEEG a. F., denn es muss von Seiten der Elterngeldstelle nicht mehr festgestellt werden, ob eine durchgängige Erwerbstätigkeit ausgeübt worden ist.[16]

4. Nachweis der Abzugsmerkmale

Aus **Abs. 4 Satz 1** folgt, dass im Allgemeinen die für den Steuerabzug im Sinne des § 2 e erforderlichen Abzugsmerkmale aus dem Einkommensteuerbescheid hervorgehen, insbesondere die etwaige Kirchensteuerpflicht und Kinderfreibeträge gemäß § 32 Abs. 6 EStG. Hat der oder die Selbständige ein **Mischeinkommen**, d. h. Einnahmen aus selbständiger und nichtselbständiger Arbeit, so ist § 2 c Abs. 3 anwendbar. Das bedeutet, dass die in den Lohn- und Gehaltsbescheinigungen des Arbeitgebers ausgewiesenen Abzugsmerkmale entscheidend sind und nicht die ggf. davon abweichenden Angaben im Einkommensteuerbescheid.[17] Darüber hinaus ermittelt die Elterngeldstelle nach § 20 SGB X solche Entgeltdaten von Amts wegen, die nicht in § 2 c Abs. 2 und 3 sowie § 2 d Abs. 2 bis 4 geregelt sind.[18] Beiträge für eine berufsständische Versorgung, wie sie u. a. von Ärzten oder Rechtsanwälten zu leisten sind, sind ggf. für die Ermittlung der Sozialabgaben, die Grundlage der steuerlichen Veranlagung gewesen sind, nachzuweisen.[19]

9

Nach **Abs. 4 Satz 2** gilt § 2 c Abs. 3 Satz 2 entsprechend. Das bedeutet, dass wenn sich eine Angabe nach Satz 1 innerhalb des Bemessungszeitraums geändert hat, ist diese Angabe nur dann maßgeblich, wenn sie auch in der überwiegenden Zahl der Monate im Bemessungszeitraum gegolten hat. »Überwiegend« heißt in diesem Zusammenhang, dass das jeweilige Abzugsmerkmal mindestens sieben Monate auf die elterngeldberechtigte Person anzuwenden gewesen sein muss.[20] Dies gilt jedoch nicht zum Steuerklassenwechsel, der bei Selbständigen mit einem sog. Mischeinkommen gemäß § 2 e Abs. 3 Satz 2 nicht mehr möglich ist, da bei ihnen

10

---

15 Ismer/Luft/Schachameyer, NZS 2013, 327, 331.
16 Richter, DStR 2012, 2285, 2286.
17 BT-Drs. 17/9841, S. 23.
18 BT-Drs. 17/9841, S. 23 f.
19 BT-Drs. 17/9841, S. 24.
20 Vgl. Schmidt, NWB 2012, 3448, 3451.

grundsätzlich die Steuerklasse IV ohne Berücksichtigung eines Faktors für den Steuerabzug entscheidend ist.[21]

§ 2e Abzüge für Steuern

(1) Als Abzüge für Steuern sind Beträge für die Einkommensteuer, den Solidaritätszuschlag und, wenn die berechtigte Person kirchensteuerpflichtig ist, die Kirchensteuer zu berücksichtigen. Die Abzüge für Steuern werden einheitlich für Einkommen aus nichtselbstständiger und selbstständiger Erwerbstätigkeit auf Grundlage einer Berechnung anhand des am 1. Januar des Kalenderjahres vor der Geburt des Kindes für dieses Jahr geltenden Programmablaufplans für die maschinelle Berechnung der vom Arbeitslohn einzubehaltenden Lohnsteuer, des Solidaritätszuschlags und der Maßstabsteuer für die Kirchenlohnsteuer im Sinne von § 39b Absatz 6 des Einkommensteuergesetzes nach den Maßgaben der Absätze 2 bis 5 ermittelt.

(2) Bemessungsgrundlage für die Ermittlung der Abzüge für Steuern ist die monatlich durchschnittlich zu berücksichtigende Summe der Einnahmen nach § 2c, soweit sie von der berechtigten Person zu versteuern sind, und der Gewinneinkünfte nach § 2d. Bei der Ermittlung der Abzüge für Steuern nach Absatz 1 werden folgende Pauschalen berücksichtigt:

1. der Arbeitnehmer-Pauschbetrag nach § 9a Satz 1 Nummer 1 Buchstabe a des Einkommensteuergesetzes, wenn die berechtigte Person von ihr zu versteuernde Einnahmen hat, die unter § 2c fallen, und
2. eine Vorsorgepauschale
   a) mit den Teilbeträgen nach § 39b Absatz 2 Satz 5 Nummer 3 Buchstabe b und c des Einkommensteuergesetzes, falls die berechtigte Person von ihr zu versteuernde Einnahmen nach § 2c hat, ohne in der gesetzlichen Rentenversicherung oder einer vergleichbaren Einrichtung versicherungspflichtig gewesen zu sein, oder
   b) mit den Teilbeträgen nach § 39b Absatz 2 Satz 5 Nummer 3 Buchstabe a bis c des Einkommensteuergesetzes in allen übrigen Fällen,

wobei die Höhe der Teilbeträge ohne Berücksichtigung der besonderen Regelungen zur Berechnung der Beiträge nach § 55 Absatz 3 und § 58 Absatz 3 des Elften Buches Sozialgesetzbuch bestimmt wird.

(3) Als Abzug für die Einkommensteuer ist der Betrag anzusetzen, der sich unter Berücksichtigung der Steuerklasse und des Faktors nach § 39f des Einkommensteuergesetzes nach § 2c Absatz 3 ergibt; die

---

21 Dau, jurisPR-SozR 20/2012 Anm. 1.

Steuerklasse VI bleibt unberücksichtigt. War die berechtigte Person im Bemessungszeitraum nach § 2b in keine Steuerklasse eingereiht oder ist ihr nach § 2d zu berücksichtigender Gewinn höher als ihr nach § 2c zu berücksichtigender Überschuss der Einnahmen über ein Zwölftel des Arbeitnehmer-Pauschbetrags, ist als Abzug für die Einkommensteuer der Betrag anzusetzen, der sich unter Berücksichtigung der Steuerklasse IV ohne Berücksichtigung eines Faktors nach § 39f des Einkommensteuergesetzes ergibt.

(4) Als Abzug für den Solidaritätszuschlag ist der Betrag anzusetzen, der sich nach den Maßgaben des Solidaritätszuschlagsgesetzes 1995 für die Einkommensteuer nach Absatz 3 ergibt. Freibeträge für Kinder werden nach den Maßgaben des § 3 Absatz 2a des Solidaritätszuschlagsgesetzes 1995 berücksichtigt.

(5) Als Abzug für die Kirchensteuer ist der Betrag anzusetzen, der sich unter Anwendung eines Kirchensteuersatzes von 8 Prozent für die Einkommensteuer nach Absatz 3 ergibt. Freibeträge für Kinder werden nach den Maßgaben des § 51a Absatz 2a des Einkommensteuergesetzes berücksichtigt.

(6) Vorbehaltlich der Absätze 2 bis 5 werden Freibeträge und Pauschalen nur berücksichtigt, wenn sie ohne weitere Voraussetzung jeder berechtigten Person zustehen.

Inhaltsübersicht	Rn.
1. Allgemeines	1– 2
2. Abzüge für Steuern im Einzelnen	3– 4
3. Bemessungsgrundlage der Steuerabzüge	5– 7
4. Berücksichtigung der Steuerklasse	8– 9
5. Solidaritätszuschlag	10
6. Kirchensteuer	11
7. Berücksichtigung von Freibeträgen und Pauschalen	12

1. Allgemeines

§ 2e legt fest, dass einheitlich Steuern vom Einkommen aus nichtselbständiger und selbständiger Arbeit abgezogen werden. Es handelt sich dabei um einen pauschalisierten (fiktiven) Steuerabzug, der auf der Basis des vom Bundesfinanzministerium herausgegebenen amtlichen Programmablaufplans für die maschinelle Berechnung der Lohnsteuer, des Solidaritätszuschlags und ggf. der Kirchensteuer errechnet wird.[1] Als Vorbild dieser automatisierten Berechnungsmethode dienten dem Gesetzgeber die Berechnung des Arbeitslosengeldes und des Wohngeldes durch

---

1 Dau, jurisPR-SozR 20/2012 Anm. 1.

die Agenturen für Arbeit bzw. die Wohngeldämter.[2] Die individuelle Höhe der tatsächlich zu zahlenden Steuern spielt für Kinder, die ab dem 1.1.2013 geboren worden sind, keine Rolle mehr. Im Übergangszeitraum vom 1.1.2013 bis zum 28.2.2014 gilt nach § 27 Abs. 1 allerdings sowohl das alte BEEG für Kinder, die bis einschließlich 31.12.2012 geboren worden sind, als auch die Neufassung des Gesetzes.[3]

2 Das Ziel des Gesetzes zur Vereinfachung des Elterngeldvollzugs vom 10.9.2012, nämlich die Berechnung des Elterngeldes zu vereinfachen und damit Eltern schneller zur Zahlung zu verhelfen,[4] dürfte mit der maschinellen Berechnung erreicht worden sein. Gleichwohl führt der pauschalisierte Steuerabzug, der individuelle Freibeträge unberücksichtigt lässt, zu finanziellen Einbußen bei den betroffenen Eltern, wie im Folgenden zu zeigen sein wird.

2. Abzüge für Steuern im Einzelnen

3 Gemäß **Abs. 1 Satz 1** sind als Abzüge für die Steuern die Einkommensteuer, der Solidaritätszuschlag und ggf. die Kirchensteuer zu berücksichtigen. **Abs. 1 Satz 2** bestimmt weiter, dass diese Abzüge für Steuern einheitlich sowohl für Einkommen aus nichtselbständiger als auch aus selbständiger Arbeit gelten. Die Vorschrift legt außerdem die Geltung des Programmablaufplans zur maschinellen Berechnung der vom Arbeitslohn einzubehaltenden Lohnsteuer, des Solidaritätszuschlags und der Maßstabsteuer für die Kirchensteuer fest. Entscheidend ist dabei der Programmablaufplan des Bundesfinanzministeriums, der am 1. Januar des Kalenderjahres vor der Geburt des Kindes für dieses Jahr in Kraft gewesen ist. Sollte sich der Programmablaufplan im Verlaufe des jeweils maßgeblichen Kalenderjahres ändern, so ist diese Änderung unbeachtlich.[5]

4 Die Regelung bezieht sich auf alle Einkünfte, die für die Elterngeldberechnung nach § 2c oder § 2d zu berücksichtigen sind, d.h., dass nicht nur die inländischen, sondern auch die im EU-Ausland oder in der EU gleichgestellten Staaten zu versteuernden Einnahmen herangezogen werden.[6] Ausgangsbasis der Berechnung bildet im Unterschied zur früheren Rechtslage nunmehr immer das gesamte **steuerpflichtige Bruttoeinkommen**.[7] Mit der einheitlichen Festlegung der Bemessungsgrundlage wird schließlich nicht nur der steuerlichen Progression Rechnung getragen, sondern

---

2 Schmidt, NWB 2012, 3448, 3449.
3 Wersig in Vereinbarkeit von Familie und Beruf, Kap. 6.2, § 2 Rn. 4.1.
4 BMFSFJ (Hrsg.), S. 3.
5 BT-Drs. 17/9841, S. 24.
6 BT-Drs. 17/9841, S. 24.
7 Schmidt, NWB 2012, 3448, 3449; Dau, jurisPR-SozR 20/2012 Anm. 1.

bei Mischeinkommen aus nichtselbständiger und selbständiger Arbeit auch die Notwendigkeit einer zweifachen Berechnung der Steuerabzüge verhindert.[8]

3. Bemessungsgrundlage der Steuerabzüge

Nach **Abs. 2 Satz 1** bildet bei Arbeitnehmern die monatlich durchschnittlich zu berücksichtigende Summe der Einnahmen nach § 2c, soweit sie zu versteuern sind,[9] die Bemessungsgrundlage für die Ermittlung des vorzunehmenden Steuerabzugs. Für Selbständige sind dies die Gewinneinkünfte gemäß § 2d. Bei Arbeitnehmern werden die steuerfreien Einnahmen ausgeklammert. Zu den steuerfreien Einnahmen eines Arbeitnehmers gehören u. a. steuerfreie Zuschläge für Sonntags-, Feiertags- und Nachtarbeit, die steuerrechtlich nicht zu den Einkünften rechnen[10]. Steuerfrei sind aber auch Einnahmen wie z.B. das Arbeitslosengeld, Krankengeld oder Streikgeld – sie bleiben deshalb für die Berechnung ebenfalls außer Betracht.[11] Schließlich ist auch Kurzarbeitergeld steuerfrei mit der Folge, das betroffene Arbeitnehmer, die später in Elternzeit gehen und Elterngeld erhalten, über ein geringeres Bemessungseinkommen verfügen.[12] Auch die sog. »sonstigen Bezüge«, zu denen insbesondere Einmalzahlungen wie ein 13. Monatsgehalt, einmalige Abfindungen, eine jährliche Leistungsprämie, eine Jubiläumszuwendung, Weihnachts- oder Urlaubsgeld, Urlaubsabgeltung etc. gehören,[13] sind von der Berechnung ausgenommen, vgl. § 2c Abs. 1 Satz 2.[14] Das Bundessozialgericht hat jedoch Umsatzbeteiligungen (Provisionen), die in regelmäßigen Raten neben dem Grundgehalt gezahlt werden, als laufenden und somit elterngeldsteigernden Arbeitslohn interpretiert.[15]

Abs. 2 Satz 2 Nr. 1 bestimmt, dass bei der Ermittlung des Steuerabzugs nach Abs. 1 pauschal der **Arbeitnehmer-Pauschbetrag** im Sinne von § 9a Satz 1 Nummer 1 Buchstabe a EStG berücksichtigt wird. Das bedeutet, dass vom Bruttoeinkommen aus nichtselbständiger Erwerbstätigkeit zunächst monatlich 83, 33 € (kalenderjährlich beträgt dieser zur Zeit 1000 €) abgezogen werden und zwar unabhängig davon, ob die Werbungskosten

---

8 BT-Drs. 17/9841, S. 24.
9 Eine geringfügige Beschäftigung (sog. Minijob) ist hiervon ausgenommen, weil die Eltern auf diese selbst keine Steuern zahlen, sondern sie vom Arbeitgeber pauschal versteuert werden, vgl. BMFSFJ (Hrsg.), 23.
10 BSG 5.4.2012 – B 10 EG 3/11 R.
11 BSG 17.2.2011 – B 10 EG 17/09 R, B 10 EG 20/09 R und B 10 EG 21/09 R.
12 Ebener/Graue, S. 106.
13 Ebener/Graue, S. 106; BMFSFJ (Hrsg.), S. 20.
14 BT-Drs. 17/9841, S. 24.
15 BSG 3.12.2009 – B 10 EG 3/09 R, NJW 2010, 3804.

des elterngeldberechtigten Arbeitnehmers tatsächlich höher oder niedriger gewesen sind. Dies mindert das Einkommen und in der Folge auch das Elterngeld.[16] Für Selbständige gilt dies nicht, da bei ihnen die dem Arbeitnehmer-Pauschbetrag entsprechenden Betriebsausgaben schon bei der Gewinnermittlung abgezogen werden.[17]

7 **Abs. 2 Satz 2 Nr. 2** bringt außerdem eine **Vorsorgepauschale** in Abzug vom Gesamtbruttoeinkommen. Sie gilt im Unterschied zum Arbeitnehmer-Pauschbetrag sowohl für Arbeitnehmer als auch für Selbständige.[18] Abgezogen werden dabei pauschale Teilbeträge für die Rentenversicherung und die gesetzliche Kranken- und Pflegeversicherung gemäß § 39 b Abs. 2 Satz 5 Nummer 3 Buchstabe b und c EStG. Der Abzug für die Rentenversicherung entfällt jedoch bei Beamten, beherrschenden Geschäftsführern einer GmbH oder aber einem im Arbeitsverhältnis stehenden Bezieher einer vollen Altersrente, da dieser Personenkreis in der Rentenversicherung oder einer vergleichbaren Einrichtung[19] nicht (mehr) versicherungspflichtig ist.[20] Dies ergibt sich aus **Abs. 2 Satz 2 Nr. 2 Buchstabe a**. Demgegenüber werden nach **Abs. 2 Satz 2 Nr. 2 Buchstabe b** Aufwendungen, die nicht pflichtversicherte Selbständige für die Krankenversicherung und eine Altersversorgung haben, in Teilbeträgen entsprechend § 39 b Abs. 2 Satz 5 Nummer 3 Buchstabe a bis c EStG berücksichtigt.[21] Schließlich ist noch kurz auf die in der Vorschrift erwähnten §§ 55 Abs. 3 und 58 Abs. 3 SGB XI hinzuweisen: Hierbei handelt es sich um den Beitragszuschlag für Kinderlose in der Pflegeversicherung und den besonderen Beitragssatz in der Pflegeversicherung des Bundeslandes Sachsen – diese werden bei der Berechnung des Teilbetrags nach § 39 b Abs. 2 Satz 5 Nr. 3 Buchstabe c EStG nicht berücksichtigt.[22]

4. Berücksichtigung der Steuerklasse

8 **Abs. 3** gibt Auskunft über die Steuerklasse, die dem von der Elterngeldstelle vorzunehmenden pauschalen Steuerabzug zugrunde zu legen ist. Sie gilt sowohl für die Einkommensermittlung im Bemessungs- als auch im Bezugszeitraum.[23] Maßgeblich ist demnach die von der elterngeldberechtigten Person gewählte und vom Finanzamt eingetragene Steuerklasse sowie der Faktor nach § 39 f EStG. Der Gesetzgeber hat dabei ausdrücklich

---

16 Dau, jurisPR-SozR 20/2012 Anm. 1.
17 BT-Drs. 17/9841, S. 25.
18 Ismer/Luft/Schachameyer, NZS 2013, 327, 332.
19 Z. B. berufsständische Versorgungswerke der Ärzte, Rechtsanwälte etc.
20 Ismer/Luft/Schachameyer, NZS 2013, 327, 332.
21 BT-Drs. 17/9841, S. 25.
22 BT-Drs. 17/9841, S. 25.
23 BT-Drs. 17/9841, S. 25.

Abzüge für Steuern § 2 e

klargestellt, dass die Steuerklasse VI (z. B. bei einer Nebenbeschäftigung)[24] keine Berücksichtigung findet, so dass es nur auf die Steuerklasse ankommt, die die elterngeldberechtigte Person neben der Steuerklasse VI hat.[25] Die Angaben zur Steuerklasse sind aus der letzten Lohn- und Gehaltsbescheinigung im Bemessungszeitraum bzw. dem Einkommensteuerbescheid bei Selbständigen zu entnehmen, § 2 c Abs. 3 Satz 1 und § 2 d Abs. 4. Ein Steuerklassenwechsel der Ehegatten zur Steigerung des Elterngeldes muss im Übrigen nach § 2 c Abs. 3 Satz 2 mindestens sieben Monate vor der Geburt des Kindes stattgefunden haben.[26] Diese Vorschrift gilt entsprechend für Selbständige, § 2 d Abs. 4 Satz 2.

Abs. 3 Satz 2 hat schließlich die Personen im Blickfeld, die mit ihren 9 Einkünften aus selbständiger Arbeit oder Arbeitsverhältnis in einem anderen Mitgliedstaat der Europäischen Union nicht dem deutschen Lohnsteuerabzugsverfahren unterliegen.[27] Deshalb liegt hier keine Einreihung in eine Steuerklasse vor. Darüber hinaus bezieht sich die Regelung auf die Personen, bei denen das Gesamteinkommen überwiegend durch das Einkommen aus selbständiger Erwerbstätigkeit geprägt ist und die Einkünfte aus einem Arbeitsverhältnis dahinter zurücktreten. In beiden Fällen wird dem Steuerabzug die Steuerklasse IV ohne den Faktor nach § 39 f EStG zugrunde gelegt.

5. Solidaritätszuschlag

Mit der Regelung des **Abs. 4** wird klargestellt, dass sich der Abzug für den 10 Solidaritätszuschlag nach dem Solidaritätszuschlagsgesetz 1995 richtet. Kinderfreibeträge werden dabei nach den Vorgaben des § 3 Abs. 2 a Solidaritätszuschlagsgesetz behandelt. Auch für diese Kinderfreibeträge gilt, dass sie in der überwiegenden Zahl der Monate des Bemessungs- oder Bezugszeitraums gelten müssen und sich aus den Lohn- und Gehaltsbescheinigungen des Arbeitgebers bzw. bei Selbständigen aus dem Einkommensteuerbescheid ergeben müssen.[28]

6. Kirchensteuer

Aus **Abs. 5** folgt, dass für den Kirchensteuerabzug ein Betrag anzusetzen 11 ist, der sich unter Anwendung eines Kirchensteuersatzes in Höhe von 8 % für die nach **Abs. 3** ermittelte Einkommensteuer ergibt. Regionale Unter-

---

24 BMFSFJ (Hrsg.), S. 23.
25 BT-Drs. 17/9841, S. 25.
26 Vgl. § 2 c Rn. 8 m. w. N.
27 BT-Drs. 17/9841, S. 26.
28 BT-Drs. 17/9841, S. 26.

§ 2f   Abzüge für Sozialabgaben

schiede im Hinblick auf die Höhe der Kirchensteuer werden mit diesem einheitlich festgelegten Kirchensteuersatz ausgeblendet.[29] Es handelt sich auch hier um eine Pauschalisierung. Kinderfreibeträge werden schließlich nach Maßgabe des § 51a Abs. 2a EStG berücksichtigt.

7. Berücksichtigung von Freibeträgen und Pauschalen

12 **Abs. 6** formuliert, dass Freibeträge und Pauschalen nur dann berücksichtigt werden, wenn sie ohne weitere Voraussetzung jeder berechtigten Person zustehen. Mit dieser Neuregelung sind erhebliche Nachteile für bestimmte elterngeldberechtigte Personen verbunden, denn die vom Finanzamt eingetragenen Freibeträge für berufstätige Eltern mit Behinderung oder auf den Elternteil übertragene Freibeträge für eigene Kinder mit Behinderung gemäß § 33b EStG finden keine Berücksichtigung mehr – der damit verbundene geringere Steuerabzug mit der Folge des höheren Elterngeldes entfällt für ab dem 1.1.2013 geborene Kinder.[30] Eine finanzielle Schlechterstellung gegenüber der früheren Rechtslage erleben jedoch auch andere elterngeldberechtigte Personen, denn eingetragene individuelle Freibeträge wie u.a. für Fahrten zwischen Wohnung und Arbeitsstätte (Pendlerpauschale) oder eine doppelte Haushaltsführung, für Sonderausgaben oder aber außergewöhnliche Belastungen bleiben unberücksichtigt.[31] Auch der Altersentlastungsbetrag gemäß § 24a EStG bleibt außer Betracht.[32] Der pauschale Steuerabzug sowie die Beseitigung der bisherigen Gestaltungsmöglichkeiten durch die Eintragung individueller steuerrechtlicher Freibeträge führen zu einem fiktiven Nettoeinkommen, das den betroffenen Eltern zukünftig ein geringeres Elterngeld beschert. Eine mögliche verfassungsrechtliche Verletzung des Art. 3 Abs. 3 Satz 2 GG, der die Benachteiligung aufgrund einer Behinderung verbietet,[33] sowie des AGG wird zukünftig durch die Gerichte zu klären sein.

§ 2f   Abzüge für Sozialabgaben

(1) **Als Abzüge für Sozialabgaben sind Beträge für die gesetzliche Sozialversicherung oder für eine vergleichbare Einrichtung sowie für die Arbeitsförderung zu berücksichtigen. Die Abzüge für Sozialabgaben werden einheitlich für Einkommen aus nichtselbstständiger und**

---

29 Ismer/Luft/Schachameyer, NZS 2013, 327, 332.
30 Dau, jurisPR-SozR 20/2012 Anm. 1.
31 Schmidt, NWB 2012, 3448, 3450.
32 BT-Drs. 17/9841, S. 26.
33 So auch Richter, DStR 2012, 2285, 2286.

Abzüge für Sozialabgaben § 2f

selbstständiger Erwerbstätigkeit anhand folgender Beitragssatzpauschalen ermittelt:
1. 9 Prozent für die Kranken- und Pflegeversicherung, falls die berechtigte Person in der gesetzlichen Krankenversicherung nach § 5 Absatz 1 Nummer 1 bis 12 des Fünften Buches Sozialgesetzbuch versicherungspflichtig gewesen ist,
2. 10 Prozent für die Rentenversicherung, falls die berechtigte Person in der gesetzlichen Rentenversicherung oder einer vergleichbaren Einrichtung versicherungspflichtig gewesen ist, und
3. 2 Prozent für die Arbeitsförderung, falls die berechtigte Person nach dem Dritten Buch Sozialgesetzbuch versicherungspflichtig gewesen ist.

(2) Bemessungsgrundlage für die Ermittlung der Abzüge für Sozialabgaben ist die monatlich durchschnittlich zu berücksichtigende Summe der Einnahmen nach § 2c und der Gewinneinkünfte nach § 2d. Einnahmen aus Beschäftigungen im Sinne des § 8, des § 8a oder des § 20 Absatz 3 Satz 1 des Vierten Buches Sozialgesetzbuch werden nicht berücksichtigt. Für Einnahmen aus Beschäftigungsverhältnissen im Sinne des § 20 Absatz 2 des Vierten Buches Sozialgesetzbuch ist der Betrag anzusetzen, der sich nach § 344 Absatz 4 des Dritten Buches Sozialgesetzbuch für diese Einnahmen ergibt, wobei der Faktor im Sinne des § 163 Absatz 10 Satz 2 des Sechsten Buches Sozialgesetzbuch unter Zugrundelegung der Beitragssatzpauschalen nach Absatz 1 bestimmt wird.

(3) Andere Maßgaben zur Bestimmung der sozialversicherungsrechtlichen Beitragsbemessungsgrundlagen werden nicht berücksichtigt.

Inhaltsübersicht	Rn.
1. Allgemeines	1–2
2. Beitragssatzpauschalen im Einzelnen	3–5
3. Bemessungsgrundlage für die Beitragssatzpauschalen	6–8
4. Ausschluss anderer Faktoren	9

1. Allgemeines

Mit dem Gesetz zur Vereinfachung des Elterngeldvollzugs vom 10.9.2012[1] 1
wurden die Grundlagen der Einkommensermittlung für die Berechnung des Elterngeldes neu geregelt und noch stärker an das Einkommensteuerrecht angebunden.[2] Eine wesentliche Neuerung ist dabei auch die Pauschalierung des Abzugs für die Sozialversicherungsbeiträge. Das Ziel der

---
1 BGBl. I, 1878.
2 Wersig in Vereinbarkeit von Beruf und Familie, Kap. 6.2, § 2 Rn. 4.1, 5.

Gesetzesänderung – die vereinfachte Einkommensermittlung durch eine fiktive Nettolohnberechnung – wird neben der Pauschalierung des Steuerabzugs auch durch die des Abzugs für Sozialabgaben erreicht.[3]

2 Der Abzug für die Sozialversicherungsbeiträge gilt sowohl für das Einkommen im Bemessungszeitraum im Sinne des § 2b als auch für das im Zeitraum des Bezugs von Elterngeld.[4] Darüber hinaus ist die Vorschrift gleichermaßen auf selbständige wie nichtselbständige Arbeit anwendbar. Die in § 2f vorgesehenen Pauschalen für den Abzug sind nach Abs. 3 im Übrigen abschließend, denn andere Maßgaben zur Bestimmung der sozialversicherungsrechtlichen Beitragsbemessungsgrundlagen als die in der Vorschrift genannten werden nicht akzeptiert.

2. Beitragssatzpauschalen im Einzelnen

3 Nach **Abs. 1 Satz 1** werden zunächst die verschiedenen Zweige der gesetzlichen Sozialversicherung für den Abzug der Sozialabgaben in Bezug genommen. Die von der Vorschrift erfassten Sozialversicherungszweige sind die **Krankenversicherung**, die **Pflegeversicherung**, die **Rentenversicherung** und die **Arbeitslosenversicherung**.[5] Darüber hinaus erwähnt die Vorschrift auch die der gesetzlichen Sozialversicherung vergleichbaren Einrichtungen. Zu den vergleichbaren Einrichtungen gehören insbesondere **berufsständische Versorgungswerke**,[6] z.B. für Ärzte, Rechtsanwälte etc. und die **Alterssicherung der Landwirte**.[7] Ist eine elterngeldberechtigte Person freiwilliges Mitglied der gesetzlichen Kranken- und Pflegeversicherung, weil sie mit ihrem Einkommen die Versicherungspflichtgrenze in 2015 von 54 900 € Jahresbruttoeinkommen (4 575 € monatlich) überschreitet, so findet bei ihr der Pauschalabzug für die Kranken- und Pflegeversicherung nicht statt.[8] Das Gleiche gilt für privat versicherte Personen,[9] da die Vorschrift insoweit nur von der gesetzlichen Sozialversicherung spricht.

4 Bei Einkommen, das in einem anderen Mitgliedstaat der Europäischen Union oder aber einem gleichgestellten Staat sozialabgabenpflichtig ist, ist

---

3 BT-Drs. 17/9841, S. 13.
4 BT-Drs. 17/9841, S. 26.
5 Die Unfallversicherung als weiterer klassischer Zweig der Sozialversicherung ist ausgeklammert, da die Beiträge zur Unfallversicherung gemäß §§ 150 ff. SGB VII ausschließlich durch die Arbeitgeber getragen werden, vgl. dazu Waltermann, Sozialrecht, S. 127 Rn. 252 und somit bei den Eltern bei der Berechnung des Elterngeldes nicht in Abzug gebracht werden können.
6 BMFSFJ (Hrsg.), 24.
7 BT-Drs. 17/9841, S. 26.
8 BMFSFJ (Hrsg.), S. 24.
9 BMFSFJ (Hrsg.), S. 24.

die Elterngeldstelle gehalten, das Bestehen der (ausländischen) Versicherungspflicht gemäß § 20 SGB X zu ermitteln.[10] Nach § 20 SGB X wird die Elterngeldstelle dabei von Amts wegen tätig, d. h. sie muss alle Umstände (günstige wie ungünstige Gesichtspunkte) bei der antragstellenden Person berücksichtigen.

Für die gesetzliche Kranken- und Pflegeversicherung wird ein pauschaler Abzug von 9 Prozent vorgenommen, **Abs. 1 Satz 2 Nr. 1**. Der Abzug für die gesetzliche Rentenversicherung beträgt darüber hinaus 10 Prozent, **Abs. 1 Satz 2 Nr. 2**. Schließlich kommen für die Arbeitslosenversicherung 2 Prozent zum Abzug, **Abs. 1 Satz 2 Nr. 3**. Insgesamt ergibt dies einen pauschalen Abzug in Höhe von 21 %. Diese Gesamtpauschale ist jedoch höher als die tatsächlichen Abzüge für die Sozialversicherung, denn der Arbeitnehmeranteil an der Sozialversicherung liegt 2015 bei 19,325 %. Der Pauschalabzug von 21 Prozent stellt Eltern beim Elterngeldbezug somit finanziell schlechter,[11] denn es handelt sich um eine fiktiv festgelegte Pauschale, die nicht der Realität entspricht. In den Charakter des Elterngeldes als echte Entgeltersatzleistung[12] für das nach der Geburt des Kindes wegfallende Einkommen ist damit zumindest im Ansatz eingegriffen worden. Letztendlich geht es hier auch um Haushaltseinsparungen des Bundes beim Elterngeld,[13] die der Gesetzgeber billigend in Kauf genommen hat.[14]

3. Bemessungsgrundlage für die Beitragssatzpauschalen

Der **Abs. 2** legt einheitlich die Bemessungsgrundlage für die Berechnung der Sozialabgaben fest. Das monatlich durchschnittlich zu berücksichtigende Einkommen aus einem Arbeitsverhältnis gemäß § 2c bzw. aus selbständiger Arbeit nach § 2d bildet dabei die Ausgangsbasis. Für den Pauschalabzug unberücksichtigt bleiben jedoch Einnahmen aus einer geringfügigen Beschäftigung (sog. Mini-Jobs) im Sinne von § 8 SGB IV und aus einer geringfügigen Beschäftigung im Privathaushalt nach § 8a SGB IV, **Abs. 2 Satz 2**. Dies gilt auch für Ausbildungsvergütungen, die 325 € monatlich nicht überschreiten (§ 20 Abs. 3 Satz 1 Nr. 1 SGB IV) und Vergütungen, die im Rahmen eines freiwilligen sozialen oder ökologischen Jahres nach dem Jugendfreiwilligendienstgesetz bzw. dem Bundesfreiwilligendienstgesetz als Entschädigung gezahlt werden (§ 20 Abs. 3 Satz 1 Nr. 2 SGB IV). Hintergrund ist, dass bei Mini-Jobs, den genannten Frei-

---

10 BT-Drs. 17/9841, S. 26.
11 Schmidt, NWB 2012, 3448, 3450.
12 BT-Drs. 17/9841, S. 13.
13 Dau, jurisPR-SozR 20/2012 Anm. 1.
14 Ähnlich Schmidt, NWB 2012, 3448, 3452.

§ 2f Abzüge für Sozialabgaben

willigendiensten und derart geringen Ausbildungsvergütungen keine Sozialabgaben gezahlt werden. Dies gilt nach der Gesetzesbegründung auch dann, wenn gegenüber dem Arbeitgeber auf die Rentenversicherungsfreiheit nach § 5 Abs. 2 Satz 2 SGB VI verzichtet worden ist,[15] also bei geringfügiger Beschäftigung in die Rentenversicherung eingezahlt wird.

7 **Abs. 2 Satz 3** bestimmt schließlich, dass bei Beschäftigungsverhältnissen nach § 20 Abs. 2 SGB IV, den sog. **Midi-Jobs** in der Gleitzone eines Einkommens in Höhe von 450 € bis zu 850 € monatlich, der gemäß § 344 Abs. 4 SGB III anzusetzende Betrag maßgeblich ist. Diese Vorschrift aus der Arbeitslosenversicherung verweist auf § 163 Abs. 10 Satz 1 bis 5 und 8 SGB VI, wobei für das Elterngeld nach § 2f Abs. 2 Satz 3 der Faktor im Sinne des § 163 Abs. 10 Satz 2 SGB VI unter Zugrundelegung der in § 2f Abs. 1 verankerten Beitragssatzpauschalen festgelegt wird. Aus § 163 Abs. 10 Satz 2 SGB VI ergibt sich die Berechnung der beitragpflichtigen Einnahmen eines Midi-Jobbers, die nach der in § 163 Abs. 1 Satz 1 SGB VI enthaltenen Formel berechnet wird. Diese Formel lautet:

$$F \times 450 + [(850/(850 - 450)) - (450/(850 - 450) \times F] \times (AE - 450)$$

Mit der Abkürzung »AE« ist das Arbeitsentgelt aus dem Midi-Job und mit der Abkürzung »F« ist der Faktor gemeint, der sich ergibt, wenn der Wert 30 von Hundert durch den Gesamtsozialversicherungsbeitragssatz des Kalenderjahres, in dem der Anspruch auf Arbeitsentgelt entstanden ist, geteilt wird. Der Faktor bei der Festlegung der Sozialversicherungspauschalen beim Elterngeld für Midi-Jobs beträgt 0,7,[16] da nach § 2f Abs. 2 Satz 3 die Gesamtsozialversicherungspauschale von 21 % aus § 2f Abs. 1 relevant ist. Im Fall eines Midi-Jobs sind grundsätzlich geringere Rentenbeiträge auf der Grundlage eines durch die o.g. Formel umgerechneten fiktiven Entgelts zu zahlen.[17] Dieser Besonderheit für Erwerbstätigkeit in der Gleitzone zwischen 450 € und 850 € trägt § 2f Abs. 2 Satz 3 in Verbindung mit Abs. 1 Rechnung.

8 **Beispiel:**
Ina verdient tatsächlich 600 € brutto monatlich. Beitragspflichtig für die Rentenversicherung ist bei ihr jedoch nicht das tatsächliche Arbeitsentgelt, sondern das nach der o.g. Formel elterngeldrechtsspezifisch[18] berechnete Entgelt in Höhe von 515,63 €. Das auf diese Weise berechnete fiktive Arbeitsentgelt bildet die Bemessungsgrundlage für den Abzug der Sozialabgaben nach § 2f

---

15 BT-Drs. 17/9841, S. 27.
16 Der Faktor beträgt ohne die Besonderheit des Elterngeldes i.S.v. § 2f Abs. 2 Satz 3 eigentlich 0,7605, vgl. Kerschbaumer in Brall/Kerschbaumer/Scheer/Westermann (Hrsg.), SGB VI Kap. 9 Rn. 28.
17 Kerschbaumer in Brall/Kerschbaumer/Scheer/Westermann (Hrsg.), SGB VI Kap. 9 Rn. 28.
18 BT-Drs. 17/9841, S. 27.

Abs. 1, d. h., Ina hat einen pauschalen Abzug in Höhe von 108,28 € (= 21 % von 515,63 €) hinzunehmen.

4. Ausschluss anderer Faktoren

Abs. 3 enthält lediglich die Klarstellung, dass die in § 2 f getroffenen Festlegungen zur Bestimmung der Bemessungsgrundlage für den Sozialversicherungsabzug abschließend sind. Andere Bemessungsgrundlagen, z. B. solche für bestimmte Selbständigengruppen, spielen demnach keine Rolle.[19]

9

§ 3 Anrechnung von anderen Einnahmen

(1) Auf das der berechtigten Person nach § 2 oder nach § 2 in Verbindung mit § 2a zustehende Elterngeld werden folgende Einnahmen angerechnet:
1. **Mutterschaftsleistungen**
    a) **in Form des Mutterschaftsgeldes nach dem Fünften Buch Sozialgesetzbuch oder nach dem Zweiten Gesetz über die Krankenversicherung der Landwirte mit Ausnahme des Mutterschaftsgeldes nach § 13 Absatz 2 des Mutterschutzgesetzes oder**
    b) **in Form des Zuschusses zum Mutterschaftsgeld nach § 14 des Mutterschutzgesetzes, die der berechtigten Person für die Zeit ab dem Tag der Geburt des Kindes zustehen,**
2. **Dienst- und Anwärterbezüge sowie Zuschüsse, die der berechtigten Person nach beamten- oder soldatenrechtlichen Vorschriften für die Zeit eines Beschäftigungsverbots ab dem Tag der Geburt des Kindes zustehen,**
3. **dem Elterngeld oder dem Betreuungsgeld vergleichbare Leistungen, auf die eine nach § 1 berechtigte Person außerhalb Deutschlands oder gegenüber einer über- oder zwischenstaatlichen Einrichtung Anspruch hat,**
4. **Elterngeld, das der berechtigten Person für ein älteres Kind zusteht, sowie**
5. **Einnahmen, die der berechtigten Person als Ersatz für Erwerbseinkommen zustehen und**
    a) **die nicht bereits für die Berechnung des Elterngeldes nach § 2 berücksichtigt werden oder**
    b) **bei deren Berechnung das Elterngeld nicht berücksichtigt wird.**

Stehen der berechtigten Person die Einnahmen nur für einen Teil des Lebensmonats des Kindes zu, sind sie nur auf den entsprechenden Teil

---

19 BT-Drs. 17/9841, S. 27.

des Elterngeldes anzurechnen. Für jeden Kalendermonat, in dem Einnahmen nach Satz 1 Nummer 4 oder Nummer 5 im Bemessungszeitraum bezogen worden sind, wird der Anrechnungsbetrag um ein Zwölftel gemindert.
(2) Bis zu einem Betrag von 300 Euro ist das Elterngeld von der Anrechnung nach Absatz 1 frei, soweit nicht Einnahmen nach Absatz 1 Satz 1 Nummer 1 bis 3 auf das Elterngeld anzurechnen sind. Dieser Betrag erhöht sich bei Mehrlingsgeburten um je 300 Euro für das zweite und jedes weitere Kind.
(3) Solange kein Antrag auf die in Absatz 1 Satz 1 Nummer 3 genannten vergleichbaren Leistungen gestellt wird, ruht der Anspruch auf Elterngeld bis zur möglichen Höhe der vergleichbaren Leistung.

Inhaltsübersicht	Rn.
1. Allgemeines	1
2. Anrechnung von Mutterschaftsgeld, Dienst- und Anwärterbezügen	2–6
3. Anrechnung anderer Einnahmen	7–9
4. Anrechnung vergleichbarer ausländischer Familienleistungen	10–11

1. Allgemeines

1 Mit dem Gesetz zur Vereinfachung des Elterngeldvollzugs vom 10.9.2012 wurde die Anrechnungsvorschrift des § 3 nicht nur neu strukturiert, sondern in Teilen auch inhaltlich, insbesondere im Hinblick auf Absatz 1 Nr. 1, 4 und 5, geändert.[1] In Abs. 1 Nr. 3 ist außerdem durch das Gesetz zur Einführung eines Betreuungsgeldes vom 15.2.2013[2] aufgenommen worden, dass nicht nur Ansprüche auf Elterngeld, sondern auch auf Betreuungsgeld, auf vergleichbare Leistungen aus dem (europäischen) Ausland oder von einer über- oder zwischenstaatlichen Einrichtung anzurechnen sind. Mit dem Elterngeld Plus Gesetz vom 18.12.2014 ist in Abs. 1 S. 1 Nr. 1 durch die Aufteilung in die Buchstaben a) und b) redaktionell klargestellt[3] und damit deutlicher geworden, dass sowohl das Mutterschaftsgeld als auch der Arbeitgeberzuschuss auf den Elterngeldanspruch angerechnet werden. § 3 regelt vor allem die Anrechnung des Mutterschaftsgeldes und entsprechender Leistungen auf das Elterngeld. Dem liegt der Gedanke zugrunde, dass Einnahmen, die einen vergleichbaren sozialpolitischen Zweck verfolgen, nicht nebeneinander gezahlt werden sollen, um Doppelansprüche zu vermeiden.

---

1 BT-Drs. 17/9841, S. 27.
2 BGBl. I S. 254.
3 BT-Drs. 18/2583, S. 25.

2. Anrechnung von Mutterschaftsgeld, Dienst- und Anwärterbezügen

Das der Mutter ab dem Tag der Geburt zustehende **Mutterschaftsgeld** der gesetzlichen Krankenkasse nach dem SGB V und dem 2. KVLG, das **höchstens 13 € pro Kalendertag** beträgt (§ 24i Abs. 2 SGB V, § 14 2. KVLG; entspricht einem monatlichen Nettoeinkommen von 390 €), wird nach **Abs. 1 Nr. 1** grundsätzlich voll auf das Elterngeld angerechnet. Zu beachten ist, dass das Gesetz vom Bestehen eines Anspruchs auf Mutterschaftsgeld spricht. Dies bedeutet, dass es nicht auf tatsächlich geleistete Zahlungen ankommt. Erfolgt also eine Auszahlung z.b. wegen fehlender Antragstellung oder fehlerhafter Angaben zur Bankverbindung nicht, hindert dies nicht die Anrechnung. Die Mutter muss sich somit rechtzeitig um die vorrangige Leistung Mutterschaftsgeld bemühen.

Mutterschaftsgeld wird in der Regel für acht Wochen, im Fall von Früh- oder Mehrlingsgeburten für zwölf Wochen nach der Geburt (§ 13 i.V.m. § 6 Abs. 1 S. 1 MuSchG) gezahlt. Eine Verlängerung der acht- bzw. zwölfwöchigen Mutterschutzfrist **nach der Geburt** erfolgt außerdem in den Fällen einer Frühgeburt und sonstigen vorzeitigen Entbindung um den Mutterschutzzeitraum, der **vor der Geburt** gemäß § 3 Abs. 2 MuSchG nicht in Anspruch genommen werden konnte (§ 6 Abs. 1 S. 2 MuSchG). Das Bundessozialgericht hat ausdrücklich klargestellt, dass eine Anrechnung des in diesen Fällen »verlängerten« Mutterschaftsgeldes und Arbeitgeberzuschusses nach § 3 Abs. 1 zur Vermeidung von Doppelleistungen zu erfolgen hat.[4] Das Gleiche gilt für Mutterschaftsgeld, das der Mutter im Bezugszeitraum des Elterngeldes für die Zeit vor dem Tag der Geburt eines weiteren Kindes zusteht. Anzurechnen auf das Elterngeld ist ebenfalls der **Zuschuss des Arbeitgebers zum Mutterschaftsgeld** nach § 14 MuSchG.

Bei der Anrechnung ist zu berücksichtigen, dass das Elterngeld für Lebensmonate des Kindes gezahlt wird und das Mutterschaftsgeld jeweils für acht oder zwölf Wochen (ggf. auch länger wegen der Verlängerung nach § 6 Abs. 1 S. 2 MuSchG) nach der Geburt des Kindes und zudem kalendertäglich festgesetzt und gezahlt wird. Besteht in Lebensmonaten nur für einen Teil der Tage Anspruch auf Mutterschaftsgeld, ergibt sich der anzurechnende Betrag durch die Multiplikation der Tage, an denen Anspruch auf Mutterschaftsgeld besteht, mit 13 € oder bei geringerem Mutterschaftsgeld mit dem geringeren Betrag. Soweit Mutterschaftsgeld nur für einen Teil des Lebensmonats des Kindes zusteht, verdrängt es das

---

4 BSG 20.12.2012 – B 10 EG 19/11 R mit Anm. Marburger, jurisPR-SozR 12/2013 Anm. 5.

§ 3 Anrechnung von anderen Einnahmen

Elterngeld auch nur in dem entsprechenden Umfang. Damit findet eine taggenaue Berechnung statt.[5]

> **Beispiel:**
> Das Kind ist am errechneten Geburtstermin, dem 17. Juli, geboren. Mutterschaftsgeld ist für acht Wochen nach der Geburt, also zunächst für den vollen ersten Lebensmonat und bis zum 11. September zu zahlen. Die Kindesmutter hat einen pauschalierten Nettoverdienst in Höhe von 1200 € monatlich. Bei festen Monatsverdiensten ist der Monat nach §§ 47 Abs. 1 Satz 7, 223 Abs. 2 Satz 2 SGB V einheitlich mit 30 Kalendertagen anzusetzen (kein fester Monatsverdienst, dann tatsächliche Kalendertage ansetzbar). Es ist somit ein Mutterschaftsgeld für den ersten Monat bis 16. August in Höhe von 390 € (30 × 13 €) und für den zweiten Monat bis 11. September für 26 Tage, und zwar 338 € zu zahlen. Damit entfällt im ersten Lebensmonat und bis zum 11. September der Elterngeldanspruch. Für die restlichen Tage im zweiten Lebensmonat wird der Monatsbetrag des Elterngeldes um sechsundzwanzig Dreißigstel gekürzt.

4 Bei Anspruch der Antragstellerin auf laufend zu zahlendes Mutterschaftsgeld muss diese eine **Bescheinigung der Krankenkasse** über das Mutterschaftsgeld ab der Geburt vorlegen.

5 Nach **Abs. 1 Nr. 2** sind **Dienst- und Anwärterbezüge**, die nach beamten- oder soldatenrechtlichen Vorschriften für die Zeit der Beschäftigungsverbote gezahlt werden, ebenfalls anzurechnen. Bei Anwärterbezügen handelt es sich um Bezüge, die Beamte auf Widerruf im Vorbereitungsdienst (z. B. Referendare) erhalten; Dienstbezüge erhalten alle übrigen Beamten, Richter und Soldaten. Anspruchstellerinnen, denen vorgenannte Bezüge zustehen, haben eine **Bescheinigung des Dienstherrn** über die zu zahlenden Bezüge oder Zuschüsse vorzulegen. Zu beachten ist noch, dass durch die Konkretisierung des in Art. 45 Vertrag über die Arbeitsweise der Europäischen Union (AEUV) verankerten Freizügigkeitsrechts der Arbeitnehmer aus den Mitgliedstaaten durch verschiedene europäische Verordnungen[6] auch vergleichbare Dienst- und Anwärterbezüge sowie Zuschüsse nach **beamten- oder soldatenrechtlichen Regelungen anderer Staaten** angerechnet werden.[7]

6 Ausgenommen von der Anrechnung auf das Elterngeld ist das **Mutterschaftsgeld, das nach § 13 Abs. 2 MuSchG** vom Bundesversicherungsamt bis zu 210 € insgesamt für die Zeit der Schutzfristen vor und nach der Geburt für nicht in der gesetzlichen Krankenversicherung versicherte Frauen zu zahlen ist, wenn sie bei Beginn der Schutzfrist vor der Entbin-

---

5 BT-Drs. 17/9841, S. 29.
6 Vgl. Art. 5a Verordnung (EG) Nr. 883/2004 des Europäischen Parlaments und des Rates v. 29.4.2004 zur Koordinierung der Systeme der sozialen Sicherheit, geändert d. d. Verordnung (EG) Nr. 988/2009.
7 BT-Drs. 17/9841, S. 28.

dung in einem Arbeitsverhältnis stehen oder in Heimarbeit beschäftigt sind oder deren Arbeitsverhältnis während ihrer Schwangerschaft vom Arbeitgeber zulässig aufgelöst worden ist (**Abs. 1 Nr. 1**).

3. Anrechnung anderer Einnahmen

Haben Anspruchsberechtigte nach der Geburt des Kindes Leistungen – Elterngeld für ein älteres Kind oder andere Entgeltersatzleistungen – erhalten, die dem Ausgleich des wegfallenden Einkommens dienen, ist grundsätzlich davon auszugehen, dass bereits eine Hilfe zur Sicherung der Lebensgrundlage vorliegt (vgl. **Abs. 1 Nr. 4 bis 5**). Deshalb sind diese Einnahmen auch auf das Elterngeld anzurechnen, soweit sie das Elterngeld in Höhe von 300 € übersteigen. Zu beachten ist noch § 4 Abs. 3 S. 3 Nr. 4 BEEG für den Fall der Inanspruchnahme von Elterngeld Plus, denn dann halbieren sich die von der Anrechnung nach § 3 Abs. 2 BEEG in Höhe von 300 € freigestellten Elterngeldbeträge. Wird nach **Abs. 1 Nr. 5** eine Entgeltersatzleistung wie das **Arbeitslosengeld** bezogen, weil gleichzeitig erklärt wurde, die Erwerbstätigkeit wieder in vollem Umfange aufnehmen zu wollen, sobald eine Beschäftigung vermittelt wird, besteht grundsätzlich daneben nicht noch Anspruch auf Elterngeld in voller Höhe wegen desselben wegfallenden Erwerbseinkommens.[8] Dieses gilt ebenfalls bei Bezug von **Krankengeld** während eines fortbestehenden Beschäftigungsverhältnisses oder etwa beim Bezug einer **Rente**.

Als weitere Bespiele für Entgeltersatzleistungen können u. a. Unterhalts- und Teilunterhaltsgeld für Arbeitnehmer bei beruflicher Weiterbildung, Gründungszuschuss, Übergangsgeld für behinderte Menschen, Kurzarbeitergeld, Insolvenzgeld und Winterausfallgeld in Frage kommen. Um aber auch diesen Eltern Unterstützung für die Betreuung ihres Kindes zu gewähren, wird die anderweitige Leistung nur auf den 300 € (bzw. 150 € bei Wahl des Elterngeld Plus) übersteigenden Teil des Elterngeldes angerechnet, da § 2 Abs. 4 Satz 1 ausdrücklich festlegt, dass ein Elterngeld in Höhe von mindestens 300 € (bzw. 150 € gemäß § 4 Abs. 3 S. 3 Nr. 1 BEEG) zu gewähren ist und § 3 Abs. 2 Satz 1 im übrigen die volle Anrechnung auf das Elterngeld nur bei Mutterschaftsgeld, Dienst- und Anwärterbezügen sowie vergleichbaren ausländischen Familienleistungen (vgl. Abs. 1 Nr. 1 bis 3) vorsieht. Das bedeutet, dass bei Entgeltersatzleistungen eine Anrechnung dann nicht stattfindet, wenn ohnehin nur das Mindestelterngeld von 300 € bzw. 150 € gewährt wird.

---

[8] So Begründung zum Gesetzentwurf der Bundesregierung vom 14.6.2006 zu § 3, S. 53.

> **Beispiel 1:**
> Katrin bezieht für Juni 2015 Elterngeld in Höhe von 500 € und für denselben Zeitraum noch Entgeltersatzeinkommen in Höhe von 420 €. Elterngeld wird nur auf den 300 € übersteigenden Teil angerechnet, also um 200 € gekürzt. Sie erhält folgende Zahlung: 300 € Elterngeld + 420 € Erwerbsersatzeinkommen = 720 €.

Ist die andere Leistung höher als das Elterngeld, so kann sich dieses auf den Zahlbetrag auswirken, wie Beispiel 2 verdeutlicht.

> **Beispiel 2:**
> Würde Katrin im Juni 2015 Elterngeld in Höhe von 390 € beziehen und für denselben Zeitraum Entgeltersatzeinkommen in Höhe von 500 € so erfolgt eine Anrechnung nur auf den 300 € übersteigenden Teil des Elterngeldes, das somit um 90 € gekürzt wird. Sie erhält folgende Zahlung: 300 € Elterngeld + 500 € Erwerbsersatzeinkommen = 800 €.

Bei **Mehrlingsgeburten** wird der anrechnungsfreie Betrag von 300 € bei der anderen Leistung mit der entsprechenden Zahl der geborenen Kinder vervielfacht. Dies ergibt sich aus Abs. 2 Satz 2. Damit soll die besondere Belastung der Eltern bei Mehrlingsgeburten berücksichtigt werden. Auch hier gilt für die Wahl von Elterngeld Plus, dass sich der anrechnungsfreie Betrag halbiert, d. h. pro Mehrling gibt es einen anrechnungsfreien Betrag in Höhe von 150 €.

8 Ersetzen die anderen Einnahmen das Elterngeld nur teilweise, wird Elterngeld in Höhe des **Unterschiedsbetrages** gezahlt. Wurde in dem für die Ermittlung des Einkommens vor der Geburt maßgeblichen Bemessungszeitraum nach § 2b in den ersten sechs Monaten Erwerbseinkommen bezogen und in den letzten sechs Monaten vor der Geburt des Kindes z. B. eine Rente, wird allein das in diesem Zeitraum erzielte Erwerbseinkommen zur Einkommensermittlung herangezogen (§ 2c). Durch § 3 **Abs. 1 Satz 1 Nr. 5a)** in Verbindung mit **Abs. 1 Satz 3** wird dabei klargestellt, dass sich der Anrechnungsbetrag für jeden Kalendermonat des Rentenbezugs oder einer anderen Entgeltersatzleistung im Bemessungszeitraum um ein Zwölftel reduziert. Mit **Abs. 1 Satz 1 Nr. 5b)** wird schließlich eine doppelte Anrechnung für Einkommensersatzleistungen verhindert, die schon bei der Berechnung des Elterngeldes berücksichtigt worden sind. Erfasst sind hiervon u. a. **Übergangsgebührnisse** und **Ausgleichsbezüge** nach §§ 11 und 11a des Gesetzes über die Versorgung für die ehemaligen Soldaten der Bundeswehr und ihre Hinterbliebenen (SVG), **Karenzentschädigungen** gemäß §§ 74 bis 75d Handelsgesetzbuch (HGB) und **Entschädigungen** gemäß § 15 Abs. 1 Nr. 6 in Verbindung mit § 18 des Gesetzes über die Vergütung von Sachverständigen, Dolmetscherinnen, Dolmetschern, Übersetzerinnen und Übersetzern sowie die Entschä-

digung von ehrenamtlichen Richterinnen, ehrenamtlichen Richtern, Zeuginnen, Zeugen und Dritten (JVEG).[9]

Nach **Abs. 1 Nr. 4** wird lediglich das Elterngeld für ein älteres Kind auf das Elterngeld für das jüngere Kind angerechnet. Eine umgekehrte Anrechnung sieht die gesetzliche Regelung nicht vor.[10]

> **Beispiel:**
> Vera ist alleinerziehend mit ihrem Sohn Tom, der im Januar 2015 geboren worden ist. Sie arbeitet während der Elternzeit nicht und erhält für Tom 1300 € Elterngeld. Im Dezember 2015 wird Julian geboren. Da die Monate des Elterngeldbezugs für Tom für die Bestimmung des Bemessungszeitraums unberücksichtigt bleiben (§ 2b Abs. 1 Satz 2 Nr. 1), erhält sie unter Anrechnung des Elterngeldes für Tom auf das Elterngeld für Julian jetzt weiter 1300 € Elterngeld sowie einen Geschwisterbonus in Höhe von 10 % auf das Elterngeld, § 2a Abs. 1 Satz 1 Nr. 1. Sie erhält demnach ein Basiselterngeld in Höhe von insgesamt 1430 €.

Ist das Elterngeld keine Einkommensersatzleistung im Sinne des Abs. 1 Nr. 5, weil die berechtigte Person vor der Geburt des Kindes nicht erwerbstätig gewesen ist und deshalb nur das Mindestelterngeld von 300 € erhält, wird bei Geburt eines weiteren Kindes wie im o. g. Beispielsfall nur das Mindestelterngeld sowie der Mindest-Geschwisterbonus in Höhe von 75 €, also 375 € insgesamt, bezogen. Dies halbiert sich, sofern anstatt des Basiselterngeldes für Geburten ab dem 1.7.2015 ein Elterngeld Plus bezogen wird, vgl. § 4 Abs. 3 S. 3 Nr. 1 und Nr. 2 BEEG.

4. Anrechnung vergleichbarer ausländischer Familienleistungen

Nach **Abs. 1 Nr. 3** sollen Doppelzahlungen in Fällen ausländischer Leistungen und Leistungen durch über- und zwischenstaatliche Einrichtungen (z. B. für Mitarbeiter der Europäischen Kommission, des Europäischen Parlaments etc.) vermieden werden. Ein dem Elterngeld oder dem Betreuungsgeld vergleichbarer Leistungsbezug im Ausland wird ebenso wie die Leistungen nach Abs. 1 Nr. 1, 2, 4 und 5 auf das Elterngeld bzw. Betreuungsgeld angerechnet allerdings nach Abs. 2 Satz 1 in **voller Höhe**. Festzustellen ist, ob aufgrund von Unterschiedsbeträgen Anspruch auf eine höhere Leistung nach deutschem Elterngeldrecht oder aber ausländischem Recht besteht und zu zahlen ist. Sind die Eltern in verschiedenen Mitgliedstaaten der EU, EWR oder der Schweiz tätig, so ist der Anspruch im **Beschäftigungsland**, in dem das Kind seinen Wohnsitz hat, **vorrangig**. Arbeitet nur ein Elternteil im europäischen Ausland und hat die Familie

---

[9] BT-Drs. 17/9841, S. 29.
[10] BT-Drs. 17/9841, S. 28.

ihren Wohnsitz in einem anderen Mitgliedstaat, so hat der Anspruch auf die dem Elterngeld oder Betreuungsgeld vergleichbare Leistung des Beschäftigungslandes Vorrang.[11]

> **Beispiel:**
> Marion arbeitet in Luxemburg, ihr Mann Peter in Deutschland. Sie wohnen zusammen mit ihrem im Juni 2015 geborenen Sohn Max in Deutschland. Marion unterbricht ihre Tätigkeit und erhält deutsches Elterngeld auf der Basis ihres luxemburgischen Gehalts. Sollte die vergleichbare luxemburgische Familienleistung höher sein, erhält sie aus Luxemburg den Unterschiedsbetrag. Es gilt das luxemburgische Verfahrensrecht.[12]

Mit der Entscheidung des Europäischen Gerichtshofs in der Rechtssache Bosmann,[13] die sich auf die grenzüberschreitende Situation bei der Inanspruchnahme von Familienleistungen im Zuge der Arbeitnehmerfreizügigkeit aus Art. 45 AEUV bezieht, ist klargestellt, dass im Fall des Anspruchs auf Leistungen sowohl im Beschäftigungs- als auch im Wohnland die Anrechnungsregelung des Abs. 1 Nr. 3 zur Anwendung kommt.[14] Immerhin ist das Elterngeld eine Sozialleistung im Sinne der europäischen Verordnung 883/2004[15] – diese Verordnung konkretisiert das Freizügigkeitsrecht der Arbeitnehmer innerhalb der EU-Mitgliedstaaten und gewährleistet, dass durch die Mobilität der Arbeitnehmer innerhalb Europas Ansprüche auf Sozialleistungen, so auch Familienleistungen, nicht verloren gehen.

Die Anrechnung erfolgt auch dann, wenn nicht nur der berechtigten Person Leistungen zustehen, sondern auch der andere nach § 1 berechtigte Elternteil einen Anspruch auf solche Leistungen hat.[16]

11 Solange die Eltern den Antrag auf die ausländische Familienleistung noch nicht gestellt haben, ruht nach **Abs. 3** der Anspruch auf Elterngeld bis zur möglichen Höhe der vergleichbaren Leistung. Lässt sich im Einzelfall der konkrete anrechenbare ausländische Betrag noch nicht klären, wird die Elterngeldstelle bei der Berechnung des nachrangigen Elterngeldes vorläufig vom fiktiven Höchstbetrag der ausländischen Familienleistung ausgehen.[17]

---

11 Vgl. BMFSFJ (Hrsg.), Broschüre Elterngeld und Elternzeit, S. 36.
12 Beispiel nach BMFSFJ (Hrsg.), a.a.O., S. 37.
13 EuGH 20.5.2008 – Rs. C-352/06.
14 BT-Drs. 17/9841, S. 28.
15 Die Verordnung 883/2004 zur Koordinierung der Systeme der sozialen Sicherheit, ABl. EG Nr. L 116 v. 30.4.2004, S. 1 hat die Verordnung 1408/71 v. 14.7.1971, ABl. EG Nr. L 149, S. 1 abgelöst und ist seit dem 1.5.2010 mit Erlass der Durchführungsverordnung 987/2009 v. 16.9.2009, ABl. EG Nr. L 284, S. 1 in Kraft.
16 BT-Drs. 17/9841, S. 28.
17 Hk-MuSchG/BEEG/Lenz, § 3 BEEG, Rn. 10.

§ 4 Art und Dauer des Bezugs

(1) Elterngeld kann in der Zeit vom Tag der Geburt bis zur Vollendung des 14. Lebensmonats des Kindes bezogen werden. Abweichend von Satz 1 kann Elterngeld Plus nach Absatz 3 auch nach dem 14. Lebensmonat bezogen werden, solange es ab dem 15. Lebensmonat in aufeinander folgenden Lebensmonaten von zumindest einem Elternteil in Anspruch genommen wird. Für angenommene Kinder und Kinder im Sinne des § 1 Abs. 3 Satz 1 Nr. 1 kann Elterngeld ab Aufnahme bei der berechtigten Person längstens bis zur Vollendung des achten Lebensjahres des Kindes bezogen werden.

(2) Elterngeld wird in Monatsbeträgen für Lebensmonate des Kindes gezahlt. Es wird allein nach den Vorgaben der §§ 2 bis 3 ermittelt (Basiselterngeld), soweit nicht Elterngeld nach Absatz 3 in Anspruch genommen wird. Der Anspruch endet mit dem Ablauf des Monats, in dem eine Anspruchsvoraussetzung entfallen ist. Die Eltern können die jeweiligen Monatsbeträge abwechselnd oder gleichzeitig beziehen.

(3) Statt für einen Monat Elterngeld im Sinne des Absatzes 2 Satz 2 zu beanspruchen, kann die berechtigte Person jeweils zwei Monate lang ein Elterngeld beziehen, das nach den §§ 2 bis 3 und den zusätzlichen Vorgaben der Sätze 2 und 3 ermittelt wird (Elterngeld Plus). Das Elterngeld Plus beträgt monatlich höchstens die Hälfte des Elterngeldes nach Absatz 2 Satz 2, das der berechtigten Person zustünde, wenn sie während des Elterngeldbezugs keine Einnahmen im Sinne des § 2 oder des § 3 hätte oder hat. Für die Berechnung des Elterngeld Plus halbieren sich:

1. der Mindestbetrag für das Elterngeld nach § 2 Abs. 4 Satz 1,
2. der Mindestgeschwisterbonus nach § 2a Abs. 1 Satz 1,
3. der Mehrlingszuschlag nach § 2a Absatz 4 sowie
4. die von der Anrechnung freigestellten Elterngeldbeträge nach § 3 Absatz 2.

(4) Die Eltern haben gemeinsam Anspruch auf zwölf Monatsbeträge Elterngeld im Sinne des Absatzes 2 Satz 2. Erfolgt für zwei Monate eine Minderung des Einkommens aus Erwerbstätigkeit, können sie für zwei weitere Monate Elterngeld im Sinne des Absatzes 2 Satz 2 beanspruchen (Partnermonate). Wenn beide Elternteile in vier aufeinander folgenden Lebensmonaten gleichzeitig

1. nicht weniger als 25 und nicht mehr als 30 Wochenstunden im Durchschnitt des Monats erwerbstätig sind und
2. die Voraussetzungen des § 1 erfüllen,

hat jeder Elternteil für diese Monate Anspruch auf vier weitere Monatsbeträge Elterngeld Plus (Partnerschaftsbonus).

(5) Ein Elternteil kann höchstens zwölf Monatsbeträge Elterngeld im

Sinne des Absatzes 2 Satz 2 zuzüglich der vier nach Absatz 4 Satz 3 zustehenden Monatsbeträge Elterngeld Plus beziehen. Er kann Elterngeld nur beziehen, wenn er es mindestens für zwei Monate in Anspruch nimmt. Lebensmonate des Kindes, in denen einem Elternteil nach § 3 Absatz 1 Satz 1 Nummer 1 bis 3 anzurechnende Leistungen zustehen, gelten als Monate, für die dieser Elternteil Elterngeld im Sinne des Absatzes 2 Satz 2 bezieht.

(6) Ein Elternteil kann abweichend von Absatz 5 Satz 1 zusätzlich auch die weiteren Monatsbeträge Elterngeld nach Absatz 4 Satz 2 beziehen, wenn für zwei Monate eine Minderung des Einkommens aus Erwerbstätigkeit erfolgt und wenn

1. bei ihm die Voraussetzungen für den Entlastungsbetrag für Alleinerziehende nach § 24b Absatz 1 und 2 des Einkommensteuergesetzes vorliegen und der andere Elternteil weder mit ihm noch mit dem Kind in einer Wohnung lebt,
2. mit der Betreuung durch den anderen Elternteil eine Gefährdung des Kindeswohls im Sinne von § 1666 Abs. 1 und 2 des Bürgerlichen Gesetzbuchs verbunden wäre oder
3. die Betreuung durch den anderen Elternteil unmöglich ist, insbesondere weil er wegen einer schweren Krankheit oder Schwerbehinderung sein Kind nicht betreuen kann; für die Feststellung der Unmöglichkeit der Betreuung bleiben wirtschaftliche Gründe und Gründe einer Verhinderung wegen anderweitiger Tätigkeiten außer Betracht.

Ist ein Elternteil im Sinne des Satzes 1 Nummer 1 bis 3 in vier aufeinander folgenden Lebensmonaten nicht weniger als 25 und nicht mehr als 30 Wochenstunden im Durchschnitt des Monats erwerbstätig, kann er für diese Monate abweichend von Absatz 5 Satz 1 vier weitere Monatsbeträge Elterngeld Plus beziehen.

(7) Die Absätze 1 bis 6 gelten in den Fällen des § 1 Abs. 3 und 4 entsprechend. Nicht sorgeberechtigte Elternteile und Personen, die nach § 1 Abs. 3 Satz 1 Nr. 2 und 3 Elterngeld beziehen können, bedürfen der Zustimmung des sorgeberechtigten Elternteils.

Inhaltsübersicht		Rn.
1.	Allgemeines	1– 2
2.	Bezugsdauer, Leistungsbeginn und -ende	3– 6
3.	Bezugsmodalitäten und Basiselterngeld	7– 9
4.	Elterngeld Plus	10–11
5.	Bezugszeitraum, Partnermonate und Partnerschaftsbonus	12–16
6.	Höchst- und Mindestbezugsdauer sowie Behandlung von Mutterschaftsleistungen	17–21
7.	Anspruch eines Elternteils auf zusätzliche Elterngeldmonate	22–25
8.	Angehörige und nichtsorgeberechtigte Anspruchsberechtigte	26–27

Art und Dauer des Bezugs § 4

1. Allgemeines

Mit dem Gesetz zur Vereinfachung des Elterngeldvollzugs vom 10.9.2012[1] ist § 4 so gut wie unverändert geblieben. Es ist lediglich eine redaktionelle Anpassung an § 3 BEEG erfolgt, die eine Abkehr von der elterngeldfreundlichen Rechtsprechung des Bundessozialgerichts (BSG) zur Folge hatte. Das BSG hat mit Urteil vom 26.5.2011[2] entschieden, dass Lebensmonate des Kindes, für die einer elterngeldberechtigten Person nach § 3 Abs. 1 anzurechnende Leistungen wie z.B. das Mutterschaftsgeld zustehen, zwingend der Person zuzuordnen sind, die den Anspruch auf die jeweilige Leistung – hier das Mutterschaftsgeld – hat. Dies ist beim Mutterschaftsgeld notwendigerweise die Mutter, bei der durch die Anrechnung des Mutterschaftsgeldes Elterngeldbezugsmonate als verbraucht gelten. Der Gesetzgeber hat für Geburten ab dem 1.1.2013 den ursprünglich in § 4 Abs. 3 Satz 2 alter Fassung verwendeten Begriff »berechtigte Person« durch den Ausdruck »Elternteil« ausgetauscht. Damit ist klargestellt worden, dass ein voller Anspruchsmonat auf Elterngeld auch dann von der Mutter im Mutterschaftsgeldbezug als verbraucht gilt, wenn sie objektiv gar nicht elterngeldberechtigt im Sinne von § 1 gewesen wäre,[3] z.B. durch Überschreitung der Teilzeitarbeitsgrenze von wöchentlich 30 Stunden im Durchschnitt eines Monats (vgl. § 1 Abs. 6). Diese Regelung ist mit dem Elterngeld Plus Gesetz jetzt in § 4 Abs. 5 S. 3 BEEG n. F. aufgegangen. Danach gelten die Monate des Mutterschaftsgeldbezuges etc. nunmehr als Monate, in denen dieser Elternteil (fiktiv) Basiselterngeld bezieht. Die Regelung ist dabei zwingend.[4]

§ 4 ist durch das Gesetz zur Einführung des Elterngeld Plus mit Partnerschaftsbonus und einer flexibleren Elternzeit im Bundeselterngeld- und Elternzeitgesetz vom 18.12.2014[5] neu strukturiert worden[6] – es handelt sich um das Kernstück der Neuregelungen des Elterngeld Plus Gesetzes. Die Vorschrift hat nicht nur eine neue Überschrift erhalten, sondern ist auch um zwei weitere Absätze ergänzt worden. Sie unterscheidet jetzt zwei Arten des Elterngeldes, nämlich einerseits das bisherige Elterngeld, das jetzt als Basiselterngeld bezeichnet wird, und andererseits das Elterngeld Plus als eine neue eigenständige Variante des Elterngeldes.[7] Ein Basiselterngeldmonat kann nunmehr in zwei Elterngeld Plus Monate umgewandelt werden, so dass Eltern maximal 24 Monate Elterngeld in Form des

---

1 BGBl. I S. 1878.
2 B 10 EG 11/10 R juris; vgl. auch BSG 26.5.2011 – B 10 EG 12/10 R.
3 Dau, jurisPR-SozR 20/2012 Anm. 1.
4 Dau, jurisPR-SozR 12/2015 Anm. 1.
5 BGBl. I, S. 2325.
6 BT-Drs. 18/2583, S. 25.
7 Düwell in jurisPR-ArbR 41/2014.

Elterngeld Plus erhalten können. Das Elterngeld Plus ist dabei höchstens halb so hoch wie das volle Basiselterngeld, wird aber für einen doppelt so langen Zeitraum gezahlt. Beibehalten worden sind die sog. zwei Partnermonate, wenn auch der andere Elternteil seine Erwerbstätigkeit mindestens zwei Monate auf maximal 30 Wochenarbeitsstunden im Monatsdurchschnitt einschränkt oder aber vollkommen pausiert. Neu ist der Partnerschaftsbonus von weiteren vier Monaten Elterngeld Plus pro Elternteil, wenn Mutter und Vater zeitgleich ihre Arbeitszeit auf 25 bis 30 Wochenstunden reduzieren. Eltern können jetzt flexibler und ein ihrer jeweiligen Lebenssituation angepasstes Elterngeld wählen,[8] denn Monate des Basiselterngeldbezugs können mit Monaten des Bezugs von Elterngeld Plus kombiniert werden. Die Regelungen gelten auch für Alleinerziehende. Insgesamt wollte der Gesetzgeber erreichen, dass Teilzeitarbeit für Eltern im Elterngeldbezug attraktiver ist.[9]

2. Bezugsdauer, Leistungsbeginn und -ende

3 Elterngeld kann grundsätzlich nach wie vor ab dem Tag der Geburt in den ersten 14 Lebensmonaten des Kindes bezogen werden (**Abs. 1 S. 1**). Der **Leistungsbeginn** hängt demnach von der Geburt und der Antragstellung (vgl. § 7) ab, da die Leistungen nur auf Antrag gezahlt werden. Das BEEG enthält keine eigenen Berechnungsvorschriften für den Beginn des Elterngeldes, so dass auf die allgemeinen Bestimmungen der § 26 SGB X, §§ 187 ff. BGB zurückzugreifen ist. Der Anspruch beginnt frühestens mit dem Tag der Geburt, der durch Vorlage der amtlichen Geburtsurkunde nachzuweisen ist. Ist das Kind z. B. am 28.1.2016 geboren, endet der Anspruch auf Elterngeld spätestens am 27.1.2017. Fehlt im letzten Monat der Frist der maßgebliche Tag, so endet die Frist mit dem Ablauf des letzten Tages dieses Monats; ist das Kind also am 1.3.2016 geboren, endet der Anspruch auf Elterngeld am 28.2.2017. Soweit gemäß § 3 Mutterschaftsgeld oder andere Bezüge anzurechnen sind, entfällt zwar die Zahlung des Elterngeldes, nicht aber der Anspruch dem Grunde nach. Zeiten der Anrechnung verkürzen den Bezugszeitraum des Elterngeldes,[10] denn sie gelten als Monate, in denen die Mutter Basiselterngeld bezogen hat.[11] Basiselterngeld, welches dem bisherigen Elterngeld entspricht, kann – wie nach alter Rechtslage – nur bis zur Vollendung des 14. Lebensmonats in Anspruch genommen werden.[12]

---

8 BT-Drs. 18/2583, S. 1.
9 BT-Drs. 18/2583, S. 1.
10 Hambüchen/Pauli, § 4 BEEG, Rn. 7.
11 Vgl. Rn. 1.
12 BT-Drs. 18/2853, S. 25.

> **Beispiel:**
> Anna hat ihr Kind am 4.7.2015 bekommen. Die Mutterschutzfrist nach der Geburt läuft bis zum 29.8.2015. Erst ab dem 30.8.2015 bis zum 3.7.2016 erhält sie Basiselterngeld, da sie in der achtwöchigen Mutterschutzfrist nach der Geburt durch das Mutterschaftsgeld und den Arbeitgeberzuschuss finanziell abgesichert ist. Ihr Elterngeldanspruch verkürzt sich somit um zwei Monate Basiselterngeld. Reduziert ihr Mann seine Arbeitszeit für zwei Monate auf 30 Wochenstunden im Monatsdurchschnitt, erhalten Anna und ihr Mann zwei weitere Monate Basiselterngeld als Partnermonate bis zum 3.9.2016 (= Vollendung des 14. Lebensmonats ihres Kindes).

Neu ist nach **Abs. 1 S. 2**, dass Elterngeld Plus auch nach dem 14. Lebensmonat des Kindes bezogen werden kann. Voraussetzung dafür ist aber, dass es ab dem 15. Lebensmonat von mindestens einem Elternteil ohne Unterbrechung bezogen wird, um kontinuierliche Erwerbsverläufe sicherzustellen und für Arbeitgeber eine bessere Planbarkeit zu erreichen.[13] Das bedeutet, dass der Elterngeldanspruch insgesamt entfällt, wenn beide Eltern nach dem 14. Lebensmonat für einen Monat tatsächlich kein Elterngeld bezogen haben. Werden die maximal zur Verfügung stehenden 14 Basiselterngeldmonate (inklusive Partnermonate) in Elterngeld Plus Monate umgewandelt, dann hat ein Elternteil maximal 24 Monate Anspruch auf Elterngeld Plus oder beide Eltern zusammen auf 28 Monate, § 4 Abs. 3 S. 1, Abs. 4 S. 2 BEEG.

Für angenommene Kinder oder Kinder mit dem Ziel zur Aufnahme in den Haushalt besteht in **Abs. 1 S. 3** eine **Sonderregelung**. Hiermit wird dem Umstand Rechnung getragen, dass solche Kinder häufig bereits mehrere Monate oder auch Jahre alt sind. Der Anspruch auf Elterngeld (Basiselterngeld wie Elterngeld Plus) bleibt zwar auf den o.g. Bezugszeitraum begrenzt, es gilt allerdings eine **Rahmenfrist**, innerhalb der dieser Anspruch genommen werden kann. Der Anspruch endet jedoch spätestens mit Vollendung des achten Lebensjahres des Kindes. Der Beginn der Frist ist hier der Tag der Inobhutnahme, § 1 Abs. 3 S. 2 BEEG.

Bei angenommenen Kindern im Sinne des Abs. 1 handelt es sich um Minderjährige, die durch die Annahme als Kind die rechtliche Stellung eines ehelichen Kindes des Annehmenden erhalten (§ 1754 BGB), also **Adoptivkinder**. Kinder im Sinne des § 1 Abs. 3 S. 1 Nr. 1 sind Kinder, die mit dem Ziel der Annahme als Kind in die Obhut des Annehmenden aufgenommen werden (Adoptionspflege). Anspruch auf Elterngeld besteht bei Adoptivkindern und Adoptionspflegekinder von der Inobhutnahme an. Inobhutnahme ist die Aufnahme als Kind in den Haushalt.

---

13 BT-Drs. 18/2853, S. 25.

3. Bezugsmodalitäten und Basiselterngeld

7   Abs. 2 legt die Bezugsmodalitäten für das Elterngeld allgemein fest und bestimmt den Begriff des Basiselterngeldes.[14] Elterngeld ist eine **monatliche Leistung**, die für Lebensmonate des Kindes gezahlt wird, **Abs. 2 S. 1**. Sie endet nach **Abs. 2 S. 3** mit Ablauf des Monats, in dem eine der Anspruchsvoraussetzungen entfallen ist, z.B. bei Trennung der Eltern und Auszug des elterngeldberechtigten Elternteils aus dem gemeinsamen Haushalt mit dem Kind. Die nicht sofortige Beendigung des Elterngeldbezugs dient der Verwaltungsvereinfachung[15] und vermeidet die Rückforderung des für diesen Monat bereits erhaltenen Elterngeldes durch die Elterngeldstelle.[16]

8   **Abs. 2 S. 2** definiert das Basiselterngeld. Es entspricht dem bisherigen Elterngeld für Kinder, die bis zum 30.6.2015 geboren worden sind. Die Bezeichnung als Basiselterngeld dient dabei lediglich der Abgrenzung zum neu eingeführten Elterngeld Plus.[17] Das Basiselterngeld wird wie bisher allein nach den Vorgaben der §§ 2 bis 3 BEEG berechnet. Alternativ kann jetzt ein Elterngeld Plus bezogen werden, welches in § 4 Abs. 3 BEEG im Einzelnen geregelt ist.

9   In **Abs. 2 S. 4** wird die Aufteilung des Elterngeldes festgelegt. Die Eltern können danach den Anspruch auf zwölf oder vierzehn Monatsbeträge **nicht nur nacheinander**, sondern auch gleichzeitig oder abwechselnd in Anspruch nehmen. So ist es möglich, dass zunächst die Mutter die zwölf Monatsbeträge Basiselterngeld beansprucht und dann der Vater die restlichen zwei Partnermonate. Beziehen beide das Basiselterngeld gleichzeitig, dann ist das Gesamtbudget von insgesamt 14 Elterngeldmonaten bereits nach sieben Monaten verbraucht.[18] Es handelt sich hierbei um einen »doppelten Anspruchsverbrauch«[19], der auch bei der Wahl von Elterngeld Plus eintritt, den Eltern jedoch 12 bzw. 14 Monate zeitgleich Elterngeld Plus zur Verfügung stellt.[20]

4. Elterngeld Plus

10 Abs. 3 Satz 1 definiert das Elterngeld Plus. Ein Basiselterngeldmonat kann demnach in zwei Elterngeld Plus Monate umgewandelt werden. Elterngeld

---

14 BT-Drs. 18/2583, S. 26.
15 Lenz in Rancke (Hrsg.), § 4 Rn. 8.
16 Hissnauer in Tillmanns/Mutschler (Hrsg.), § 4 Rn. 15.
17 Düwell in jurisPR-ArbR 41/2014.
18 Lenz in Rancke (Hrsg.), § 4 Rn. 9.
19 BSG 15.12.2011 – B 10 EG 1/11 R.
20 Klenter, Der Personalrat 2014, 13, 14.

Art und Dauer des Bezugs § 4

Plus wird dabei zunächst wie das Basiselterngeld berechnet, nämlich nach Maßgabe der §§ 2 bis 3 BEEG und zusätzlich nach den Vorgaben des § 4 Abs. 3 S. 2 und 3 BEEG. Das bedeutet, dass auch für die Berechnung des Elterngeld Plus und die Bestimmung der Einkommensersatzrate das Einkommen aus Erwerbstätigkeit im Bemessungszeitraum vor der Geburt entscheidend ist. Nach **Abs. 3 S. 2** beträgt das Elterngeld Plus dabei aber höchstens die Hälfte des Basiselterngeldes ohne Hinzuverdienst durch eine Teilzeitbeschäftigung. Elterngeld Plus folgt also dem Grundsatz »doppelt so lang, maximal halb so hoch«.[21] Das Elterngeld Plus wird in drei Schritten berechnet, wie sich anhand des folgenden Beispiels zeigen lässt.

Beispiel:
1. Schritt
Gesa hat vor der Geburt ihres Kindes 1600 € netto verdient. Die für sie maßgebliche Einkommensersatzrate beträgt 65 %, so dass ihr ein Basiselterngeld ohne Hinzuverdienst in Höhe von 1040 € monatlich zustünde.
2. Schritt
Arbeitet Gesa nach der Geburt in Teilzeit und verdient nun monatlich 800 € netto, so wird die Einkommensersatzrate von 65 % auf das weggefallene Einkommen in Höhe von 800 € angelegt, d.h. sie erhält 520 € Basiselterngeld für einen Monat zuzüglich ihres Teilzeiteinkommens.
3. Schritt
Wählt Gesa dagegen Elterngeld Plus neben ihrer Teilzeittätigkeit, so erhält sie ebenfalls 520 € Elterngeld, da dieses halb so hoch wie das normale Basiselterngeld (vgl. 1. Schritt) ist, allerdings für einen doppelt so langen Zeitraum.
In der Gesamtsumme kommt Gesa mit ihrer Teilzeitarbeit und der Wahl von Elterngeld Plus auf dieselbe Höhe Elterngeld, als wenn sie komplett zu Hause geblieben wäre und das Basiselterngeld in Anspruch genommen hätte (maximal 12 Monate x 1040 € Basiselterngeld entsprechen maximal 24 Monaten x 520 € Elterngeld Plus). Zu beachten ist noch, dass Gesa aufgrund des Bezugs von Mutterschaftsgeld und Arbeitgeberzuschuss in den ersten acht Wochen nach der Geburt bereits zwei Monate ihres Elterngeldanspruchs als Basiselterngeld verbraucht hat (§ 4 Abs. 5 S. 3 BEEG). Folge ist, dass sie nur noch 10 Monate Basiselterngeld bzw. 20 Monate Elterngeld Plus nach Ablauf der Mutterschutzfristen beanspruchen kann.[22]

Aus **Abs. 3 S. 3** geht hervor, dass sich für die Berechnung des Elterngeld 11 Plus nicht nur der Mindestbetrag des Elterngeldes in Höhe von 300 € monatlich nach § 2 Abs. 4 S. 1 BEEG halbiert (**Abs. 3 S. 3 Nr. 1**), sondern auch der Mindestgeschwisterbonus nach § 2a Abs. 1 S. 1 (**Abs. 3 S. 3 Nr. 2**), der Mehrlingszuschlag nach § 2a Abs. 4 (**Abs. 3 S. 3 Nr. 3**) sowie

---
21 Röhl, JM 2015, 246, 248.
22 Vgl. auch Hissnauer in Tillmanns/Mutschler (Hrsg.), § 4 Rn. 20f.

die von der Anrechnung freigestellten Elterngeldbeträge nach § 3 Abs. 2 (**Abs. 3 S. 3 Nr. 4**). Es handelt sich um eine konsequente Umsetzung 1. der Verdoppelung des Anspruchszeitraums und 2. des Ziels, durch das Elterngeld Plus das Elterngeld in der Gesamtsumme nicht zu erhöhen und gleichzeitig eine Absenkung bei einem Hinzuverdienst durch Teilzeitarbeit zu verhindern.[23]

5. Bezugszeitraum, Partnermonate und Partnerschaftsbonus

12 **Abs. 4** legt den regelmäßigen Bezugszeitraum von Elterngeld fest und regelt die Partnermonate sowie den Partnerschaftsbonus. Dabei ergibt sich aus **Abs. 4 S. 1**, dass beide Eltern gemeinsam Anspruch auf zwölf Monatsbeträge Basiselterngeld haben. Nimmt nur ein Elternteil das Elterngeld in Anspruch, so folgt der Umfang seines Elterngeldanspruchs aus § 4 Abs. 5 und § 5 BEEG.[24] Weitere zwei Monate Basiselterngeld kommen hinzu, wenn auch der Partner für die Dauer von zwei Monaten entweder seine Arbeitszeit auf maximal 30 Wochenstunden im Monatsdurchschnitt reduziert oder die Erwerbstätigkeit komplett unterbricht. Es muss sich immer um **mindestens zwei Monate** handeln, so dass eine Einschränkung der Erwerbstätigkeit für nur einen Monat keinen Anspruch auf die Partnermonate begründet.[25] Die Partnermonate müssen innerhalb der ersten 14 Lebensmonate des Kindes beansprucht werden[26] – auf die Lage dieser sog. Partnermonate, die das Gesetz jetzt ausdrücklich als solche bezeichnet, kommt es nicht an. Deshalb können die Partnermonate vom anderen Elternteil in den ersten 14 Lebensmonaten des Kindes auch zwischendurch genommen werden und müssen nicht an die Bezugszeit des anderen Elternteils angehängt werden.

> **Beispiel:**
> Peter und Elke nehmen für ihr am 30.9.2015 geborenes Kind Elternzeit und Basiselterngeld in Anspruch. Elke für die Zeit vom 3. bis 12. Lebensmonat, Peter in der Zeit vom 3. bis 4. Lebensmonat.

13 Die Partnermonate sollen Vätern die Entscheidung gegenüber Dritten erleichtern, sich mehr Zeit für ihr Kind zu nehmen.[27] Die Väterbeteiligung durch Inanspruchnahme von Elternzeit und Elterngeld im 3. Quartal des Jahres 2013 liegt zwar bei 32,3 %, jedoch konzentriert sie sich nach wie vor

---

23 Röhl, JM 2015, 246, 248.
24 BT-Drs. 18/2853, S. 28.
25 Lenz in Rancke (Hrsg.), § 4 Rn. 17.
26 Lenz in Rancke (Hrsg.), § 4 Rn. 17.
27 BR-Drs. 341/08, S. 7.

Art und Dauer des Bezugs § 4

auf die zwei Partnermonate, die von 79 % der Väter wahrgenommen werden.[28] Kinderbetreuung und -erziehung in den ersten Lebensmonaten ist folglich (wie auch später) nach wie vor überwiegend eine Frauendomäne. Die Partnermonate können eine partnerschaftliche Teilung von Erwerbs- und Familienarbeit erleichtern, da sie Anreiz bieten, nicht einem Elternteil allein die Erwerbsarbeit und dem anderen die Betreuungsarbeit zu übertragen. Schon das Ziel der Partnermonate besteht darin, die für Frauen diskriminierenden Folgen auf dem Arbeitsmarkt aufgrund der ihnen einseitig zugewiesenen Betreuungsarbeit zurückzudrängen. Dies entspricht auch dem Auftrag zur Förderung auf Gleichberechtigung aus Art. 3 Abs. 2 Satz 2 GG, der auch im BEEG angelegt ist.[29]

In diesem Zusammenhang zu beachten ist, dass Eltern, die vor der Geburt 14 keine Erwerbstätigkeit ausgeübt haben, lediglich Anspruch auf 12 Monate Basiselterngeld bzw. 24 Monate Elterngeld Plus haben. Die Verlängerungsoption durch die Inanspruchnahme der Partnermonate nach § 4 Abs. 2 S. 2 BEEG steht ihnen nicht zu.[30] Sie müssen sich außerdem nach § 10 Abs. 5 BEEG das Elterngeld auf mögliche Leistungen nach dem SGB II, SGB XII und den Kinderzuschlag anrechnen lassen.

De facto gilt jedoch für den weitaus größten Teil der jungen Eltern – nämlich die sozialversicherungspflichtig Beschäftigten – die Verlängerungsoption durch die Partnermonate. Es handelt sich aber tatsächlich um eine »10 plus 2«-Regelung, da die Anrechnungsbestimmung des § 3 Abs. 1 Satz 1 Nr. 1 bis Nr. 3 eingreift, § 4 Abs. 5 S. 3 BEEG.[31]

Neu eingeführt worden ist in **Abs. 4 S. 3** der sog. **Partnerschaftsbonus**. 15 Der Partnerschaftsbonus beinhaltet vier zusätzliche Elterngeld Plus Monate für jeweils beide Elternteile, wenn Mutter und Vater in vier aufeinander folgenden Monaten gleichzeitig nicht weniger als 25 und nicht mehr als 30 Wochenstunden im Monatsdurchschnitt erwerbstätig sind und die Voraussetzungen des § 1 erfüllen.

Ziel des Partnerschaftsbonus als Ergänzung des Elterngeld Plus ist es, den Eltern, die sich gemeinsam um ihr Kind kümmern, eine längere finanzielle Unterstützung zukommen zu lassen und damit schon in einer frühen Lebensphase des Kindes ein partnerschaftliches Hineinwachsen in die familiäre Arbeitsteilung zu fördern.[32] Der Partnerschaftsbonus ist die eigentliche familienpolitische Verbesserung, die durch das Elterngeld

---

28 Statistisches Bundesamt, Pressemitteilung 109/15 v. 25.3.2015.
29 Begründung zum Gesetzentwurf der Bundesregierung vom 14.6.2006 zu § 4, S. 55; BSG 26.3.2914 – B 10 EG 6/13 R.
30 Hissnauer in Tillmanns/Mutschler (Hrsg:), § 4 Rn. 28.
31 Im Fall von Elterngeld Plus handelt es sich um eine »20 plus 4« Regelung, vgl. auch Hissnauer in Tillmanns/Mutschler (Hrsg.), § 4 Rn. 20 f.; vgl. auch Rn. 15 ff.
32 BT-Drs. 18/2583, S. 17 f.

Graue 97

Plus Gesetz erreicht worden ist.[33] Die Regelung erfordert von beiden Elternteilen eine deutlich spürbare Verringerung der Arbeitszeit.[34] Wird dieser Überlegung des Gesetzgebers eine Vollzeitbeschäftigung von 40 Wochenstunden zugrunde gelegt, dann entspricht die Arbeitszeit im Partnerschaftsbonusbezug einem Umfang von 60 % bis 75 %.[35] Damit legt der Partnerschaftsbonus einen sehr engen Zeitkorridor für die gleichzeitige Teilzeitarbeit beider Eltern fest,[36] der für Eltern durchaus mit Schwierigkeiten der Durchsetzung beim Arbeitgeber verbunden sein könnte.[37] Hinzu kommt, dass die Voraussetzungen für beide Elternteile in diesen vier Monaten gleichzeitig vorliegen müssen und ein Unter- oder Überschreiten der Schwellenwerte von nur einem Elternteil, und sei es nur für einen Monat, den gesamten Partnerschaftsbonus entfallen lassen[38] und bereits ausgezahlte Elterngeld Plus Beträge von der Elterngeldstelle zurückgefordert werden können.[39] Deshalb erfolgt die Auszahlung lediglich vorläufig (vgl. § 8 Abs. 3 S. 1 Nr. 4 BEEG) und es besteht auch nur ein **einmaliger Anspruch** auf den Partnerschaftsbonus, selbst wenn die Eltern in zweimal vier Monaten die Voraussetzungen erfüllen.[40]

16 Der Partnerschaftsbonus kann sowohl in den ersten 14 Lebensmonaten als auch in dem durch den Elterngeld Plus Bezug verlängerten Zeitraum ab dem 15. Lebensmonat in Anspruch genommen werden.[41] Er kann im Übrigen auch zwischen Phasen mit Basiselterngeld und Elterngeld Plus von einem oder beiden Eltern liegen. Es darf jedoch bei wenigstens einem Elternteil keine Lücke in den Bezugsmonaten des Elterngeld Plus geben, d. h., der Partnerschaftsbonus muss sich entweder bei der Mutter oder bei dem Vater nahtlos in den Elterngeldbezug einfügen, § 4 Abs. 1 S. 2 BEEG.

> **Beispiel:**
> Anna und Paul wollen für ihr am 1.10.2015 geborenes Kind Elternzeit und Elterngeld Plus in Anspruch nehmen.
> Paul hat seine Arbeitszeit ab der Geburt auf 30 Wochenstunden reduziert, Anna arbeitet bereits in Teilzeit im Umfang von 25 Stunden wöchentlich. Sie können beide zusammen ab dem 1. bis zum 14. Lebensmonat ihres Kindes Elterngeld Plus beziehen und danach weitere vier Monate Partnerschafts

---

33 Lenz in Rancke (Hrsg.), § 4 Rn. 20.
34 BT-Drs. 18/2583, S. 28.
35 BT-Drs. 18/2583, S. 28.
36 Klenter, Der Personalrat 2014, 13, 17; Röhl, JM 2015, 246, 248.
37 Dau in jurisPR-SozR 12/2015 Anm. 1; kritisch auch Forst, DB 2015, 68, 71.
38 Forst, DB 2015, 68, 71.
39 Lenz in Rancke (Hrsg.), § 4 Rn. 22.
40 BT-Drs. 18/2583, S. 29.
41 BT-Drs. 18/2583, S. 29.

bonus in Form des Elterngeld Plus anschließen. Da Elterngeld Plus mit Basiselterngeld und Partnerschaftsbonus kombiniert werden kann, könnte Anna auch in den ersten 6 Lebensmonaten volles Basiselterngeld in Anspruch nehmen und danach 12 Monate Elterngeld Plus. Paul kann die zwei Partnermonate als volles Basiselterngeld beanspruchen und danach zunächst wieder 16 Monate in Vollzeit arbeiten. Wenn Anna und Paul ab dem 19. bis 22. Lebensmonat ihre Arbeitszeit zeitgleich wie oben erwähnt reduzieren bzw. beibehalten, haben sie außerdem Anspruch auf die vier Monate Partnerschaftsbonus.[42]

6. Höchst- und Mindestbezugsdauer sowie Behandlung von Mutterschaftsleistungen

Nach **Abs. 5 S. 1** kann ein Elternteil höchstens zwölf Monatsbeträge Basiselterngeld in Anspruch nehmen zuzüglich vier weiterer Monate Elterngeld Plus in Form des Partnerschaftsbonus gemäß § 4 Abs. 4 S. 3 BEEG. Jeder Monat Basiselterngeld kann jedoch in zwei Monate Elterngeld Plus umgewandelt werden, so dass maximal 24 Monate Elterngeld Plus sowie weitere vier Partnerschaftsbonusmonate möglich sind.

Elterngeld muss nach **Abs. 5 S. 2** außerdem für mindestens zwei Monate bezogen werden. Diese **Mindestbezugsdauer** soll eine intensivere Bindung, insbesondere des Vaters, zum Kind fördern.[43] Die Mindestbezugsdauer kann entweder durch zwei Monate Basiselterngeld oder aber zwei Monate Elterngeld Plus erfüllt werden.[44]

Abs. 5 S. 3 nimmt Bezug auf die nach § 3 Abs. 1 S. 1 Nr. 1 bis 3 BEEG auf das Elterngeld anzurechnenden Mutterschaftsleistungen. Danach wird Mutterschaftsgeld, das der Mutter nach dem SGB V oder dem 2. KVLG zusteht, auf das ihr zustehende Elterngeld **als Basiselterngeld angerechnet**. Gleiches gilt für den Arbeitgeberzuschuss. Wird die achtwöchige Mutterschutzfrist nach der Geburt gemäß § 6 Abs. 1 Satz 2 MuSchG um den Zeitraum verlängert, der vor der Geburt des Kindes nicht in Anspruch genommen werden konnte, weil das Kind früher als zum errechneten Geburtstermin auf die Welt gekommen ist (Frühgeburt oder sonstige vorzeitige Entbindung), so hat die Mutter auch für die Zeit ab der Geburt bis zum errechneten Geburtstermin keinen Anspruch auf Elterngeld.[45] Das Elterngeld setzt damit erst am Tag nach dem Ende der Mutterschutzfrist ein. Somit erhalten die meisten Antragsteller nicht für zwölf, sondern nur für zehn Monate (bzw. im Fall des § 6 Abs. 1 Satz 2 MuSchG entsprechend

---

42 Beispiele nach BMFSFJ (Hrsg.), Elterngeld Plus und Partnerschaftlichkeit, Zahlen & Daten v. 4.6.2014, S. 8.
43 BT-Drs. 16/9415, S. 6.
44 BT-Drs. 18/2583, S. 29.
45 BSG 20.12.2012 – B 10 EG 19/11 R.

kürzer) Elterngeld, wenn nur ein Elternteil die Leistung in Anspruch nimmt. Zusammen mit den sog. Partnermonaten wird dann höchstens zwölf Monate Basiselterngeld ausgezahlt.[46] Leistungen an die Mutter können jedoch nicht beim Vater angerechnet werden, so dass dieser während der Zeit der Zahlung von Mutterschaftsgeld und Arbeitgeberzuschuss Anspruch auf Elterngeld hat. Die Anrechnungsregelung stellt im Ergebnis sicher, dass zweckidentische Doppelleistungen, nämlich einerseits Mutterschaftsgeld und andererseits Elterngeld, für sich überschneidende Zeiträume vermieden werden.[47]

20 Ausgenommen von der Anrechnung sind die nicht gesetzlich krankenversicherten Frauen, die nach § 13 Abs. 2 MuSchG Mutterschaftsgeld in Höhe von höchstens 210 € vom Bundesversicherungsamt erhalten. Das BSG hat im Urteil vom 20.12.2012[48] dazu ausgeführt, dass diese Ungleichbehandlung von gesetzlich und privat krankenversicherten Frauen beim Elterngeldbezug aus wirtschaftlichen Gründen gerechtfertigt sei, da gesetzlich versicherte Frauen durch den Mutterschaftsgeldanspruch in Höhe von kalendertäglich 13 € zuzüglich Arbeitgeberzuschuss gemäß § 14 MuSchG für die Dauer der Mutterschutzfristen vor und nach der Geburt finanziell deutlich besser aufgestellt seien.[49] Hinzuweisen ist schließlich noch auf die Regelung des § 3 Abs. 1 Satz 1 Nr. 2, demnach auch Dienst- und Anwärterbezüge nach beamten- oder soldatenrechtlichen Vorschriften, die für die Zeiten des Beschäftigungsverbots ab dem Tag der Geburt zustehen, auf das Elterngeld anzurechnen sind.

21 Wurden für Lebensmonate des Kindes Mutterschaftsleistungen oder dem Elterngeld vergleichbare **Leistungen im Ausland** in Anspruch genommen, sind diese auf den Bezugszeitraum des Elterngeldes anzurechnen, § 3 Abs. 1 Satz 1 Nr. 3. Sie gelten wie beim Mutterschaftsgeld bzw. bei Dienst- oder Anwärterbezügen als Monate, für die dieser Elternteil Elterngeld und zwar als **Basiselterngeld**, bezieht.

7. Anspruch eines Elternteils auf zusätzliche Elterngeldmonate

22 Nach **Abs. 6 Satz 1** kann ausnahmsweise ein vor der Geburt erwerbstätiger Elternteil allein Elterngeld für die Dauer von 14 Monate beziehen, wenn er seine Erwerbstätigkeit verringert oder unterbricht und sich dadurch sein Einkommen vermindert oder ganz entfällt. Für einen vor der Geburt des Kindes nicht erwerbstätigen Elternteil ist eine Verlängerung des Bezugs-

---

46 Ebenso Winkel, Soziale Sicherheit 2007, 36.
47 BSG 20.12.2012 – 10 EG 19/11 R.
48 BSG 20.12.2012 – B 10 EG 19/11 R.
49 Vgl. dazu auch Marburger, jurisPR-SozR 12/2013 Anm. 5.

zeitraums auf 14 Monate nicht möglich.⁵⁰ Insgesamt sind von der Regelung drei Personengruppen erfasst, die die Berechtigung zum alleinigen Bezug von 14 Monaten Elterngeld haben.⁵¹ So verlangt **Abs. 6 S. 1 Nr. 1**, dass für die Verlängerung des Elterngeldanspruchs um weitere zwei Monate bei der elterngeldberechtigten Person die Voraussetzungen für den Entlastungsbetrag für **Alleinerziehende** gemäß § 24b EStG vorliegen müssen und der andere Elternteil weder mit der Person noch mit dem Kind in einer Wohnung zusammen leben darf. § 24b EStG sieht einen Entlastungsbetrag in Höhe von 1308 € pro Kalenderjahr für Alleinerziehende vor, um damit den finanziellen Belastungen durch in der Regel höhere Lebenshaltungskosten Rechnung zu tragen.⁵² Mit der Bedingung, dass getrennte Wohnungen vorliegen müssen, ist die tatsächliche räumliche Trennung der Eltern durch zwei Wohnungen gemeint, die durch eine Meldebescheinigung oder aber einen Mietvertrag nachgewiesen werden kann. Auf getrennte Haushalte kommt es nicht an.⁵³ Hintergrund ist, dass durch die Zuordnung des Entlastungsbetrags an einen Elternteil auch der Alleinerziehende mit dem gemeinsamen Sorgerecht einen eigenen Anspruch auf die zusätzlichen Partnermonate hat,⁵⁴ denn das gemeinsame Sorgerecht der Eltern ist nach einer Trennung in der familiengerichtlichen Praxis inzwischen Standard und das alleinige Sorgerecht inzwischen eher die Ausnahme.⁵⁵

Einen Anspruch auf 14 Monate Elterngeld hat nach **Abs. 6 S. 1 Nr. 2** auch derjenige, bei dem mit der Betreuung durch den anderen Elternteil eine Gefährdung des Kindeswohls im Sinne von § 1666 Abs. 1 und 2 BGB verbunden wäre. Dies könnte vorliegen, wenn das körperliche, geistige oder seelische Wohl des Kindes oder sein Vermögen durch missbräuchliche Ausübung der elterlichen Sorge, durch seine Vernachlässigung oder auch durch unverschuldetes Versagen der Eltern gefährdet wird. Das Vermögen des Kindes kann dadurch gefährdet werden, dass der Inhaber der Vermögenssorge seine Unterhaltspflicht oder seine sonstigen Pflichten verletzt. Für die Verlängerung des Bezugszeitraums ist es nicht erforderlich, dass das Familiengericht bereits eine Entscheidung getroffen hat. Ausreichend ist, dass mit dem für die Inanspruchnahme der Partnermonate verbundenen Wechsel in der Betreuungsperson eine Gefährdung des Kindeswohls verbunden wäre. Der Elternteil, der wegen gefährdeten Kindeswohls 14 Monate Elterngeld für sich allein beansprucht, muss der nach

23

---

50 Vgl. Rn. 11.
51 BT-Drs. 18/2583, S. 30.
52 Hissnauer in Tillmanns/Mutschler (Hrsg.), § 4 Rn. 44.
53 Lenz in Rancke (Hrsg.), § 4 Rn. 30; BT-Drs. 16/1889, S. 24.
54 Lenz in Rancke (Hrsg.), § 4 Rn. 30 m. w. N.
55 Vgl. auch Röhl, JM 2015, 246, 249.

§ 12 zuständigen Elterngeldstelle eine entsprechende Bescheinigung des Jugendamtes vorlegen.[56] Es wird dazu beide Elternteile anhören und auch die Frage nach geeigneten und notwendigen Hilfen des SGB VIII (Kinder- und Jugendhilfe) mit prüfen.

24 Ferner kann der Bezugszeitraum von Elterngeld nach **Abs. 6 S. 1 Nr. 3** auf 14 Monate verlängert werden, wenn dem anderen Elternteil die Betreuung unmöglich ist oder dieser die Betreuung nicht überwiegend übernehmen kann, etwa wegen schwerer Krankheit, Schwerbehinderung oder Tod sowie im Fall der Verbüßung einer Freiheitsstrafe.[57] Dem anderen Elternteil ist die Betreuung aber nicht schon dann unmöglich, wenn er mit der Inanspruchnahme der Elternzeit seinen Arbeitsplatz gefährdet oder eine berufliche Auszeit für ihn aus wirtschaftlichen Gründen nicht in Betracht kommt, da solche Gründe im Widerspruch zu den Zielen des Elterngeldes stehen würden.[58] Für die Feststellung der Unmöglichkeit aus medizinischen Gründen ist es notwendig, ein ärztliches Attest vorzulegen.

25 Neu ist in **Abs. 6 S. 2**, dass die unter § 4 Abs. 6 S. 1 Nr. 1 bis 3 BEEG fallenden Eltern darüber hinaus ebenfalls einen Anspruch auf die zusätzlichen vier Partnerschaftsbonusmonate haben, sofern sie nicht weniger als 25 und nicht mehr als 30 Wochenstunden im Monatsdurchschnitt erwerbstätig sind. Hier stellt sich zumindest die Frage nach einer Verletzung des Art. 3 Abs. 1 GG, weil der Gesetzgeber mit dem Partnerschaftsbonus für Alleinerziehende möglicherweise wesentlich Ungleiches gleich behandelt. Der enge Zeitkorridor und der Umfang der Teilzeitarbeit sind für Alleinerziehende regelmäßig noch schwerer zu erfüllen als bei Doppelverdienerpaaren, die sich die Kinderbetreuung teilen können.[59]

8. Angehörige und nichtsorgeberechtigte Anspruchsberechtigte

26 **Abs. 7 Satz 1** entspricht der alten Fassung des § 4 Abs. 5 BEEG. Danach können nicht nur die Eltern, sondern auch die Angehörigen im Sinne des § 1 Abs. 3 und 4 BEEG Basiselterngeld, Elterngeld Plus, Partnermonate und Partnerschaftsbonus beanspruchen. Elterngeldberechtigt sind sie, wenn sie ein Kind mit dem Ziel der Annahme in Obhut genommen haben, sie ein Kind des Ehegatten oder Lebenspartners (sog. Stiefkind) in den Haushalt aufgenommen haben, mit einem leiblichen Kind in einem Haushalt leben und die erklärte Anerkennung der Vaterschaft noch nicht wirksam ist oder über die beantragte Vaterschaftsfeststellung noch nicht entschieden ist sowie aus einem **wichtigen Grund** die Betreuung und

---

56 Wersig in Vereinbarkeit von Familie und Beruf, Kap. 6.4, § 4 BEEG Rn. 16.
57 BT-Drs. 16/1889, S. 23.
58 Wersig in Vereinbarkeit von Familie und Beruf, Kap. 6.4, § 4 BEEG Rn. 17.
59 Röhl, JM 2015, 246, 249.

Erziehung des Kindes nicht sofort aufgenommen werden kann oder diese unterbrochen werden muss.

Hat ein Elternteil das alleinige Sorgerecht, kann eine andere berechtigte Person nur mit seiner Zustimmung Basiselterngeld oder Elterngeld Plus beziehen, **Abs. 7 Satz 2**. Die Zustimmung kann für die gesamte Laufzeit erteilt oder auf einzelne Zeitabschnitte beschränkt werden. Auch kann die Zustimmung ohne Begründung gegenüber der Elterngeldstelle widerrufen werden; der Anspruch des Dritten besteht in diesem Falle nur noch bis zum Ende des laufenden Lebensmonats. Zustimmung und Widerruf müssen schriftlich erfolgen.[60] Mit dieser Vorschrift wird den familienrechtlichen Regelungen zum Sorgerecht Rechnung getragen und sichergestellt, dass das Gesetz nicht mit dem Familienrecht in Widerspruch gerät. 27

Abschnitt 2
Betreuungsgeld

§ 4a Berechtigte

(1) Anspruch auf Betreuungsgeld hat, wer
1. die Voraussetzungen des § 1 Absatz 1 Nummer 1 bis 3, Absatz 2 bis 5, 7 und 8 erfüllt und
2. für das Kind keine Leistungen nach § 24 Absatz 2 in Verbindung mit den §§ 22 bis 23 des Achten Buches Sozialgesetzbuch in Anspruch nimmt.

(2) Können die Eltern ihr Kind wegen einer schweren Krankheit, Schwerbehinderung oder Tod der Eltern nicht betreuen, haben Berechtigte im Sinne von Absatz 1 Nummer 1 in Verbindung mit § 1 Absatz 4 einen Anspruch auf Betreuungsgeld abweichend von Absatz 1 Nummer 2, wenn für das Kind nicht mehr als 20 Wochenstunden im Durchschnitt des Monats Leistungen nach § 24 Absatz 2 in Verbindung mit den §§ 22 bis 23 des Achten Buches Sozialgesetzbuch in Anspruch genommen werden.

Inhaltsübersicht	Rn.
1. Allgemeines und Verfassungswidrigkeit des Betreuungsgeldes ...	1– 5
2. Voraussetzungen des Betreuungsgeldanspruchs	6–11
3. Betreuungsgeldanspruch in besonderen Situationen	12

---

60 Buchner/Becker, § 4 Rn. 14.

1. Allgemeines und Verfassungswidrigkeit des Betreuungsgeldes

1 Das Betreuungsgeld ist mit dem Gesetz zur Einführung eines Betreuungsgeldes (Betreuungsgeldgesetz) vom 15.2.2013[1] ins Bundeselterngeld- und Elternzeitgesetz integriert worden und am 1.8.2013 schließlich in Kraft getreten. Zeitgleich ist in Umsetzung des KiföG[2] der Rechtsanspruch auf einen Platz in einer staatlich geförderten Kindertageseinrichtung für Kinder ab dem vollendeten ersten Lebensjahr gemäß § 24 Abs. 2 in Verbindung mit §§ 22 und 23 SGB VIII eingeführt worden. Das Betreuungsgeld schließt nahtlos an das in der Regel nach dem 14. Lebensmonat des Kindes unter Berücksichtigung der zwei Partnermonate auslaufende Elterngeld an und soll die finanzielle Lücke ausgleichen helfen, die entsteht, wenn Eltern ihr Kind zu Hause betreuen und nicht in eine öffentliche Kita geben.[3] Nach § 27 Abs. 3 Satz 1 wird das Betreuungsgeld nicht für Kinder gezahlt, die vor dem 1.8.2012 geboren worden sind. Es beträgt ab dem 1.8.2013 zunächst 100 € und ab dem 1.8.2014 schließlich 150 € monatlich, §§ 4b, 27 Abs. 3 Satz 2.

2 Das Betreuungsgeld ist von Anfang an gesellschafts- und rechtspolitisch umstritten gewesen.[4] Während der Gesetzgeber die Einführung des Betreuungsgeldes mit größerer Wahlfreiheit der Eltern im Hinblick auf die richtige Betreuung im Kleinkindalter begründet hat,[5] äußerten die Oppositionsparteien im Bundestag schon im Gesetzgebungsverfahren erhebliche Kritik. Der Begriff der »Herdprämie« hat diese Kritik auf den Punkt gebracht, da das Betreuungsgeld entgegen der im Grundgesetz verankerten Förderung der tatsächlichen Durchsetzung der Gleichberechtigung von Frauen und Männern (Art. 3 Abs. 2 Satz 2 GG) traditionellen Rollen- und Familienbildern Vorschub zu leisten versprochen hat.[6]

3 Aber auch die vom Gesetzgeber ins Feld geführte Wahlfreiheit der Eltern hat sich bei näherer Betrachtung als gesetzgeberische Bevorzugung eines bestimmten Familientyps dargestellt, die eine freie Wahl lediglich suggeriert und als Anreiz für eine private Kinderbetreuung nicht im Einklang mit Art. 6 Abs. 1 GG gestanden hat, da dieses Freiheitsrecht die Förderung und Anerkennung der Erziehungsarbeit **aller Familien** beinhaltet.[7] Auch

---

[1] BGBl. I S. 254.
[2] Gesetz zur Förderung von Kindern unter drei Jahren in Tageseinrichtungen und in Kindertagespflege v. 10.12.2008, BGBl. I S. 2403.
[3] BT-Drs. 17/9917, S. 1, 7.
[4] Kritisch Sacksofsky, Streit 2010, 167; Eichenhofer, ZG 2013, 60; Rixen, DVBl. 2012, 1393.
[5] BT-Drs. 17/9917, S. 1, 7.
[6] Sacksofsky, Streit 2010, 167, 172 ff.
[7] Sacksofsky, Streit 2010, 167, 171; Eichenhofer, ZG 2013, 60, 67 ff.; Schiedek in Bär/Schiedek, DRiZ 2013, 164, 165.

die gesetzgeberischen Argumente, das Betreuungsgeld sei aufgrund der öffentlichen Fürsorge gemäß Art. 74 Abs. 1 Nr. 7 GG sowie aus Gründen der Herstellung gleichwertiger Lebensverhältnisse im Bundesgebiet nach Art. 72 Abs. 2 GG geboten[8], konnten nicht verfangen, denn eine tatsächliche Hilfebedürftigkeit von Familien hätte mit dem in der Höhe gering bemessenen Betreuungsgeld kaum ausgeglichen werden können, zumal dieses wie das Elterngeld auch bei Empfängern von Sozialhilfe, Arbeitslosengeld II und Kinderzuschlag anzurechnen gewesen ist. Hinzu gekommen ist, dass eine Notlagenprävention im Sinne der Rechtsprechung des Bundesverfassungsgerichts, die das Betreuungsgeld hätte rechtfertigen können, nicht erkennbar gewesen ist.[9] Das Land Hamburg hatte deshalb 2013 beim Bundesverfassungsgericht Klage gegen das Betreuungsgeldgesetz eingereicht.[10]

Mit Urteil vom 21.7.2015 hat das Bundesverfassungsgericht jetzt entschieden, dass das Betreuungsgeld verfassungswidrig ist.[11] Das Gericht hat sich dabei nicht mit den inhaltlichen Argumenten gegen das Betreuungsgeld, insbesondere einer Verletzung von Art. 3 Abs. 1 und 2 GG sowie Art. 6 Abs. 1 und 2 GG, auseinandergesetzt.[12] Vielmehr hat es lediglich auf die fehlende Gesetzgebungskompetenz des Bundesgesetzgebers nach Art. 72 Abs. 2 GG abgestellt, im Rahmen der öffentlichen Fürsorge gemäß Art. 74 Abs. 1 Nr. 7 GG eine Leistung wie das Betreuungsgeld zur Herstellung gleichwertiger Lebensverhältnisse im Bundesgebiet zu schaffen. Nach Ansicht des BVerfG ist das Betreuungsgeld gerade nicht zur Herstellung gleichwertiger Lebensverhältnisse im Bundesgebiet notwendig gewesen. Die Herstellung gleichwertiger Lebensverhältnisse erfordere nämlich eine Situation, in der sich die Lebensverhältnisse in den Bundesländern derart auseinander entwickelt hätten, dass dies das bundesstaatliche Sozialgefüge erheblich beeinträchtigen oder sich eine solche Entwicklung zumindest konkret abzeichnen würde.[13] Zur Wahrung der Rechts- und Wirtschaftseinheit habe es des Betreuungsgeldes ebenfalls nicht bedurft, da in den Ländern durchaus vergleichbare zusätzliche Leistungen existierten,[14] die jedoch bislang keine erkennbaren Nachteile für die Gesamtwirtschaft zur Folge gehabt hätten. Auch der politische Wille, mehrere Leistungen – wie das Kinderförderungsgesetz einerseits und das Betreuungs-

---

8 BT-Drs. 17/9917, S. 8.
9 Vgl. dazu Rixen, DVBl. 2012, 1393, 1395 m.w.N.
10 Schiedek in Bär/Schiedek, DRiZ 2013, 164, 165.
11 BVerfG 21.7.2015 – 1 BvF 2/13.
12 Dau in jurisPR-SozR 18/2015 Anm. 1.
13 BVerfG 21.7.2015 – 1 BvF 2/13; zum Ganzen Pernice-Warncke, NVwZ 2015, 1129; Uerpmann-Wittzack, FamRZ 2015, 1465.
14 Gemeint sind hier die Landeserziehungsgelder in Bayern, Sachsen und Thüringen, vgl. BVerfG 21.7.2015 – 1 BvF 2/13 Rn. 37.

geld andererseits – zu einem Paket zu schnüren, könne die Gesetzgebungskompetenz des Bundes nicht begründen, denn jede Leistung müsse sich unabhängig voneinander und für sich genommen an den Voraussetzungen des Art. 72 Abs. 2 GG messen lassen.[15] Weder der Bund noch die Länder seien aus dem Schutzauftrag des Art. 6 Abs. 1 und 2 GG heraus verpflichtet, ein Betreuungsgeld einzuführen.[16] Nach der Entscheidung sind die Länder nicht gehindert, eine entsprechende Leistung zu schaffen – sie wäre (wie auch die Landeserziehungsgelder) grundrechtsneutral.[17] Das BVerfG hat keine Übergangsregelung getroffen, so dass das Betreuungsgeldgesetz ab dem 21.7.2015 nichtig ist. Gleichwohl sind Eltern, die bereits Betreuungsgeld beziehen oder denen Betreuungsgeld bis zum 21.7.2015 bewilligt worden ist, unter dem Gesichtspunkt des Vertrauensschutzes geschützt.[18] Sie erhalten das Betreuungsgeld folglich weiter, wie es auch das Bundesfamilienministerium ausdrücklich erklärt hat.[19] Bayern hat bislang als einziges Bundesland am 5.10.2015 die Fortführung des Betreuungsgeldes als landeseigene Leistung beschlossen.[20]

5 § 4a legt unabhängig von der ab dem 21.7.2015 bestehenden Verfassungswidrigkeit der §§ 4a bis 4d BEEG die Voraussetzungen für die Inanspruchnahme des Betreuungsgeldes im Einzelnen fest. Der Anspruch wird dabei an dieselben Voraussetzungen gebunden, die für das Elterngeld gelten. Sie gehen im Wesentlichen aus § 1 hervor.

2. Voraussetzungen des Betreuungsgeldanspruchs

6 Betreuungsgeld setzt nach § 4a Abs. 1 Nr. 1 i.V.m. § 1 Abs. 1 Nr. 1 bis 3 voraus, dass die antragstellende Person ihren Wohnsitz oder gewöhnlichen Aufenthalt in Deutschland hat, mit dem Kind in einem Haushalt lebt und dieses Kind selbst betreut und erzieht. Der Gesetzgeber hat ausdrücklich klargestellt, dass es im Unterschied zum Elterngeldanspruch nicht darauf ankommt, ob die Anspruchsberechtigten erwerbstätig sind.[21] Deshalb wird auch § 1 Abs. 1 Nr. 4 durch § 4a Abs. 1 Nr. 1 **nicht** in Bezug genommen, demzufolge Elterngeld nur dann gewährt wird, wenn das Elternteil ganz auf eine Erwerbstätigkeit verzichtet oder aber zumindest

---

15 BVerfG 21.7.2015 – 1 BvF 2/13 Rn. 56ff.; Dau in jurisPR-SozR 18/2015 Anm. 1.
16 BVerfG 21.7.2015 – 1 BvF 2/13 Rn. 39.
17 Vgl. auch Uerpmann-Wittzack, FamRZ 2015, 1465.
18 Dau in jurisPR-SozR 18/2015 Anm. 1.
19 BMFSFJ v. 30.8.2015, Ergebnisse der rechtlichen Prüfung zum Betreuungsgeld-Urteil abrufbar unter http://www.bmfsfj.de/BMFSFJ/familie,did=218354.html.
20 Vgl. Die Welt v. 5.10.2015 und Bayerischer Rundfunk (BR 24) v. 5.10.2015, abrufbar unter http://www.br.de/nachrichten/betreuungsgeld-bayern-kabinett-100.html.
21 BT-Drs. 17/9917, S. 7f.

keine Vollzeitbeschäftigung ausübt. § 1 Abs. 6 wird folgerichtig ausgeklammert, der definiert, was »keine volle Erwerbstätigkeit« im Sinne des BEEG bedeutet, nämlich im Monatsdurchschnitt nur 30 Stunden wöchentlich zu arbeiten. Betreuungsgeld wird also auch bei einer Vollzeittätigkeit gezahlt, denn nach Ansicht des Gesetzgebers wird nur so die ökonomische Grundlage für eine selbstbestimmte Entscheidung über die jeweilige Betreuung des Kindes verbessert.[22] Auch ein Studium oder eine Ausbildung hindert den Anspruch auf Betreuungsgeld nicht.[23]

§ 4a Abs. 1 Nr. 1 vermittelt außerdem den in § 1 Abs. 2 bis 5, 7 und 8 genannten Personen einen Anspruch auf Betreuungsgeld. Dabei handelt es sich u. a. um vorübergehend ins Ausland abgeordnete, versetzte oder abkommandierte Personen, Entwicklungshelfer, Missionare oder z. B. Beamte mit deutscher Staatsangehörigkeit, die bei einer zwischen- oder überstaatlichen Einrichtung im Ausland tätig sind. Hinzu kommen Eltern, die ein Kind mit dem Ziel der Annahme als Kind in ihren Haushalt aufgenommen haben (§§ 1741 ff. BGB) oder Väter, bei denen die Vaterschaft oder über die Vaterschaftsfeststellung nach §§ 1594 Abs. 2 oder 1600 d BGB noch nicht wirksam anerkannt bzw. entschieden worden ist. Anspruchsberechtigt sind darüber hinaus Eltern, die das Kind ihres Ehegatten oder aber Lebenspartners im Haushalt aufgenommen haben. **Nicht freizügigkeitsberechtigte Ausländer**, die nicht über die Staatsangehörigkeit eines anderen europäischen Mitgliedstaats bzw. Staates des Europäischen Wirtschaftsraumes wie der Schweiz, Liechtenstein, Norwegen und Island verfügen,[24] erhalten nur dann Betreuungsgeld, wenn ihr Aufenthalt in Deutschland voraussichtlich dauerhaft ist, u. a. bei Vorliegen einer Niederlassungserlaubnis oder bei befristeten Aufenthaltstiteln, die im Einzelfall zur Ausübung einer Erwerbstätigkeit berechtigen.[25] Betreuungsgeld entfällt jedoch für Menschen mit ausländischer Herkunft aus Drittstaaten, die sich nur zum Zweck der Ausbildung, z. B. für ein Studium, in Deutschland aufhalten. Das Gleiche gilt für Asylbewerber, die lediglich im Besitz einer Aufenthaltsgestattung sind.[26] 7

Wie beim Anspruch auf Elterngeld ist das Betreuungsgeld nicht ausgeschlossen, wenn die Betreuung und Erziehung des Kindes aus einem **wichtigen Grund** nicht sofort aufgenommen werden kann oder wenn sie unterbrochen werden muss, § 1 Abs. 5. Davon sind nur vorübergehende Verhinderungen erfasst, die einen Zeitraum von drei Monaten nicht über- 8

---

22 BT-Drs. 17/9917, S. 8.
23 BMFSFJ (Hrsg.), Informationen zum Betreuungsgeld, S. 2.
24 Vgl. dazu § 1 Rn. 31 ff.
25 Buchner/Becker, § 1 Rn. 49 f.; Ebener/Graue, S. 96 f.
26 Ebener/Graue, S. 97; vgl. dazu § 1 Rn. 32 bis 34.

schreiten und die das Elternteil nicht zu vertreten hat,[27] auch wenn § 1 Abs. 5 keine zeitliche Obergrenze der Unterbrechung nennt. Beispiele für wichtige Gründe sind u. a. Rehabilitationsmaßnahmen der betreuenden Person, die Ablegung einer Prüfung, die zeitweilige Pflege eines nahen Angehörigen etc.[28]

9 Betreuungsgeld wird im Übrigen auch **Verwandten bis zum dritten Grad** (§ 1589 BGB) und deren Ehegatten oder Lebenspartnern gewährt, sofern die Eltern aufgrund einer schweren Krankheit, Schwerbehinderung oder Tod ihr Kind nicht betreuen können, § 1 Abs. 4. Es handelt sich um eine **Härtefallregelung**.[29]

10 Ausgeschlossen ist das Betreuungsgeld schließlich wie das Elterngeld bei Spitzenverdienern. Dies bezieht sich auf Alleinerziehende mit einem zu versteuernden Einkommen im letzten abgeschlossenen Veranlagungszeitraum vor der Geburt des Kindes in Höhe von mehr als 250 000 € und Elternpaare, deren Summe des zu versteuernden Einkommens mehr als 500 000 € betragen hat, **§ 4a Abs. 1 Nr. 1 i. V. m. § 1 Abs. 8**.

11 § 4a Abs. 1 Nr. 2 verlangt für das Betreuungsgeld zwingend, dass für das Kind **keine Leistungen** nach § 24 Abs. 2 in Verbindung mit §§ 22 bis 23 SGB VIII in Anspruch genommen werden. Damit ist die Betreuung des Kindes im Alter vom vollendeten ersten bis zum dritten Lebensjahr in einer dauerhaft durch öffentliche Sach- und Personalkostenzuschüsse geförderten Kinderbetreuung in einer Kita oder Kindertagespflege gemeint. Erfasst sind hiervon Einrichtungen, die regelmäßig staatliche Zuschüsse zur Deckung der wiederkehrenden und laufenden Kosten erhalten, z. B. auch im Bereich der Universitäten und durch den Europäischen Sozialfond geförderte Betreuungsplätze in Betrieben.[30] Wird das Kind demgegenüber in einer **privaten Kindergruppe**, einem **Spielkreis** oder durch **Au-Pair** und **Babysitter** betreut, können die Eltern das Betreuungsgeld erhalten.[31] Erhält die private Kinderbetreuungseinrichtung **einmalige Sach- und Geldleistungen** vom Staat, so bleibt der Anspruch auf Betreuungsgeld bestehen, da es sich trotzdem nicht um eine öffentlich geförderte Kinderbetreuung handelt.[32] Übernimmt z. B. die Agentur für Arbeit die Kosten für die Betreuung aufsichtsbedürftiger Kinder des an einer Berufsausbildung, einer berufsvorbereitenden Maßnahme oder an beruflicher Weiterbildung teilnehmenden Elternteils in Höhe von 130 € pro Kind (§ 64 Abs. 3, § 87 SGB III), so ist diese individuelle Förderung des Einzelfalls

---

27 Wersig in Vereinbarkeit von Familie und Beruf, Kap. 6.1, § 1 Rn. 14 m. w. N.
28 Wersig in Vereinbarkeit von Familie und Beruf, Kap. 6.1, § 1 Rn. 14.
29 BT-Drs. 17/9917, S. 10.
30 BT-Drs. 17/9917, S. 10.
31 BMFSFJ (Hrsg.), Informationen zum Betreuungsgeld, S. 4.
32 BT-Drs. 17/9917, S. 10.

nicht gleichzusetzen mit der Wahrnehmung öffentlich geförderter Kinderbetreuung. Auch in diesen Fällen bleibt das Betreuungsgeld erhalten.[33]

3. Betreuungsgeldanspruch in besonderen Situationen

Der **Abs. 2** knüpft an eine spezielle Härtefallsituation an: Können die Eltern wegen einer schweren Krankheit, einer Schwerbehinderung oder wegen ihres Todes ihr Kind nicht betreuen, so haben Verwandte bis zum dritten Grad im Sinne von § 1 Abs. 4[34] auch dann einen Anspruch auf Betreuungsgeld, wenn sie das Kind in eine öffentliche Kindertagesbetreuung geben, allerdings darf die **Betreuung im Monatsdurchschnitt 20 Stunden wöchentlich nicht überschreiten**. Das Betreuungsgeld wird in diesen Fällen lediglich ausnahmsweise gezahlt, um der besonderen Situation der betroffenen Familien Rechnung zu tragen. 12

§ 4b Höhe des Betreuungsgeldes

Das Betreuungsgeld beträgt für jedes Kind 150 Euro pro Monat.

§ 4 b legt die Höhe des Betreuungsgeldes mit **150 Euro** pro Monat fest. Die Vorschrift kann aber nicht ohne die **Übergangsregelung** des § 27 Abs. 3 Satz 2 gelesen werden, denn im Zeitraum vom 1.8.2013 bis 31.7.2014 hat das Betreuungsgeld lediglich **100 Euro** monatlich betragen und ist erst ab dem 1.8.2014 auf 150 Euro angehoben worden. Es wird für jedes Kind im entsprechenden Alter gezahlt, d.h. also auch für Geschwisterkinder und bei Mehrlingen.[1] Eines Geschwisterbonus wie beim Elterngeld nach § 2 a bedarf es deshalb nicht. Als Geldleistung ist das Betreuungsgeld nicht steuerpflichtig.[2] 1

Die Vorschrift ermöglicht weiter den gleichzeitigen Bezug von Betreuungsgeld und Geschwisterbonus im Sinne von § 2a, da es an diesbezüglichen Einschränkungen fehlt. Das bedeutet, dass gerade bei kurzer Geburtenfolge Elterngeld für das jüngste Kind sowie Geschwisterbonus und Betreuungsgeld für das ältere Kind parallel zueinander bezogen werden können. 2

> **Beispiel:**
> Petra und Johannes haben am 1.9.2013 ihr erstes Kind Lisa bekommen. Petra hat Elternzeit bis zum 31.8.2016 genommen und bezieht nach Ablauf des

---

33 BT-Drs. 17/9917, S. 10.
34 Vgl. Rn. 8.
1 BT-Drs. 17/9917, S. 10.
2 BMFSFJ (Hrsg.), Informationen zum Betreuungsgeld, S. 5.

Mutterschaftsgeldes und des Arbeitgeberzuschusses Elterngeld in Höhe von 750 € ab dem 1.11.2013. Johannes hat Elternzeit vom 1.7.2014 bis zum 31.8.2014 (Partnermonate). Am 15.7.2014 wird Jan geboren. Lisa wird von Petra zu Hause betreut. Ab dem 1.9.2014 erhält sie für Lisa Betreuungsgeld in Höhe von monatlich 150 €, den Geschwisterbonus in Höhe von 75 € und für Jan das (Mindest-)Elterngeld in Höhe von 300 €. Vom Urteil des BVerfG zur Verfassungswidrigkeit des Betreuungsgeldes vom 21.7.2015 ist die Familie ausgenommen, da sie Vertrauensschutz genießt und deshalb das Betreuungsgeld bis zum 31.8.2016 weiter erhält.[3]

§ 4c Anrechnung von anderen Leistungen

Dem Betreuungsgeld oder dem Elterngeld vergleichbare Leistungen, auf die eine nach § 4a berechtigte Person außerhalb Deutschlands oder gegenüber einer über- oder zwischenstaatlichen Einrichtung Anspruch hat, werden auf das Betreuungsgeld angerechnet, soweit sie den Betrag übersteigen, der für denselben Zeitraum nach § 3 Absatz 1 Satz 1 Nummer 3 auf das Elterngeld anzurechnen ist. Stehen der berechtigten Person die Leistungen nur für einen Teil des Lebensmonats des Kindes zu, sind sie nur auf den entsprechenden Teil des Betreuungsgeldes anzurechnen. Solange kein Antrag auf die in Satz 1 genannten vergleichbaren Leistungen gestellt wird, ruht der Anspruch auf Betreuungsgeld bis zur möglichen Höhe der vergleichbaren Leistung.

1   Dem Betreuungs- und Elterngeld vergleichbare Leistungen, die aus dem Ausland oder aber von einer über- oder zwischenstaatlichen Institution bezogen werden, werden auf das Betreuungsgeld nach **Satz 1** angerechnet. Damit sollen Doppelzahlungen verhindert werden.[1] Bei den relevanten ausländischen Leistungen handelt es sich überwiegend um Zahlungen aus einem anderen europäischen Mitgliedstaat, der Schweiz (z.B. an Grenzgänger) und Leistungen einer Internationalen Organisation oder einer EU-Institution wie z.B. der Europäischen Kommission, des Europäischen Parlaments etc.[2] Erhält die berechtigte Mutter oder der berechtigte Vater Zahlungen aus dem Ausland, so kann sich aus der Anrechnung der jeweiligen Leistung auf das Betreuungsgeld eine Differenz ergeben. Ist das Betreuungsgeld nach BEEG höher, so ist der verbleibende **Unterschiedsbetrag** an die berechtigte Person auch auszuzahlen.[3]

---

3   Vgl. § 4a Rn. 4.
1   BT-Drs. 17/9917, S. 10.
2   Buchner/Becker, § 3 Rn. 37, 39; Lenz in Rancke (Hrsg.), § 3 Rn. 14.
3   BT-Drs. 17/9917, S. 10.

Anrechnung von anderen Leistungen § 4 c

Zu beachten sind jedoch die sich aus dem Europarecht ergebenden Kollisionsregeln,[4] insbesondere aus Art. 68 der Verordnung (EG) 883/2004.[5] Vorrang genießt in der Regel das Land, in dem die Beschäftigung ausgeübt wird.[6] Arbeiten die Eltern in verschiedenen Mitgliedstaaten, so entscheidet der Wohnort des Kindes, an dem auch die Beschäftigung ausgeübt wird, aus welchem Land die Leistung vorrangig zu beziehen ist, Art. 68 Abs. 1 Buchstabe b) Verordnung (EG) Nr. 883/2004. Widersprechen sich die Regelungen zweier Länder, so ist nachrangig die Leistung aus dem Mitgliedstaat maßgeblich, die am höchsten ist. 2

> **Beispiel:**
> Karin arbeitet bis zur Geburt ihres Kindes in Frankreich, ihr Mann Peter in Deutschland. Die Familie lebt mit dem Kind in Deutschland. Das Betreuungsgeld nach dem BEEG hat Vorrang. Würde Peter aber auch in Frankreich arbeiten, so wäre die entsprechende französische Familienleistung zu zahlen. Ist das Betreuungsgeld nach BEEG höher, so ist der Unterschiedsbetrag auszuzahlen.

Wird zeitgleich Eltern- und Betreuungsgeld aus dem Ausland o.a. bezogen, so erfolgt die Anrechnung zunächst auf das Elterngeld nach § 3 Abs. 1 Satz 1 Nr. 3. Verbleibt sodann noch ein Differenzbetrag, so ist dieser auf das Betreuungsgeld anzurechnen.[7] 3

Mit **Satz 2** wird klargestellt, dass eine **taggenaue Anrechnung** der anderen Leistungen auf das Betreuungsgeld stattfindet.[8] D.h., dass die Zahlung des Betreuungsgeldes erst an dem Tag einsetzt, wenn in dem jeweiligen Lebensmonat des Kindes die aus einem anderen Land oder einer über- oder zwischenstaatlichen Einrichtung bezogene Familienleistung ausgelaufen ist. 4

> **Beispiel:**
> Karin bezieht bis zum 15.10.2014 aus Frankreich eine dem Elterngeld vergleichbare Familienleistung. Betreuungsgeld kann sie erst ab dem 16.10.2014 erhalten.

Nach **Satz 3** ruht der Anspruch auf Betreuungsgeld, wenn Mutter oder Vater die ihnen zustehende ausländische Leistung o.a. nicht beantragt 5

---

4 BT-Drs. 17/9917, S. 10.
5 Verordnung (EG) Nr. 883/2004 des Europäischen Parlaments und des Rates v. 29.4.2004 zur Koordinierung der Systeme der sozialen Sicherheit, ABl. EG Nr. L 166, S. 1, geändert durch die Verordnung (EG) Nr. 988/2009 v. 16.9.2009, ABl. EG Nr. L 284, S. 43.
6 BMFSFJ (Hrsg.), Informationen zum Betreuungsgeld, S. 3.
7 BT-Drs. 17/9917, S. 10f.
8 BT-Drs. 17/9917, S. 11.

haben. Damit möchte der Gesetzgeber – wie beim Elterngeld auch – erreichen, dass zunächst die andere vergleichbare Leistung in Anspruch genommen wird.[9] Ergibt sich ein Differenzbetrag, weil das Betreuungsgeld höher ist, so ruht der Betreuungsgeldanspruch im Übrigen nur bis zur Höhe der vergleichbaren ausländischen Familienleistung.

§ 4d Bezugszeitraum

(1) Betreuungsgeld kann in der Zeit vom ersten Tag des 15. Lebensmonats bis zur Vollendung des 36. Lebensmonats des Kindes bezogen werden. Vor dem 15. Lebensmonat wird Betreuungsgeld nur gewährt, wenn die Eltern die Monatsbeträge des Elterngeldes, die ihnen für ihr Kind nach § 4 Absatz 4 Satz 1 und 2 und nach § 4 Absatz 6 Satz 1 zustehen, bereits bezogen haben. Für jedes Kind wird höchstens für 22 Lebensmonate Betreuungsgeld gezahlt.

(2) Für angenommene Kinder und Kinder im Sinne des § 1 Absatz 3 Satz 1 Nummer 1 kann Betreuungsgeld ab dem ersten Tag des 15. Monats nach Aufnahme bei der berechtigten Person längstens bis zur Vollendung des dritten Lebensjahres des Kindes bezogen werden. Absatz 1 Satz 2 und 3 ist entsprechend anzuwenden.

(3) Für einen Lebensmonat eines Kindes kann nur ein Elternteil Betreuungsgeld beziehen. Lebensmonate des Kindes, in denen einem Elternteil nach § 4c anzurechnende Leistungen zustehen, gelten als Monate, für die dieser Elternteil Betreuungsgeld bezieht.

(4) Der Anspruch endet mit dem Ablauf des Monats, in dem eine Anspruchsvoraussetzung entfallen ist.

(5) Absatz 1 Satz 2 und Absatz 3 gelten in den Fällen des § 4a Absatz 1 Nummer 1 in Verbindung mit § 1 Absatz 3 und 4 entsprechend. Nicht sorgeberechtigte Elternteile und Personen, die nach § 4a Absatz 1 Nummer 1 in Verbindung mit § 1 Absatz 3 Satz 1 Nummer 2 und 3 Betreuungsgeld beziehen können, bedürfen der Zustimmung des sorgeberechtigten Elternteils.

Inhaltsübersicht	Rn.
1. Allgemeiner Bezugszeitraum	1– 6
2. Bezugszeitraum für angenommene Kinder	7– 8
3. Berechtigung eines Elternteils	9–10
4. Entfall der Anspruchsvoraussetzungen	11
5. Besondere Situationen	12–13

---

9 BT-Drs. 17/9917, S. 11.

Bezugszeitraum § 4d

1. Allgemeiner Bezugszeitraum

In **Abs. 1** wird der allgemeine Bezugszeitraum festgelegt. Danach wird Betreuungsgeld grundsätzlich ab dem ersten Tag des 15. Lebensmonats des Kindes geleistet. Es wird maximal für die Dauer von 22 Monaten gezahlt und endet dementsprechend spätestens mit der Vollendung des 36. Lebensmonats des Kindes, **Abs. 1 Satz 1 und 3**. Mit der Einführung des Elterngeld Plus für ab dem 1.7.2015 geborene Kinder ist in **Abs. 1 Satz 2** eine redaktionelle Anpassung an den neugefassten § 4 BEEG erfolgt.[1] Wie nach der bisherigen Regelung in § 4 Abs. 1 BEEG soll damit ein gleichzeitiger Bezug von Betreuungsgeld und Basiselterngeld (normales Elterngeld) in den ersten 14 Lebensmonaten vermieden werden.[2] Vor dem 15. Lebensmonat ist der Bezug von Betreuungsgeld auch dann ausgeschlossen, wenn die Eltern zunächst Elterngeld Plus bezogen haben und später ggf. noch rückwirkend Basiselterngeld beantragt haben.[3] Da der Partnerschaftsbonus von vier weiteren Monaten Elterngeld Plus für jeweils beide Elternteile nicht in Basiselterngeld umgewandelt werden kann, ist die Zahlung des Betreuungsgeldes schon möglich, wenn der Partnerschaftsbonus noch nicht in Anspruch genommen worden ist.[4] Dies gilt auch für Alleinerziehende. Der gleichzeitige Bezug von Elterngeld Plus und Betreuungsgeld ist außerdem ab dem 15. Lebensmonat des Kindes möglich.[5] Diese gesetzgeberische Anpassung an die Einführung des Elterngeld Plus ist jedoch mit dem Urteil des BVerfG vom 21.7.2015[6] seit diesem Zeitpunkt hinfällig, weil die ab dem 1.7.2015 geborenen Kinder, für die Elterngeld Plus erstmals beantragt werden kann, nicht mehr in den Genuss des Betreuungsgeldes kommen können.

1

Das Betreuungsgeld schließt nahtlos an das in der Regel mit dem 14. Lebensmonat des Kindes auslaufende Elterngeld an, denn Eltern können zusammen insgesamt 14 Monate Elterngeld beziehen, sofern der Partner die zwei Partnermonate wahrnimmt. Alleinerziehende können davon abweichend allein 14 Monate Elterngeld beanspruchen. Betreuungsgeld hat demnach die Funktion einer **Anschlussleistung**.[7]

2

> **Beispiel:**
> Christina hat ihre Tochter Judith am 12.8.2013 bekommen. Der 15. Lebensmonat von Judith beginnt mit dem 12.10.2014, so dass Christina ab diesem

---

1 BT-Drs. 18/2583, S. 30.
2 BT-Drs. 18/2583, S. 30.
3 BT-Drs. 18/2583, S. 30.
4 BT-Drs. 18/2583, S. 30 f.
5 BT-Drs. 18/2583, S. 31.
6 BVerfG 21.7.2015 – 1 BvF 2/13.
7 BT-Drs. 17/9917, S. 11.

Graue

> Tag Betreuungsgeld erhält. Hätte Christina ihre Tochter ein Jahr später, nämlich 2014, bekommen, so könnte sie kein Betreuungsgeld für Judith mehr beanspruchen, da dieses frühestens ab dem 12.10.2015 gezahlt werden und damit bereits unter die Verfassungswidrigkeit, die das BVerfG am 21.7.2015 festgestellt hat, fallen würde.

3 Der Charakter einer Anschlussleistung wird außerdem in **Abs. 1 Satz 2** deutlich, denn **vor** dem 15. Lebensmonat kann das Betreuungsgeld immer dann bezogen werden, wenn die Eltern die ihnen nach § 4 Abs. 1 S. 1 und S. 2 BEEG zustehenden monatlichen Elterngeldbeträge bereits verbraucht haben.

> **Beispiel:**
> Christina und ihr Mann Uwe teilen sich die Erziehungsarbeit und haben zusammen in den ersten sieben Monaten nach Judiths Geburt Elterngeld bezogen. Damit haben sie die ihnen zustehenden 14 Monatsbeträge Elterngeld verbraucht und können schon ab dem 8. Lebensmonat von Judith, d.h. ab dem 12.3.2014, Betreuungsgeld beanspruchen.
> **Abwandlung:** Christina bezieht Elterngeld vom 1. bis zum 12. Lebensmonat von Judith. Uwe nimmt die Partnermonate in Judiths 11. und 12. Lebensmonat. Auch in diesem Fall sind die 14 Elterngeldmonate verbraucht, so dass ab dem 13. Lebensmonat, also ab dem 12.8.2014, Betreuungsgeld bezogen werden kann.[8]

4 Der in Abs. 1 festgelegte Bezugszeitraum bezieht sich nur auf ein und dasselbe Kind, so dass der Bezug von Elterngeld für ein jüngeres Geschwisterkind den Anspruch auf Betreuungsgeld für das ältere Kind nicht hindert.[9] Das Betreuungsgeld als Anschlussleistung versagt jedoch in den Fällen, wenn Mutter oder Vater den Elterngeldbezug beendet haben, obwohl sie noch Anspruch auf Elterngeld hätten oder aber noch Monate, insbesondere die beiden Partnermonate, zur Verfügung stehen. Ein nahtloser Übergang ins Betreuungsgeld ist hier nicht möglich, da die Eltern ihr restliches Elterngeld jederzeit wieder beanspruchen könnten.[10]

5 Sind die Eltern in Vollzeit oder aber mit mehr als 30 Wochenstunden im Monatsdurchschnitt erwerbstätig, haben sie nach §§ 1 Abs. 6, 15 Abs. 4 weder Anspruch auf Elterngeld noch auf Elternzeit. Gleichwohl schließt sich bei ihnen das Betreuungsgeld nicht nahtlos vor dem Beginn des 13. Lebensmonats des Kindes an, da die Eltern durch Reduzierung ihrer Arbeitszeit ihren Elterngeldanspruch noch verwirklichen könnten.[11]

---

8 Beispiele nach BMFSFJ (Hrsg.), Informationen zum Betreuungsgeld, S. 5.
9 BT-Drs. 17/9917, S. 11.
10 BT-Drs. 17/9917, S. 11.
11 BT-Drs. 17/9917, S. 11.

Das Betreuungsgeld endet spätestens mit Vollendung des 36. Lebensmonats des Kindes, also mit dem 3. Geburtstag. Es stehen dabei höchstens 22 Monatsbeträge Betreuungsgeld zur Verfügung.

2. Bezugszeitraum für angenommene Kinder

Abs. 2 bezieht sich auf angenommene Kinder und Kinder, die mit dem Ziel der Annahme als Kind in den Haushalt (§ 1 Abs. 3 Satz 1 Nr. 1) aufgenommen worden sind. Für diese Kinder kann ab dem ersten Tag des 15. Lebensmonats Betreuungsgeld bis zur Vollendung des 3. Lebensjahres beansprucht werden, um damit die besonderen Fürsorgeleistungen der Eltern zu honorieren.[12] Wichtig in diesem Zusammenhang ist außerdem, dass das Betreuungsgeld auch dann gezahlt wird, wenn zuvor z. B. die leibliche Mutter Betreuungsgeld bezogen hat.[13]

Nach **Abs. 2 Satz 2** gilt für angenommene Kinder ebenfalls die maximale Bezugsdauer von 22 Monaten aus Abs. 1 Satz 3. Vor dem 15. Lebensmonat des angenommenen Kindes kann Betreuungsgeld unter denselben Voraussetzungen in Anspruch genommen werden wie bei leiblichen Kindern, d. h. der Anspruch auf Elterngeld muss erschöpft sein (vgl. Abs. 1 Satz 2).

3. Berechtigung eines Elternteils

Der **Abs. 3** legt die Berechtigung zum Bezug von Elterngeld genauer fest. **Satz 1** bestimmt dabei, dass Betreuungsgeld nur einem Elternteil für den jeweiligen Lebensmonat des Kindes zusteht. Im Unterschied zum Elterngeld kann Betreuungsgeld von den Eltern nicht gleichzeitig beansprucht werden. Vielmehr können sie das Betreuungsgeld für ein und dasselbe Kind nur nacheinander beziehen.[14]

Abs. 3 Satz 2 bezieht sich auf § 4c. Werden dem Betreuungsgeld vergleichbare Leistungen aus dem Ausland oder aber von einer über- oder zwischenstaatlichen Institution bezogen, so führt die Anrechenbarkeit dieser Familienleistungen dazu, dass sie gleichzeitig auch als Bezugsmonate für das Betreuungsgeld gelten. Es handelt sich um einen **fiktiven Verbrauch** bzw. Fiktivbezug[15] des Betreuungsgeldes, der auch beim Elterngeld gemäß § 4 Abs. 5 Satz 3 in der Fassung durch das Elterngeld Plus Gesetz (zuvor § 4 Abs. 3 Satz 2) zum Tragen kommt. Sowohl für das Betreuungs- als auch das Elterngeld gilt in diesem Zusammenhang, dass es auch dann als verbraucht gilt, wenn die antragstellende Person in diesen

---

12 BT-Drs. 17/9917, S. 11.
13 BT-Drs. 17/9917, S. 11.
14 BT-Drs. 17/9917, S. 11 f.
15 Dau, jurisPR-SozR 20/2012, Anm. 1.

Monaten gar nicht die in § 4a Abs. 1 Nummer 1 niedergelegten Voraussetzungen erfüllt.[16] Damit hat der Gesetzgeber der in Bezug auf das Elterngeld ergangenen elternfreundlichen Rechtsprechung des Bundessozialgerichts[17] eine Absage erteilt.[18] Das Gericht hatte im Hinblick auf die Anrechnung anderer Leistungen insbesondere auf den Zweck der Regelung, nämlich die Verhinderung zweckidentischer Doppelleistungen, abgestellt. Dies wird konterkariert, wenn selbst dann Betreuungs- oder Elterngeld als verbraucht gilt, wenn die Voraussetzungen für den Bezug im Einzelnen gar nicht vorliegen und folglich Doppelleistungen tatsächlich nicht in Anspruch genommen werden könnten.[19] Im Ergebnis bleibt festzuhalten, dass ein fiktiver Verbrauch des Betreuungsgeldes für Lebensmonate des Kindes immer dann eintritt, wenn vergleichbare Leistungen aus dem Ausland, einer über- oder zwischenstaatlichen Einrichtung[20] bezogen werden.

4. Entfall der Anspruchsvoraussetzungen

11 Mit dem **Abs. 4** wird das Ende der laufenden Zahlung des Betreuungsgeldes festgelegt. Entfällt danach eine der Anspruchsvoraussetzungen für das Betreuungsgeld, so endet das Betreuungsgeld erst mit Ablauf des Monats, in dem diese Voraussetzung entfallen ist. Diese Vorschrift soll nicht nur Rückforderungen der Verwaltungsbehörde vermeiden helfen, sondern auch eine kurze Eingewöhnungsphase in einer staatlichen Kindertagesbetreuung ohne den hohen Verwaltungsaufwand eines Rückforderungsbescheids ermöglichen.[21]

> **Beispiel:**
> Martina hat ihren Sohn, der am 5.8.2012 geboren worden ist, zu Hause betreut. Nach den Weihnachtsferien am 6.1.2014 erhält er in der staatlichen Kita einen Platz. Martina hat für ihn Betreuungsgeld in Höhe von 100 € bezogen. Ihr Betreuungsgeldanspruch endet jedoch erst am 31.1.2014 und nicht etwa sofort mit Beginn der öffentlich geförderten Kindertagesbetreuung.

5. Besondere Situationen

12 Über **Abs. 5** wird der besonderen Situation der Familien im Sinne des § 1 Abs. 3 und 4 Rechnung getragen. Es handelt sich hierbei um Eltern, die ein

---

16 BT-Drs. 17/9917, S. 12.
17 BSG 26.5.2011 – B 10 EG 11/10 R.
18 So ausdrücklich BT-Drs. 17/9841, S. 29.
19 Kritisch dazu Dau, jurisPR-SozR 20/2012, Anm. 1.
20 Zum Begriff vgl. § 4c Rn. 1.
21 BT-Drs. 17/9917, S. 12.

Kind in ihren Haushalt mit dem Ziel der Annahme als Kind oder ein Kind des Ehegatten oder Lebenspartners aufgenommen haben. Hinzu kommen Väter, die mit ihrem Kind in einem Haushalt leben, deren Vaterschaft oder beantragte Vaterschaftsfeststellung noch nicht wirksam ist. Schließlich erfasst die Vorschrift nahe Verwandte bis zum dritten Grad und ihre Ehegatten und Lebenspartner, sofern die Eltern des Kindes dieses wegen einer schweren Krankheit, Schwerbehinderung oder Tod nicht selbst betreuen können. Auch in solchen Fällen besteht ein Anspruch auf Betreuungsgeld schon vor dem 15. Lebensmonat des Kindes, wenn das Elterngeld für das Kind bereits verbraucht ist, **Abs. 5 Satz 1 i. V. m. Abs. 1 Satz 2**.

Abs. 5 Satz 2 stellt schließlich klar, dass nicht sorgeberechtigte Elternteile im Sinne des § 1 Abs. 3 Satz 1 Nummer 2 und 3 für den Bezug von Betreuungsgeld der **Zustimmung** durch den sorgeberechtigten Elternteil bedürfen. Diese Regelung ist entsprechend § 4 Abs. 7 in der Fassung durch das Elterngeld Plus Gesetz (zuvor § 4 Abs. 5) für den Bezug von Elterngeld ausgestaltet. 13

Abschnitt 3
Verfahren und Organisation

§ 5 Zusammentreffen von Ansprüchen

(1) Erfüllen beide Elternteile die Anspruchsvoraussetzungen für Elterngeld oder Betreuungsgeld, bestimmen sie, wer von ihnen welche Monatsbeträge der jeweiligen Leistung in Anspruch nimmt.

(2) Beanspruchen beide Elternteile zusammen mehr als die ihnen nach § 4 Absatz 4 oder nach § 4 Absatz 4 in Verbindung mit § 4 Absatz 7 zustehenden Monatsbeträge Elterngeld oder mehr als die ihnen zustehenden 22 Monatsbeträge Betreuungsgeld, besteht der Anspruch eines Elternteils auf die jeweilige Leistung, der nicht über die Hälfte der Monatsbeträge hinausgeht, ungekürzt; der Anspruch des anderen Elternteils wird gekürzt auf die verbleibenden Monatsbeträge. Beanspruchen beide Elternteile mehr als die Hälfte der Monatsbeträge Elterngeld oder Betreuungsgeld, steht ihnen jeweils die Hälfte der Monatsbeträge der jeweiligen Leistung zu.

(3) Die Absätze 1 und 2 gelten in den Fällen des § 1 Absatz 3 und 4 oder des § 4a Absatz 1 Nummer 1 in Verbindung mit § 1 Absatz 3 und 4 entsprechend. Wird eine Einigung mit einem nicht sorgeberechtigten Elternteil oder einer Person, die nach § 1 Absatz 3 Satz 1 Nummer 2 und 3 Elterngeld oder nach § 4a Absatz 1 Nummer 1 in Verbindung mit § 1 Absatz 3 Satz 1 Nummer 2 und 3 Betreuungsgeld beziehen

kann, nicht erzielt, kommt es abweichend von Absatz 2 allein auf die Entscheidung des sorgeberechtigten Elternteils an.

Inhaltsübersicht Rn.
1. Zweck 1
2. Bestimmung des Anspruchsberechtigten 2
3. Fehlende Einigung der berechtigten Eltern 3–5
4. Keine Einigung mit dem nicht Sorgeberechtigten 6

1. Zweck

1   Mit dieser Vorschrift ist beabsichtigt, Rechtsstreitigkeiten über die **Anspruchsberechtigung** und **Doppelleistungen** zu vermeiden. Die Regelung wurde mit dem Gesetz zur Einführung eines Betreuungsgeldes (Betreuungsgeldgesetz) vom 15.2.2013[1] um die Aufnahme des Betreuungsgeldes ergänzt. Auch im Zusammenhang mit dem Gesetz zur Einführung des Elterngeld Plus mit Partnerschaftsbonus und einer flexibleren Elternzeit im BEEG vom 18.12.2014[2] sind in § 5 Abs. 2 Anpassungen an das Elterngeld Plus und den Partnerschaftsbonus vorgenommen worden. Sowohl für das Eltern- als auch das Betreuungsgeld gilt grundsätzlich, dass die Eltern eine **einvernehmliche Entscheidung** über die Inanspruchnahme der jeweiligen Leistung treffen sollen.[3] Einen gemeinsamen Antrag der Eltern sieht § 5 jedoch nicht vor, auch wenn die Eltern das Formular der Elterngeldstelle gemeinsam ausfüllen. Es handelt sich vielmehr um zwei Anträge, sollten Mutter und Vater gleichzeitig, nacheinander oder aber im Wechsel Elterngeld (Betreuungsgeld kann nur jeweils ein Elternteil für ein und dasselbe Kind erhalten, so dass hier speziell ein gleichzeitiger Bezug ausgeschlossen ist, vgl. § 4d Abs. 3) beantragen wollen, da die Gestaltungsmöglichkeiten nach §§ 4 und 7 insoweit vielfältig sind.[4] Zu beachten ist jedoch, dass mit dem gleichzeitigen Bezug von Elterngeld durch Mutter und Vater immer ein **doppelter Anspruchsverbrauch** verbunden ist,[5] der sowohl bei der Inanspruchnahme von Basiselterngeld als auch bei Elterngeld Plus zum Tragen kommt. So kann sich der maximale Bezugszeitraum von 14 Monaten für das Basiselterngeld unter Berücksichtigung der zwei Partnermonate auf 7 Monate bei gleichzeitiger Inanspruchnahme reduzieren. Im Fall von Elterngeld Plus verdoppelt sich der Anspruchszeitraum für beide Elternteile auf maximal 14 Monate, wobei beide Elternteile

---

1 BGBl. I, S. 254.
2 BGBl. I, S. 2325.
3 BT-Drs. 17/9917, S. 12.
4 Wersig in Vereinbarkeit von Familie und Beruf, Kap. 6.5, § 5 Rn. 2.
5 LSG Baden-Württemberg 14.12.2010 – L 11 EG 3952/10.

monatlich aber höchstens die Hälfte des Basiselterngeldes beanspruchen können, das ihnen zustehen würde, wenn sie während des Elterngeldbezuges keine Einnahmen aus Erwerbstätigkeit u. a. haben oder hätten.

2. Bestimmung des Anspruchsberechtigten

Erfüllen beide Elternteile die Voraussetzungen für den Bezug von Elterngeld oder Betreuungsgeld, sollen sie nach **Abs. 1** die Entscheidung grundsätzlich einvernehmlich treffen, wer von ihnen die jeweilige Leistung erhalten soll. Sie müssen also entscheiden, wer anspruchsberechtigt sein soll und für wie lange Elterngeld bzw. Betreuungsgeld bezogen werden soll. Die ursprüngliche Fassung des Abs. 1, der einen Satz 2 zur Verbindlichkeit der im Antrag der Eltern getroffenen Entscheidung über die Aufteilung des Bezugszeitraumes vorgesehen hat, ist mit dem Ersten Gesetz zur Änderung des BEEG vom 17. 1. 2009[6] mit Wirkung zum 24. 1. 2009 gestrichen worden. Nunmehr trifft allein § 7 Abs. 2 Aussagen zu den Änderungsmöglichkeiten bei der Aufteilung der Bezugsmonate für Eltern- und Betreuungsgeld.

2

3. Fehlende Einigung der berechtigten Eltern

Abs. 2 regelt den **Ausnahmefall**, dass die Eltern kein Einvernehmen erzielen. Es wird ferner geregelt, wie das Elterngeld oder Betreuungsgeld auf beide Elternteile aufzuteilen ist, wenn sie zusammen mehr als die ihnen zustehenden zwölf oder 14 Monatsbeträge Basiselterngeld im Sinne des § 4 Abs. 3 S. 1 oder 2 sowie unter den Voraussetzungen des § 4 Abs. 3 S. 3 weitere vier Monate Elterngeld Plus als Partnerschaftsbonus oder 22 Monatsbeträge Betreuungsgeld beanspruchen, und es wird sichergestellt, dass einem Elternteil nicht die Möglichkeit genommen wird, bis zur Hälfte der zustehenden Monate Eltern- oder Betreuungsgeld zu beziehen, weil der andere Elternteil mehr als die Hälfte der gemeinsamen Leistung beansprucht (**Abs. 2 Satz 1**). Die Änderungen in § 5 Abs. 2 S. 1 dienen der besseren Lesbarkeit, indem die Monatsbeträge nicht mehr ausdrücklich genannt werden – der Regelungsgehalt ist jedoch derselbe geblieben.[7] Da mit dem Elterngeld Plus Gesetz anstelle des Basiselterngeldes das Elterngeld Plus für einen doppelt so langen Zeitraum gewählt werden kann, muss die Elterngeldstelle bei ihrer Prüfung, ob ein Elternteil mehr als die Hälfte der ihm gemeinsam mit dem anderen Elternteil zustehenden Monatsbeträge beantragt hat, unter Umständen zwei Monatsbeträge Elterngeld Plus in einen Monatsbetrag Basiselterngeld umrechnen.[8]

3

---

6 BGBl. I, S. 61.
7 Lenz in Rancke (Hrsg.), § 5 Rn. 3.
8 BT-Drs. 18/2583, S. 31.

§ 5 Zusammentreffen von Ansprüchen

> **Beispiel 1:**
> Hergen beansprucht Elterngeld für vier und Corina für 10 Monate ab dem 3. Lebensmonat ihres Kindes. Hergen erhält für die beantragten vier Monate das Elterngeld ungekürzt, während der Anspruch von Corina um den von Hergen beanspruchten Teil gekürzt wird – Corina kann noch Elterngeld für acht Monate beziehen (Regelbezugsdauer des Basiselterngeldes).

3 a Beanspruchen beide Elternteile Elterngeld für mehr als die Hälfte der ihnen zustehenden Monate, steht ihnen jeweils nur die Hälfte der Monatsbeträge zu (**Abs. 2 Satz 2**). Auch Abs. 2 S. 2 ist im Zusammenhang mit der Einführung des Elterngeld Plus redaktionell angepasst worden,[9] wobei sich auch hierdurch inhaltlich nichts geändert hat.[10]

> **Beispiel 2:**
> Annika beansprucht Elterngeld für acht und Bernd für 10 Monate ab dem 3. Lebensmonat des Kindes. Der Anspruch beider Eltern geht über die ihnen jeweils zustehende Hälfte hinaus, weshalb beide Elterngeld für jeweils sechs Monate erhalten (Regelbezugsdauer des Basiselterngeldes). Würden beide die Monatsbeträge als Elterngeld Plus beantragen, nämlich Annika 16 und Bernd 20 Monate, dann würden beide jeweils 12 Monats-beträge Elterngeld Plus bekommen.

3 b Die Aufteilung ist vorzuschreiben für Fälle einer fehlenden Einigung. Damit wird sichergestellt, dass die Leistung in unmittelbarem zeitlichen Zusammenhang mit der tatsächlichen Betreuung und Erziehung des Kindes gewährt und Verzögerungen bei der Auszahlung des Elterngeldes oder Betreuungsgeldes zum Nachteil des Kindes vermieden werden. Mit dieser Regelung wird berücksichtigt, dass grundsätzlich beide Eltern gleichermaßen für die Betreuung und Erziehung des Kindes verantwortlich sind. Machen Eltern Ansprüche geltend und erfüllen die Anspruchsvoraussetzungen, sollen ihnen die Zahlungsansprüche in gleicher Weise zugeordnet werden.

4 Die Entscheidungsbefugnis der Eltern wird mit dieser Regelung nicht berührt. Vielmehr wird aus Gründen der Praktikabilität in der Rechtsanwendung und Verwaltungsökonomie – in erster Linie zum Wohl des Kindes – von Gesetzes wegen eine Bestimmung des Anspruchsberechtigten getroffen.

5 **Minderjährige** können mit Vollendung des fünfzehnten Lebensjahres nach § 36 Abs. 1 SGB I selbst Elterngeld beantragen und die Bestimmung treffen, wer Anspruchsberechtigter sein soll. Ihre Handlungsfähigkeit kann jedoch von dem gesetzlichen Vertreter (§ 36 Abs. 2 SGB I) beschränkt werden.

---

9 BT-Drs. 18/2583, S. 31.
10 Lenz in Rancke (Hrsg.), § 5 Rn. 3.

4. Keine Einigung mit dem nicht Sorgeberechtigten

Die vorstehend erörterten Regelungen gelten nach **Abs. 3** nicht nur für Elternteile, sondern **auch für Berechtigte nach § 1** Abs. 3 und 4 (vgl. § 1). **Abs. 3 Satz 2** stellt ferner sicher, dass ein Elternteil, der Inhaber des alleinigen Sorgerechts ist, für die Inanspruchnahme von Elterngeld bzw. Betreuungsgeld nicht auf die Zustimmung eines anderen Berechtigten angewiesen ist. Der andere Berechtigte kann allerdings nur mit Zustimmung des Sorgerechtsinhabers Elterngeld bzw. Betreuungsgeld beziehen (vgl. auch § 4 Abs. 7 Satz 2 und § 4d Abs. 5 Satz 2). Für die Zustimmung ist ausreichend, dass der Antrag, in dem der Nichtsorgeberechtigte zum Berechtigten des Elterngeld- oder Betreuungsgeldbezuges bestimmt wird, mit unterzeichnet.

6

§ 6 Auszahlung

Elterngeld und Betreuungsgeld werden im Laufe des Monats gezahlt, für den sie bestimmt sind.

Mit dem Gesetz zur Einführung des Elterngeld Plus mit Partnerschaftsbonus und einer flexibleren Elternzeit im BEEG vom 18.12.2014[1] ist der ursprüngliche Satz 2 in § 6, der eine Verlängerung des Auszahlungszeitraums des Elterngeldes vorgesehen hatte, gestrichen worden. Die hier bislang geregelte Verlängerung, mit der die berechtigten Eltern den Auszahlungszeitraum des Elterngeldes auf bis zu 28 Monate strecken konnten, ist durch die Möglichkeit der Inanspruchnahme von Elterngeld Plus für ab dem 1.7.2015 geborene Kinder ersetzt worden.[2] Für vor dem 1.7.2015 geborene Kinder ist jedoch die alte Rechtslage in der bis zum 31.12.2014 geltenden Fassung des BEEG weiterhin anwendbar, § 27 Abs. 1 S. 2. Deshalb gibt es für sie nach wie vor die Option der **Verdoppelung des Auszahlungszeitraumes**, die aus Gründen der Gleichbehandlung zur Halbierung des pro Monat zustehenden Betrages führt. Wird wegen der Anrechnung anderer Leistungen nach § 3 (vgl. Rn. 2 ff.) kein Elterngeld gezahlt, führen diese Monate nicht zu einer Verlängerung des Auszahlungszeitraumes. Für die Verlängerung ist Voraussetzung, dass ein schriftlicher Antrag gestellt wird. Der Antrag kann auch noch gestellt werden, wenn bereits Monate mit vollem Elterngeldbetrag in Anspruch genommen wurden und nur noch eine Aufteilung für die restlichen Monate erfolgen soll.[3]

1

---

1 BGBl. I, S. 2325.
2 BT-Drs. 18/2583, S. 31.
3 Vgl. Buchner/Becker, § 6 BEEG, Rn. 12.

Graue

§ 6 Auszahlung

2 Nach dem bisherigen **Satz 3**, der durch die Einführung des Elterngeld Plus ebenfalls überflüssig geworden ist und der nur noch für bis zum 30.6.2015 geborene Kinder gilt, wird schließlich die Auszahlungsreihenfolge bei Inanspruchnahme der Verlängerungsoption festgelegt.[4] Auf diese Weise wird erreicht, dass die erste Hälfte des Elterngeldes im jeweiligen Bezugsmonat gezahlt wird und die zweite Hälfte erst im Anschluss an die letzte Rate des Elterngeldbezuges.[5] Zu beachten ist, dass es sich anders als nach neuer Rechtslage beim Elterngeld Plus nicht um eine Verlängerung des Anspruchszeitraums im Sinne des § 4 handelt, sondern vielmehr um eine Verdoppelung des Auszahlungszeitraums. Folge ist, dass die Anspruchsvoraussetzungen für das Elterngeld im Auszahlungszeitraum auch nicht mehr vorliegen müssen.[6] Dies gilt im Übrigen auch für die Partnermonate, die ebenfalls verlängert werden können.[7]

> **Beispiel:**
> Anke ist alleinerziehend und beantragt für ihr am 2.5.2015 geborenes Kind Elterngeld bis zur Vollendung des 14. Lebensmonats und gleichzeitig die Verlängerung der Auszahlung. Unter Anrechnung des ihr zustehenden Mutterschaftsgeldes und des Arbeitgeberzuschusses (§ 3 Abs. 1 Nr. 1) erhält sie ab der 9. Lebenswoche ihres Kindes hälftiges Elterngeld in Höhe von 650 €. Nach Vollendung des 14. Lebensmonats ihres Kindes nimmt sie ihre Vollzeittätigkeit wieder auf; sie erhält weiter Elterngeld in Höhe von 650 € bis zur Vollendung des 24. Lebensmonats ihres Kindes, da ihr 24 halbe Monatsbeträge Elterngeld zustehen.

3 § 6 in der Neufassung regelt nur noch die Auszahlung des Eltern- und Betreuungsgeldes. Danach soll das Elterngeld im Laufe des Lebensmonats gezahlt werden, für den es bestimmt ist. Diese Regelung ist auch auf das Betreuungsgeld anwendbar. Mit Vorliegen der gesetzlichen Voraussetzungen entsteht der Anspruch (§ 40 Abs. 1 SGB I); er wird mit Ablauf des Monats fällig (§ 41 SGB I), in dem die Anspruchsvoraussetzungen vorliegen und ein vollständiger Antrag gestellt ist. Nach Ablauf eines weiteren Monats ist er grundsätzlich mit 4 % zu verzinsen (§ 44 SGB I). Durch eine Zahlung unter Vorbehalt kann dieses vermieden werden. Steht fest, dass der Leistungsanspruch dem Grunde nach besteht, die Feststellung der Höhe aber voraussichtlich längere Zeit erfordert, könnte auch die Gewäh-

---

4 Wersig in Vereinbarkeit von Familie und Beruf, Kap. 6.6, § 6 Rn. 2.
5 Wersig in Vereinbarkeit von Familie und Beruf, Kap. 6.6, § 6 Rn. 2.
6 Wersig in Vereinbarkeit von Familie und Beruf, Kap. 6.6, § 6 Rn. 3; anders jedoch beim Elterngeld Plus für ab dem 1.7.2015 geborene Kinder, denn beim Elterngeld Plus müssen die Anspruchsvoraussetzungen für den gesamten Zeitraum vorliegen, vgl. BT-Drs. 18/2583, S. 27.
7 Ebener/Graue, S. 120.

rung eines Vorschusses in Betracht kommen. Hinsichtlich der Auszahlung gilt § 47 SGB I, wonach Geldleistungen kostenfrei auf ein Konto des Empfängers bei einer Bank zu überweisen sind oder, wenn der Empfänger es verlangt, kostenfrei an seinen Wohnsitz zu übermitteln sind.[8]

§ 7 Antragstellung

(1) Elterngeld oder Betreuungsgeld ist schriftlich zu beantragen. Sie werden rückwirkend nur für die letzten drei Monate vor Beginn des Monats geleistet, in dem der Antrag auf die jeweilige Leistung eingegangen ist. In dem Antrag auf Elterngeld oder Betreuungsgeld ist anzugeben, für welche Monate Elterngeld im Sinne des § 4 Absatz 2 Satz 2, für welche Monate Elterngeld Plus oder für welche Monate Betreuungsgeld beantragt wird.

(2) Die im Antrag getroffenen Entscheidungen können bis zum Ende des Bezugszeitraums geändert werden. Eine Änderung kann rückwirkend nur für die letzten drei Monate vor Beginn des Monats verlangt werden, in dem der Änderungsantrag eingegangen ist. Sie ist außer in den Fällen besonderer Härte unzulässig, soweit Monatsbeträge bereits ausgezahlt sind. Abweichend von den Sätzen 2 und 3 kann für einen Monat, in dem bereits Elterngeld Plus bezogen wurde, nachträglich Elterngeld nach § 4 Absatz 2 Satz 2 beantragt werden. Im Übrigen finden die für die Antragstellung geltenden Vorschriften auch auf den Änderungsantrag Anwendung.

(3) Der Antrag ist außer in den Fällen des § 4 Absatz 6 und der Antragstellung durch eine allein sorgeberechtigte Person von der Person, die ihn stellt, und zur Bestätigung der Kenntnisnahme auch von der anderen berechtigten Person zu unterschreiben. Die andere berechtigte Person kann gleichzeitig einen Antrag auf das von ihr beanspruchte Elterngeld oder Betreuungsgeld stellen oder der Behörde anzeigen, wie viele Monatsbeträge sie für die jeweilige Leistung beansprucht, wenn mit ihrem Anspruch die Höchstgrenzen nach § 4 Absatz 4 überschritten würden. Liegt der Behörde weder ein Antrag auf Elterngeld oder Betreuungsgeld noch eine Anzeige der anderen berechtigten Person nach Satz 2 vor, erhält der Antragsteller oder die Antragstellerin die Monatsbeträge der jeweiligen Leistung ausgezahlt; die andere berechtigte Person kann bei einem späteren Antrag abweichend von § 5 Absatz 2 nur die unter Berücksichtigung von § 4 Absatz 4 oder § 4d Absatz 1 Satz 3 verbleibenden Monatsbeträge der jeweiligen Leistung erhalten.

---

8 Buchner/Becker, § 6 BEEG, Rn. 4 m.w.N.

§ 7 Antragstellung

Inhaltsübersicht Rn.
1. Antragserfordernis 1– 5
2. Rückwirkung 6– 8
3. Bestimmung und nachträgliche Änderung 9–10
4. Antragsinhalt 11–13

1. Antragserfordernis

1 Die Regelungen zur Antragstellung beim Elterngeld sind durch das Gesetz zur Einführung eines Betreuungsgeldes vom 15.2.2013[1] auf das Betreuungsgeld ausgedehnt worden. Mit dem Gesetz zur Einführung des Elterngeld Plus mit Partnerschaftsbonus und einer flexibleren Elternzeit im BEEG vom 18.12.2014[2] ist in **Abs. 1 Satz 3** der bisherige Inhalt des Abs. 2 Satz 1 übernommen und um das Elterngeld Plus ergänzt worden.[3] Bei der Antragstellung müssen sich die Eltern nunmehr festlegen, für welche Monate sie Basiselterngeld, Elterngeld Plus oder Betreuungsgeld in Anspruch nehmen wollen. **Abs. 1 Satz 3** ist im Übrigen auch auf die Beantragung des Partnerschaftsbonus anwendbar, da der Partnerschaftsbonus vier zusätzliche Elterngeld Plus Beträge pro Elternteil ermöglicht und diese deshalb genauso zu behandeln sind wie das Elterngeld Plus allgemein.[4]

2 Wie sich aus **Abs. 1 Satz 1** ergibt, ist Voraussetzung für die Zahlung des Eltern- oder Betreuungsgeldes ein **schriftlicher Antrag**. Dabei kann das Betreuungsgeld auch schon mit dem Antrag auf Elterngeld, d.h. also gleichzeitig, beantragt werden.[5] Dem Antrag sollten beigefügt werden: Geburtsurkunde des Kindes oder ein Auszug aus dem Familienstammbuch sowie Nachweise über die Höhe des Einkommens, z.B. Bescheinigung des Arbeitgebers bzw. Kopie des letzten Einkommensteuerbescheides. War die Mutter vor der Geburt des Kindes berufstätig, ist eine Bestätigung der Krankenkasse über die Höhe und Bezugsdauer des Mutterschaftsgeldes sowie eine Bescheinigung des Arbeitgebers über den Arbeitgeberzuschuss beizufügen. Eine Arbeitszeitbestätigung durch den Arbeitgeber ist dann erforderlich, wenn während des Elterngeldbezugs in Teilzeit gearbeitet wird.[6] Der Antrag ist gemäß § 12 bei der zuständigen Behörde zu stellen. Grundsätzlich muss es sich zwar um die zuständige Behörde handeln. Der Antrag kann gemäß § 16 Abs. 1 Satz 1 SGB I aber auch bei anderen Leistungsträgern, bei allen Gemeinden und bei Personen, die sich im

---

1 BGBl. I, S. 254.
2 BGBl. I, S. 2325.
3 BT-Drs. 18/2583, S. 32.
4 BT-Drs. 18/2583, S. 32.
5 BT-Drs. 17/9917, S. 12.
6 BMFSFJ (Hrsg.), Elterngeld und Elternzeit, S. 41.

Ausland aufhalten, auch vor den amtlichen Vertretungen von Deutschland gestellt werden und ist dann an die jeweils zuständige Stelle weiterzuleiten (§ 16 Abs. 2 SGB I). Der Antrag gilt als zu dem Zeitpunkt gestellt, in dem er bei einer der vorgenannten Stellen eingegangen ist. Nach § 60 Abs. 2 SGB I »sollen« im Übrigen für die Anträge die vorgesehenen **Vordrucke** verwendet werden. Wurden von den zuständigen Behörden Formulare eingeführt, besteht grundsätzlich die Verpflichtung, diese zu benutzen. Einige Behörden haben die Formulare im **Internet** veröffentlicht und somit allgemein zugänglich gemacht.[7]

Sind Angaben unvollständig, so hat die Behörde den Sachverhalt ggf. unter Mitwirkung des Antragstellers von Amts wegen zu ermitteln (§ 20 SGB X), unverzüglich auf klare und sachdienliche Anträge sowie darauf hinzuwirken, dass die Angaben vollständig erfolgen (§ 16 Abs. 3 SGB I). 3

Für Ausländer gilt grundsätzlich, dass sie den Antrag nicht in einer Fremdsprache, sondern in deutscher Sprache einzureichen haben (§ 19 SGB X). Bei Eingang eines Antrages in einer fremden oder unverständlichen Sprache soll die Behörde von dem Antragsteller eine Übersetzung innerhalb einer angemessenen Frist verlangen. Geht diese nicht fristgerecht ein oder kann sie dem Antragsteller das Erfordernis der Übersetzung nicht verständlich machen, kann sie den Antrag auch auf Kosten des Antragstellers übersetzen lassen. Die Abwälzung der Übersetzungskosten für Angehörige aus EG-Mitgliedstaaten kommt aus Gründen des Diskriminierungsverbots und der Gleichstellung, insbesondere aus Art. 18 und 45 des Vertrags über die Arbeitsweise der EU (AEUV) sowie der dazu ergangenen Verordnungen, nicht in Betracht. 4

Antragsberechtigt sind auch **Minderjährige**, die das 15. Lebensjahr vollendet haben (vgl. § 36 Abs. 1 SGB I – Sonderregelung zu den §§ 104 ff. BGB). Die Handlungsfähigkeit kann jedoch gemäß § 36 Abs. 2 SGB I vom gesetzlichen Vertreter eingeschränkt werden. Daher wird die Bewilligungsbehörde den gesetzlichen Vertreter über den Antragseingang unterrichten und innerhalb der gesetzten Frist evtl. Einwendungen entgegennehmen. Für Geschäftsunfähige, soweit diese die Anspruchsvoraussetzungen erfüllen, kann nur der gesetzliche Vertreter rechtswirksam den Antrag stellen. 5

2. Rückwirkung

Die **Rückwirkung** eines gestellten Antrages ist auf die letzten **drei Monate** vor Antragseingang begrenzt. Dies gilt nach **Abs. 1 Satz 2** für das Elternwie das Betreuungsgeld gleichermaßen. Mit dem Eingang des Antrags ist gemeint, dass der Antrag als öffentlich-rechtliche, empfangsbedürftige 6

---

7 Vgl. Buchner/Becker, § 7 Rn. 3.

Willenserklärung mit seinem Zugang wirksam wird. Er muss in die Verfügungsgewalt der Behörde gelangt sein; auf die Kenntnisnahme kommt es nicht an.[8] Damit wird eine Auszahlung im zeitlichen Zusammenhang mit dem Grund der Leistung, insbesondere dem wegfallenden Einkommen, gewährleistet. Die Rückrechnung ist nach § 26 Abs. 1 SGB X i. V. m. §§ 188 Abs. 1, 1. Alt., 187 Abs. 1 BGB vorzunehmen; somit kann für einen z. B. am 20. 4. eingegangenen Antrag auf Eltern- oder Betreuungsgeld die jeweilige Leistung frühestens ab dem 20. 1. beansprucht werden.

7 Auch bei einer Antragsänderung ist die Rückwirkung auf die letzten drei Monate begrenzt, **Abs. 2 Satz 2**. Zur Vermeidung von Rückabwicklungen **bereits ausgezahlter** Elterngeld- bzw. Betreuungsgeldmonate sind Monatsbeträge, die schon ausgezahlt worden sind, von der Änderungsmöglichkeit ausgenommen.[9] Eine Ausnahme besteht nach **Abs. 2 Satz 3** nur für Fälle einer besonderen Härte, u. a. bei dem Eintritt einer schweren Erkrankung, einer Schwerbehinderung oder Tod eines Elternteiles sowie erheblicher Gefährdung der wirtschaftlichen Existenz der Eltern.[10] Neu ist für Geburten ab dem 1. 7. 2015 der **Abs. 2 Satz 4**, der bestimmt, dass – abweichend von den Sätzen 2 und 3 – Monate, in denen bereits Elterngeld Plus bezogen worden ist, nachträglich in Basiselterngeld umgewandelt werden können. Diese Situation kann u. a. eintreten, wenn die elterngeldberechtigte Person früher als ursprünglich geplant wieder in die Vollzeitberufstätigkeit zurückkehrt und dementsprechend die Elterngeldberechtigung verliert.[11] In den Monaten, in denen bereits Elterngeld Plus bezogen worden ist, kann nach Abs. 2 Satz 4 nunmehr beantragt werden, jeweils zwei Monate Elterngeld Plus in einen Monat Basiselterngeld umzuwandeln. Mögliche Differenzbeträge zwischen Basiselterngeld und Elterngeld Plus sind dabei ggf. auszuzahlen.[12]

8 Die Rückwirkungsfrist beginnt bei Eingang eines **fremdsprachigen Antrages**, wenn die Behörde in der Lage war, den Eltern- oder Betreuungsgeldantrag zu verstehen. Bei unverständlichem Eingang beginnt die Frist erst mit dem Eingang der Übersetzung, sofern auf diese Rechtsfolge bei der Fristsetzung für die Beibringung der Übersetzung hingewiesen worden ist (§ 19 Abs. 4 SGB X). Auf Angehörige von EG-Mitgliedsstaaten ist diese Vorschrift aus Gründen des Diskriminierungsverbots (vgl. Rn. 3) nicht anwendbar.

---

8 Buchner/Becker, § 4 Rn. 8 f.
9 BR-Drs. 341/08, S. 8.
10 Wersig in Vereinbarkeit von Familie und Beruf, Kap. 6.7, § 7 Rn. 10.
11 BT-Drs. 18/2583, S. 32.
12 BT-Drs. 18/2583, S. 32.

3. Bestimmung und nachträgliche Änderung

Nach **Abs. 2 Satz 1** können die im Antrag getroffenen Entscheidungen bis zum Ende des Bezugszeitraums geändert werden. In der Praxis hat sich gezeigt, dass neben der Änderung des Elterngeld- oder Betreuungsgeldantrags in besonderen Härtefällen eine Änderung für Familien auch aus anderen Gründen wichtig sein kann. Bezieht z. B. ein erwerbsloser Elternteil Elterngeld und bekommt einen Arbeitsplatz angeboten, kann ein hohes und mit Blick auf die nachhaltige Sicherung der wirtschaftlichen Grundlage der Familie anzuerkennendes Interesse bestehen, die Aufteilung der Elterngeldbezugsmonate zu ändern. Daher wurde durch das Gesetz zur Vereinfachung des Elterngeldvollzugs vom 10.9.2012[13] die bisherige Möglichkeit in **Abs. 2 Satz 2**, den Antrag auf Elterngeld im Bezugszeitraum einmal **ohne Angabe von Gründen** zu ändern, flexibilisiert.[14] Nunmehr können Eltern sowohl ihren Elterngeld- als auch ihren Betreuungsgeldantrag ohne Angabe von Gründen **mehrmals** ändern, um die Bezugsmonate neu festzulegen. Hintergrund ist die gesetzgeberische Überlegung, dass mehrmalige Änderungen durch die berechtigten Personen äußerst selten sind und sich deshalb auch der Verwaltungsaufwand für die Behörde durch die Erteilung eines neuen Bescheides in Grenzen hält.[15] Für Selbständige führt die Flexibilisierung der Bezugsmonate, insbesondere im Hinblick auf das Elterngeld dazu, dass sie Lebensmonate des Kindes, in denen bei der Antragstellung zunächst unerwartet hohe Geldbeträge jetzt absehbar auf dem Konto eingehen, in Monate umändern können, in denen der Geldzufluss ausbleibt.[16]

9

10

4. Antragsinhalt

Abs. 3 ist durch das Elterngeld Plus Gesetz an den neugefassten § 4 angepasst worden.[17] **Abs. 3 Satz 1** bezieht sich auf die Anspruchsberechtigung beider Elternteile und nimmt die in § 4 Abs. 6 BEEG n. F. genannten Personen, u. a. Alleinerziehende, von der Anwendung aus. Danach muss außer in den Fällen, in denen eine Person nach den Voraussetzungen des § 4 Abs. 6 für 14 Monate Elterngeld beantragt (vgl. § 4 Rn. 21 ff.) oder eine allein sorgeberechtigte Person den Antrag stellt, der Antrag **eigenhändig** von der Person, die den Antrag stellt und der anderen berechtigten Person **unterschrieben** werden. Damit wird gewährleistet, dass beide

11

---

13 BGBl. I, S. 1878.
14 Wersig in Vereinbarkeit von Familie und Beruf, Kap. 6.7, § 7 Rn. 10.1.
15 BT-Drs. 17/9841, S. 29 f.
16 Richter, DStR 2012, 2285, 2287.
17 BT-Drs. 18/2583, S. 32.

gegenseitig Kenntnis von den von der anderen Person erhobenen Ansprüchen haben. Sicher zu stellen ist, dass durch die Bewilligung von Elterngeld für eine berechtigte Person nicht Nachteile zu Lasten einer anderen berechtigten Person entstehen. Dies gilt insbesondere dann, wenn im Antrag im Sinne von § 5 Abs. 2 mehr als die Hälfte der insgesamt zustehenden Monatsbeträge begehrt werden.

12 Nach **Abs. 3 Satz 2**, der ebenfalls im Zuge der Einführung des Elterngeld Plus an § 4 BEEG n. F. angepasst worden ist,[18] kann die andere berechtigte Person bei der Behörde gleichzeitig entweder einen Antrag auf Eltern- oder Betreuungsgeld stellen oder aber anzeigen, für welche Monate sie selbst Eltern- oder Betreuungsgeld beanspruchen will. Die **Anzeige** an die Behörde stellt lediglich eine **Absichtserklärung** dar – offen bleiben kann deshalb, für welche und wie viele Lebensmonate des Kindes tatsächlich die Leistung in Anspruch genommen werden soll.[19] Beantragen beide Elternteile Eltern- oder Betreuungsgeld, so müssen sie die Monate innerhalb des gesamten Bezugszeitraums aufteilen, denn nur so kann die Behörde prüfen, ob die Höchstgrenzen für den Bezug aus § 4 Abs. 4 BEEG n. F. (12 bzw. 14 Monate Elterngeld sowie Partnerschaftsbonus) überschritten werden. Der Hinweis auf die Höchstgrenze des Betreuungsgeldes von 22 Monaten gemäß § 4 d Abs. 1 Satz 3 BEEG ist in § 7 Abs. 3 Satz 2 BEEG n. F. nicht mehr enthalten. Dies könnte ein redaktionelles Versehen sein,[20] da der Gesetzgeber Absatz 3 Satz 2 ausdrücklich nur als Folgeänderung des § 4 gefasst hat.[21]

13 Stellt der andere berechtigte Elternteil keinen Antrag oder keine Anzeige, erhält der Elternteil die Monatsbeträge ausgezahlt, der Elterngeld oder Betreuungsgeld beantragt hat, **Abs. 3 Satz 3**. Stellt die andere berechtigte Person später einen Antrag, kann diese abweichend von § 5 Abs. 2 nur für die verbleibenden Monate unter Berücksichtigung von § 4 Abs. 4 Elterngeld bzw. § 4 d Abs. 1 Satz 3 Betreuungsgeld erhalten. Auch in dieser Regelung ist eine Anpassung an die Einführung des Elterngeld Plus erfolgt.[22]

§ 8 Auskunftspflicht, Nebenbestimmungen

(1) Soweit im Antrag auf Elterngeld Angaben zum voraussichtlichen Einkommen aus Erwerbstätigkeit gemacht wurden, sind nach Ablauf

---

18 BT-Drs. 18/2583, S. 32.
19 Wersig in Vereinbarkeit von Familie und Beruf, Kap. 6.7, § 7 Rn. 8.
20 Lenz in Rancke (Hrsg.), § 7 Rn. 11.
21 BT-Drs. 18/2583, S. 32.
22 BT-Drs. 18/2583, S. 32.

Auskunftspflicht, Nebenbestimmungen § 8

des Bezugszeitraums für diese Zeit das tatsächliche Einkommen aus Erwerbstätigkeit und die Arbeitszeit nachzuweisen.

(1a) Die Mitwirkungspflichten nach § 60 des Ersten Buches Sozialgesetzbuch gelten

1. im Falle des § 1 Absatz 8 Satz 2 auch für die andere Person im Sinne des § 1 Abs. 8 Satz 2 und
2. im Falle des § 4 Absatz 4 Satz 3 oder des § 4 Absatz 4 Satz 3 in Verbindung mit § 4 Absatz 7 Satz 1 für beide Personen, die den Partnerschaftsbonus beantragt haben.

§ 65 Absatz 1 und 3 des Ersten Buches Sozialgesetzbuch gilt entsprechend.

(2) Elterngeld wird in den Fällen, in denen die berechtigte Person nach ihren Angaben im Antrag im Bezugszeitraum voraussichtlich kein Einkommen aus Erwerbstätigkeit haben wird, unter dem Vorbehalt des Widerrufs für den Fall gezahlt, dass sie entgegen ihren Angaben im Antrag Einkommen aus Erwerbstätigkeit hat. In den Fällen, in denen zum Zeitpunkt der Antragstellung der Steuerbescheid für den letzten abgeschlossenen Veranlagungszeitraum vor der Geburt des Kindes nicht vorliegt und nach den Angaben im Antrag auf Elterngeld oder Betreuungsgeld die Beträge nach § 1 Absatz 8 oder nach § 4a Absatz 1 Nummer 1 in Verbindung mit § 1 Absatz 8 voraussichtlich nicht überschritten werden, wird die jeweilige Leistung unter dem Vorbehalt des Widerrufs für den Fall gezahlt, dass entgegen den Angaben im Antrag auf die jeweilige Leistung die Beträge nach § 1 Absatz 8 oder nach § 4a Absatz 1 Nummer 1 in Verbindung mit § 1 Absatz 8 überschritten werden.

(3) Das Elterngeld wird bis zum Nachweis der jeweils erforderlichen Angaben vorläufig unter Berücksichtigung der glaubhaft gemachten Angaben gezahlt, wenn

1. zum Zeitpunkt der Antragstellung der Steuerbescheid für den letzten abgeschlossenen Veranlagungszeitraum vor der Geburt des Kindes nicht vorliegt und noch nicht angegeben werden kann, ob die Beträge nach § 1 Absatz 8 oder nach § 4a Absatz 1 Nummer 1 in Verbindung mit § 1 Absatz 8 überschritten werden,
2. das Einkommen aus Erwerbstätigkeit vor der Geburt nicht ermittelt werden kann,
3. die berechtigte Person nach den Angaben im Antrag auf Elterngeld im Bezugszeitraum voraussichtlich Einkommen aus Erwerbstätigkeit hat oder
4. die berechtigte Person weitere Monatsbeträge Elterngeld Plus nach § 4 Absatz 4 Satz 3 oder nach § 4 Absatz 6 Satz 2 beantragt.

Satz 1 Nummer 1 gilt entsprechend bei der Beantragung von Betreuungsgeld.

Graue

§ 8 Auskunftspflicht, Nebenbestimmungen

Inhaltsübersicht Rn.
1. Nachweis des Einkommens und der Arbeitszeit 1
2. Mitwirkungspflichten 2
3. Vorbehalt des Widerrufs 3
4. Vorläufige Zahlung 4–5

1. Nachweis des Einkommens und der Arbeitszeit

1 Mit dem Gesetz zur Einführung des Elterngeld Plus mit Partnerschaftsbonus und einer flexibleren Elternzeit im BEEG vom 18.12.2014[1] ist § 8 u.a. um eine Mitwirkungspflicht (vgl. Abs. 1a) und den Nachweis der Arbeitszeit in Abs. 1 ergänzt worden. Die Vorschrift beinhaltet die nachträgliche **Auskunftspflicht** der Antragsteller gegenüber der Behörde und legt die Voraussetzungen für die Zahlung des Eltern- und Betreuungsgeldes unter Vorbehalt oder aber als vorläufige Leistung fest.[2] Allerdings differenziert die Regelung nach den zu erbringenden Nachweisen zwischen Eltern- und Betreuungsgeld: Während für das Betreuungsgeld lediglich **die Überschreitung** der aus § 1 Abs. 8 folgenden Einkommensgrenzen für Spitzenverdiener von einem zu versteuernden Jahreseinkommen in Höhe von 250000 € für Alleinerziehende und 500000 € für zusammenlebende Eltern relevant ist (vgl. § 4a Abs. 1 Nr. 1) und ein darunter liegendes Einkommen keine Rolle spielt, bedarf es für die Bestimmung der Höhe des Elterngeldes einzelner Nachweise.[3] Die Höhe des Elterngeldes ist nämlich abhängig vom Einkommen[4] während des Bezugszeitraumes. Daher ist der Berechtigte nach **Abs. 1** verpflichtet, nachträglich Auskunft über das Einkommen im Bezugszeitraum zu erteilen. Dieses kann z.B. bei Ausübung von Teilzeittätigkeit während des Elterngeldbezugs bei Leistungsbeginn nur prognostiziert werden. Im Nachhinein kann sich die Prognose als unzutreffend erweisen. Der Grund dafür könnte sein, dass Berechtigte abweichend von ihrem ursprünglichen Plan in geringerem oder größerem Umfange erwerbstätig wurden. Es ist daher das **tatsächliche Einkommen aus Erwerbstätigkeit** während des Bezugszeitraumes nachzuweisen. Dieser Nachweis ist auch dann notwendig, wenn der Betrag des voraussichtlichen und des danach tatsächlichen Einkommens identisch sind.[5] Erbracht werden kann der Nachweis durch Vorlage der Entgeltbescheini-

---

1 BGBl. I, S. 2325.
2 Wersig in Vereinbarkeit von Familie und Beruf, Kap. 6.8, § 8 Rn. 1.
3 BT-Drs. 17/9917, S. 13.
4 Mit dem Gesetz zur Vereinfachung des Elterngeldvollzugs vom 10.9.2012 (BGBl. I, S. 1878) wurde klargestellt, dass der steuerrechtliche Einkommensbegriff i.S.v. § 2 Abs. 1 Satz 3 maßgeblich ist; deshalb kommt es nicht mehr auf das »erzielte« Einkommen an, vgl. BT-Drs. 17/9841, S. 30.
5 Buchner/Becker, § 8 Rn. 3.

gungen des Arbeitgebers. Ebenso könnten aber auch andere Nachweise, wie z. B. die Steuerkarte bzw. elektronische Lohnsteuerbescheinigung oder eine Bescheinigung der Krankenkasse als Einzugsstelle für die Sozialversicherungsbeiträge nach § 28 h SGB IV vorgelegt werden. Haben Berechtigte während des Bezugszeitraumes **kein Erwerbseinkommen** erzielt, kommen sie ihrer Auskunftspflicht in der Regel mit einer entsprechenden **Erklärung** nach.[6] Bei schuldhaften Verstößen gegen diese Auskunftspflicht droht nach § 14 Abs. 1 Nr. 2 ein Bußgeld. Mit der Einführung des Elterngeld Plus ist die Nachweispflicht um die **Auskunftspflicht über die Arbeitszeit** ergänzt worden. Diese Pflicht besteht insbesondere im Hinblick auf die Inanspruchnahme des Partnerschaftsbonus,[7] aber auch in Bezug auf die Elterngeldberechtigung, die nach § 1 Abs. 1 Satz 1 Nr. 4 in Verbindung mit § 1 Abs. 6 keine Erwerbstätigkeit oder aber eine Teilzeitbeschäftigung von maximal 30 Wochenstunden im Monatsdurchschnitt verlangt.[8]

2. Mitwirkungspflichten

Abs. 1 a ist durch das Elterngeld Plus Gesetz neu in § 8 aufgenommen worden. Mit dieser Regelung sind die Mitwirkungspflichten aus § 60 SGB I gegenüber der Elterngeldstelle erweitert worden,[9] denn grundsätzlich trifft diese Pflicht nur die Person, die die jeweilige Leistung beantragt oder erhält. **Abs. 1 a Satz 1** bezieht jedoch auch die andere Person mit ein, die weder Elterngeld beantragt hat noch erhält. Für die Elterngeldstellen wird auf diese Weise gewährleistet, dass sie die für die Prüfung notwendigen Informationen erhalten: Ob die Voraussetzungen der Reichensteuerregelung nach § 1 Abs. 8 (Spitzenverdiener haben danach keinen Elterngeldanspruch) und des Partnerschaftsbonus gemäß § 4 Abs. 4 Satz 3 vorliegen.[10] Die Mitwirkungspflicht des anderen Elternteils bezieht sich zunächst auf verheiratete Eltern, die zusammen nach § 1 Abs. 8 Satz 2 ein zu versteuerndes Einkommen von mehr als 500 000 € haben. Liegt zum Zeitpunkt der Antragstellung kein Steuerbescheid des anderen Elternteils vor, so muss dieser im Zusammenhang mit der Bewilligung des Elterngeldes für die Ehepartnerin oder den Ehepartner im Rahmen der Mitwirkungspflicht vorgelegt werden (**Abs. 1 a Satz 1 Nr. 1**).[11] Gleiches gilt hinsichtlich

2

---

6 BT-Drs. 16/1889, S. 25.
7 Der Partnerschaftsbonus setzt gemäß § 4 Abs. 4 Satz 3 Nr. 1 voraus, dass beide Elternteile zeitgleich 25 bis 30 Wochenstunden im Monatsdurchschnitt arbeiten.
8 BT-Drs. 18/2583, S. 33.
9 Lenz in Rancke (Hrsg.), § 8 Rn. 3.
10 BT-Drs. 18/2583, S. 33.
11 BT-Drs. 18/2583, S. 33.

des Partnerschaftsbonus, denn auch hier müssen beide Elternteile gemeinsam nicht nur die allgemeinen Voraussetzungen für den Elterngeldanspruch erfüllen, sondern auch eine zeitgleiche Teilzeitarbeit im Umfang von 25 bis 30 Wochenstunden im Monatsdurchschnitt für die Dauer von vier Monaten leisten. Erfasst sind hiervon ebenfalls Adoptiveltern, Stiefeltern, nichteheliche Väter und Verwandte bis zum dritten Grad im Sinne des § 1 Abs. 3 und 4 (**Abs. 1 a Satz 1 Nr. 2**). Die Mitwirkungspflicht ist im Zusammenhang mit dem Partnerschaftsbonus insbesondere auf den Nachweis der Arbeitszeit durch beide Eltern zugeschnitten. **Abs. 1 a Satz 2** begrenzt die Mitwirkungspflichten im Sinne des § 65 SGB I, d.h. in besonderen Situationen kann ausnahmsweise auf die Mitwirkung des anderen Elternteils durch die Elterngeldstelle verzichtet werden, wenn dem Betroffenen z.B. die Erfüllung aus einem wichtigen Grund unzumutbar ist oder sich die Elterngeldstelle durch einen geringeren Aufwand die erforderlichen Kenntnisse selbst beschaffen kann etc.

3. Vorbehalt des Widerrufs

3 Mit der Regelung in **Abs. 2 Satz 1** wird einem verwaltungsrechtlichen nachträglichen Korrekturbedarf Rechnung getragen für den Fall, dass Berechtigte entgegen der bei Antragstellung erklärten Absicht während des Bezuges des Elterngeldes eine Erwerbstätigkeit aufnehmen. Jeder Bewilligungsbescheid ist daher von der Elterngeldstelle mit dem Vorbehalt des Widerrufs zu versehen. Der Grund für diese Regelung liegt darin, dass Elterngeldberechtigte sich aus unterschiedlichsten Gründen auch kurzfristig wieder für eine Erwerbstätigkeit entscheiden, insbesondere in Form einer Teilzeitbeschäftigung. Grundsätzlich gilt in den hier genannten Fällen zwar die Aufhebung für die Zukunft. In den hier relevanten Fällen wirkt sie aber nach § 48 Abs. 1 Satz 2 Nr. 3 SGB X rückwirkend für den Zeitpunkt der Änderung.[12] Über den Anspruch ist dann aufgrund geänderter Verhältnisse erneut zu entscheiden und zuviel gezahlte Beträge müssen über § 50 SGB X zurückerstattet werden. Das Elterngeld muss allerdings unter dem Vorbehalt des Widerrufs gezahlt worden sein. Im Zusammenhang mit dem Betreuungsgeld kann sich ein nachträglicher Korrekturbedarf ergeben, wenn die aus § 4a Abs. 1 Nr. 1 in Verbindung mit § 1 Abs. 8 folgenden Einkommensgrenzen (vgl. Rn. 1) überschritten werden. Werden diese Einkommensgrenzen voraussichtlich nicht erreicht, so stellt **Abs. 2 Satz 2** sowohl für das Eltern- als auch das Betreuungsgeld klar, dass die jeweilige Leistung nur unter dem Vorbehalt des Widerrufs zu zahlen ist. Ein möglicher Anspruchsausschluss wird beim Eltern- wie beim Betreuungsgeld aufgrund des zu versteuernden Einkommens, das die

---

12 Buchner/Becker, § 8 BEEG, Rn. 10.

Person im letzten abgeschlossenen Veranlagungszeitraum vor der Geburt des Kindes gehabt hat, überprüft.[13]

4. Vorläufige Zahlung

§ 8 Abs. 3 ist mit dem Elterngeld Plus Gesetz neu gefasst worden.[14] Die Vorschrift legt fest, dass Elterngeld und Betreuungsgeld bis zum Nachweis der jeweils erforderlichen Angaben vorläufig unter Berücksichtigung der glaubhaft gemachten Angaben gezahlt werden. **Abs. 3 Satz 1** bezieht sich nur auf das Elterngeld und regelt die Fälle, in denen das für die Berechnung des Elterngeldes maßgebliche Einkommen nicht verlässlich ermittelt werden kann. Dies ist u. a. der Fall, wenn zum Zeitpunkt der Antragstellung der Steuerbescheid für den letzten abgeschlossenen Veranlagungszeitraum vor der Geburt des Kindes nicht vorliegt und noch nicht angegeben werden kann, ob die in § 1 Abs. 8 für Spitzenverdiener genannten Beträge überschritten werden (**Nr. 1**). **Nr. 2** bezieht sich auf den Fall, dass das Einkommen aus Erwerbstätigkeit vor der Geburt nicht ermittelt werden kann und **Nr. 3** regelt die Situation, dass die elterngeldberechtigte Person während des Elterngeldbezugs voraussichtlich Einkommen aus Erwerbstätigkeit haben wird. In den Nr. 1 bis 3 ist der bisherige Inhalt des § 8 Abs. 3 Sätze 1 und 2 BEEG a. F. aufgegangen.[15] **Satz 1 Nr. 4** ist demgegenüber neu und stellt klar, dass das Elterngeld auch dann vorläufig gezahlt wird, wenn der Partnerschaftsbonus beantragt wird. Erfüllt nur einer der Eltern in den vier Monaten des Partnerschaftsbonusbezuges die Voraussetzungen für nur einen Monat nicht, entfallen die weiteren Monatsbeträge für beide Eltern und bereits gezahlte Beträge werden von der Elterngeldstelle außerdem zurückgefordert.[16] Zu beachten ist noch, dass für eine vorläufige Zahlung das **glaubhaft gemachte Erwerbseinkommen** reicht. Erst wenn ein Nachweis über das maßgebliche Einkommen vorliegt, ist eine abschließende Entscheidung möglich. Elterngeld, das nach der endgültig festgestellten Berechnung zuviel gezahlt wurde, ist nach § 50 SGB X zu erstatten.[17]

Das Gleiche gilt nach **Abs. 3 Satz 2** für das Betreuungsgeld, denn kann im Antrag auf Betreuungsgeld noch nicht angegeben werden, ob die Einkommensgrenzen aus § 4a Abs. 1 Nr. 1 in Verbindung mit § 1 Abs. 8 überschritten werden (vgl. Rn. 1), so ist entsprechend dem Elterngeld nur eine vorläufige Entscheidung der Elterngeldstelle unter Berücksichtigung des

---

13 BT-Drs. 17/9917, S. 13.
14 BT-Drs. 18/2583, S. 33.
15 BT-Drs. 18/2583, S. 33.
16 BT-Drs. 18/2583, S. 33 f.
17 Buchner/Becker, § 8 BEEG, Rn. 16.

glaubhaft gemachten Einkommens möglich.[18] Abs. 3 Satz 1 Nr. 1 gilt deshalb entsprechend für den Antrag auf Betreuungsgeld.

§ 9 Einkommens- und Arbeitszeitnachweis, Auskunftspflicht des Arbeitgebers

Soweit es zum Nachweis des Einkommens aus Erwerbstätigkeit oder der wöchentlichen Arbeitszeit erforderlich ist, hat der Arbeitgeber der nach § 12 zuständigen Behörde für bei ihm Beschäftigte das Arbeitsentgelt, die für die Ermittlung der nach den §§ 2e und 2f erforderlichen Abzugsmerkmale für Steuern und Sozialabgaben sowie die Arbeitszeit auf Verlangen zu bescheinigen; das Gleiche gilt für ehemalige Arbeitgeber. Für die in Heimarbeit Beschäftigten und die ihnen Gleichgestellten (§ 1 Absatz 1 und 2 des Heimarbeitsgesetzes) tritt an die Stelle des Arbeitgebers der Auftraggeber oder Zwischenmeister.

Inhaltsübersicht	Rn.
1. Auskunftspflicht des Arbeitgebers	1–2
2. Auskunftspflicht des Auftraggebers oder Zwischenmeisters	3
3. Erklärung Selbständiger	4

1. Auskunftspflicht des Arbeitgebers

1 Nach dieser Vorschrift ist der Arbeitgeber verpflichtet, dem Arbeitnehmer **auf Verlangen** eine **Bescheinigung** über das **Arbeitsentgelt** und die **Arbeitszeit** auszustellen, soweit dieses zur Einkommensermittlung erforderlich ist. Mit dem Gesetz zur Vereinfachung des Elterngeldvollzugs vom 10.9.2012[1] ist diese Regelung den Änderungen des BEEG im Hinblick auf die pauschalierte Ermittlung der Abzüge nach den §§ 2c bis 2f angepasst worden. Deshalb sind die nach den §§ 2e und 2f für die Berechnung der Elterngeldhöhe erforderlichen Abzugsmerkmale für Steuern und Sozialabgaben, insbesondere die Steuerklasse, der Faktor nach § 39f EStG, die Freibeträge nach § 32 Abs. 6 EStG, die ggf. bestehende Kirchensteuerpflicht und die Versicherungspflicht in den verschiedenen Zweigen der Sozialversicherung sowie die Versicherungspflicht für die Arbeitsförderung durch den Arbeitgeber nachzuweisen.[2] Mit diesem Nachweis wird die Fürsorgepflicht des Arbeitgebers konkretisiert. Die Bescheinigung ist erforderlich, wenn ein Arbeitnehmer seine voraussichtlichen Einkünfte aus nichtselbstständiger Arbeit angibt oder z.B. bei der Frage, ob ein Antrag-

---

18 BT-Drs. 17/9917, S. 13.
1 BGBl. I, S. 1878.
2 BT-Drs. 17/9941, S. 30.

Einkommens-/Arbeitszeitnachweis, Auskunftspflicht des AG § 9

steller eine Teilzeittätigkeit ausübt, die für den Elterngeldbezug nach § 1 Abs. 6 unschädlich ist. Auch ist sie erforderlich, wenn die vorliegenden Einkommensnachweise nicht ausreichen oder diese dem Anspruchsberechtigten nicht mehr vorliegen. Benötigt werden die Einkommensnachweise nach § 2 Abs. 1 im Bemessungszeitraum gemäß § 2b vor der Geburt des Kindes und nach § 2 Abs. 3 sowie § 8 für den Fall der (Teilzeit-)Beschäftigung während des Elterngeldbezuges. Eine Bescheinigung über die Arbeitszeit ist für den Fall der Erwerbstätigkeit während des Elterngeldbezuges im Hinblick auf die Anspruchsvoraussetzungen nach § 1 Abs. 1 Nr. 4 in Verbindung mit Abs. 6 erforderlich. Die gleiche Pflicht besteht für ehemalige Arbeitgeber. Die Auskunftspflichten dienen der Kontrolle der Leistungsvoraussetzungen.

Verletzt der Arbeitgeber seine Pflichten nach dieser Vorschrift, so handelt 2 es sich um eine mit Geldbuße in Höhe von bis zu 2000 € belegte Ordnungswidrigkeit (§ 14 Abs. 1 Nr. 1 und Abs. 2), die von der Elterngeldstelle verhängt werden kann. Im Übrigen gilt, dass Eltern, die den Nachweis nicht erbringen können, weil der Arbeitgeber seiner Auskunftspflicht nicht nachkommt, keine Ablehnung ihres Elterngeldantrags befürchten müssen. Immerhin ist die Elterngeldstelle aufgrund des Amtsermittlungsgrundsatzes aus § 20 SGB X in Verbindung mit § 9 verpflichtet, die erforderlichen Informationen vom Arbeitgeber einzuholen[3] und im Fall der Weigerung als Sanktion das Bußgeld aufzuerlegen.

2. Auskunftspflicht des Auftraggebers oder Zwischenmeisters

Für die in Heimarbeit Beschäftigten und die ihnen Gleichgestellten (§ 1 3 Abs. 1 und 2 des Heimarbeitsgesetzes – HAG) gilt, dass für sie an die Stelle des Arbeitgebers der Auftraggeber oder Zwischenmeister tritt. Diese Personen stehen nicht in einem Arbeits-, sondern in einem Beschäftigungsverhältnis eigener Art.[4]

3. Erklärung Selbständiger

Bei selbstständiger oder freiberuflicher Erwerbstätigkeit ist hinsichtlich der 4 Arbeitszeit statt einer Bescheinigung eine eigene Erklärung des Berechtigten erforderlich.[5]

---

3 Wersig in Vereinbarkeit von Familie und Beruf, Kap. 6.9, § 9 Rn. 1.
4 BT-Drs. 16/1889, S. 26.
5 BT-Drs. 16/1889, S. 26; BMFSFJ (Hrsg.), Elterngeld und Elternzeit, S. 41.

Graue

§ 10 Verhältnis zu anderen Sozialleistungen

(1) Das Elterngeld, das Betreuungsgeld und jeweils vergleichbare Leistungen der Länder sowie die nach § 3 oder § 4c auf die jeweilige Leistung angerechneten Einnahmen oder Leistungen bleiben bei Sozialleistungen, deren Zahlung von anderen Einkommen abhängig ist, bis zu einer Höhe von insgesamt 300 Euro im Monat als Einkommen unberücksichtigt.

(2) Das Elterngeld, das Betreuungsgeld und jeweils vergleichbare Leistungen der Länder sowie die nach § 3 oder § 4c auf die jeweilige Leistung angerechneten Einnahmen oder Leistungen dürfen bis zu einer Höhe von insgesamt 300 Euro nicht dafür herangezogen werden, um auf Rechtsvorschriften beruhende Leistungen anderer, auf die kein Anspruch besteht, zu versagen.

(3) Soweit die berechtigte Person Elterngeld Plus bezieht, bleibt das Elterngeld nur bis zur Hälfte des Anrechnungsfreibetrags, der nach Abzug der anderen nach Absatz 1 nicht zu berücksichtigenden Einnahmen für das Elterngeld verbleibt, als Einkommen unberücksichtigt und darf nur bis zu dieser Höhe nicht dafür herangezogen werden, um auf Rechtsvorschriften beruhende Leistungen anderer, auf die kein Anspruch besteht, zu versagen.

(4) Die nach den Absätzen 1 bis 3 nicht zu berücksichtigenden oder nicht heranzuziehenden Beträge vervielfachen sich bei Mehrlingsgeburten mit der Zahl der geborenen Kinder.

(5) Die Absätze 1 bis 4 gelten nicht bei Leistungen nach dem Zweiten Buch Sozialgesetzbuch, dem Zwölften Buch Sozialgesetzbuch und § 6a des Bundeskindergeldgesetzes. Bei den in Satz 1 bezeichneten Leistungen bleiben das Elterngeld und vergleichbare Leistungen der Länder sowie die nach § 3 auf das Elterngeld angerechneten Einnahmen in Höhe des nach § 2 Absatz 1 berücksichtigten Einkommens aus Erwerbstätigkeit vor der Geburt bis zu 300 Euro im Monat als Einkommen unberücksichtigt. Soweit die berechtigte Person Elterngeld Plus bezieht, verringern sich die Beträge nach Satz 2 um die Hälfte.

(6) Die Absätze 1 bis 4 gelten entsprechend, soweit für eine Sozialleistung ein Kostenbeitrag erhoben werden kann, der einkommensabhängig ist.

Inhaltsübersicht	Rn.
1. Bezug von Sozialleistungen	1
2. Anrechnungsfreie Leistungen	2–4
3. Ermessensleistungen	5
4. Freibetrag im Elterngeld Plus Bezug	6
5. Mehrlingsgeburten	7

Verhältnis zu anderen Sozialleistungen § 10

6. Ausnahme bei Leistungen nach SGB II, Sozialhilfe und Kinderzuschlag	8–11
7. Kostenbeitrag	12

1. Bezug von Sozialleistungen

Diese Vorschrift hat zum Ziel sicherzustellen, dass bei der Zahlung von 1 Elterngeld, Betreuungsgeld oder vergleichbarer Leistungen nach landesrechtlichen Vorschriften andere einkommensabhängige Sozialleistungen bei der Berechnung bis zu einer Höhe von insgesamt 300 Euro im Monat unberücksichtigt bleiben (**Abs. 1**). Mit dem Haushaltsbegleitgesetz aus dem Jahr 2010[1] hat der Gesetzgeber mit Wirkung zum 1.1.2011 jedoch den **Abs. 5** neu ins BEEG aufgenommen. Danach gilt die Anrechnungsfreiheit nicht für Bezieher von Arbeitslosengeld II nach dem SGB II, Empfänger von Sozialhilfe nach dem SGB XII und Kinderzuschlag gemäß § 6a BKKG. Das (Mindest-)Elterngeld, Betreuungsgeld und vergleichbare Leistungen der Länder (sog. Landeserziehungsgelder) haben zwar Vorrang bei der Auszahlung, werden aber in voller Höhe auf die o.g. Sozialleistungen angerechnet, so dass diese im Ergebnis gekürzt werden. Durch das Gesetz zur Einführung des Elterngeld Plus mit Partnerschaftsbonus und einer flexibleren Elternzeit im BEEG vom 18.12.2014[2] ist die Verlängerungsmöglichkeit aus § 6 Satz 2 BEEG a.F. gestrichen und durch die Einführung des Elterngeld Plus ersetzt worden. Folgeänderungen finden sich dementsprechend in Absatz 3 und 5 der Vorschrift.[3]

2. Anrechnungsfreie Leistungen

Die **Eigenständigkeit des Elterngeldes** mit Ausnahme des Abs. 5 kommt 2 dadurch zum Ausdruck, dass es bis zu der Höhe von monatlich insgesamt 300 Euro als nicht anrechenbares Einkommen behandelt wird. Von Bedeutung ist das, wenn andere Sozialleistungen auf die Bedürftigkeit der Personen und damit dessen Einkommensverhältnisse abstellen. Elterngeld, Betreuungsgeld und Landeserziehungsgelder im Sinne von **Abs. 1 Satz 1** würden zu einer Minderung oder Versagung bedarfsabhängiger Sozialleistungen führen, würden sie als einkommenssteigernd angesehen. Damit würde letztlich das Ziel des Gesetzes, mit Elterngeld und Betreuungsgeld zu einer besseren wirtschaftlichen Existenz beizutragen, vielfach nicht erreicht.

Landeserziehungsgelder existieren nur noch in den Bundesländern Bay- 3

---

1 BGBl. I, S. 1885.
2 BGBl. I, S. 2325.
3 BT-Drs. 18/2583, S. 34.

Graue

ern, Sachsen und Thüringen. Sie werden erst gewährt, wenn der Anspruch auf Elterngeld entfällt. Betreuungsgeld und die jeweilige Landesleistung können in der Regel gleichzeitig bezogen werden, da das Betreuungsgeld, insbesondere in Bayern, anderen Voraussetzungen unterliegt als das Landeserziehungsgeld. In Baden-Württemberg ist durch Beschluss des Ministerrates vom 25.9.2012 das Landeserziehungsgeld für Geburten ab dem 1.10.2012 eingestellt worden.[4] Für Kinder, die bis zum 30.9.2012 geboren oder adoptiert worden sind, ist die Leistung nach Auslaufen des Elterngeldes, also ab dem 13. oder 15. Lebensmonats des Kindes, für zehn Monate in Abhängigkeit vom Einkommen möglich. In Bayern gibt es ein einkommensabhängiges Landeserziehungsgeld ab dem 13. Lebensmonat für sechs Monate für das 1. Kind und für zwölf Monate für jedes weitere Kind. Sachsen gewährt Landeserziehungsgeld für die Dauer von neun Monaten ab dem 3. Lebensjahr des Kindes für das 1. und 2. Kind, ab dem 3. Kind für die Dauer von zwölf Monaten. Wird das Landeserziehungsgeld in Sachsen bereits ab dem 2. Lebensjahr des Kindes in Anspruch genommen, so wird es für das 1. Kind fünf Monate, für das 2. Kind sechs Monate und ab dem 3. Kind für die Dauer von sieben Monaten gezahlt. In Thüringen wird das Landeserziehungsgeld ab dem 13. Lebensmonat für maximal zwölf Monate gezahlt. Thüringen hat jedoch inzwischen für Geburten ab dem 1.7.2015 das Landeserziehungsgeldgesetz aufgehoben.[5] Im Rahmen einer Übergangsregelung kann das Landeserziehungsgeld allerdings noch für bis zum 30.6.2015 geborene Kinder bezogen werden. Die Leistungen in allen Bundesländern übersteigen das Mindestelterngeld nach dem BEEG in Höhe von 300 € monatlich aber nicht und differenzieren zumeist nach der Anzahl der Kinder. Bei der Berechnung anderer einkommensabhängiger Sozialleistungen bleiben sie unberücksichtigt. Insbesondere wegen des seit dem 1.8.2013 bestehenden Rechtsanspruchs auf einen öffentlich geförderten Kita-Platz nach § 24 Abs. 2 SGB VIII für Kinder, die das 1. Lebensjahr vollendet haben und des Fehlens von Betreuungsplätzen für die Altersgruppe der Ein- bis Dreijährigen[6] fragt sich allerdings, ob die o. g. familienpolitischen Leistungen der Länder nicht sinnvollerweise in Kindertagesstätten oder Kinderkrippen investiert werden sollten. Thüringen hat bereits angekündigt, mit den durch die Ab-

---

4 Vgl. Verwaltungsvorschrift des Sozialministeriums für die Gewährung von Landeserziehungsgeld für Geburten und Adoptionen im Zeitraum 1.1.2007 bis 30.9.2012 und für die Gewährung von Zuwendungen an Familien mit Mehrlingsgeburten (VwV-LErzG 2007-Mehrlinge) v. 25.9.2012, Az. 23-5045-2.
5 Vgl. Gesetz zur Aufhebung des Thüringer Erziehungsgeldgesetzes und der Verordnung zur Durchführung des Thüringer Erziehungsgeldgesetzes v. 23.6.2015, GVBl. 2015, S. 97.
6 Vgl. dazu Pressemitteilung des Statistischen Bundesamtes 382/12 v. 6.11.2012.

schaffung des Landeserziehungsgeldes freigewordenen Geldern ein kostenfreies Kitajahr 2017 finanzieren zu wollen.[7]

Zu den einkommensabhängigen Leistungen gehören vor allem das **Wohngeld** (§ 2 Wohngeldgesetz), Leistungen der **Ausbildungsförderung** (§§ 11 ff. BAföG), **Arbeitslosengeld** (§§ 136 ff. SGB III), das **Kindergeld** nach dem Bundeskindergeldgesetz und Leistungen der Jugendhilfe nach dem Jugendwohlfahrtsgesetz. Andere einkommensabhängige Sozialleistungen wie die Sozialhilfe nach dem SGB XII, der Kinderzuschlag (§ 6a BKKG) und das Arbeitslosengeld II (Hartz IV) nach dem SGB II wurden mit § 10 Abs. 5 Satz 1 ohne eine Übergangsregelung von der Anrechnungsfreiheit auf das Elterngeld zum 1.1.2011 ausgenommen.[8] Auch das zum 1.8.2013 eingeführte Betreuungsgeld wird nach Abs. 5 Satz 1 in vollem Umfang auf die Sozialhilfe, das Arbeitslosengeld II und den Kinderzuschlag angerechnet.[9] Wurde Eltern- oder Betreuungsgeld nicht bezogen, weil in dem betreffenden Zeitraum Leistungen nach § 3 (u.a. Mutterschaftsgeld, Entgeltersatzleistungen, ausländische Familienleistungen) oder nach § 4c (u.a. ausländische Familienleistungen) anzurechnen waren, muss die Anrechnungsfreiheit aus **Abs. 1** auch auf diese Leistungen erstreckt werden. Entsprechendes gilt für andere freiwillig oder nur nach Ermessen zu zahlende Sozialleistungen.

3. Ermessensleistungen

Abs. 2 bestimmt, dass Elterngeld, Betreuungsgeld und Landeserziehungsgelder bis zum Betrag von 300 Euro auch nicht im Rahmen einer Ermessensentscheidung zur Ablehnung einer Leistung, die vom Ermessen des jeweiligen Sozialleistungsträgers im Sinne des § 39 SGB I abhängig ist, herangezogen werden darf. Ermessen wird in der Regel ausgeübt durch Formulierungen wie »kann« oder »darf«. Erfasst von dieser Vorschrift sind vor allen Dingen Leistungen, die als sog. Mehrleistungen aufgrund von Satzungen der Versicherungsträger erbracht werden,[10] wie z.B. Vorsorgekuren für Mütter durch die Krankenkassen (vgl. § 24 SGB V).

4. Freibetrag im Elterngeld Plus Bezug

Durch das Elterngeld Plus Gesetz ist die ursprüngliche Verlängerungsmöglichkeit aus § 6 Satz 2 gestrichen worden. Stattdessen gibt es für ab

---

7 MDR v. 17.6.2015, abrufbar unter www.mdr.de/thueringen/thueringen-land tag-erziehungsgeld-abgeschafft100.html.
8 Vgl. Rn. 1.
9 BT-Drs. 17/9917, S. 13.
10 BT-Drs. 10/3792, S. 18.

Graue

§ 10   Verhältnis zu anderen Sozialleistungen

dem 1.7.2015 geborene Kinder ein Elterngeld Plus, welches in der Höhe mindestens 150 € beträgt, § 4 Abs. 3 Satz 3 Nr. 1. Es handelt sich hierbei um das halbierte Mindestelterngeldes nach § 2 Abs. 4. Nehmen Berechtigte das Elterngeld Plus in Anspruch, dann ist auch nur ein hälftiger Anrechnungsfreibetrag (150 Euro) nach den Absätzen 1 und 2 geschützt (**Abs. 3**). Die Halbierung des Mindestelterngeldbetrages gilt im Übrigen für den gesamten Bezugszeitraum von Elterngeld Plus. Auf die in Bayern, Sachsen und Thüringen (noch) gezahlten Landeserziehungsgelder sowie die nach § 3 auf das Elterngeld anzurechnenden Einnahmen findet Abs. 3 dagegen keine Anwendung, da die Auszahlungszeiträume für diese Leistungen nicht verlängert werden können.[11] Gleiches gilt für das Betreuungsgeld.

5. Mehrlingsgeburten

7   Nach **Abs. 4** ist gewährleistet, dass den Eltern bei **Mehrlingsgeburten** der nach § 2a Abs. 4 vorgesehene **Erhöhungsbetrag** des Elterngeldes zusätzlich verbleibt, wenn sie andere einkommensabhängige Sozialleistungen oder Ermessensleistungen erhalten. Eltern von Zwillingen haben folglich neben anderen Sozialleistungen – z. B. neben Wohngeld oder BaföG – oder neben Ermessensleistungen mindestens 600 Euro oder bei Inanspruchnahme von Elterngeld Plus bis zu 28 Monate 300 Euro Elterngeld. Auch Betreuungsgeld und Landeserziehungsgelder sind von Abs. 4 erfasst, da sie durch die Regelung mit der Formulierung »nach den Absätzen 1 bis 3 nicht zu berücksichtigende oder nicht heranzuziehende Beträge« ausdrücklich in Bezug genommen worden sind. Hinzuweisen ist noch darauf, dass der Geschwisterbonus in Höhe von mindestens 75 € nach § 2a Abs. 1 bis 3 durch Abs. 4 nicht anrechnungsfrei gestellt worden ist, da der finanzielle Bedarf der betroffenen Familien dem Gesetzgeber zufolge durch andere Sozialleistungen gewährleistet wird.[12]

6. Ausnahme bei Leistungen nach SGB II, Sozialhilfe und Kinderzuschlag

8   Die Vorschrift des **Abs. 5** ist seit dem 1.1.2011 in Kraft.[13] Nach **Abs. 5 Satz 1** werden Elterngeld, Betreuungsgeld und das jeweilige Landeserziehungsgeld in voller Höhe auf das Arbeitslosengeld II nach dem SGB II, auf Sozialhilfe nach dem SGB XII und auf den Kinderzuschlag nach dem BKKG angerechnet. Die hilfebedürftigen Eltern erhalten damit ein ge-

---

11 BT-Drs. 17/9941, S. 30.
12 BT-Drs. 17/9841, S. 30.
13 Vgl. Rn. 1, 4.

Verhältnis zu anderen Sozialleistungen § 10

kürztes Arbeitslosengeld II, Sozialhilfe etc., denn ihr Bedarf ist z. B. durch die Regelsätze beim Arbeitslosengeld II, die Übernahme der Kosten der Unterkunft und Leistungen für etwaige Mehrbedarfe gedeckt.[14] Bei den Landeserziehungsgeldern ist aber noch die Übergangsvorschrift des § 27 Abs. 2 zu beachten: Danach sind auf diese speziellen Familienleistungen der Länder noch die alten Vorschriften aus dem BErzGG, nämlich insbesondere der § 8 Abs. 1 BErzGG a. F., anwendbar. Das bedeutet, dass beim Bezug von Leistungen nach dem SGB II, Sozialhilfe und Kinderzuschlag wegen der Übergangsregelung des § 27 Abs. 2 Landeserziehungsgelder anrechnungsfrei bleiben. Dies geht auch aus den entsprechenden Landesgesetzen – Art. 7 Abs. 1 BayLErzGG, § 4 LErzGG Thüringen und § 7 LErzGG Sachsen – hervor.[15]

Von der Anrechnung auf das Arbeitslosengeld II, die Sozialhilfe und den Kinderzuschlag sind jedoch die berechtigten Eltern ausgenommen, die **vor der Geburt** des Kindes erwerbstätig gewesen sind. Sie erhalten gemäß **Abs. 5 Satz 2** einen **Elterngeld-** bzw. **Landeserziehungsgeldfreibetrag** in Höhe von bis zu 300 €.

> **Beispiel:**
> Ina hatte vor der Geburt ihres Kindes ein maßgebliches Nettoeinkommen in Höhe von 650 €. Nach der Geburt kümmert sie sich ausschließlich um ihr Kind und erhält ein Elterngeld in Höhe von 549,25 €, da sie die die erhöhte Ersatzrate (§ 2 Abs. 2) von 84,5 % für das nach der Geburt wegfallende Erwerbseinkommen beanspruchen kann. Die Familie erhält Aufstockungsleistungen nach dem SGB II – es bleiben 300 € Elterngeld von der Anrechnung auf das Arbeitslosengeld II ausgenommen; die verbleibenden 249,25 € Elterngeld werden dagegen angerechnet.[16]
> Würde Ina vor der Geburt ihres Kindes z. B. als geringfügig Beschäftigte nur 250 € netto verdient haben, so würde sie das Mindestelterngeld in Höhe von 300 € ausgezahlt erhalten. Sie müsste jedoch eine Anrechnung von 50 € (Differenz zu 300 €) auf ihr Arbeitslosengeld II hinnehmen.[17]

Inzwischen haben verschiedene Gerichte der Sozialgerichtsbarkeit auch die Verfassungsgemäßheit dieser Regelung anerkannt.[18] Immerhin liegt in der Differenzierung zwischen Eltern, die vor der Geburt des Kindes

---

14 BMFSFJ (Hrsg.), Elterngeld und Elternzeit, S. 33.
15 Dau, jurisPR-SozR 7/2013 Anm. 5, der im Hinblick auf die Unterscheidung zwischen Eltern- und Landeserziehungsgeld auch auf den möglichen Verfassungsverstoß gegen Art. 3 Abs. 1 GG aufmerksam macht.
16 Beispiel nach BMFSFJ (Hrsg.), Elterngeld und Elternzeit, S. 34.
17 BMFSFJ (Hrsg.), Elterngeld und Elternzeit, S. 34.
18 Exemplarisch SG Landshut 7. 12. 2011 – S 10 AS 484/11 mit Anm. Dau, jurisPR-SozR2/2012, Anm. 2; LSG Berlin-Potsdam 22. 10. 2012 – L 14 AS 1607/12 NZB; LSG Hessen 1. 2. 2013 – L 6 AS 817/12 B; LSG Nordrhein-Westfalen 19. 4. 2013 – L 2 AS 99/13 B.

erwerbstätig gewesen sind (Abs. 5 Satz 2) und Eltern, die schon vor der Geburt keiner Beschäftigung nachgegangen sind (Abs. 5 Satz 1) eine Ungleichbehandlung, die einen Verstoß gegen Art. 3 Abs. 1 GG darstellen könnte. Das Bundesverfassungsgericht hat jedoch schon am 11.3.2010[19] klargestellt, dass es die Anrechnung von Kindergeld auf Leistungen nach dem SGB II für verfassungsgemäß hält. Dies wird auch im Nichtannahmebeschluss des Bundesverfassungsgerichts vom 5.12.2012[20] speziell zum nahtlosen Inkrafttreten der Vorschrift am 1.1.2011 deutlich – die Verfassungsmäßigkeit des § 10 Abs. 5 wird hier dagegen nur am Rand thematisiert. Im Ergebnis ist damit sowohl die Anrechnung nach Abs. 5 Satz 1 als auch der Anrechnungsfreibetrag gemäß Abs. 5 Satz 2 verfassungskonform.[21]

11 **Abs. 5 Satz 3** dient der Klarstellung, dass bei der Inanspruchnahme von Elterngeld Plus auch der Anrechnungsfreibetrag nach Abs. 5 Satz 2 halbiert wird.

7. Kostenbeitrag

12 Mit dem Gesetz zur Vereinfachung des Elterngeldvollzugs vom 10.9.2012[22] wurde § 10 um einen neuen **Abs. 6** ergänzt. Ist danach für eine Sozialleistung ein Kostenbeitrag vorgesehen, so gelten die Abs. 1 bis 4 entsprechend. Das bedeutet, dass bis zu 300 € (bei Mehrlingsgeburten entsprechend mehr) von der Anrechnung auf Kostenbeiträge frei sind. Kostenbeiträge der Eltern entstehen z. B. bei der Unterbringung des Kindes in einer Kindertagespflege gemäß § 91 Abs. 2 SGB VIII.[23]

§ 11 Unterhaltspflichten

Unterhaltsverpflichtungen werden durch die Zahlung des Elterngeldes, des Betreuungsgeldes und jeweils vergleichbarer Leistungen der Länder nur insoweit berührt, als die Zahlung 300 Euro monatlich übersteigt. Soweit die berechtigte Person Elterngeld Plus bezieht, werden die Unterhaltspflichten insoweit berührt, als die Zahlung 150 Euro übersteigt. Die in den Sätzen 1 und 2 genannten Beträge vervielfachen sich bei Mehrlingsgeburten mit der Zahl der geborenen Kinder. Die Sätze 1 bis 3 gelten nicht in den Fällen des § 1361 Abs. 3, der §§ 1579, 1603 Abs. 2 und des § 1611 Abs. 1 des Bürgerlichen Gesetzbuchs.

---

19 BVerfG 11.3.2010 – 1 BvR 3163/09.
20 BVerfG 5.12.2012 – 1 BvL 20/12.
21 Zur Kritik ausführlich Dau, jurisPR-SozR 7/2013 Anm. 5.
22 BGBl. I, S. 1878.
23 BT-Drs. 17/9941, S. 30.

Unterhaltspflichten § 11

Inhaltsübersicht Rn.
1. Freibetragsregelung 1–3
2. Ausnahmen 4

1. Freibetragsregelung

Mit dieser Regelung wird der Zweck verfolgt, dem Elterngeldberechtigten 1
das Elterngeld bis zum Betrag von 300 Euro bzw. nunmehr durch Inanspruchnahme des Elterngeld Plus[1] bis zum Betrag von 150 Euro auch dann zukommen zu lassen, wenn er Unterhaltsempfänger ist. Mit dem Gesetz zur Einführung eines Betreuungsgeldes vom 15.2.2013[2] ist auch das ab dem 1.8.2013 zu zahlende Betreuungsgeld in die Regelung einbezogen worden. Deshalb ist in **Satz 1** und **Satz 2** bestimmt, dass Unterhaltsverpflichtungen durch die Zahlung von Eltern- und Betreuungsgeld sowie die jeweils vergleichbaren Leistungen der Länder (Landeserziehungsgelder in Bayern, Sachsen und noch in Thüringen für bis zum 30.6.2015 geborene Kinder)[3] nur insoweit berührt werden, als die Zahlung 300 Euro bzw. 150 Euro monatlich übersteigt. Lediglich bis zu dieser Höhe ist ein unterhaltsrechtlich neutrales Einkommen gegeben. Das bedeutet, dass der Unterhaltsverpflichtete grundsätzlich nicht berechtigt ist, Unterhaltszahlungen wegen des Eltern- oder Betreuungsgeldes, das die unterhaltsberechtigte Person nach dem BEEG und wegen vergleichbarer Leistungen, die sie nach landesrechtlichen Vorschriften erhält, über den obigen Betrag hinaus zu kürzen oder einzustellen. Dieses gilt für Unterhaltsverpflichtungen jeglicher Art, unabhängig davon, ob sie auf Gesetz, Gerichtsurteil, Vertrag o.a. beruhen.

Die Unterhaltszahlung steht nach Ansicht des Gesetzgebers in besonderem 2
Maße unter dem Gebot der Billigkeit und es könnte zu groben Ungerechtigkeiten führen, wenn das Elterngeld bei der Bemessung des Unterhalts unberücksichtigt bliebe.[4]

Bei **Mehrlingsgeburten** werden die obigen Beträge nach **Satz 3** mit der 3
Zahl der Geburten vervielfacht. So wird für die betroffenen Eltern sichergestellt, dass ihnen im Ergebnis ein Betrag in Höhe des Mindestbetrages des Elterngeldes nach § 2 Abs. 4 zuzüglich des Erhöhungsbetrages nach

---

1 Durch das Elterngeld Plus Gesetz ist die bisherige Verlängerungsmöglichkeit des Elterngeldes aus § 6 Satz 2 durch die Einführung des Elterngeld Plus ersetzt worden. § 11 Satz 2 ist demnach eine Folgeänderung, vgl. BT-Drs. 18/2583, S. 34.
2 BGBl. I, S. 254.
3 Vgl. dazu im Einzelnen § 10 Rn. 3.
4 BT.-Drs. 10/3792, S. 19.

Graue 143

§ 2a Abs. 4 verbleibt.[5] Dies gilt auch hinsichtlich des Betreuungsgeldes, da es für **jedes Kind** gemäß § 4b gezahlt wird.[6]

2. Ausnahmen

4   Bei den in **Satz 4** aufgeführten Ausnahmen handelt es sich zum einen um Fälle der Versagung, Herabsetzung oder Begrenzung eines Unterhaltsanspruchs bei grober Unbilligkeit zwischen getrennt lebenden und geschiedenen Ehegatten sowie um den Unterhaltsanspruch eines minderjährigen Kindes oder Beschränkung oder Wegfall der Unterhaltsverpflichtung gegenüber Verwandten in gerader Linie bei einem Fehlverhalten des Unterhaltsberechtigten (§§ 1361 Abs. 3, 1579, 1611 Abs. 1 BGB). Hintergrund ist, dass der aufgrund eines erheblichen Fehlverhaltens herabgesetzte Unterhaltsanspruch auch keine Privilegierung beim Eltern- und Betreuungsgeld oder Landeserziehungsgeld nach sich ziehen soll.[7] Sowohl das Eltern- als auch das Betreuungs- und Landeserziehungsgeld werden in diesen Fällen **voll als Einkommen berücksichtigt**, so dass der Unterhaltsanspruch weiter absinkt und damit eine doppelte Sanktion für den Unterhaltsberechtigten verbunden ist.[8] Zum anderen wird mit der Ausnahmeregelung des Satzes 4 auf die Begrenzung der Unterhaltsverpflichtung abgestellt, denn Eltern müssen im Rahmen der gesteigerten Unterhaltsverpflichtung im Sinne des § 1603 Abs. 2 BGB auch das Elterngeld, das Betreuungsgeld und das ggf. zu zahlende Landeserziehungsgeld zum Einsatz bringen. Die Vorschrift in Satz 4 führt dazu, dass bei gemindertem Unterhaltsanspruch das Eltern-, Betreuungs- und Landeserziehungsgeld die Bedürftigkeit des Unterhaltsberechtigten weiter herabsetzt.[9]

§ 12 Zuständigkeit; Aufbringung der Mittel

(1) Die Landesregierungen oder die von ihnen beauftragten Stellen bestimmen die für die Ausführung dieses Gesetzes zuständigen Behörden. Diesen Behörden obliegt auch die Beratung zur Elternzeit. In den Fällen des § 1 Absatz 2 oder des § 4a Absatz 1 Nummer 1 in Verbindung mit § 1 Absatz 2 ist die von den Ländern für die Durchführung dieses Gesetzes bestimmte Behörde des Bezirks zuständig, in dem die

---

5   Im Fall von Elterngeld Plus halbieren sich diese Freibeträge, vgl. Lenz in Rancke (Hrsg.), § 11 Rn. 4.
6   Vgl. auch BMFSFJ (Hrsg.), Informationen zum Betreuungsgeld, S. 2.
7   Wersig in Vereinbarkeit von Familie und Beruf, Kap. 6.11, § 11 Rn. 4.
8   Zur Kritik Wersig in Vereinbarkeit von Familie und Beruf, Kap. 6.11, § 11 Rn. 4 m.w.N.
9   Buchner/Becker, § 11 BEEG, Rn. 10.

berechtigte Person ihren letzten inländischen Wohnsitz hatte; hilfsweise ist die Behörde des Bezirks zuständig, in dem der entsendende Dienstherr oder Arbeitgeber der berechtigten Person oder der Arbeitgeber des Ehegatten, der Ehegattin, des Lebenspartners oder der Lebenspartnerin der berechtigten Person den inländischen Sitz hat.
(2) Der Bund trägt die Ausgaben für das Elterngeld und das Betreuungsgeld.

Inhaltsübersicht Rn.
1. Allgemeines 1
2. Sachliche Zuständigkeit 2
3. Örtliche Zuständigkeit 3
4. Beratung 4–6
5. Kostentragung 7–8

1. Allgemeines

Die **Zuständigkeit der Länder** für die Durchführung dieses Gesetzes leitet 1
sich aus Art. 83 GG i.V.m. § 12 BEEG ab. Ihnen steht damit das Bestimmungsrecht darüber zu, welche Behörde für die Ausführung des Gesetzes zuständig ist. Damit ist auch das Recht der Länder verbunden, die für die Durchführung des Gesetzes notwendigen Verwaltungsanweisungen zu erlassen. Durch das Betreuungsgeldgesetz vom 15.2.2013[1] erstreckt sich die Zuständigkeit der Länder auch auf das am 1.8.2013 in Kraft getretene Betreuungsgeld.

2. Sachliche Zuständigkeit

Die einzelnen Bundesländer haben folgende Behörden als **fachlich zu-** 2
ständig bestimmt:[2]
Baden-Württemberg: Landeskreditbank Baden-Württemberg, Karlsruhe
Aufsichtsbehörde: Ministerium für Arbeit und Sozialordnung, Familie und Senioren in Stuttgart, Tel.: 0711/1230
Bayern: Zentrum Bayern Familie und Soziales (ZBFS) mit seinen Regionalstellen in Augsburg, Bayreuth,

---

[1] BGBl. I, S. 254.
[2] Für das Betreuungsgeld sind zumeist dieselben Behörden als Betreuungsgeldstellen zuständig, vgl. BMFSFJ (Hrsg.), Informationen zum Betreuungsgeld, S. 5f. mit Hinweis auf www.bmfsfj.de/betreuungsgeld.

§ 12 Zuständigkeit; Aufbringung der Mittel

	Landshut, München, Nürnberg, Regensburg, Würzburg
	Aufsichtsbehörden: ZBFS in Bayreuth, Tel.: 09 21/6 05 03
Berlin:	Bezirksämter (Jugendämter)
	Aufsichtsbehörde: Senatsverwaltung für Bildung, Jugend und Wissenschaft, Tel.: 0 30/9 02 27 56 11
Brandenburg:	Jugendämter der kreisfreien Städte, der großen kreisangehörigen Städte und der Landkreise
	Aufsichtsbehörde: Ministerium für Arbeit, Soziales, Frauen und Familie des Landes Brandenburg in Potsdam, Tel.: 03 31/86 60
Bremen	
– Bremerhaven:	Amt für Familie und Jugend
– Stadtgemeinde:	Amt für Soziale Dienste
	Aufsichtsbehörde: Senatorin für Arbeit, Frauen, Jugend und Soziales Abteilung Junge Menschen und Familien in Bremen-Stadt, Tel.: 04 21/3 61 24 50
	Amt für Familie und Jugend in Bremerhaven, Tel.: 04 71/5 90 20 27
Hamburg:	Bezirksämter
	Aufsichtsbehörde: Behörde für Arbeit, Soziales, Familie und Integration der Freien und Hansestadt Hamburg, Referat Familienpolitik, Tel.: 0 40/42 86 30
Hessen:	Ämter für Versorgung und Soziales in Darmstadt, Frankfurt a. M., Fulda, Gießen, Kassel, Wiesbaden
	Aufsichtsbehörde: Regierungspräsidium Gießen, Abt. VI Landesversorgungsamt Hessen, Tel.: 06 41/30 30
Mecklenburg-Vorpommern:	Landesamt für Gesundheit und Soziales Abteilung Soziales/Versorgungsamt in Neubrandenburg, Rostock, Schwerin, Stralsund
	Aufsichtsbehörden: Landesamt für Gesundheit und Soziales Mecklenburg-Vorpommern, Dezernat 40 Zentrale Aufgaben in Rostock, Tel.: 03 81/33 15 90 00
Niedersachsen:	Landkreise, Städte sowie kreisfreie und einige kreisangehörige Städte, größere Gemeinden
	Aufsichtsbehörde: Niedersächsisches Ministerium für Soziales, Frauen, Familie, Gesundheit und Integration in Hannover, Tel.: 05 11/12 00

Zuständigkeit; Aufbringung der Mittel § 12

Nordrhein-Westfalen:	Kreise und kreisfreie Städte *Aufsichtsbehörden:* Bezirksregierung Münster, Dezernat 28 Fachaufsicht BEEG, Tel.: 02 51/41 10
Rheinland-Pfalz:	Jugendämter der Kreis- und Stadtverwaltungen *Aufsichtsbehörden:* Landesamt für Soziales, Jugend und Versorgung – Landesjugendamt in Mainz, Tel.: 0 61 31/96 70
Saarland:	Ministerium für Soziales, Gesundheit, Frauen und Familie, Elterngeldstelle, Saarbrücken *Aufsichtsbehörde:* Ministerium für Soziales, Gesundheit, Frauen und Familie in Saarbrücken, Tel.: 06 81/5 01 00
Sachsen:	Landkreise und kreisfreie Städte *Aufsichtsbehörde:* Kommunaler Sozialverband Sachsen, Außenstelle Chemnitz, Tel.: 03 71/57 70
Sachsen-Anhalt:	Landkreise und kreisfreie Städte *Aufsichtsbehörden:* Landesverwaltungsamt, Referat 609 in Halle, Tel.: 03 45/51 40
Schleswig-Holstein:	Außenstellen des Landesamtes für soziale Dienste Schleswig-Holstein in Heide, Kiel, Lübeck, Schleswig *Aufsichtsbehörden:* Landesamt für soziale Dienste Schleswig-Holstein in Neumünster, Tel.: 0 43 21/91 35
Thüringen:	Jugendämter der Landkreise und kreisfreien Städte *Aufsichtsbehörden:* Thüringer Landesverwaltungsamt, Sachgebiet Elterngeld in Suhl, Tel.: 0 36 81/7 30

3. Örtliche Zuständigkeit

Örtlich zuständig für den Antrag ist das Amt, in dessen Bezirk der Elterngeld- bzw. Betreuungsgeldberechtigte seinen Wohnsitz oder gewöhnlichen Aufenthalt hat. Bei mehreren Wohnsitzen kann der Berechtigte selbst entscheiden, bei welchem Amt er den Antrag stellt. Hinsichtlich der Zuständigkeit in den Fällen des § 1 Abs. 2 ist die Behörde zuständig, in dessen Bezirk die berechtigte Person ihren letzten inländischen Wohnsitz hatte[3]; 3

---

3 BSG 20.12.2012 – B 10 EG 16/11 R für eine nichteheliche Lebensgefährtin eines ins Ausland entsandten Arbeitnehmers, die Gleichbehandlung mit dem durch § 1 Abs. 2 Satz 2 begünstigten Personenkreis begehrt hat.

hilfsweise ist die Behörde des Bezirks zuständig, in dem der entsendende Dienstherr oder Arbeitgeber der berechtigten Person oder der Arbeitgeber des Ehegatten, die Ehegattin, des Lebenspartners oder der Lebenspartnerin der berechtigten Person den inländischen Sitz hat. Bei Binnenschiffern und Seeleuten, die keine Wohnung an Land haben und ständig an Bord des Binnenschiffes bzw. eines unter Bundesflagge fahrenden Schiffes wohnen, ist die Behörde zuständig, in deren Bezirk der Heimatort bzw. Heimathafen des Schiffes liegt.[4] Durch die Bezugnahme auf § 4a Abs. 1 Nr. 1 i.V.m. § 1 Abs. 2 gilt dies auch für das Betreuungsgeld.

4. Beratung

4 Zu den **Aufgaben** der in Rn. 2 genannten Behörden gehört es insbesondere, die Berechtigten zu beraten, ihre Anträge entgegenzunehmen, einen Bescheid zu erteilen und das Eltern- bzw. Betreuungsgeld nach Maßgabe der §§ 1 bis 11 dieses Gesetzes zu bewilligen und auszuzahlen. Es gehört z.B. der Hinweis dazu, dass der Antrag schriftlich bei der in Rn. 2f. genannten Behörde (nach Wohnsitz) gestellt werden muss und ein mündlicher Antrag, z.B. durch Telefonanruf, nicht ausreicht (vgl. auch § 7 Rn. 1).

5 Satz 2 legt ausdrücklich fest, dass zu den Aufgaben der zuständigen Behörden **auch die Beratung zur Elternzeit** gehört. Aufgrund dieser Aufgabenzuweisung müssen sie die anspruchsberechtigten Arbeitnehmer, die zur Berufsausbildung Beschäftigten, in Heimarbeit Beschäftigte sowie betroffene Arbeitgeber bzw. Auftraggeber über deren Rechte nach den §§ 15 bis 21 BEEG beraten. Dies beinhaltet eine Reihe von arbeits- und sozialrechtlichen Fragen, die zu der Beratung über das Elterngeld hinzukommen. Auf das Betreuungsgeld bezieht sich die Beratungspflicht dagegen nicht. Dies erscheint unsystematisch – eine Begründung dafür lässt sich aber auch den Gesetzesmaterialien nicht entnehmen. Sie könnte daher nur allgemein aus § 14 i.V.m. § 68 Nr. 15 SGB I hergeleitet werden.

6 Unter **Satz 2** fällt außerdem die Information der Öffentlichkeit. Dies umfasst die Aufklärung der Bevölkerung über ihre sozialen Rechte und Pflichten (§ 13 SGB I), was durch Hinweise in den Medien sowie die Herausgabe und Verbreitung von Broschüren, Merkblättern, öffentliche Veranstaltungen, Internetseiten etc. wahrgenommen wird.[5]

---

[4] Vgl. im Übrigen Zmarzlik/Zipperer/Viethen, § 10 Rn. 5 ff.
[5] Herbst in Brall/Kerschbaumer/Scheer/Westermann (Hrsg.), Sozialrecht Kompaktkommentar, § 13 SGB I Rn. 8.

5. Kostentragung

Gemäß **Abs. 2** trägt der Bund die **Ausgaben für das Eltern- und Betreuungsgeld**; das Eltern- und Betreuungsgeld, das die in § 12 Rn. 2 genannten Landesbehörden auszahlen, wird den Ländern vom Bund erstattet. 7
Die Länder führen das BEEG im Wege der Auftragsverwaltung für den Bund durch.[6] Die den Ländern bei der Durchführung des BEEG entstehenden **Verwaltungskosten** braucht der Bund den Ländern jedoch nicht zu erstatten (Art. 104a Abs. 5 GG). 8

§ 13 Rechtsweg

(1) Über öffentlich-rechtliche Streitigkeiten in Angelegenheiten der §§ 1 bis 12 entscheiden die Gerichte der Sozialgerichtsbarkeit. § 85 Abs. 2 Nr. 2 des Sozialgerichtsgesetzes gilt mit der Maßgabe, dass die zuständige Stelle nach § 12 bestimmt wird.
(2) Widerspruch und Anfechtungsklage haben keine aufschiebende Wirkung.

Inhaltsübersicht	Rn.
1. Allgemeines	1–2
2. Widerspruchsverfahren	3
3. Klage	4
4. Keine aufschiebende Wirkung	5

1. Allgemeines

Abs. 1 regelt, dass bei öffentlich-rechtlichen Streitigkeiten in Angelegenheiten der §§ 1 bis 12, die ein besonderer Teil des Sozialgesetzbuchs sind (vgl. § 68 Nr. 15 SGB I), die **Sozialgerichte zuständig** sind. Durch die Eingrenzung auf die §§ 1 bis 12 wird klargestellt, dass nur die die **Elterngeld- und Betreuungsgeldzahlung** betreffenden Streitigkeiten der Sozialgerichtsbarkeit zugewiesen sind. 1

Bei Streitigkeiten über die übrigen Vorschriften des BEEG bleibt es bei der üblichen Rechtswegzuweisung. Sind im Zusammenhang mit der Elternzeit zwischen Arbeitnehmer und Arbeitgeber z. B. die Voraussetzungen streitig, sind die **Arbeitsgerichte** zuständig. Die Zuständigkeit der **Verwaltungsgerichte** besteht darüber hinaus bei der Frage, ob die oberste Landesbehörde zu Unrecht die Kündigung des Arbeitnehmers während der Elternzeit gemäß § 18 Abs. 1 Satz 2 und 3 zugelassen oder verweigert hat. Die Zuständigkeit der **Zivilgerichte** ist im Übrigen gegeben, wenn 2

---

6 Wersig in Vereinbarkeit von Familie und Beruf, Kap. 6.12, § 12 Rn. 5.

es um eine Schadenersatzpflicht des Arbeitgebers gegenüber der Behörde wegen Verletzung der Mitwirkungspflicht gemäß § 9 geht. Einsprüche gegen Bußgeldbescheide gemäß § 14 werden schließlich vor dem **Amtsgericht** behandelt.[1]

2. Widerspruchsverfahren

3   Dem Antragsteller ist ein formeller **Bescheid** zu erteilen, wenn sich die zuständige Eltern- bzw. Betreuungsgeldstelle weigert, das Eltern- oder Betreuungsgeld ganz oder teilweise zu zahlen. Gegen diesen Bescheid kann jedoch nicht sofort vor dem Sozialgericht geklagt werden, sondern es ist zunächst das in den §§ 77 bis 86 SGG geregelte **Vorverfahren** einzuleiten. Nach Bekanntgabe des Bescheides muss innerhalb eines Monats **Widerspruch** gegenüber der zuständigen Behörde erhoben werden (§§ 83 f. SGG). Wird der Widerspruch als begründet angesehen, kann ihm abgeholfen werden. Wird dem Widerspruch nicht abgeholfen, so erlässt nach § 85 Abs. 2 Nr. 2 SGG i. V. m. § 13 Satz 2 die nach § 12 bestimmte zuständige Widerspruchsstelle einen schriftlich begründeten **Widerspruchsbescheid**.

3. Klage

4   Gegen den Widerspruchsbescheid kann gemäß § 87 SGG binnen eines Monats nach Zustellung schriftlich oder zur Niederschrift des Urkundsbeamten der Geschäftsstelle **Klage** vor dem zuständigen Sozialgericht erhoben werden. **Örtlich zuständig** ist grundsätzlich das Sozialgericht, in dessen Bezirk der Antragsteller bzw. Eltern- oder Betreuungsgeldberechtigte seinen Wohnsitz oder Aufenthaltsort hat. Steht er in einem Beschäftigungsverhältnis, kann die Klage auch vor dem für den Beschäftigungsort zuständigen Sozialgericht erhoben werden.

4. Keine aufschiebende Wirkung

5   **Abs. 2** regelt, dass Widerspruch und Anfechtungsklage keine aufschiebende Wirkung haben. Das bedeutet, dass die Zahlung des Eltern- oder Betreuungsgeldes unmittelbar nach Zugang des Bescheides eingestellt oder nur noch in Höhe des im Bescheid ausgewiesenen Elterngeldbetrages ausgezahlt wird. Die aufschiebende Wirkung ist zwar der Regelfall, sofern ein Rechtsbehelf eingelegt wird. Sie ist aber zulässigerweise durch § 13 Abs. 2 i. V. m. § 86 a Abs. 2 Nr. 4 SGG ausdrücklich aufgehoben. Die Verwaltung kann jedoch die sofortige Vollziehung auf Antrag des berech-

---

1 Wersig in Vereinbarkeit von Familie und Beruf, Kap. 6.13, § 13 Rn. 1.

tigten Elternteils oder von Amts wegen nach pflichtgemäßem Ermessen aussetzen (§ 86 a Abs. 3 SGG).[2]

§ 14 Bußgeldvorschriften

(1) Ordnungswidrig handelt, wer vorsätzlich oder fahrlässig
1. entgegen § 8 Absatz 1 einen Nachweis nicht, nicht richtig, nicht vollständig oder nicht rechtzeitig erbringt,
2. entgegen § 9 eine dort genannte Angabe nicht, nicht richtig, nicht vollständig oder nicht rechtzeitig bescheinigt,
3. entgegen § 60 Abs. 1 Satz 1 Nr. 1 des Ersten Buches Sozialgesetzbuch, auch in Verbindung mit § 8 Abs. 1a Satz 1, eine Angabe nicht, nicht richtig, nicht vollständig oder nicht rechtzeitig macht,
4. entgegen § 60 Abs. 1 Satz 1 Nr. 2 des Ersten Buches Sozialgesetzbuch, auch in Verbindung mit § 8 Abs. 1a Satz 1, eine Mitteilung nicht, nicht richtig, nicht vollständig oder nicht rechtzeitig macht oder
5. entgegen § 60 Abs. 1 Satz 1 Nr. 3 des Ersten Buches Sozialgesetzbuch, auch in Verbindung mit § 8 Abs. 1a Satz 1, eine Beweisurkunde nicht, nicht richtig, nicht vollständig oder nicht rechtzeitig vorlegt.
(2) Die Ordnungswidrigkeit kann mit einer Geldbuße von bis zu zweitausend Euro geahndet werden.
(3) Verwaltungsbehörden im Sinne des § 36 Abs. 1 Nr. 1 des Gesetzes über Ordnungswidrigkeiten sind die in § 12 Abs. 1 Satz 1 und 3 genannten Behörden.

Inhaltsübersicht	Rn.
1. Allgemeines	1
2. Berechtigter Elternteil	2– 3
3. Arbeitgeber	4
4. Ordnungswidrigkeiten	5– 8
5. Geldbuße	9
6. Zuständigkeit	10

1. Allgemeines

In **Abs. 1** sind die Ordnungswidrigkeitentatbestände abschließend aufgeführt. Erfasst sind dabei sowohl Verstöße des Arbeitgebers bei fehlender 1

---

[2] Wersig in Vereinbarkeit von Familie und Beruf, Kap. 6.13, § 13 Rn. 5; Buchner/Becker, § 13 Rn. 19 ff.

Mitwirkung gemäß § 9 als auch Verstöße des Antragstellers.[1] Weder durch das Gesetz zur Vereinfachung des Elterngeldvollzugs vom 10.9.2012[2] noch durch das Gesetz zur Einführung eines Betreuungsgeldes vom 15.2.2013[3] ist § 14 verändert worden. Gleichwohl dürften Verstöße von Eltern, die ihrer Mitwirkungspflicht nach § 60 SGB I beim Antrag auf Betreuungsgeld nicht nachkommen, von der Vorschrift erfasst sein. Dies geht auch aus § 68 Nr. 15 SGB I hervor, der u. a. nicht nur auf den ersten Abschnitt des BEEG zum Elterngeld, sondern auch auf den zweiten Abschnitt des Gesetzes zum Betreuungsgeld ausdrücklich Bezug nimmt. Auch das BMFSFJ geht in seinen Informationen zum Betreuungsgeld davon aus, dass eine fehlende Mitwirkung bzw. Mitteilung relevanter Umstände eine Bußgeld bewehrte Ordnungswidrigkeit (ggf. sogar eine Straftat)[4] darstellen können.[5] Änderungen sind jedoch durch das Gesetz zur Einführung des Elterngeld Plus mit Partnerschaftsbonus und einer flexibleren Elternzeit im BEEG[6] zustande gekommen, indem die Vorschrift um die Neuregelungen in § 8 ergänzt und redaktionell überarbeitet worden ist.[7] Danach können nicht nur die elterngeldberechtigten Personen, die Elterngeld beziehen, ordnungswidrig handeln, sondern auch der andere Elternteil, der kein Elterngeld bezieht, aber seinen Mitwirkungspflichten nach § 8 Abs. 1a nicht nachkommt. Dies ist nach Ansicht des Gesetzgebers auch angemessen, da die Elterngeldansprüche aus § 4 Abs. 4 (Basiselterngeld, Partnermonate und Partnerschaftsbonus) **gemeinsame Ansprüche der Eltern** sind, die ein Bußgeld für den anderen Elternteil rechtfertigen.[8]

2. Berechtigter Elternteil

2   Die Neuregelungen in **Abs. 1 Nr. 1** sowie **Nr. 3 bis 5** beziehen sich auf die elterngeldberechtigten Personen, die Eltern- oder Betreuungsgeld beantragt haben oder erhalten, und deren Ehegatten oder Lebenspartner bzw. Partner in eheähnlicher Gemeinschaft handeln ordnungswidrig, wenn sie

---

1 Wersig in Vereinbarkeit von Familie und Beruf, Kap. 6.14, § 14 Rn. 1.
2 BGBl. I, S. 1878.
3 BGBl. I, S. 254.
4 Diese fallen aber unter das Strafgesetzbuch (StGB) und sind von § 14 BEEG nicht erfasst, Anm. der Verf.
5 BMFSFJ (Hrsg.), Informationen zum Betreuungsgeld, S. 4.
6 BGBl. I, S. 2325.
7 BT-Drs. 18/2583, S. 34.
8 BT-Drs. 18/2583, S. 34.

- nach **Nr. 1** nach Ablauf des Elterngeldbezuges den Nachweis über das tatsächliche Einkommen aus Erwerbstätigkeit und die Arbeitszeit nicht, nicht richtig, nicht vollständig oder nicht rechtzeitig erbringen,
- nach **Nr. 3** die für die jeweilige Leistung erheblichen Tatsachen nicht, nicht richtig, nicht vollständig oder nicht rechtzeitig mitteilen (§ 60 Abs. 1 Nr. 1 SGB I),
- nach **Nr. 4** Änderungen in den Verhältnissen (z. B. Einkommen, elterngeldschädliche Arbeitszeiterhöhung i. S. v. § 1 Abs. 6, Betreuung des Kindes in einer öffentlich geförderten Kita etc.) nicht, nicht richtig, nicht vollständig oder nicht rechtzeitig mitteilen (§ 60 Abs. 1 Nr. 2 SGB I),
- nach **Nr. 5** Beweismittel (z. B. Zeugen) nicht bezeichnen oder geforderte Beweisurkunden nicht vorlegen oder ihrer Vorlage nicht zustimmen (§ 60 Abs. 1 Nr. 3 SGB I).

Mit dem Elterngeld Plus Gesetz ist auch der andere Elternteil, der selbst kein Elterngeld oder Betreuungsgeld bezieht und der seinen Mitwirkungspflichten aus § 60 SGB I nicht nachkommt, bußgeldbewehrt. § 8 Abs. 1 a, der von § 14 Abs. 1 Nr. 3 bis 5 ausdrücklich in Bezug genommen wird, weicht von der regelmäßigen Mitwirkungspflicht der Leistungsempfänger im Sinne des § 60 SGB I ab, rechtfertigt sich aber vor dem Hintergrund, dass die Elterngeldansprüche aus § 4 Abs. 4 gemeinsame Ansprüche der Eltern sind.[9]

3. Arbeitgeber

Arbeitgeber handeln nach **Abs. 1 Nr. 2 i. V. m.** § 9 ordnungswidrig, wenn sie die Bescheinigung über das Arbeitsentgelt, die Abzugsmerkmale nach §§ 2e und 2f und die geleistete Arbeitszeit nicht oder nicht rechtzeitig erteilen, darin unvollständige oder unrichtige Angaben bestätigen oder die verlangte schriftliche Erklärung über die Elternzeit oder eine eventuelle Teilzeittätigkeit unterlassen oder unrichtig abgeben.

4. Ordnungswidrigkeiten

Jede rechtswidrige Handlung nach Abs. 1, die vorsätzlich oder fahrlässig begangen wird, kann als Ordnungswidrigkeit geahndet werden. **Vorsatz** bedeutet in diesem Zusammenhang das Wissen und Wollen der Tatbestandsverwirklichung.[10] **Fahrlässig** handelt derjenige, der entweder die Sorgfalt außer Acht lässt, zu der er nach den Umständen oder seinen persönlichen Verhältnissen verpflichtet und fähig ist oder wer zwar die Verwirklichung eines Verstoßes (hier gegen die in Abs. 1 Nr. 1 bis 5

---

9 Vgl. Rn. 1.
10 Lackner, StGB, § 15 Rn. 3.

aufgeführten Tatbestände) für möglich hält, jedoch darauf vertraut, dass es schon gut gehen werde.[11] Hier spielt die Kenntnis von dem Bundeselterngeld- und Elternzeitgesetz, Verordnungen u. Ä. eine entscheidende Rolle. In der Regel ist aber insbesondere vom einzelnen Arbeitgeber zu erwarten, dass er über die arbeitsrechtlichen Gesetze informiert oder in der Lage ist, sich anderenfalls beim Gewerbeaufsichtsamt/Amt für Arbeitsschutz oder beim Arbeitgeberverband entsprechende Informationen einzuholen.[12]

6   Schließlich muss sowohl die vorsätzliche als auch die fahrlässige Begehung der Tat rechtswidrig und schuldhaft nach allgemeinen strafrechtlichen Grundsätzen sein.

7   **Rechtswidrigkeit** bedeutet hier, dass kein Rechtfertigungsgrund für das Verhalten des Arbeitgebers zu finden ist. **Verschulden** als weitere Voraussetzung beinhaltet im Rahmen der Ordnungswidrigkeiten gemäß § 1 Abs. 1 OWiG die Vorwerfbarkeit der Tat, im Übrigen bei den Strafrechtstatbeständen die Frage nach dem Vorliegen von Entschuldigungsgründen, z. B. § 20 StGB (Schuldunfähigkeit wegen seelischer Störungen) oder § 21 StGB, der die verminderte Schuldfähigkeit des Täters behandelt.[13]

8   Irrt z. B. der Arbeitgeber über das Vorliegen einer bestimmten Voraussetzung der jeweiligen Ordnungswidrigkeit, ist ein Vorsatz ausgeschlossen (sog. **Tatbestandsirrtum**). Hat der Arbeitgeber im Rahmen seines Verhaltens nicht das Bewusstsein, dass er etwas »Unrechtes« macht, liegt ein sog. **Verbotsirrtum** vor, der im Allgemeinen aber vermeidbar ist. Ihm ist in der Regel zumutbar, sich über die Vorschriften des Bundeselterngeld- und Elternzeitgesetzes zu informieren.

5. Geldbuße

9   Nach **Abs. 2** kann die Ordnungswidrigkeit mit einer Geldbuße von bis zu 2000 Euro geahndet werden. Die Höhe hängt ab von der Bedeutung der Ordnungswidrigkeit und dem den Täter treffenden Vorwurf. Liegt Fahrlässigkeit vor, so ist nach § 17 Abs. 2 OWiG lediglich die Hälfte der gesetzlich vorgesehenen Geldbuße zu verhängen. Auch kommt es bei der Bemessung der Geldbuße auf die wirtschaftlichen Verhältnisse und auf den wirtschaftlichen Vorteil aus der Ordnungswidrigkeit an, § 17 Abs. 3 Satz 2 OWiG.[14]

---

11 Lackner, StGB, § 15 Rn. 35; Lenz in Rancke (Hrsg.), § 14 Rn. 1.
12 Meisel/Sowka, § 21 Rn. 21.
13 Vgl. auch Meisel/Sowka, § 21 Rn. 21.
14 Wersig in Vereinbarkeit von Familie und Beruf, Kap. 6.14, § 14 Rn. 4.

6. Zuständigkeit

Zuständig für die Verfolgung und Ahndung im Sinne des § 36 Abs. 1 OWiG sind die nach § 12 bestimmten Behörden (**Abs. 3**). In ihrem pflichtgemäßen Ermessen liegt die Einleitung und Durchführung eines Bußgeldverfahrens (§ 47 Abs. 1 OWiG). Inhalt und Form des Bußgeldbescheides richten sich nach § 66 OWiG. Nach § 67 OWiG kann gegen den Bußgeldbescheid innerhalb von zwei Wochen Einspruch eingelegt werden, über den das Amtsgericht entscheidet (§ 68 OWiG).[15]

10

Abschnitt 4
Elternzeit für Arbeitnehmerinnen und Arbeitnehmer

§ 15 Anspruch auf Elternzeit

(1) Arbeitnehmerinnen und Arbeitnehmer haben Anspruch auf Elternzeit, wenn sie
1. a) mit ihrem Kind,
    b) mit einem Kind, für das sie die Anspruchsvoraussetzungen nach § 1 Absatz 3 oder 4 erfüllen, oder
    c) mit einem Kind, das sie in Vollzeitpflege nach § 33 des Achten Buches Sozialgesetzbuch aufgenommen haben,
    in einem Haushalt leben und
2. dieses Kind selbst betreuen und erziehen.

Nicht sorgeberechtigte Elternteile und Personen, die nach Satz 1 Nummer 1 Buchstabe b und c Elternzeit nehmen können, bedürfen der Zustimmung des sorgeberechtigten Elternteils.

(1a) Anspruch auf Elternzeit haben Arbeitnehmerinnen und Arbeitnehmer auch, wenn sie mit ihrem Enkelkind in einem Haushalt leben und dieses Kind selbst betreuen und erziehen und
1. ein Elternteil des Kindes minderjährig ist oder
2. ein Elternteil des Kindes sich in einer Ausbildung befindet, die vor Vollendung des 18. Lebensjahres begonnen wurde und die Arbeitskraft des Elternteils im Allgemeinen voll in Anspruch nimmt.

Der Anspruch besteht nur für Zeiten, in denen keiner der Elternteile des Kindes selbst Elternzeit beansprucht.

(2) Der Anspruch auf Elternzeit besteht bis zur Vollendung des dritten Lebensjahres eines Kindes. Ein Anteil von bis zu 24 Monaten kann zwischen dem dritten Geburtstag und dem vollendeten achten Lebens-

---

15 Lenz in Rancke (Hrsg.), § 14 Rn. 8.

jahr des Kindes in Anspruch genommen werden. Die Zeit der Mutterschutzfrist nach § 6 Absatz 1 des Mutterschutzgesetzes wird für die Elternzeit der Mutter auf die Begrenzung nach den Sätzen 1 und 2 angerechnet. Bei mehreren Kindern besteht der Anspruch auf Elternzeit für jedes Kind, auch wenn sich die Zeiträume im Sinne der Sätze 1 und 2 überschneiden. Bei einem angenommenen Kind und bei einem Kind in Vollzeit- oder Adoptionspflege kann Elternzeit von insgesamt bis zu drei Jahren ab der Aufnahme bei der berechtigten Person, längstens bis zur Vollendung des achten Lebensjahres des Kindes genommen werden; die Sätze 2 und 4 sind entsprechend anwendbar, soweit sie die zeitliche Aufteilung regeln. Der Anspruch kann nicht durch Vertrag ausgeschlossen oder beschränkt werden.

(3) Die Elternzeit kann, auch anteilig, von jedem Elternteil allein oder von beiden Elternteilen gemeinsam genommen werden. Satz 1 gilt in den Fällen des Absatzes 1 Satz 1 Nummer 1 Buchstabe b und c entsprechend.

(4) Der Arbeitnehmer oder die Arbeitnehmerin darf während der Elternzeit nicht mehr als 30 Wochenstunden im Durchschnitt des Monats erwerbstätig sein. Eine im Sinne des § 23 des Achten Buches Sozialgesetzbuch geeignete Tagespflegeperson kann bis zu fünf Kinder in Tagespflege betreuen, auch wenn die wöchentliche Betreuungszeit 30 Stunden übersteigt. Teilzeitarbeit bei einem anderen Arbeitgeber oder selbstständige Tätigkeit nach Satz 1 bedürfen der Zustimmung des Arbeitgebers. Dieser kann sie nur innerhalb von vier Wochen aus dringenden betrieblichen Gründen schriftlich ablehnen.

(5) Der Arbeitnehmer oder die Arbeitnehmerin kann eine Verringerung der Arbeitszeit und ihre Verteilung beantragen. Über den Antrag sollen sich der Arbeitgeber und der Arbeitnehmer oder die Arbeitnehmerin innerhalb von vier Wochen einigen. Der Antrag kann mit der schriftlichen Mitteilung nach Absatz 7 Satz 1 Nummer 5 verbunden werden. Unberührt bleibt das Recht, sowohl die vor der Elternzeit bestehende Teilzeitarbeit unverändert während der Elternzeit fortzusetzen, soweit Absatz 4 beachtet ist, als auch nach der Elternzeit zu der Arbeitszeit zurückzukehren, die vor Beginn der Elternzeit vereinbart war.

(6) Der Arbeitnehmer oder die Arbeitnehmerin kann gegenüber dem Arbeitgeber, soweit eine Einigung nach Absatz 5 nicht möglich ist, unter den Voraussetzungen des Absatzes 7 während der Gesamtdauer der Elternzeit zweimal eine Verringerung seiner oder ihrer Arbeitszeit beanspruchen.

(7) Für den Anspruch auf Verringerung der Arbeitszeit gelten folgende Voraussetzungen:

1. Der Arbeitgeber beschäftigt, unabhängig von der Anzahl der Per-

sonen in Berufsbildung, in der Regel mehr als 15 Arbeitnehmer und Arbeitnehmerinnen,
2. das Arbeitsverhältnis in demselben Betrieb oder Unternehmen besteht ohne Unterbrechung länger als sechs Monate,
3. die vertraglich vereinbarte regelmäßige Arbeitszeit soll für mindestens zwei Monate auf einen Umfang von nicht weniger als 15 und nicht mehr als 30 Wochenstunden im Durchschnitt des Monats verringert werden,
4. dem Anspruch stehen keine dringenden betrieblichen Gründe entgegen und
5. der Anspruch auf Teilzeit wurde dem Arbeitgeber
   a) für den Zeitraum bis zum vollendeten dritten Lebensjahr des Kindes sieben Wochen und
   b) für den Zeitraum zwischen dem dritten Geburtstag und dem vollendeten achten Lebensjahr des Kindes 13 Wochen

vor Beginn der Tätigkeit schriftlich mitgeteilt.
Der Antrag muss den Beginn und den Umfang der verringerten Arbeitszeit enthalten. Die gewünschte Verteilung der verringerten Arbeitszeit soll im Antrag angegeben werden. Falls der Arbeitgeber die beanspruchte Verringerung oder Verteilung der Arbeitszeit ablehnen will, muss er dies innerhalb von vier Wochen mit schriftlicher Begründung tun. Hat ein Arbeitgeber die Verringerung der Arbeitszeit
1. in einer Elternzeit zwischen der Geburt und dem vollendeten dritten Lebensjahr des Kindes nicht spätestens vier Wochen nach Zugang des Antrags oder
2. in einer Elternzeit zwischen dem dritten Geburtstag und dem vollendeten achten Lebensjahr des Kindes nicht spätestens acht Wochen nach Zugang des Antrags

schriftlich abgelehnt, gilt die Zustimmung als erteilt und die Verringerung der Arbeitszeit entsprechend den Wünschen der Arbeitnehmerin oder des Arbeitnehmers als festgelegt. Haben Arbeitgeber und Arbeitnehmerin oder Arbeitnehmer über die Verteilung der Arbeitszeit kein Einvernehmen nach Absatz 5 Satz 2 erzielt und hat der Arbeitgeber nicht innerhalb der in Satz 5 genannten Fristen die gewünschte Verteilung schriftlich abgelehnt, gilt die Verteilung der Arbeitszeit entsprechend den Wünschen der Arbeitnehmerin oder des Arbeitnehmers als festgelegt. Soweit der Arbeitgeber den Antrag auf Verringerung oder Verteilung der Arbeitszeit rechtzeitig ablehnt, kann die Arbeitnehmerin oder der Arbeitnehmer Klage vor dem Gericht für Arbeitssachen erheben.

§ 15 Anspruch auf Elternzeit

Inhaltsübersicht Rn.
1. Anspruchsberechtigte 1– 3a
2. Anspruchsdauer und Übertragung 4– 9
3. Aufteilung 10
4. Teilzeitarbeit 11–14
5. Antrag und Fortführung von Teilzeitarbeit 15–16
6. Voraussetzungen für Arbeitszeitverringerung 17–23
7. Auswirkungen auf andere Rechtsbereiche 24–66
   a. Arbeitsrecht 24–40
      aa. Gratifikationen und Sonderzahlungen 27–38
      bb. Arbeitnehmer und Betriebsverfassung 39–40
   b. Sozialrecht 41–66

1. Anspruchsberechtigte

1 Der Anspruch auf Elternzeit ist nicht abhängig vom Anspruch auf Elterngeld. **Voraussetzung** für den Anspruch auf Elternzeit ist, dass ein **Arbeitsverhältnis** besteht. Dies folgt sowohl aus dem Wortlaut des **Abs. 1** Satz 1, wonach nur **Arbeitnehmerinnen und Arbeitnehmer** Anspruch haben, als auch aus dem Begriff und Wesen der Elternzeit als arbeitsrechtlicher Anspruch gegen den Arbeitgeber auf unbezahlte Freistellung von der Arbeit zur Betreuung und Erziehung von Kindern. Erfasst werden sowohl das ruhende wie das faktische Arbeitsverhältnis, Voll- wie auch Teilzeitbeschäftigungen und auch befristete Arbeitsverhältnisse. Bei befristeten Arbeitsverhältnissen erstreckt die Elternzeit sich jedoch nur auf den Befristungszeitraum. Durch die Elternzeit wird das befristete Arbeitsverhältnis nicht verlängert. Bestehen **mehrere Arbeitsverhältnisse** (zur zulässigen Teilzeitarbeit vgl. Rn. 11 ff.), so kann die Elternzeit in allen Arbeitsverhältnissen oder auch nur in einzelnen geltend gemacht werden. Auch die zur Berufsbildung Beschäftigten – die Minderjährigen benötigen allerdings die Zustimmung der Eltern – sowie die in Heimarbeit Beschäftigten und die ihnen Gleichgestellten haben Anspruch auf Elternzeit. Für **Beamte, Richter und Soldaten**, die nicht in einem Arbeits-, sondern in einem Dienstverhältnis stehen, gelten vergleichbare bundes- bzw. landesrechtliche Regelungen (vgl. Anhang 2 und 3 Seiten 236 und 241).

2 Das Arbeitsverhältnis muss in Deutschland bestehen oder die deutschen arbeitsrechtlichen Vorschriften müssen Anwendung finden. Danach können alle Arbeitnehmer, unabhängig von ihrer Staatsangehörigkeit und unabhängig davon, in welchem EU-/EWR-Gebiet oder welchem Nachbarstaat sie ihren Wohnsitz haben (**Grenzgänger**), bei Bestehen eines Arbeitsverhältnisses in Deutschland einen Anspruch auf Elternzeit haben. Auch ein Arbeitnehmer, der von seinem inländischen Arbeitgeber zur vorübergehenden Dienstleistung **ins Ausland entsandt** wurde, kann El-

Anspruch auf Elternzeit § 15

ternzeit in Anspruch nehmen, wenn er weiterhin dem deutschen Sozialversicherungsrecht unterliegt.

Der **Kreis der Berechtigten** ist in **Abs. 1** weitgehend übereinstimmend wie bei der Elterngeldberechtigung nach § 1 geregelt (vgl. dazu die Ausführungen unter § 1 Rn. 10 bis Rn. 21). Anspruchsberechtigt sind Arbeitnehmer und Arbeitnehmerinnen für das Kind, für das ihnen die Personensorge zusteht, das des Ehegatten oder Lebenspartners (s. a. § 1 Rn. 19) oder das, das sie mit dem Ziel der Annahme als Kind in ihre Obhut aufgenommen haben und mit dem sie in einem Haushalt leben. Die Tatsache der Vaterschaft und der elterlichen Sorge oder wenn es sich um ein leibliches Kind des nichtsorgeberechtigten Antragstellers handelt und der sorgeberechtigte Elternteil die Zustimmung erteilt hat, berechtigen ebenfalls zum Anspruch, wenn sie mit dem Kind in einem Haushalt leben und es selbst betreuen und erziehen. Für Verwandte bis zum dritten Grad besteht bei schwerer Krankheit, Schwerbehinderung oder Tod beider Eltern Anspruch unter den vorgenannten weiteren Voraussetzungen. Andere Härtefalle – vor allem wirtschaftliche – werden nicht mehr berücksichtigt (vgl. § 1 Rn. 24 f.) Zu den Verwandten dritten Grades gehören Großeltern, Tanten, Onkel und Geschwister des Kindes. Auch bei Aufnahme eines Kindes in Vollzeitpflege haben Beschäftigte Anspruch auf Elternzeit. 3

Geregelt ist ebenfalls die Berechtigung von Arbeitnehmerinnen und Arbeitnehmern Elternzeit zu beanspruchen, damit sie in bestimmten Fällen ihre **Enkelkinder** betreuen und erziehen können (§ 1a). Für den Freistellungsanspruch müssen auch bei den **Großeltern** die unter Rn. 3 aufgeführten Voraussetzungen, und zwar insbesondere auch das Leben mit dem Enkelkind in dem Haushalt vorliegen. Zweck der Regelung ist die Unterstützung von jungen Eltern bei der Betreuung und Erziehung ihres Kindes durch die Großeltern, damit sie ihre Schul- oder Berufsausbildung abschließen können. Die Regelung hat einen engen Anwendungsbereich und ist an folgende Voraussetzungen geknüpft: 3a

- ein Elternteil ist minderjährig oder besucht als junger Volljähriger die Schule bzw. absolviert eine Ausbildung. Neu ist die Regelung, dass dieses bereits im 1. Ausbildungsjahr und nicht erst im 2. Ausbildungsjahr gilt.
- eine vor Vollendung des 18. Lebensjahres begonnene schulische oder berufliche Ausbildung kann so ohne erhebliche Verzögerung fortgesetzt oder abgeschlossen werden, um eine wesentliche Voraussetzung für den Einstieg ins Berufsleben und damit eine Sicherung der Existenz in den Folgejahren zu schaffen;
- kein Elternteil des Kindes selbst beansprucht Elternzeit, etwa als Auszubildender gem. § 20 Abs. 1 BEEG. Der Anspruch auf Teilung der Elternzeit gilt nur für Eltern und kann nicht auf Großeltern übertragen werden.

§ 15 Anspruch auf Elternzeit

Die Regelung ist ausdrücklich auf den Anspruch auf Eltern**zeit** beschränkt und gilt nicht für den Anspruch auf Elterngeld. Ein Anspruch auf Eltern**geld** besteht für Großeltern nicht. Vermutlich wird damit eine Inanspruchnahme der Elternzeit durch die Großeltern nur sehr eingeschränkt erfolgen, zumal die sozialrechtlichen Regelungen in Bezug auf Arbeitslosenversicherung und Kranken-/Pflegeversicherung nicht ausdrücklich geklärt sind. So ist die beitragsfreie Mitgliedschaft in der gesetzlichen Krankenversicherung an den Bezug von Elterngeld geknüpft und auch die rentenrechtliche Zeit gilt nach dem Wortlaut des § 56 SGB VI nur für Eltern.

2. Anspruchsdauer und Übertragung

4 Auf Elternzeit besteht grundsätzlich Anspruch bis zur **Vollendung des dritten Lebensjahres** des Kindes (**Abs. 2**). Der Zeitraum endet nicht an dem dritten Geburtstag des Kindes, sondern am Tag vor diesem Geburtstag.[1] Die Elternzeit des Vaters kann bereits während der acht- bzw. zwölfwöchigen Mutterschutzfrist für die Mutter beginnen. Für die Mutter gilt nach der Geburt das Beschäftigungsverbot nach § 6 MuSchG, so dass für sie für diesen Zeitraum ein Anspruch auf Elternzeit ausscheidet. Es verkürzt sich für sie also die effektive Zeit der Freistellung gemäß Satz 2 um die Zeit der Mutterschutzfrist (acht Wochen sowie bei Früh- und Mehrlingsgeburten zwölf Wochen).

5 Ein Anteil von bis zu 24 Monaten kann auf die Zeit zwischen dem dritten Geburtstag und dem vollendeten achten Lebensjahr des Kindes übertragen werden. Bisher war die Übertragung von Elternzeit zwischen dem dritten und achten Lebensjahr nur für die Dauer von maximal zwölf Monaten möglich. Ferner war die Übertragung von Elternzeit an die **Zustimmung des Arbeitgebers** gebunden. Dieser Zustimmung bedarf es nun nicht mehr. Das bedeutet für die Eltern eine erhebliche Verbesserung und Flexibilisierung bei der Planung der ersten Lebensjahre ihres Kindes. Auch soll durch diese neue Regelung der frühere berufliche Wiedereinstieg ermöglicht werden. Zudem müssen Eltern nicht mehr die Sorge haben, dass Elternzeit verfällt.[2]

6 Mit der Möglichkeit der Übertragung von 24 Monaten auf einen späteren Zeitraum soll u. a. eine spätere Betreuung des Kindes, z.B. zum Zeitpunkt des Schuleintritts, ermöglicht werden.[3] Der Gesetzgeber geht nicht davon aus, dass Dauer und Zeitpunkt der Inanspruchnahme des übertragenen Anspruchs zum Zeitpunkt der Vereinbarung mit dem Arbeitgeber bereits

---

1 Reinecke, FA 2001, 10.
2 BT-Drs. 18/2583, S. 35.
3 Wie vor.

festliegen. Für die Zeit zwischen dem dritten und achten Geburtstag des Kindes kann ein Zeitraum von bis zu 24 Monaten noch genommen werden, ohne den Zeitpunkt genauer festzulegen. Auch ist eine Ankündigungserklärung über die Absicht, ab dem dritten Geburtstag des Kindes Elternzeit nehmen zu wollen, nicht erforderlich.[4]

Für angenommene Kinder und für Kinder in Adoptionspflege kann Elternzeit ebenfalls von insgesamt drei Jahren genommen werden, längstens jedoch bis zur Vollendung des 8. Lebensjahres des Kindes. Die Möglichkeiten der Übertragbarkeit der Elternzeit gelten hier sinngemäß ebenfalls. 7

Bei mehreren Kindern besteht Anspruch auf Elternzeit für jedes Kind. Die Zeiträume können sich allerdings überschneiden. Für die Eltern ergeben sich hieraus Gestaltungsmöglichkeiten. 8

> **Beispiel:**
> Im Juli 2012 wurde Leni geboren, für die die Mutter drei Jahre Elternzeit beantragt hatte. Im Juli 2014 wurde Luca geboren. Für Leni endete die Elternzeit somit im Juli 2015. Für Luca nimmt sie Elternzeit ab Juli 2015 (Ablauf der Elternzeit von Leni). Die Mutter könnte nun noch bis zur Vollendung des dritten Lebensjahres von Luca Elternzeit nehmen und die bis zu diesem Zeitpunkt nicht ausgeschöpften Monate (max. 24 Monate) nach Maßgabe des Abs. 2 Satz 2 im späteren Zeitraum zwischen dem dritten Geburtstag und dem vollendeten achten Lebensjahr von Luca in Anspruch nehmen.

Der Anspruch auf Elternzeit kann nicht durch Vertrag ausgeschlossen oder beschränkt werden. Die gesetzliche Vorschrift ist zwingend. Abweichungen in Einzelverträgen, Betriebsvereinbarungen oder Tarifverträgen sind nur zugunsten des Arbeitnehmers zulässig.[5] 9

3. Aufteilung

Nach **Abs. 3** ist es möglich, dass sowohl anteilig von jedem Elternteil als auch von beiden Eltern **gemeinsam Elternzeit** genommen wird. Die Elternzeit steht beiden Elternteilen unabhängig voneinander zu, also ohne gegenseitige Anrechnung auch gemeinsam oder im Wechsel. 10

4. Teilzeitarbeit

Während der Elternzeit besteht ein **Rechtsanspruch auf Teilzeitarbeit** beim **eigenen Arbeitgeber** (**Abs. 4**). Zulässig ist eine Erwerbstätigkeit (zum Begriff Erwerbstätigkeit vgl. § 1 Rn. 27), wenn die vereinbarte wö- 11

---

4 Wie vor.
5 Zmarzlik/Zipperer/Viethen, § 15 Rn. 35.

chentliche Arbeitszeit für jeden Elternteil die Dauer von 30 Stunden nicht übersteigt. Diese Grenze ist mit der Änderung des Abs. 4 Satz 1 im Jahre 2013 flexibler ausgestaltet worden.[6] Danach ist darauf abzustellen, dass die Erwerbstätigkeit »im Durchschnitt des Monats« die 30 Wochenstunden nicht übersteigt. Anders bei einer Tagespflegeperson, die bis zu fünf Kinder in Tagespflege betreut. Hier darf auch die wöchentliche Betreuungszeit 30 Stunden übersteigen.

12 Die Aufnahme der Teilzeitarbeit sowie deren Lage bedarf der **Zustimmung des Betriebsrats**[7] nach § 99 BetrVG insbesondere dann, wenn mit der Änderung der Arbeitszeit eine Änderung der Arbeitsumstände einhergeht. Das könnte der Fall sein bei veränderten Arbeitsabläufen, organisatorischen Einbindungen, sich aber auch in einer wesentlichen Änderung der Lebensumstände (Notwendigkeit anderer Verkehrsmittel, Probleme hinsichtlich der Kinderbetreuung) äußern.[8] Nach Auffassung des BAG[9] handelt es sich selbst bei einer aushilfsweise befristeten Teilzeitbeschäftigung auf dem bisherigen Arbeitsplatz um eine zustimmungspflichtige Einstellung im Sinne des § 99 BetrVG.

13 Die Aufnahme einer **Teilzeitarbeit bei einem anderen Arbeitgeber** oder die Aufnahme einer selbständigen Tätigkeit bedarf der **Zustimmung des Arbeitgebers**. Es besteht schließlich die Gefahr, dass diese Tätigkeit gegen das Wettbewerbsverbot oder etwaige Verschwiegenheitspflichten verstoßen könnte. Der Arbeitgeber darf die Zustimmung zu einer derartigen Tätigkeit nur ablehnen, wenn dieser **dringende betriebliche Gründe** entgegenstehen. Bisher konnte die Zustimmung bereits bei Vorliegen von »entgegenstehenden betrieblichen Interessen« verweigert werden. Ferner muss er die Ablehnung innerhalb von vier Wochen schriftlich erklären.

14 Mit der Formulierung »**dringende betriebliche Gründe**« wird klargestellt, dass die Zustimmung zu einer Tätigkeit bei einem anderen Arbeitgeber nicht einfacher verweigert werden kann, als die Zustimmung beim bisherigen Arbeitgeber während der Elternzeit eine Teilzeitbeschäftigung auszuüben (vgl. Abs. 7 Satz 1 Nr. 4).

5. Antrag und Fortführung von Teilzeitarbeit

15 Nach **Abs. 5** kann vom Arbeitnehmer ein Antrag auf Arbeitszeitverringerung gestellt werden. Er ist schriftlich zu stellen (vgl. Abs. 7 Nr. 5), jedoch

---

6 BGBl. I S. 1878, 1882.
7 S. a. Klevemann, AiB 1986, 156; Meier, NZA, 1988, Beil 3 S. 3.
8 S. a. DKKW-Bachner § 99 Rn. 103 m. w. N. und vgl. weitere Ausführungen unter Rn. 42 a f.
9 BAG 28. 4. 1998, NZA 1998, 1353.

frühestens mit der Erklärung Elternzeit in Anspruch nehmen zu wollen.[10] Die Vertragsparteien sollen sich über einen entsprechenden **Antrag** des Arbeitnehmers beim bisherigen Arbeitgeber, während der Elternzeit eine Teilzeitarbeit auszuüben, sowie über die konkreten Einzelheiten, also deren nähere Ausgestaltung, innerhalb von vier Wochen einigen. Eltern sind während der Elternzeit berechtigt, ihre jeweilige nicht über 30 Stunden in der Woche hinaus reichende Teilzeitarbeit ab Beginn der Elternzeit unverändert fortzusetzen.[11] Diese Tätigkeit dürfte somit auch dann fortzusetzen sein, wenn sie im Durchschnitt des Monats 30 Wochenstunden nicht übersteigt. Eltern können auch im Laufe der Elternzeit die Verringerung ihrer Arbeitszeit beantragen, was auch dann zulässig ist, wenn sie zunächst nur die völlige Freistellung von der vertraglichen Arbeit (Elternzeit) in Anspruch genommen und keine Verringerung (Elternteilzeit) beantragt hatten.[12] Der Anspruch auf Arbeitszeitverringerung ist weder durch die bereits genommene Elternzeit von vornherein ausgeschlossen noch bedeutet er gar, dass die genommene Elternzeit beendet werden soll.[13] Nach Ende der Elternzeit kann dann zu der früheren Arbeitszeit (z. B. Vollzeit) zurückgekehrt werden.

Ist eine **Einigung** zwischen Arbeitnehmer und Arbeitgeber nicht möglich, besteht unter den in Abs. 7 aufgeführten Voraussetzungen ein begrenzter Anspruch auf Verringerung der Arbeitszeit, und zwar für jeden Elternteil nur zweimal während der möglichen Gesamtdauer von drei Jahren (**Abs. 6**). Dies gilt unabhängig davon, ob über die vorherigen Teilzeitregelungen Konsens mit dem Arbeitgeber hergestellt wurde.[14] **16**

6. Voraussetzungen für Arbeitszeitverringerung

In **Abs. 7** sind die im Folgenden erläuterten weiteren Voraussetzungen für den Anspruch auf Verringerung der Arbeitszeit geregelt: **17**
- Mindestgröße des Betriebes:
  Unabhängig von der Anzahl der Personen in Berufsausbildung, muss der Arbeitgeber mehr als 15 Arbeitnehmer im Unternehmen[15] beschäftigen. Teilzeitarbeitskräfte sind voll zu berücksichtigen. Abzustellen ist für die Größe auf den Zeitpunkt des Teilzeitbeginns.[16]

---

10 BAG 5.6.2007, AiB 2008, 433.
11 BAG 27.4.2004, NZA 2004, 1039.
12 BAG 19.4.2005, NZA 2005, 1354; LAG Köln 15.4.2010 – 13 Sa 1423/09.
13 Joussen, NZA 2005, 336.
14 LAG Hamburg 18.5.2011 – 5 Sa 93/10, NZA-RR 2011, 454; aufgehoben durch: BAG 19.2.2013 – 9 AZR 461/11.
15 Hambüchen/Sievers, § 15 BEEG, Rn. 111.
16 Hk-MuSchG/BEEG/Rancke, § 15, Rn. 64.

§ 15 Anspruch auf Elternzeit

- Betriebszugehörigkeit des Elternteils, der eine verringerte Arbeitszeit geltend macht:
  In demselben Betrieb oder Unternehmen muss das Arbeitsverhältnis sechs Monate bestanden haben.
- Zeitraum:
  Die Arbeitszeit »soll« zusammenhängend für mindestens zwei Monate verringert werden und die angestrebte wöchentliche Arbeitszeit zwischen 15 und 30 Stunden betragen. Die Festlegung auf zwei Monate entspricht der Regelung zu den zwei Partnermonaten in § 4 Abs. 3.
- Dringende betriebliche Gründe:
  Diese unglückliche Gesetzesformulierung ist leider nicht korrigiert worden. Auf jeden Fall sind an das Vorliegen dieser Voraussetzung strenge Anforderungen zu stellen. Es wird die Auffassung vertreten,[17] dass es hier um Probleme gehe, die sich aus externen Überlegungen oder aber aus dem bestehenden Arbeitsverhältnis selbst ergeben und dass dieser Unterschied bei der Auslegung des Begriffs der »dringenden betrieblichen Gründe« in den unterschiedlichen Anwendungsfeldern zu berücksichtigen sei. Was unter »dringende betriebliche Gründe« zu verstehen ist, entspricht auch der Formulierung des § 7 Abs. 2 Satz 1 BUrlG.[18] Diese Bezugnahme ist jedoch schwer verständlich und wird in der Literatur als verfehlt angesehen.[19] Eine Orientierung geben die vergleichbaren Bestimmungen über einen Teilzeitanspruch, also das Teilzeit- und Befristungsgesetz (TzBfG). Nach § 8 Abs. 4 TzBfG kann ein Verlangen auf Verringerung der Arbeitszeit bereits beim Vorliegen betrieblicher Gründe, die im Gesetz selbst bezeichnet sind, abgelehnt werden. Zur Prüfung des Vorliegens betrieblicher Gründe hat das BAG[20] ein Dreistufenschema entwickelt, das auch hier heranzuziehen ist.
  1. Es ist festzustellen, ob überhaupt und wenn ja, welches betriebliche Arbeits- und Organisationskonzept der vom Arbeitgeber als erforderlich angesehenen Arbeitszeit zugrunde liegt. Der Arbeitgeber trägt die Darlegungslast dafür, dass dieses Konzept die Arbeitszeitregelung erfordert. Ob das Konzept denn auch tatsächlich im Betrieb durchgeführt wird, ist in vollem Umfange überprüfbar.
  2. Es ist zu prüfen, inwieweit die Arbeitszeitregelung dem Arbeitszeitverlangen des Arbeitnehmers tatsächlich entgegensteht. Einzubeziehen ist ebenfalls, ob der betrieblich als erforderlich angesehene Arbeitszeitbedarf durch eine dem Arbeitgeber zumutbare Änderung

---

17 Joussen, NZA 2003, 644, 648.
18 BT-Drs. 14/3553, S. 22.
19 Hk-MuSchG/BEEG/Rancke, § 15, Rn. 69 m.w.N.
20 BAG 18.2.2003 – 9 AZR 164/02, AuR 2004, 66.

von betrieblichen Abläufen oder des Personaleinsatzes mit dem Arbeitszeitwunsch des Arbeitnehmers in Übereinstimmung gebracht werden kann.

3. Ergibt sich, dass eine Übereinstimmung nicht erreicht werden kann, ist das Gewicht entgegenstehender betrieblicher Gründe zu prüfen: Steht also der Erfüllung des Arbeitszeitwunsches eine wesentliche Beeinträchtigung der Arbeitsorganisation, des Arbeitsablaufs, der Sicherheit des Betriebes oder eine unverhältnismäßige wirtschaftliche Belastung des Betriebes entgegen (§ 8 Abs. 4 TzBfG).

Für den Wunsch auf Verringerung der Arbeitszeit nach dem BEEG muss jedoch noch das Kriterium »dringend« hinzukommen. Daher genügt die wesentliche Beeinträchtigung der Organisation, des Arbeitsablaufs, der Sicherheit des Betriebes oder der Verursachung unverhältnismäßiger Kosten nicht. Hohe Kosten für die Einrichtung eines Teilzeitarbeitsplatzes und die grundsätzliche Entscheidung auf solche Arbeitsplätze zu verzichten, reicht als Begründung ebenfalls nicht aus. Der Arbeitgeber muss alle Möglichkeiten der Umorganisation geprüft haben. Macht er jedoch geltend, keine geeignete Arbeitskraft finden zu können, die ihre Arbeitszeit während der Elternzeit reduziert wahrnehmen will, soll das genügen.[21] Man wird jedoch darauf abstellen müssen, ob die (nachzuweisende) mangelnde Verfügbarkeit gerade auf der Arbeitszeitreduzierung beruht.[22] Im Rahmen einer am Einzelfall ausgerichteten Interessenabwägung hat eine Orientierung an der Konzeption und Zielrichtung des Gesetzes zu erfolgen. Danach kann das Interesse des Arbeitgbers nur ausnahmsweise überwiegen, zumal der Arbeitnehmer auch ohne jede Einschränkung durch den Arbeitgeber Elternzeit in Form völliger Freistellung von der Arbeit verlangen könnte.[23] Überwiegt keines der Interessen, ist den Wünschen des Arbeitnehmers der Vorrang einzuräumen.[24] Auch wenn bereits eine Ersatzkraft eingestellt wurde,[25] soll dies das Kriterium »dringende betriebliche Gründe« erfüllen. Nach der Entscheidung des BAG[26] ist ein zusätzlicher Beschäftigungsbedarf Voraussetzung für den Anspruch auf »Elternteilzeit«. Besteht dieser nicht, kann sich hieraus ein dem Teilzeitverlangen entgegenstehender dringender betrieblicher Grund ergeben. Jedoch kann sich der Arbeitgeber nicht auf fehlenden Be-

---

21 Gaul, BB 2000, 2466.
22 Vgl. Buchner/Becker, § 15, Rn. 52.
23 S. a. Ebner, S. 154.
24 BAG 9. 5. 2006 – 9 AZR 278/05, NJW 2006, 3595, 3598; Gaul, BB 2000, 2466 m. w. N.
25 Reinecke, FA 2001, 10.
26 BAG 15. 4. 2008 – 9 AZR 380/07, NZA 2008, 998.

schäftigungsbedarf berufen, wenn er bereits vor der fristgemäßen Erklärung der Arbeitnehmerin eine unbefristete Ersatzkraft eingestellt hat.[27] § 21 BEEG dient nämlich dem Dispositionsinteresse des Arbeitgebers und Arbeitnehmer könnten jeweils für Beschäftigungsverbote vor und nach der Entbindung, für die Elternzeit oder andere Ausfallzeiten wegen Kindesbetreuung einschließlich der Zeiten einer erforderlichen Einarbeitung befristet eingestellt werden. Derartige mehrfache Befristungen mit »sachlichem Grund« sind auch bereits nach § 14 TzBfG zulässig.

- Mitteilungsfrist:
Der Anspruch ist dem Arbeitgeber für den Zeitraum bis zum vollendeten dritten Lebensjahr des Kindes sieben Wochen und für den Zeitraum zwischen dem dritten Geburtstag und dem vollendeten achten Lebensjahr des Kindes 13 Wochen vor Beginn der Tätigkeit schriftlich mitzuteilen. Hat der Arbeitnehmer die Frist versäumt, muss er den Termin für den Beginn der veränderten Arbeitszeit ggf. verschieben.

> **Ein Antrag könnte wie folgt lauten:**
> Sehr geehrte/r Frau/Herr ...,
> ich möchte ab dem ... 25 Stunden wöchentlich in Teilzeit arbeiten, und zwar montags bis freitags in der Zeit von 08.00 Uhr bis 13.00 Uhr.
> Um Ihre Stellungnahme bitte ich bis zum ... (ungefähr Zweiwochenfrist ansetzen).
> Mit freundlichen Grüßen,

18 Arbeitnehmer und Arbeitgeber sollen sich über die Frage der **Verringerung der Arbeitszeit** und ihrer **Verteilung** einigen. In Abs. 5 wird ausdrücklich zwischen diesen Ansprüchen unterschieden. In Abs. 7 Nr. 4 wird auf die Ausgestaltung nicht mehr Bezug genommen. Jedoch auch wenn der Verringerung der Arbeitszeit an sich keine dringenden betrieblichen Gründe entgegenstehen, könnten aus der Sicht des Arbeitgebers der Verteilung der geringeren Arbeitszeit durchaus Gründe entgegenstehen. Hier stellt sich dann die Frage, ob der Arbeitgeber berechtigt den Antrag der Arbeitnehmerin ablehnen darf. Bejaht man das, ginge der aus familiären Gründen geschaffene Anspruch auf Verringerung der Arbeitszeit vielfach ins Leere. Der Arbeitgeber könnte aufgrund seines Rechts zur Verteilung der verkürzten Arbeitszeit eine Verteilung vornehmen, die den Zielen der Arbeitnehmerin widerspricht.[28] Das Ermessen des Arbeitgebers ist auch hier auf entgegenstehende betriebliche Gründe beschränkt.[29] Es könnte aber auch das kollektive Verteilungsinteresse der Belegschaft be-

---

27 BAG 5.6.2007 – 9 AZR 82/07, AiB 2008, 433.
28 Leßmann, DB 2001, 94.
29 Bruns, BB 2008, 330, 335 m.w.N.; Buchner/Becker, § 15 BEEG, Rn. 56.

rührt sein, so dass das **Mitbestimmungsrecht des Betriebsrats** aus § 87 Abs. 1 Nr. 2 greift.[30] Dieses könnte vorliegen, wenn junge Mütter und Väter familienfreundliche Arbeitszeiten beanspruchen und dadurch die übrige Belegschaft auf ungünstige Arbeitszeiten am späten Nachmittag oder Wochenende abgedrängt werden. Betriebsräte haben nach § 80 Abs. 1 Nr. 2 b BetrVG den rechtsverbindlichen Auftrag, für die bessere Vereinbarkeit von Beruf und Familie zu sorgen. Auch wenn den Interessen des Arbeitnehmers, der für die gewünschte Arbeitszeitverteilung seine Familienpflichten geltend macht, nicht der Vorrang einzuräumen sein soll,[31] so hat doch der Grundsatz der Verhältnismäßigkeit Anwendung zu finden,[32] wonach die kollektive Regelung geeignet, erforderlich und angemessen sein muss.

Probleme könnten sich auch aus dem **Verhältnis des Anspruchs auf Elternzeit zum Anspruch auf Verringerung der Arbeitszeit** ergeben. Eine Arbeitnehmerin möchte Elternzeit für zwei Jahre unter der Bedingung nehmen, dass der Arbeitgeber einer Teilzeittätigkeit von 25 Stunden pro Woche zustimmt. Gibt sie zunächst die verbindliche Erklärung hinsichtlich der Elternzeit ab, um sich anschließend mit der Frage der Teilzeit zu befassen, besteht für sie die Gefahr, dass sie die Elternzeit aufgrund der vorbehaltlosen Mitteilung antreten muss. Anschließend könnte ihr Arbeitgeber aber z. B. wegen der Art der anfallenden Arbeiten aus dringenden betrieblichen Gründen die Verringerung der Arbeitszeit berechtigt ablehnen. 19

Dieses Problem wurde offensichtlich vom Gesetzgeber nicht gesehen. Der Wortlaut spricht dafür, dass die Inanspruchnahme von Elternzeit und der Anspruch auf Verringerung der Arbeitszeit unabhängig nebeneinander stehen.[33] Möchte ein Elternteil Elternzeit bei gleichzeitiger Teilzeittätigkeit in Anspruch nehmen, muss er gegenüber seinem Arbeitgeber sowohl Elternzeit beanspruchen als auch Verringerung der Arbeitszeit beantragen. Lehnt der Arbeitgeber das Teilzeitverlangen mit der Begründung entgegenstehender dringender betrieblicher Gründe ab, befinden sich die Eltern (ohne Teilzeiteinkommen und nur für »kurze« Zeit ausgestattet mit Elterngeld) bereits in Elternzeit, ohne diese rückgängig machen zu können. Der Arbeitnehmer sollte sich bemühen, eine verbindliche Zusage für die Teilzeit zu erhalten, bevor er schriftlich Elternzeit anzeigen muss. Es ist nämlich höchstrichterlich noch nicht abschließend geklärt, ob das Elternzeitverlangen mit der Bedingung verknüpft werden kann, dass dem Teilzeitbegehren entsprochen wird.[34] 20

---

30 BAG 16.12.2008 – 9 AZR 893/07, NZA 2009, 565.
31 S. a. Düwell, NZA, 759, 760.
32 BAG 26.8.2008 – 1 ABR 16/07, NZA 2008, 1187.
33 Leßmann, DB 2001, 94.
34 Hk-MuSchG/BEEG/Rancke, § 15, Rn. 66.

§ 15 Anspruch auf Elternzeit

> **Ein Antrag könnte wie folgt lauten:**
> Hiermit beantrage ich Ihre Zustimmung zur Verringerung meiner Arbeitszeit in meiner bisherigen Tätigkeit auf 20 Stunden wöchentlich für die Dauer der Elternzeit (in der Zeit vom ... bis ...). Die Arbeitszeit soll so verteilt sein, dass ich von Montag bis Donnerstag in der Zeit von 8:00 Uhr bis 13:00 Uhr arbeite.
> (Elternzeit habe ich mit gleicher Post unter der Bedingung genommen, dass meinem Teilzeitwunsch entsprochen wird. – Problematik s. oben).

21 Die **Fristen** für die Geltendmachung der Elternzeit und des Teilzeitanspruchs sind angeglichen worden. Will der Arbeitnehmer/die Arbeitnehmerin Elternzeit mit der Geburt des Kindes oder sofort nach Ablauf der Mutterschutzfrist antreten, ist für die Geltendmachung der Elternzeit (§ 16 Abs. 1) ebenso wie für den Rechtsanspruch auf Teilzeit bis zum vollendeten dritten Lebensjahr des Kindes eine siebenwöchige Frist und für den Zeitraum zwischen dem dritten Geburtstag und dem vollendeten achten Lebensjahr des Kindes eine Frist von 13 Wochen einzuhalten.

22 Im Fall einer **Ablehnung** der beanspruchten Verringerung der Arbeitszeit, muss der Arbeitgeber diese innerhalb von vier Wochen **schriftlich begründen**. Hat der Arbeitgeber die beantragte Teilzeitarbeit
- bei Elternzeit bis zum dritten Geburtstag des Kindes nicht spätestens **vier Wochen** nach Zugang des Antrags und
- bei Elternzeit zwischen dem dritten und achten Lebensjahr des Kindes nicht spätestens **acht Wochen** nach Zugang des Antrags

schriftlich abgelehnt, gilt die Zustimmung als erteilt und die **Verringerung der Arbeitszeit** entsprechend den Wünschen der Arbeitnehmerin oder des Arbeitsnehmers als festgelegt (Abs. 7 Ziff. 5). Gleiches gilt für die **Verteilung der gewünschten Arbeitszeit**.

23 Der Arbeitnehmer kann bei Ablehnung oder bei Fristversäumnis seinen Anspruch vor dem **Arbeitsgericht** geltend machen. Die Klage zielt darauf, die fehlende Zustimmung zur Verringerung der Arbeitszeit zu ersetzen, also den Arbeitgeber im Wege des Urteilsverfahrens zur Abgabe einer Willenserklärung und damit einer Vertragsänderung zu verpflichten. Die angestrebte Vertragsänderung wird erst mit Rechtskraft des der Klage stattgebenden Urteils wirksam. Sie ist allerdings rückwirkend möglich. Für den Antrag ist das Bestimmtheitsgebot des § 253 Abs. 2 Nr. 2 ZPO zu beachten. Die angestrebte Vertragsänderung muss daher konkret bezeichnet werden. Verbunden werden kann der Antrag auf Verringerung der Arbeitszeit mit einem Antrag auf Festlegung der Lage der Arbeitszeit.[35] Die tatsächliche Beschäftigung wird aber nur zu sichern sein, wenn die Rechtsprechung den Erlass einer **einstweiligen Verfügung** als möglich ansehen wird. Ein Hauptsacheverfahren wird nämlich vor dem Ende der

---

35 Hambüchen/Sievers, § 15 BEEG, Rn. 154 ff.

Elternzeit kaum rechtskräftig abgeschlossen werden können.[36] Das würde dem angestrebten Zweck zur Realisierung eines familiären Konzepts zur Erziehung und Betreuung des Kindes einerseits und Sicherung der wirtschaftlichen Grundlagen durch Arbeit andererseits entgegenstehen. Die mit der einstweiligen Verfügung angestrebte Regelung muss aber dringend geboten sein, um insbesondere wesentliche Nachteile vom Arbeitnehmer abzuwenden, das Obsiegen des Arbeitnehmers in der Hauptsache überwiegend wahrscheinlich sein und eine vorläufige Interessenabwägung zugunsten des Arbeitnehmers ausfallen. Der Arbeitnehmer muss deutlich machen können, dass er dringend auf die Reduzierung der Arbeitszeit angewiesen ist. Auf jeden Fall wird dem Arbeitnehmer durch das Gesetz die gerichtliche Angriffslast aufgebürdet.[37]

7. Auswirkungen auf andere Rechtsbereiche

a. Arbeitsrecht

Vom Beginn bis zum Ende der Elternzeit besteht ein **unbefristetes Arbeitsverhältnis** in seiner Ausgestaltung unverändert fort. Geht ein Arbeitsverhältnis aufgrund eines Rechtsgeschäfts auf einen Erwerber gemäß § 613a Abs. 1 Satz 1 BGB (**Betriebsübergang**) über, gilt dies ebenfalls für Arbeitnehmer in Elternzeit. Ein **befristetes Arbeitsverhältnis** läuft grundsätzlich zum vereinbarten Zeitpunkt aus. Es wird auch nicht um die Zeit der Freistellung von der Arbeit für die Elternzeit verlängert, es sei denn, spezialgesetzliche Regelungen sehen dieses vor (z.B. § 2 Abs. 5 Nr. 3 Wissenschaftszeitvertragsgesetz (WissZeitVG) – ehemals § 57c Abs. 6 Nr. 3 HRG – oder § 1 Abs. 4 Nr. 3 des Gesetzes über befristete Verträge mit Ärzten in der Weiterbildung im Einvernehmen mit dem Arbeitnehmer) oder es wurde ausnahmsweise ausdrücklich vereinbart. Hat allerdings der Arbeitgeber die Übernahme in ein unbefristetes Arbeitsverhältnis bei Eignung und Bewährung in Aussicht gestellt und setzt sich mit einer Ablehnung in Widerspruch zu seinem bisherigen Verhalten und dem von ihm geschaffenen Vertrauenstatbestand, kann er zur Fortsetzung auf unbestimmte Zeit verpflichtet sein.[38] Elternzeit wird auf ein **Berufsausbildungsverhältnis**, das gemäß § 14 Abs. 1 BBiG grundsätzlich mit Ablauf der Ausbildungszeit endet, nicht angerechnet. Es verlängert sich nach § 20 Abs. 1 Satz 2 um die in Anspruch genommene Elternzeit. Auf die Dauer der Betriebszugehörigkeit wird Elternzeit angerechnet. Sehen arbeitsrechtliche Bestimmungen für den Erwerb von Rechten Wartezeiten vor, kön-

24

---

36 S.a. Reinecke, FA 2001, 10.
37 Vgl. Kolmhuber, FA 2006, 257.
38 BAG 16.3.1989 – 2 AZR 325/88, DB 1989, 1729.

nen diese durch Inanspruchnahme der Elternzeit erfüllt werden (s.a. Rn. 37).

25 Während der Elternzeit (ohne Ausübung einer Teilzeittätigkeit bei demselben Arbeitgeber) ruht die Arbeitspflicht des Arbeitnehmers und damit korrespondierend die Beschäftigungspflicht des Arbeitgebers.[39] Die arbeitsvertraglichen **Hauptpflichten**, die Pflicht des Arbeitnehmers zur Arbeitsleistung und die Pflicht des Arbeitgebers zur Zahlung des regelmäßigen Arbeitsentgelts, entfallen und leben nach Ende der Elternzeit wieder auf. Die arbeitsrechtlichen **Nebenpflichten**, die nicht unmittelbar mit der Arbeits- bzw. der Entgeltzahlungspflicht zusammenhängen, wie beispielsweise die Pflicht zum Persönlichkeitsschutz, zur Verschwiegenheit oder zur Unterlassung des Wettbewerbs, bleiben jedoch bestehen.

26 Mit Beendigung der Elternzeit lebt das Arbeitsverhältnis ohne weiteres wieder auf. Der Arbeitnehmer hat unaufgefordert wieder zur Arbeit zu erscheinen. Ob der Arbeitgeber zur **Weiterbeschäftigung am bisherigen Arbeitsplatz** (vor der Elternzeit) verpflichtet ist, richtet sich allein nach dem Inhalt des Arbeitsvertrages. Ist im Arbeitsvertrag der Arbeitsplatz/die Tätigkeit des Arbeitnehmers nicht konkret bestimmt, kann der Arbeitgeber ihn im Rahmen des Direktionsrechts – vorausgesetzt der Betriebsrat hat gemäß § 99 BetrVG zugestimmt – auf einen neuen Arbeitsplatz versetzen. Das Direktionsrecht des Arbeitgebers umfasst jedoch nicht die Versetzung eines Arbeitnehmers auf einen geringwertigeren Arbeitsplatz oder einer teilzeitbeschäftigten Mutter statt an ihrem bisherigen Arbeitsort 24 km vom Wohnort entfernt nunmehr 2 Tage/Woche in London zu arbeiten. Die Arbeitnehmerin hat bei einer derartigen vertragswidrigen Weisung einen Anspruch auf Unterlassung im Wege der einstweiligen Verfügung.[40] Liegt eine Versetzung im Übrigen nicht im Rahmen des Direktionsrechts, bedarf es ggf. einer Änderungskündigung. Diese kann unter Beachtung von § 18 jedoch erst nach Beendigung der Elternzeit ausgesprochen werden und bedarf der Beteiligung des Betriebsrats nach §§ 99 **und** 102 BetrVG.

Das Recht auf Rückkehr an den früheren Arbeitsplatz bzw., wenn das nicht möglich ist, die Zuweisung einer gleichwertigen oder ähnlichen Tätigkeit sowie das Recht auf befristete Änderung bzw. Arbeitsarrangement ist durch die Elternurlaubsrichtlinie 2010/18/EU seit dem 8.3.2012 zwingend und sachlich geboten. Die Aufnahme dieser Bestimmungen bei der Neuregelung wurde jedoch versäumt,[41] obwohl allgemein Kenntnis darüber besteht, dass nicht der Einstieg in die Elternzeit, sondern erst dessen Ende eine kritische Situation darstellt.

---

39 BAG 15.4.2008 – 9 AZR 380/07, NZA 2008, 998.
40 Hess. LAG 15.2.2011 – 13 SaGa 1934/10.
41 Klenter, AiB 2013, 217 ff.

In einem Zeugnis darf Elternzeit nur erwähnt werden, wenn die Unter- 26a
brechung erheblich ist. Sie ist regelmäßig zu erwähnen, wenn die Gesamtarbeitszeit zu zwei Dritteln aus Elternzeit besteht.[42]

Bei der Berechnung der Höhe einer Abfindung in einem erzwingbaren 26b
Sozialplan ist Elternzeit zu berücksichtigen. Eine anderslautende Bestimmung verstößt gegen § 75 BetrtVG und wäre unwirksam.[43]

aa. Gratifikationen und Sonderzahlungen

Inwieweit der Arbeitgeber Sonderzuwendungen wie **Gratifikationen,** 27
Weihnachtsgeld und sonstige gratifikationsähnliche Leistungen während der Elternzeit zu erbringen hat, hängt entscheidend davon ab, welcher **Zweck** mit der jeweiligen Leistung verfolgt wird. Zu prüfen ist, ob es sich handelt um eine

a) Sonderzuwendung, die für **erbrachte Arbeitsleistung** gezahlt wird (vgl. Rn. 28),

b) Sonderzuwendung, mit der bisherige oder zukünftige **Betriebstreue honoriert** wird (liegt i. d. R. vor, wenn für die Leistung eine Wartezeit, ein ungekündigtes Arbeitsverhältnis zu einem Stichtag oder Rückzahlungsverpflichtungen Voraussetzung sind; vgl. Rn. 29) oder

c) Sonderzuwendung mit **Mischcharakter**, die sowohl Entgelt für erbrachte Arbeitsleistung sein als auch zusätzlich Betriebstreue honorieren soll (vgl. Rn. 31).

Hat die Sonderzahlung ausschließlich **Entgeltcharakter** (Gegenleistung 28
für tatsächlich verrichtete Arbeit in einem bestimmten Zeitraum in unmittelbarem Bezug zum regelmäßigen Entgelt wie z. B. 13./14. Monatsgehalt; s. Rn. 27 Fallgruppe a), entfällt sie gleichzeitig mit der Pflicht des Arbeitgebers zur Zahlung des Entgelts; dies gilt ebenfalls für einzelvertraglich zugesagte Sonderzahlungen.[44]

Der Anspruch auf die Sonderzahlung besteht grundsätzlich in der Eltern- 29
zeit in vollem Umfang, wenn es sich nicht um ein zusätzliches Entgelt für geleistete Arbeit handelt (vgl. Rn. 28). Dieses trifft zu auf Gratifikationen (z. B. Weihnachtsgeld), mit denen die **Betriebstreue honoriert** werden soll (vgl. Rn. 27. Fallgruppe b). Eine Jahressonderzahlung kann jedoch **für Zeiten gekürzt** werden, **in denen das Arbeitsverhältnis ruht**, also während einer Zeit, für die ein Arbeitnehmer sich in der Elternzeit befindet. Ist im Tarifvertrag bestimmt, dass ein Anspruch auf eine tarifliche Sonderzahlung nicht besteht für Zeiten, in denen das Arbeitsverhältnis kraft

---

[42] BAG 10.5.2005 – 9 AZR 261/04, NJW 2005, 3659.
[43] Hk-MuSchG/BEEG/Rancke, § 15 Rn. 53.
[44] LAG Köln 13.3.1997 – 5 Sa 1506/96, NZA-RR 1997, 417.

Gesetzes ruht, hat ein Arbeitnehmer lediglich Anspruch auf die gekürzte tarifliche Jahressonderzahlung.[45]

30 Sieht ein Arbeitsvertrag vor, dass die Zahlung eines Weihnachtsgeldes unter dem Vorbehalt des jederzeitigen Widerrufs steht und ein Rechtsanspruch auf das Weihnachtsgeld nicht besteht, so handelt es sich bei dieser Sonderzahlung nicht um einen Teil der im Austauschverhältnis zur Arbeitsleistung stehenden Vergütung. Daher darf der Arbeitgeber eine anteilige Kürzung des Weihnachtsgeldes für Zeiten, in denen das Arbeitsverhältnis wegen Elternzeit ruht, nur dann vornehmen, wenn dies ausdrücklich vereinbart wurde.[46] Enthält ein Arbeitsvertrag die Regelung, dass der Anspruch auf Sonderzahlung ausgeschlossen ist, wenn das Arbeitsverhältnis vor dem Auszahlungszeitpunkt endet oder es sich im gekündigten Zustand befindet, ergibt sich daraus nicht, dass die Gratifikation während des Ruhens wegen Elternzeit ganz entfällt oder gekürzt werden kann.[47]

31 Wenn der Zweck der Sonderzuwendung nicht oder nicht eindeutig ermittelt werden kann, ist im **Zweifel** davon auszugehen, dass lediglich eine zusätzliche Vergütung für die geleistete Arbeit innerhalb des Bezugszeitraumes beabsichtigt war.[48] Ist der Vereinbarung über die Jahressonderzahlung jedoch ein mehrfacher Zweck zu entnehmen (Mischcharakter; vgl. Rn. 27 Fallgruppe c), scheidet eine Kürzung für die Dauer der Elternzeit regelmäßig aus. Eine Kürzung wäre nur möglich, wenn vertraglich für den Fall des Ruhens des Arbeitsverhältnisses eine Quotenregelung vereinbart wurde.[49] Bei Fehlen einer solchen Regelung kann die Sonderzahlung auch dann nicht ausgeschlossen werden, wenn wegen der Elternzeit im Bezugszeitraum keine oder nur eine unwesentliche Arbeitsleistung erbracht wurde.[50]

32 Für die Zahlung einer zusätzlichen Urlaubsvergütung, des **Urlaubsgeldes**, gelten die vorstehenden Grundsätze ebenfalls. Nähere Ausführungen hierzu siehe unter § 17 Rn. 10.

33 **Sachbezüge** (freie oder verbilligte Kost, Fahrtkosten zum Betrieb, verbilligte Einkaufsmöglichkeiten, Naturalleistungen, freie oder verbilligte Wohnungen) sind ein Teil des Arbeitsentgelts. Wie bei der Zahlung des Arbeitsentgelts ist der Arbeitgeber nicht verpflichtet, die Sachbezüge während der Elternzeit weiter zu zahlen. Eine Ausnahme stellt die Überlassung von Wohnraum dar, da der Arbeitnehmer anderenfalls nach Beendigung

---

45 BAG 24.11.1993, NZA 1994, 423; BAG 24.5.1995, NZA 1996, 31.
46 BAG 10.5.1995, NZA 1995, 1096.
47 BAG 10.12.2008 – 10 AZR 35/08, NZA 2009, 258.
48 BAG 8.10.1986, NZA 1987, 317; BAG 24.10.1990, NZA 1991, 318.
49 BAG 24.10.1990, NZA 1991, 317.
50 BAG 5.8.1992, NZA 1993, 130 ff.; BAG 8.12.1993, NZA 1994, 421.

Anspruch auf Elternzeit § 15

der Elternzeit u. U. seine Rechtsstellung nicht voll wieder erlangen könnte.[51]

Sind aufgrund vertraglicher Verpflichtungen **vermögenswirksame Leistungen** auch während der Freistellung von der Arbeit zu erbringen, hat der Arbeitgeber dem Arbeitnehmer die darauf entfallende Arbeitnehmer-Sparzulage auszuzahlen. Gibt es keine vertragliche Regelung über die Fortzahlung der vermögenswirksamen Leistung während der Elternzeit, ist davon auszugehen, dass der Arbeitgeber die Leistung nicht fortzuzahlen braucht. Diese Leistungen sind meist Teil des regelmäßigen Arbeitsentgelts, von dessen Zahlungspflicht der Arbeitgeber während der Elternzeit befreit ist. Im Übrigen kann nur Arbeitslohn vermögenswirksam angelegt werden. Elterngeld ist kein Arbeitslohn und kann daher nicht vermögenswirksam angelegt werden. Es brauchen in den meisten Fällen jedoch keine Nachteile bezüglich der Arbeitnehmer-Sparzulage hingenommen zu werden. Bei dem begünstigten Höchstbetrag handelt es sich um einen Jahresbeitrag, der zu einem beliebigen Zeitpunkt im jeweiligen Kalenderjahr erreicht werden kann. Ein Arbeitnehmer kann rechtzeitig vor oder nach der Elternzeit entsprechende Beträge seines Arbeitsentgelts vermögenswirksam anlegen lassen.[52] 34

Eine **Entgeltfortzahlungspflicht** des Arbeitgebers **bei Arbeitsunfähigkeit während der Elternzeit**, in der keine zulässige Teilzeitarbeit geleistet wird, besteht nicht. Es kann auch kein Krankengeld bezogen werden. Hat der Arbeitnehmer Elternzeit beantragt und die Arbeitsunfähigkeit dauert über den beantragten Beginn der Elternzeit fort, hat er mit Beginn der Elternzeit keinen Anspruch auf Entgeltfortzahlung. **Durch die Erkrankung** des Arbeitnehmers wird die Elternzeit **nicht unterbrochen oder verlängert.**[53] Dauert die Arbeitsunfähigkeit über das Ende der Elternzeit hinaus fort, ist der Arbeitgeber zur Entgeltfortzahlung verpflichtet. Die Dauer der Entgeltfortzahlung für die Sechswochenfrist beginnt am Tag nach der Beendigung der Elternzeit zu laufen. Danach besteht Anspruch auf Krankengeld. 35

Leistet der Arbeitnehmer während der Elternzeit **Teilzeitarbeit**, hat er nach den allgemeinen Regeln Anspruch gegenüber dem Arbeitgeber auf Weiterzahlung des Arbeitsentgelts für sechs Wochen. Erkrankt er vor Beginn der Elternzeit, richtet sich ab Beginn der Elternzeit der Anspruch auf Fortzahlung des Entgelts nach der Teilzeitvergütung und nach Ende der Elternzeit nach der Höhe der Vollzeitvergütung, wie sie vor der Elternzeit bestand. 36

Bei der **betrieblichen Altersversorgung** wird der Zeitraum der Elternzeit 37

---

51 Vgl. Zmarzlik/Zipperer/Viethen, § 15 Rn. 61.
52 Vgl. Zmarzlik/Zipperer/Viethen, § 15 Rn. 62.
53 BAG 22.6.1998, AP Nr. 1 zu § 15 BErzGG.

grundsätzlich als Betriebszugehörigkeit bei der Berechnung der Unverfallbarkeit der Anwartschaft, der Wartezeiten sowie der den Anspruch steigernden Ruhegeldzeiten berücksichtigt. Auf die Höhe des Versorgungsanspruchs kann sich die Elternzeit abhängig von der jeweiligen Gestaltung der Versorgungszusage bzw. -ordnung unterschiedlich auswirken. So ist der Arbeitgeber nicht gehindert, den Maßstab für den Umfang der betrieblichen Versorgungsleistungen an dem Grad der erbrachten Arbeitsleistungen der Beschäftigten auszurichten und als Folge hiervon Zeiten der Elternzeit unberücksichtigt zu lassen,[54] so dass sich eine Minderung der späteren Betriebsrente ergeben kann. Nach § 1a Abs. 4 BetrAVG haben Arbeitnehmer mit Anspruch auf betriebliche Altersversorgung durch Entgeltumwandlung (mit staatlicher Förderung/»Riester«) das Recht, bei fortbestehendem Arbeitsverhältnis, also auch während der Elternzeit, eigene Beiträge zum Aufbau ihrer Betriebsrente zu entrichten, obwohl kein Arbeitsentgelt gezahlt wird.[55]

38 Bei einer gehaltsabhängigen Versorgung wird die Dauer der Elternzeit hinsichtlich des Versorgungsaufwands nicht berücksichtigt, wenn sich dieser an dem tatsächlich gezahlten Entgelt orientieren sollte. Orientiert sich der Versorgungsaufwand jedoch an dem vereinbarten Arbeitsentgelt – und nicht an dem tatsächlich gezahlten –, ist auch die Dauer der Elternzeit einzubeziehen.[56]

bb. Arbeitnehmer und Betriebsverfassung

39 Während der Elternzeit bleiben Beschäftigte Arbeitnehmer/innen im Sinne des Betriebsverfassungs- bzw. Personalvertretungsgesetzes und damit wahlberechtigt und **wählbar zur Betriebs-/Personalratswahl**. Elternzeit stellt keinen Verhinderungsgrund dar, die Amtsausübung wahrzunehmen.[57] Bei der Teilnahme an Betriebsratssitzungen hat das Betriebsratsmitglied daher nach § 40 Abs. 1 BetrVG einen Anspruch auf Erstattung der erforderlichen Fahrtkosten.[58] Auch darf sie/er an Betriebsversammlungen teilnehmen und hat hierfür ebenfalls einen Vergütungsanspruch aus § 44 Abs. 1 Satz 2 BetrVG.[59] In der Praxis ist jedoch häufig zu beobachten, dass sowohl Arbeitgeber als auch Betriebs-/Personalräte selber der Meinung sind, das bspw. die Inanspruchnahme der Elternzeit quasi automatisch dazu führt, dass das Mandat im Sinne des § 25 Abs. 1 Satz 1

---

54 BAG 15.2.1994, NZA 1994, 794.
55 S. a. Ebner, S. 185.
56 Vgl. Zmarzlik/Zipperer/Viethen, § 15 Rn. 67a.
57 DKKW-Buschmann, § 25 Rn. 16.
58 BAG 25.5.2005 – 7 ABR 45/04, NZA 2005, 1002.
59 BAG 31.5.1989, NZA 1990, 449.

Anspruch auf Elternzeit § 15

BetrVG bzw. § 31 Abs. 1 Satz 2 BPersVG ruht und das insofern zeitweilig verhinderte Betriebsratsmitglied von dem jeweiligen Ersatzmitglied in diesem Zeitraum vertreten wird.[60] Als Maßstab wäre hier sicher anzulegen, ob ein Betriebsratsmitglied während seiner Abwesenheitszeit wegen Elternzeit in der Lage ist, sein Amt ordnungsgemäß wahrnehmen zu können.

Die **Aufgaben von Betriebs- und Personalräten** im Rahmen der Elternzeit sind umfangreich. Es gilt zu vermeiden, dass Beschäftigte aufgrund der Inanspruchnahme von Elternzeit berufliche Nachteile erleiden.[61] So gehören zu den Aufgaben z. B.: 40

- die Überwachung, dass jede unterschiedliche Behandlung von Personen wegen ihres Geschlechts unterbleibt (§ 75 Abs. 1 BetrVG, § 67 Abs. 1 BPersVG, § 7 AGG), wie beispielsweise die Benachteiligung weiblicher Beschäftigter hinsichtlich ihres beruflichen Aufstiegs, weil sie häufiger Elternzeit in Anspruch nehmen;
- die Überwachung, dass die zugunsten der Arbeitnehmer geltenden Gesetze, zu denen auch das BEEG gehört, eingehalten werden (§ 80 Abs. 1 Nr. 1 BetrVG, § 68 Abs. 1 Nr. 2 BPersVG), wie beispielsweise organisatorische Maßnahmen, die zur Überbrückung bei Arbeitsbefreiung wegen Elternzeit der Arbeitnehmerinnen erforderlich sind;
- die Entgegennahme von Anregungen der Arbeitnehmer und, falls diese berechtigt erscheinen, durch Verhandlungen mit dem Arbeitgeber auf Erledigung hinzuwirken (§ 80 Abs. 1 Nr. 3 BetrVG, § 68 Abs. 1 Nr. 3 BPersVG);
- die Durchsetzung der tatsächlichen Gleichberechtigung von Frauen und Männern zu fördern (§ 80 Abs. 1 Nr. 2a BetrVG);
- die Eingliederung »schutzbedürftiger« Personen zu fördern (§ 80 Abs. 1 Nr. 4 BetrVG, § 68 Abs. 1 Nr. 4 BPersVG);
- die Beteiligung bei Maßnahmen der Personalplanung zur Überbrückung der Arbeitsbefreiung der Arbeitnehmerinnen und Arbeitnehmer in Elternzeit (§ 92 BetrVG, § 78 Abs. 3 BPersVG). Der Arbeitgeber hat den Betriebsrat anhand von Unterlagen rechtzeitig und umfassend zu unterrichten und mit ihm über Art und Umfang der erforderlichen Maßnahmen und über die Vermeidung von Härten zu beraten;[62]
- die Mitbestimmung bei personellen Einzelmaßnahmen (§ 99 BetrVG, §§ 75 ff. BPersVG), z. B. bei Einstellungen oder Versetzungen für befristet eingestellte Arbeitnehmer als Vertretung für die/den von der Arbeit freigestellte/n Arbeitnehmer/in in Elternzeit sowie für Zeiten der

---

60 Diese Auffassung vertreten ebenfalls Meisel/Sowka, § 15 BetrVG Rn. 41 f.
61 S. a. Wenckebach, AiB 2013, 296 ff.
62 Vgl. Kommentierung bei DKKW-Homburg zu § 92 BetrVG; Fitting zu § 92 BetrVG.

Einarbeitung der Vertretungskraft[63] oder bei »Zweiteinstellung«, wenn das Arbeitsverhältnis schon länger besteht und zukünftig in Teilzeit gearbeitet werden soll;[64]
- die Mitbestimmung hinsichtlich Dauer und Lage der Arbeitszeit (§ 87 BetrVG, § 75 Abs. 3 Nr. 1 BPersVG);
- die Mitbestimmung bei der Einbeziehung von Teilzeitbeschäftigten während der Elternzeit bei Qualifikations- bzw. betrieblichen Bildungsmaßnahmen (§§ 96 ff. BetrVG);
- die Unterstützung der Beschäftigten, wenn beispielsweise der Arbeitgeber den geltend gemachten Anspruch auf Verringerung der Arbeitszeit nach § 15 wegen dringender betrieblicher Gründe oder nach Beendigung der Elternzeit nach dem TzBfG aus betrieblichen Gründen verweigert. Betriebs-/Personalräte können grundsätzlich übersehen, ob der Arbeitgeber z.B. durch eine Ausgestaltung der Arbeitszeit – nur Schichtarbeit, nur in den frühen Morgenstunden oder späten Abendstunden etc. – versucht, den Teilzeitwunsch zu boykottieren.

b. Sozialrecht

41 Die Mitgliedschaft versicherungspflichtiger Arbeitnehmer in der **gesetzlichen Krankenversicherung** bleibt gemäß § 192 Abs. 1 Nr. 2 SGB V bestehen, solange Elternzeit in Anspruch genommen wird. Dies ist nicht davon abhängig, dass Versicherungspflichtige auch Anspruch auf Elterngeld haben. Also auch Versicherungspflichtige, die bis zum dritten Lebensjahr des Kindes Elternzeit genommen haben, nach Vollendung des ersten Lebensjahres aber keinen Anspruch mehr auf Elterngeld haben, bleiben weiter versichert. Bei der »Übertragung« der Elternzeit bis zu zwölf Monate nach vollendetem dritten bis zum achten Lebensjahr des Kindes könnte sich die Frage stellen, ob es sich dabei noch um Elternzeit handelt. Das ist zu bejahen.

42 Bei Versicherten, die während der Elternzeit nicht erwerbstätig sind und kein Entgelt beziehen, ist beitragspflichtiges Einkommen nicht vorhanden, von dem Beiträge erhoben werden können. Für den Versicherten besteht daher **Beitragsfreiheit**. Für Elterngeld selbst ist gemäß § 224 SGB V sowohl von Pflichtversicherten als auch von freiwillig Versicherten kein Beitrag zu zahlen. Da bei **pflichtversicherten Mitgliedern** für die Beitragsbemessung das Arbeitsentgelt zugrunde gelegt wird (§ 226 SGB V), besteht bei ihnen auch nach Auslaufen des Elterngeldes für die gesamte Dauer der Elternzeit Beitragsfreiheit. Einer Auflösung des Arbeitsverhältnisses aus

---

63 S.a. LAG Stuttgart 5.7.2000 – 12 Sa 89/99; a.A. Buchner/Becker, § 21 BEEG, Rn. 21.
64 BAG 28.4.1998, NZA 1998, 1352.

Anspruch auf Elternzeit § 15

Anlass der Elternzeit sollte nur zugestimmt werden, wenn auf eine andere Krankenversicherung zurückgegriffen werden kann. Für **freiwillig Versicherte** in der gesetzlichen Krankenversicherung besteht keine Beitragsfreiheit. Ihr Beitrag bemisst sich nach der Gesamtheit der Einkünfte, zu der u. a. das ihnen zuzurechnende Arbeitseinkommen des Ehegatten gehört. Auch wenn es keine Einkünfte gibt, ist von freiwillig Versicherten auch während der Elternzeit ein Mindestbeitrag nach Maßgabe des § 240 SGB V zu entrichten.

Wird während der Elternzeit eine zulässige **versicherungspflichtige Teilzeitbeschäftigung** ausgeübt, sind für das Arbeitsentgelt Beiträge zu entrichten (§ 5 Abs. 1 Nr. 1 SGB V). Wird in diesem Fall ein in der gesetzlichen Krankenversicherung freiwillig Versicherter, versicherungspflichtig, bleibt er dies bis zum Ende des Jahres, in dem die Elternzeit endet, auch wenn er nach Ablauf der Elternzeit wieder eine versicherungsfreie Beschäftigung ausübt (§ 6 Abs. 4 SGB V). 43

Arbeitnehmer, die in der **privaten Krankenversicherung** versichert sind, müssen ihre Beiträge während der Dauer der Elternzeit weiterzahlen. Ein Anspruch auf den Zuschuss des Arbeitgebers gemäß § 257 Abs. 1 SGB V besteht nicht. 44

Der freiwillig in der gesetzlichen Krankenkasse und der in der privaten Krankenkasse Versicherte können sich gemäß § 8 Abs. 1 Nr. 2 SGB V während der Elternzeit allerdings von der Versicherungspflicht befreien lassen. Der Antrag auf Befreiung kann nur innerhalb von drei Monaten nach Beginn der Versicherungspflicht bei der zuständigen Krankenkasse gestellt werden (Eingang beim unzuständigen Versicherungsträger gemäß § 16 Abs. 2 SGB I innerhalb der Dreimonatsfrist ebenfalls ausreichend). Die Befreiung endet mit Ablauf der Elternzeit. 45

Privat Krankenversicherte, die durch eine Teilzeitbeschäftigung während der Elternzeit krankenversicherungspflichtig werden, können den Versicherungsvertrag mit ihrer privaten Krankenversicherung nach § 5 Abs. 9 SGB V vorzeitig kündigen, wenn sie nachweisen, dass sie versicherungspflichtig werden. Die Kündigung kann mit Wirkung vom Eintritt der Versicherungspflicht an erfolgen. 46

Ehegatten und Lebenspartner (zum Begriff s. § 1 Rn. 17) sind während der Elternzeit nach § 10 Abs. 1 Satz 3 SGB V nicht als Familienangehörige bei ihrem Ehegatten bzw. Lebenspartner in der gesetzlichen Krankenversicherung – ohne eigene Beitragszahlung – versichert, wenn sie zuletzt vor Beginn der Elternzeit nicht bei einer Krankenkasse gesetzlich versichert waren. Auch in der sozialen Pflegeversicherung besteht während dieser Zeiten kein Versicherungsschutz als mitversicherter Familienangehöriger. 47

Privat Krankenversicherte, die zuletzt vor Inanspruchnahme der Elternzeit krankenversicherungsfrei oder von der Krankenversicherungspflicht be- 48 freit und in der privaten Krankenversicherung versichert waren, müssen während der Elternzeit weiterhin privat krankenversichert bleiben. Ein Zugang zur Familienversicherung in der gesetzlichen Krankenversicherung über die Mitgliedschaft des Ehegatten bzw. bei homosexuellen Paaren des Lebenspartners wird damit ausgeschlossen. Der Ausschluss der Familienversicherung während der Elternzeit wird nicht wirksam für diejenigen, die am 1.1.2000 bereits als Familienangehörige in der gesetzlichen Krankenversicherung bei ihrem Ehegatten versichert waren.[65]

49 Der **Krankenversicherungsschutz während der Elternzeit** umfasst sämtliche Leistungen der Krankenversicherung mit **Ausnahme** des Anspruchs auf **Krankengeld** (§ 49 Abs. 1 Nr. 2 SGB V). Krankengeld kann neben dem Elterngeld nur bezogen werden, wenn die Arbeitsunfähigkeit vor Beginn der Elternzeit eingetreten ist oder während der Elternzeit Arbeitsentgelt aus einer versicherungspflichtigen Tätigkeit mit einer wöchentlichen Arbeitszeit von nicht mehr als 30 Stunden bezogen wird.

50 Zu berücksichtigen ist, dass im letzten Fall der Arbeitgeber bei Arbeitsunfähigkeit zunächst bis zu maximal sechs Wochen zur Entgeltfortzahlung verpflichtet ist. In dieser Zeit ruht der Anspruch auf Krankengeld gemäß § 49 Abs. 1 Nr. 1 SGB V.

> **Beispiel 1:**
> Frau Bode will im Anschluss an die Mutterschutzfrist, die am 25. Februar endet, Elternzeit nehmen. Am 22. Februar erkrankt sie arbeitsunfähig.
> Sie hat Anspruch auf Krankengeld, da die Arbeitsunfähigkeit vor Beginn der Elternzeit eingetreten ist. Dieses ist auf der Basis des alten Vollzeitverdienstes zu berechnen. Für die Tage, für die sie noch Mutterschaftsgeld bezieht, ruht jedoch gemäß § 49 Abs. 1 Nr. 3 SGB V der Anspruch auf Krankengeld.

> **Beispiel 2:**
> Frau Anton arbeitet während der Elternzeit 25 Stunden in der Woche als Teilzeitbeschäftigte und erkrankt arbeitsunfähig.
> Sie hat Anspruch auf Krankengeld, das nach dem letzten abgerechneten Entgeltabrechnungszeitraum vor Beginn der Arbeitsunfähigkeit zu berechnen ist (§ 47 Abs. 2 SGB V). Es ruht jedoch während der Entgeltfortzahlung durch den Arbeitgeber, die i.d.R. sechs Wochen beträgt (§ 49 Abs. 1 Nr. 1 SGB VI).

50a In der **Pflegeversicherung** gelten hinsichtlich des Fortbestehens der Mitgliedschaft während des Bezuges von Elterngeld bzw. der Inanspruchnahme von Elternzeit sowie der Beitragsfreiheit des Elterngeldes der gesetzlichen Krankenversicherung entsprechende Regelungen.

51 In der **Rentenversicherung** gelten die Zeiten für die Erziehung eines Kindes als rentenbegründende und -steigernde Beitragszeiten (§ 56 Abs. 1 SGB VI).

---

65 DB 1999, 214.

Für Kinder, die **ab dem 1.1.1992** geboren wurden, werden aufgrund des Rentenreformgesetzes 1992 deren ersten **drei Lebensjahre** als Kindererziehungs-/Beitragszeit berücksichtigt. Sie beginnt nach Ablauf des Monats der Geburt und endet nach 36 Kalendermonaten. 52

> **Beispiel:**
> Geburt des Kindes am 25.2.2015. Die Kindererziehungszeit beginnt am 1.3.2015 und endet am 28.2.2018.

Bei Erziehung mehrerer Kinder verlängert sich die gesamte Kindererziehungszeit um die sich überschneidenden Zeiträume (§ 56 Abs. 5 SGB VI). 53

> **Beispiel:**
> Am 21.2.2015 werden Zwillinge geboren. Die Kindererziehungszeit beginnt am 1.3.2015 und wird um die Kalendermonate der gleichzeitigen Erziehung, d.h. 36 Monate, verlängert und endet somit erst am 28.2.2021.

Für Geburten **bis zum 31.12.1991** werden für die Zeit ab 1.7.2014 nun ebenfalls Kindererziehungszeiten rentenrechtlich anerkannt. Für alle Mütter und Väter, deren Kinder vor 1992 geboren wurden, wird nunmehr die Erziehungsleistung mit einem zusätzlichen Entgeltpunkt berücksichtigt. Das stellt zwar eine Verbesserung »*älterer*« Eltern dar, aber keine Gleichbehandlung oder das Schließen einer Gerechtigkeitslücke. 54

Kindererziehungszeiten können bei leiblichen Eltern des Kindes berücksichtigt werden sowie bei diesen gleichgestellten Adoptiv-, Stief- und Pflegeeltern. Jedoch nur ein Elternteil, entweder die Mutter oder der Vater, erhält die Kindererziehungszeit. Es ist allerdings grundsätzlich erforderlich, dass die Eltern ihr Kind im Inland erzogen haben. Zeiten im Ausland können nur in Ausnahmefällen berücksichtigt werden. Personenkreisen, die anderen Sicherungssystemen angehören (z.B. **Beamte**), werden keine Erziehungszeiten nach den Vorschriften der Rentenversicherung angerechnet. 55

Bei **gemeinsamer Erziehung** des Kindes durch die Eltern wird die Erziehungszeit **grundsätzlich der Mutter** angerechnet. Es besteht jedoch ein **Wahlrecht**, wem die Kindererziehungszeiten zugeordnet werden sollen. Sollten sie also nicht bei der Mutter, sondern beim Vater angerechnet werden, müssen die Eltern hierüber eine übereinstimmende Erklärung abgeben. 56

Die Eltern können die Kindererziehungszeiten auch unter sich **aufteilen** (§ 56 Abs. 2 SGB VI). Dabei ist nicht von Bedeutung, welcher Elternteil das Kind überwiegend erzogen hat. Es ist eine übereinstimmende Erklärung der Eltern gegenüber dem zuständigen Rentenversicherungsträger 57 abzugeben. Diese wirkt grundsätzlich nur für die Zukunft. Eine rückwirkende Erklärung wird nur bis zu zwei Kalendermonaten berücksichtigt. Die Aufteilung kann auch mehrfach wechseln.

58 Bisher wurde denjenigen, die während der Erziehungszeit nicht versicherungspflichtig beschäftigt waren, z. B. den Erziehungsurlaub in Anspruch genommen haben, diese Zeit für die Rente **mit 75 % des Durchschnittsverdienstes aller Versicherten** bewertet. Durch das Rentenreformgesetz 1999 wurde die **Bewertung** für bestehende und neue Renten in drei Stufen des Durchschnittsentgelts wie folgt **angehoben:**
- ab 1.7.1998: auf 85 %
- ab 1.7.1999: auf 90 %
- ab 1.7.2000: auf 100 %.

59 Seit dem 1.7.1998 werden Kindererziehungszeiten zudem beim zeitlichen Zusammentreffen mit anderen Beitragszeiten bei Neu- und Altrenten bis zur Beitragsbemessungsgrenze zusätzlich berücksichtigt. Für Kindererziehungszeiten ab dem 1.1.1992 können bei Rentenfällen ab dem 1.1.2002 zusätzliche Entgeltpunkte gutgeschrieben werden. Haben Mütter und Väter nach der dreijährigen Erziehungszeit in Teilzeit gearbeitet und wenig verdient, werden ihnen die Entgelte rückwirkend aufgewertet, und zwar um 50 Prozent maximal bis zum Durchschnittseinkommen aller Versicherten. Voraussetzung hierfür sind allerdings 25 Jahre an rentenrechtlichen Zeiten (Kinderberücksichtigungszeiten mit gerechnet).

60 Das Rentenreformgesetz 1992 hat ferner **Kinderberücksichtigungszeiten** bis zum zehnten Lebensjahr des Kindes eingeführt (§ 57 SGB VI). Sie sind auch für Erziehungszeiten vor dem 1.1.1992 anzurechnen. Diese Berücksichtigungszeit wirkt sich nur im Rahmen sonstiger rentenrechtlicher Regelungen aus. Sie ist bedeutsam für die Erfüllung der Wartezeit von 35 Jahren, für die Aufrechterhaltung des Invaliditätsschutzes, für die Rente nach Mindesteinkommen und für die Bewertung von Anrechnungszeiten.[66] Das führt im Ergebnis u. U. zu einer günstigeren Einstufung beitragsfreier Zeiten (vgl. § 54 Abs. 4 SGB VI) sowie bei langjährig Versicherten auch zur Anrechnung zusätzlicher Entgeltpunkte (§ 70 Abs. 3 a SGB VI).

61 Anders als bei der Inanspruchnahme von Elterngeld ist während der Elternzeit der **Bezug von Arbeitslosengeld** nicht ausgeschlossen. Die Arbeitnehmerin muss allerdings den Vermittlungsbemühungen der Agentur für Arbeit zur Verfügung stehen (§ 138 Abs. 1 Nr. 3 SGB III). Besteht Bereitschaft zur Ausübung lediglich einer Teilzeittätigkeit, besteht Verfügbarkeit (§ 139 Abs. 4 SGB III), wenn die Arbeitsbereitschaft sich auf sozialversicherungspflichtige Teilzeittätigkeit von mindestens 15 Stunden wö-

---

[66] S. a. Zmarzlik/Zipperer/Viethen, § 15 Rn. 70 sowie näher Meisel/Sowka, § 15 Rn. 40 b.

chentlich erstreckt und den üblichen Bedingungen des Arbeitsmarktes entspricht.

Für Arbeitnehmer in Elternzeit, die nach Beendigung der Elternzeit arbeitslos werden, **besteht grundsätzlich der Schutz der Arbeitslosenversicherung**. Zur Erfüllung der **Anwartschaftszeit** muss in einer Rahmenfrist von zwei Jahren vor Beginn der Arbeitslosigkeit mindestens zwölf Monate ein Versicherungspflichtverhältnis (15 Std./Woche bzw. über 400,00 € monatlich bzw. ab 1.1.2013 450,00 €) bestanden haben (§§ 142 f. SGB III). Zeiten, in denen Mutterschaftsgeld bezogen oder ein Kind erzogen wurde, das noch nicht das dritte Lebensjahr vollendet hat, dienen arbeitslosen Berufsrückkehrerinnen zur Erfüllung der Anwartschaft auf einen Anspruch auf Arbeitslosengeld sowie der nach Dauer der Versicherungszeiten gestaffelten Dauer des Arbeitslosengeldanspruchs (§ 26 Abs. 2a SGB III). Die Versicherungspflicht hängt davon ab, dass die Arbeitslose unmittelbar vor der Kindererziehung versicherungspflichtig war oder laufende Entgeltersatzleistung nach dem SGB III bezogen hat. Damit verlängert sich die Rahmenfrist grundsätzlich um die Dauer der Elternzeit. Arbeitslosengeld II jedoch ist weder versicherungspflichtig i.S. des § 26 Abs. 2a SGB III noch stellt es eine laufende Entgeltersatzleistung nach dem SGB III dar, so dass hier keine Anwartschaft auf Arbeitslosengeld begründet wird. 62

Werden obige Voraussetzungen nicht erfüllt, kann die Kindererziehung dem Erwerb eines Anspruchs auf Arbeitslosengeld entgegenstehen, weil die Versicherungszeiten in der Rahmenfrist nach Rückkehr auf den Arbeitsmarkt nicht mehr für die Anwartschaftszeiten ausreichen. 62a

Zu berücksichtigen sind des Weiteren auch Betreuungs- und Erziehungszeiten für mehrere Kinder (wenn vielleicht auch nur teilweise wegen evtl. Überschneidungen), jedoch längstens, bis diese das dritte Lebensjahr vollendet haben. Eine Anpassung wegen der »Übertragung« von Elternzeit (bis zu 24 Monaten) bis zur Vollendung des achten Lebensjahres des Kindes steht noch aus.

Zeiten des Bezuges von Elterngeld (auch bereits Erziehungsgeld) werden bei der Berechnung der **Dauer des Arbeitslosengeldanspruchs**, die nach der Dauer der vergangenen beitragspflichtigen Versicherungsverhältnisse gestaffelt sind, **nicht** (mehr) berücksichtigt. 63

Grundlage für die Berechnung des Arbeitslosengeldes ist § 150 Abs. 1 SGB III. Der Bemessungszeitraum umfasst die beim Ausscheiden des Arbeitslosen aus dem jeweiligen Beschäftigungsverhältnis abgerechneten Entgeltabrechnungszeiträume der versicherungspflichtigen Beschäftigungen im Bemessungsrahmen. Dieser umfasst ein Jahr. Bei Eintritt der Arbeitslosigkeit im Anschluss an die Elternzeit (ohne Teilzeit) ist dies regelmäßig das Bruttoarbeitsentgelt, das vor der Freistellung für die Elternzeit und ggf. vor Eintritt der Mutterschaftsfrist verdient wurde. Eine 64

Ausnahme besteht für die Fälle, in denen eine zulässige arbeitslosenversicherungspflichtige **Teilzeitarbeit** (mindestens 15, maximal 30 Stunden pro Woche) ausgeübt wurde. Zur Vermeidung von Nachteilen bleiben bei der Ermittlung des einjährigen Bemessungszeitraumes grundsätzlich Zeiten außer Betracht (§ 150 Abs. 2 Nr. 3 SGB III), in denen der Arbeitslose Elterngeld bezogen oder nur wegen Berücksichtigung von Einkommen nicht bezogen hat, soweit wegen der Betreuung oder Erziehung eines Kindes das Arbeitsentgelt oder die durchschnittliche regelmäßige wöchentliche Arbeitszeit gemindert war. Bestehen allerdings in den letzten zwei Jahren (erweiterter Bemessungsrahmen) vor Beginn der Arbeitslosigkeit nicht wenigstens 150 Tage (fünf Monate) mit Anspruch auf (Vollzeit-) Arbeitsentgelt, wird das Arbeitslosengeld fiktiv bemessen, und zwar nach vier pauschalen Qualifikationsstufen. Für die Festsetzung der Qualifikationsgruppe erfolgt eine Zuordnung, angefangen bei Beschäftigungen, die keine Ausbildung erfordern bis zu einer Tätigkeit, die eine Hochschul- oder Fachhochschulausbildung voraussetzt (§ 152 SGB III).

> **Hinweis:**
> Insbesondere nach Aufgabe/Verlust einer Tätigkeit mit hohem Einkommen kann es sinnvoll sein, wenigstens für einen Tag Arbeitslosengeld zu beziehen. Gem. § 161 Abs. 2 SGB III kann nämlich ein einmal entstandener Arbeitslosengeldanspruch vom Arbeitslosen nur dann nicht mehr (in der gleichen Höhe) geltend gemacht werden, wenn nach seiner Entstehung vier Jahre vergangen sind.

65 Die Arbeitnehmerin möchte **nach Beendigung** der Elternzeit in Teilzeitarbeit tätig sein, die der bisherige Arbeitgeber aus betrieblichen Gründen gemäß TzBfG ablehnt. Wird das Arbeitsverhältnis daraufhin einvernehmlich oder durch Kündigung der Arbeitnehmerin beendet, ist die Verhängung einer **Sperrzeit** i. d. R. nicht gerechtfertigt. Die Betreuung des Kindes ist als »wichtiger Grund« für die Beendigung des Arbeitsverhältnisses im Sinne des § 159 Abs. 1 SGB III anzusehen.[67] Die Arbeitnehmerin muss jedoch bereit sein und es muss ihr möglich sein, eine Beschäftigung von mindesten 15 Wochenstunden aufzunehmen. Das Arbeitslosengeld berechnet sich auch nur nach der Wochenarbeitszeit, die die Arbeitslose zur Verfügung steht (§ 151 Abs. 5 SGB III).

66 **Während des Bezuges von Elterngeld** ist grundsätzlich davon auszugehen, dass bereits eine Hilfe zur Sicherung der Lebensgrundlage vorliegt. Bei Gewährung einkommensabhängiger Sozialleistungen nach dem SGB II, dem SGB XII und dem BKKG wird das Elterngeld daher ohne Übergangsregelung seit dem 1.1.2011 in voller Höhe (also auch in Höhe des Mindestbetrages von 300,00 €) angerechnet (§ 10 Abs. 5: nähere Aus-

---

67 Meisel/Sowka, § 15 Rn. 38.

führungen s. § 10 Rn. 8 bis 11). Mütter und Väter ohne Einkommen, Hausfrauen/Hausmänner, Arbeitslose oder Studierende erhalten jedoch ein Mindestelterngeld von 300,00 €.

§ 16 Inanspruchnahme der Elternzeit

(1) Wer Elternzeit beanspruchen will, muss sie
1. für den Zeitraum bis zum vollendeten dritten Lebensjahr des Kindes spätestens sieben Wochen und
2. für den Zeitraum zwischen dem dritten Geburtstag und dem vollendeten achten Lebensjahr des Kindes spätestens 13 Wochen

vor Beginn der Elternzeit schriftlich vom Arbeitgeber verlangen. Verlangt die Arbeitnehmerin oder der Arbeitnehmer Elternzeit nach Satz 1 Nummer 1 muss sie oder er gleichzeitig erklären, für welche Zeiten innerhalb von zwei Jahren Elternzeit genommen werden soll. Bei dringenden Gründen ist ausnahmsweise eine angemessene kürzere Frist möglich. Nimmt die Mutter die Elternzeit im Anschluss an die Mutterschutzfrist, wird die Zeit der Mutterschutzfrist nach § 6 Absatz 1 des Mutterschutzgesetzes auf den Zeitraum nach Satz 2 angerechnet. Nimmt die Mutter die Elternzeit im Anschluss an einen auf die Mutterschutzfrist folgenden Erholungsurlaub, werden die Zeit der Mutterschutzfrist nach § 6 Absatz 1 des Mutterschutzgesetzes und die Zeit des Erholungsurlaubs auf den Zweijahreszeitraum nach Satz 2 angerechnet. Jeder Elternteil kann seine Elternzeit auf drei Zeitabschnitte verteilen; eine Verteilung auf weitere Zeitabschnitte ist nur mit der Zustimmung des Arbeitgebers möglich. Der Arbeitgeber kann die Inanspruchnahme eines dritten Abschnitts einer Elternzeit innerhalb von acht Wochen nach Zugang des Antrags aus dringenden betrieblichen Gründen ablehnen, wenn dieser Abschnitt im Zeitraum zwischen dem dritten Geburtstag und dem vollendeten achten Lebensjahr des Kindes liegen soll. Der Arbeitgeber hat dem Arbeitnehmer oder der Arbeitnehmerin die Elternzeit zu bescheinigen. Bei einem Arbeitgeberwechsel ist bei der Anmeldung der Elternzeit auf Verlangen des neuen Arbeitgebers eine Bescheinigung des früheren Arbeitgebers über bereits genommene Elternzeit durch die Arbeitnehmerin oder den Arbeitnehmer vorzulegen.

(2) Können Arbeitnehmerinnen aus einem von ihnen nicht zu vertretenden Grund eine sich unmittelbar an die Mutterschutzfrist des § 6 Absatz 1 des Mutterschutzgesetzes anschließende Elternzeit nicht rechtzeitig verlangen, können sie dies innerhalb einer Woche nach Wegfall des Grundes nachholen.

(3) Die Elternzeit kann vorzeitig beendet oder im Rahmen des § 15 Absatz 2 verlängert werden, wenn der Arbeitgeber zustimmt. Die vor-

§ 16 Inanspruchnahme der Elternzeit

zeitige Beendigung wegen der Geburt eines weiteren Kindes oder in Fällen besonderer Härte, insbesondere bei Eintritt einer schweren Krankheit, Schwerbehinderung oder Tod eines Elternteils oder eines Kindes der berechtigten Person oder bei erheblich gefährdeter wirtschaftlicher Existenz der Eltern nach Inanspruchnahme der Elternzeit, kann der Arbeitgeber unbeschadet von Satz 3 nur innerhalb von vier Wochen aus dringenden betrieblichen Gründen schriftlich ablehnen. Die Elternzeit kann zur Inanspruchnahme der Schutzfristen des § 3 Absatz 2 und des § 6 Absatz 1 des Mutterschutzgesetzes auch ohne Zustimmung des Arbeitgebers vorzeitig beendet werden; in diesen Fällen soll die Arbeitnehmerin dem Arbeitgeber die Beendigung der Elternzeit rechtzeitig mitteilen. Eine Verlängerung der Elternzeit kann verlangt werden, wenn ein vorgesehener Wechsel der Anspruchsberechtigten aus einem wichtigen Grund nicht erfolgen kann.

(4) Stirbt das Kind während der Elternzeit, endet diese spätestens drei Wochen nach dem Tod des Kindes.

(5) Eine Änderung in der Anspruchsberechtigung hat der Arbeitnehmer oder die Arbeitnehmerin dem Arbeitgeber unverzüglich mitzuteilen.

Inhaltsübersicht Rn.
1. Geltendmachung der Elternzeit 1– 8b
2. Fristversäumnis 9–10a
3. Vorzeitige Beendigung oder Verlängerung der Elternzeit 11–14
4. Tod des Kindes, Änderung in der Anspruchsberechtigung 15–16

1. Geltendmachung der Elternzeit

1 Wer Elternzeit in Anspruch nehmen will, muss diese **schriftlich** vom Arbeitgeber **verlangen** (Abs. 1 Satz 1). Die Neuregelung durch das Gesetz zur Einführung von Elterngeld Plus differenziert zwischen der Elternzeit bis zur Vollendung des dritten Lebensjahres und der Elternzeit zwischen dem dritten Geburtstag und dem vollendeten achten Lebensjahr des Kindes. Bis zum vollendeten dritten Lebensjahr muss die Geltendmachung spätestens **sieben Wochen,** die Elternzeit ab dem dritten Geburtstag dagegen **13 Wochen** vor dem gewünschten Beginn erfolgen. Die Zustimmung des Arbeitgebers ist nicht erforderlich.

> **Beispiel:**
> Der Sohn von Martin und Renate wurde am Mittwoch, dem 19.8.2015 geboren. Die Mutterschutzfrist endet am Mittwoch, 30.9.2015.
> Im Anschluss daran, ab Donnerstag, dem 1.10.2015 möchte Renate Elternzeit nehmen. Sie muss die Elternzeit direkt im Anschluss an den Beginn der

Mutterschutzfrist, spätestens am Mittwoch, dem 26.8.2015, von ihrem Arbeitgeber schriftlich verlangen.

Der Arbeitgeber kann jedoch auf die Einhaltung der Frist verzichten und auch eine verspätete Mitteilung akzeptieren. Bei dringenden Gründen ist gemäß **Satz 3** ausnahmsweise eine kürzere Frist möglich. In der Gesetzesbegründung wird hierfür der Fall einer Adoptionspflege genannt.[1] Denkbar ist aber auch, dass dieses ebenfalls gelten könnte, wenn die Betreuungsperson ernsthaft erkrankt.[2] Der Anspruch entsteht nicht automatisch, also **nicht kraft Gesetzes**.[3] Das »Elternzeit-Verlangen« kann unter die Bedingung gestellt werden, dass der Arbeitgeber einer **Reduzierung der Arbeitszeit** nach § 15 Abs. 7 zustimmt. Dies ist jedoch höchstrichterlich noch nicht abschließend geklärt.[4]

Mit der **Geltendmachung** der Elternzeit bis zum vollendeten dritten Lebensjahr müssen die Eltern **verbindlich festlegen**, für welche Zeiten innerhalb von zwei Jahren Elternzeit genommen wird. An diese Erklärung sind die Eltern grundsätzlich gebunden. Fehlt diese Erklärung, liegt kein wirksames Verlangen nach Elternzeit vor[5] Diese Anforderung ist dahin zu verstehen, dass der Arbeitnehmer den Zweijahreszeitraum »mindestens« abdecken muss.[6] Das dient nämlich auch dem Dispositionsinteresse des Arbeitgebers und ermöglicht somit eine rechtzeitige Personalplanung und ggf. die Einstellung einer Ersatzkraft. Eine Mitteilung, dass die Elternzeit nach Beendigung der Arbeitsunfähigkeit beginnen soll, genügt nicht den Anforderungen.[7] 2

Fraglich ist, wann die **Festlegung** des Zweijahreszeitraumes beginnt. Dieses dürfte der Beginn der Elternzeit bzw. des ersten Elternzeitabschnitts (»innerhalb von zwei Jahren«) sein.[8] Hat also ein Arbeitnehmer Elternzeit bis zur Vollendung des zweiten Lebensjahres des Kindes geltend gemacht, kann er später erneut Elternzeit verlangen, um den maximalen Anspruchszeitraum weiter oder in vollem Umfang auszuschöpfen. Soll für den Zeitraum bis zum vollendeten dritten Lebensjahr des Kindes eine Aufteilung auf weitere Zeitabschnitte vorgenommen werden, ist die Zustimmung des Arbeitgebers erforderlich. 3

---

1 BT-Drs. 14/3553, S. 22.
2 Reinecke, FA 2001, 10.
3 BAG 22.6.1988 und BAG 10.5.1989, AP Nr. 1 und 2 zu § 15 BErzGG.
4 Hk-MuSchG/BEEG/Rancke, § 15, Rn. 66.
5 BAG 17.2.1994, NZA 1994, 65.
6 BAG 19.4.2005 – 9 AZR 233/04, NZA 2005, 1354, 1356.
7 BAG 17.10.1990, NZA 1991, 320.
8 Sowka, NZA 2000, 1186.

> **Beispiel 1:**
> Christian K. hat Elternzeit für 18 Monate seit Geburt des Kindes geltend gemacht.
> Er hat sich damit für die ersten zwei Jahre festgelegt und muss tatsächlich 18 Monate Elternzeit in Anspruch nehmen. An die dem Arbeitgeber gegenüber abgegebene Erklärung über die Dauer der Elternzeit ist der Arbeitnehmer nach allgemeinem Recht gebunden.[9] Er kann also nicht im unmittelbaren Anschluss weitere Elternzeit verlangen. Die Anforderung in § 16 Abs. 1 S. 1 ist dahin zu verstehen, dass der Arbeitnehmer den Zweijahreszeitraum »mindestens« abdecken muss. Er kann jedoch für die Zeit vom zweiten Geburtstag bis zum vollendeten dritten Lebensjahr des Kindes erneut Elternzeit geltend machen. Dafür muss er allerdings die Ankündigungsfrist von sieben Wochen einhalten und ist dann erneut an diese Erklärung gebunden.
> Arbeitnehmer und Arbeitgeber sind aber frei eine Vereinbarung zu treffen, dass von dieser Regelung abgewichen und im Anschluss an die 18 Monate weiter Elternzeit genommen werden kann. Das kann auch für den Arbeitgeber sinnvoll sein. Eine eingearbeitete Kraft könnte u. U gleich weiter beschäftigt werden und erheblicher Planungs- und Verwaltungsaufwand entfallen.

> **Beispiel 2:**
> Anna R. macht Elternzeit bis zur Vollendung des dritten Lebensjahres des Kindes geltend.
> Es kann von vornherein der gesamte in Betracht kommende Zeitraum bis zur Vollendung des dritten Lebensjahres des Kindes abgedeckt werden. Soweit angenommen wird, der Arbeitnehmer werde nur für die Dauer von zwei Jahren gebunden,[10] wird übersehen, dass ein Arbeitnehmer an die dem Arbeitgeber gegenüber abgegebene Erklärung über die Dauer der Elternzeit nach allgemeinem Recht gebunden ist. Gestaltungsrechte wie das Recht auf Elternzeit[11] sind grundsätzlich bedingungsfeindlich und damit auch nicht widerrufbar.[12]

4 Auf die **Berechnung** der Sieben- bzw. 13-Wochenfrist finden die §§ 187 ff. BGB Anwendung. Für die Elternzeit bis zur Vollendung des dritten Lebensjahres ist zunächst also einmal der Ablauf der Schutzfrist zu ermitteln. Da der erste Tag der Elternzeit der Tag ist, von dem an zurückzurechnen ist, beginnt die Siebenwochenfrist mit dem Ablauf des Tages der letzten Woche, welcher dem Tag vorhergeht, der durch seine Benennung dem ersten Tag der Elternzeit entspricht. Ist also der Beginn eines Freitags der maßgebliche Endzeitpunkt, weil Freitag der erste Tag der Elternzeit ist, so endet die Frist »sieben Wochen davor« mit dem Ablauf des Donnerstags.[13]

---

9 BAG 19.4.2005 – 9 AZR 233/04, NZA 2005, 1354, 1356.
10 Sowka, NZA 2000, 1185, 1187 f.
11 Joussen, NZA 2005, 336, 337.
12 BAG 19.4.2005 – 9 AZR 233/04, NZA 2005, 1354, 1356.
13 Vgl. Meisel/Sowka, § 16 Rn. 8 m.w.N.

> **Beispiel 3:**
> Der Sohn von Frau Adler wurde am Donnerstag, dem 8.7.2015 geboren. Die Mutterschutzfrist endet am Donnerstag, dem 20.9.2015. Im Anschluss daran, ab Freitag, dem 21.8.2015, möchte Frau Adler Elternzeit nehmen. Sie muss die Elternzeit spätestens am Donnerstag, dem 15.7.2015, von ihrem Arbeitgeber schriftlich verlangen.

Fällt der letzte Tag der Erklärungsfrist auf einen Samstag, Sonntag oder Feiertag, führt dies nicht zu einer Fristverlängerung bis zum nächsten Werktag; § 193 BGB gilt nicht.[14]

Die Inanspruchnahme der Elternzeit zwischen dem dritten Geburtstag und dem vollendeten achten Lebensjahr des Kindes bedarf nicht mehr der Zustimmung des Arbeitgebers. Um die Interessen der Arbeitgeber angemessen zu berücksichtigen, wird die Anmeldefrist für diesen Zeitraum in Anlehnung an das Teilzeit- und Befristungsgesetz auf 13 Wochen erhöht. Es wird für zumutbar gehalten, dass Eltern von älteren Kindern eine längere Anmeldefrist einhalten. Die weitere Entwicklung und die zeitlichen Bedürfnisse für die Kinder seien besser vorhersehbar.[15]

Beginnt eine Elternzeit vor dem dritten Geburtstag und dauert ohne Unterbrechung über den dritten Geburtstag hinaus an, muss für den Elternzeitanteil vor dem dritten Geburtstag die siebenwöchige Anmeldefrist und für den Elternzeitanteil ab dem dritten Geburtstag die Anmeldefrist von 13 Wochen eingehalten werden.[16]

Die Vorschrift regelt nur, wie lange vor **Antritt** Arbeitnehmerinnen und Arbeitnehmer die Elternzeit geltend machen müssen, **nicht von welchem Zeitpunkt ab** sie dies tun können. Daher ist denkbar – aber nicht sinnvoll –, dass die Elternzeit z. B. auch schon vor der Geburt des Kindes geltend gemacht werden kann. Es kann jedoch keine verbindliche Erklärung vom Arbeitnehmer, auch nicht unter dem Gesichtspunkt der arbeitsvertraglichen Treuepflicht, vor Beginn der siebenwöchigen Erklärungsfrist dahingehend verlangt werden, dass sie/er die Elternzeit in Anspruch nehmen wird.[17]

Der **Arbeitgeber kann** auch auf die Einhaltung der Sieben- bzw. 13-Wochenfrist **verzichten**, da mit dieser Vorschrift nur sein Dispositionsinteresse geschützt werden soll.

Bisherige Teilzeittätigkeit, die während der Elternzeit von Beginn an fortgeführt werden soll, ist dem Arbeitgeber gem. § 15 Abs. 5 Satz 4 in analoger Anwendung von § 16 Abs. 1 Satz 1 mitzuteilen.[18]

---

14 Vgl. BAG 5.3.1970, AP Nr. 1 zu § 193 BGB.
15 BT-Drs. 18/2583, S. 36.
16 BT-Drs. 18/2583, S. 36.
17 S. a. Zmarzlik/Zipperer/Viethen, § 16 Rn. 6.
18 BAG 27.4.2004 – 9 AZR 21/04, NZA 2004, 1039.

7 Hat der Arbeitnehmer die ihm nach § 15 BEEG zustehende Elternzeit fristgerecht verlangt, entsteht der Anspruch, ohne dass der Arbeitgeber hierzu sein Einverständnis erklären oder zustimmen muss. Der Arbeitnehmer kann ohne Einvernehmen mit dem Arbeitgeber nicht in Abweichung von seinen Erklärungen die Arbeit antreten oder die Elternzeit beenden. Auch wenn der Arbeitnehmer vor Antritt der Elternzeit oder während der bereits angetretenen Elternzeit (unter vollständiger Arbeitsbefreiung) erkrankt, ist seine Erklärung verbindlich.

Wird die Elternzeit von der Mutter im Anschluss an die Mutterschutzfrist genommen, wird die Mutterschutzfrist auf den Zweijahreszeitraum der Elternzeit angerechnet. Schließt sie zudem noch Erholungsurlaub an die Mutterschutzfrist an, werden diese Zeiten ebenfalls angerechnet.

8 Die **Aufteilung** der insgesamt höchstens dreijährigen Elternzeit ist nach der Neuregelung für jeden Elternteil in **höchstens drei Zeitabschnitte** zulässig, unabhängig davon, wann die Elternzeit beansprucht wird. Die Erhöhung von zwei auf drei Zeitabschnitte trägt der Flexibilisierung Rechnung, dass nun 24 Monate statt wie bisher zwölf Monate Elternzeit zwischen dem dritten und dem achten Lebensjahr des Kindes genommen werden können. Auch die Neuregelung zum Partnerschaftsbonus (die gleichzeitige Verringerung der Arbeitszeit der Eltern auf 25 bis 30 Wochenstunden im Durchschnitt eines Monats bedeutet einen Anspruch von weiteren vier aufeinander folgenden Monaten) macht eine Erhöhung auf drei Zeitabschnitte notwendig. Damit diese Regelung greift, muss Eltern die Möglichkeit gegeben werden, die Elternzeit so zu nehmen. Bei Beibehaltung von nur zwei Zeitabschnitten wäre dieses in einer Vielzahl von Fällen nicht mehr möglich.[19]

> **Beispiel 4:**
> Katrin und Bastian W. nehmen Elternzeit für ihr am 9.7.2015 geborenes Kind wie folgt:
> 1. 21.8.2015 bis 20.8.2016 Katrin
> 2. 21.8.2015 bis 8.7.2017 Bastian
> 3. restliche zwölf Monate später bis zur Vollendung
>   des achten Lebensjahres Katrin

> **Hinweis:**
> Eine Zustimmung des Arbeitgebers für den letzten Zeitabschnitt ist nicht mehr erforderlich. Der letzte Zeitabschnitt muss jedoch 13 Wochen vor Beginn beim Arbeitgeber verlangt werden.

Der Antrag von Katrin für die Zeit vom 21.8.2015 bis 20.8.2016 musste bis zum 16.7.2015 ihrem Arbeitgeber vorliegen, also bereits eine Woche

---

19 BT-Drs. 18/2583, S. 36.

nach der Geburt des Kindes und sieben Wochen vor Inanspruchnahme der Elternzeit. Möchte der Vater unmittelbar nach der Geburt des Kindes Elternzeit nehmen, muss er das sieben Wochen vorher, also bis 21.5.2015 dem Arbeitgeber mitteilen (Problem: Geburtstermin ist in der Regel nur ein voraussichtlicher Termin).

> Ein Antrag könnte wie folgt lauten:
> a) **für die Zeit im Anschluss an die Mutterschutzfrist oder unmittelbar nach der Geburt:**
> Sehr geehrte/r Frau/Herr ...,
> hiermit zeige ich an, dass ich vom ... bis ... Elternzeit in Anspruch nehmen werde.
> Mit freundlichen Grüßen
> b) **für die über das dritte Lebensjahr hinausgehende Zeit (wichtig: Verlangen des Zeitabschnitts 13 Wochen vor Beginn):**
> Sehr geehrte/r Frau/Herr ...,
> hiermit zeige ich an, dass ich ab dem ... Elternzeit in Anspruch nehme. Unser Kind wurde am ... geboren. Mein/e Partner/in/Ich ... hat/habe ... Monate Elternzeit bis zum vollendeten dritten Lebensjahr in Anspruch genommen.
> Einen Zeitabschnitt von.. Monaten werde ich vom ... bis ... in Anspruch nehmen.
> Mit freundlichen Grüßen
> Neu geregelt wurde, dass der Arbeitgeber die Inanspruchnahme eines dritten Elternzeitabschnitts zwischen dem dritten und achten Lebensjahr aus **dringenden betrieblichen Gründen** ablehnen kann. Die Ablehnung muss er jedoch innerhalb von **acht Wochen** ab Zugang des Elternzeitantrags erklären.
> Der Arbeitgeber hat die Elternzeit zu **bescheinigen**. Neu aufgenommen wurde, dass bei einem Arbeitgeberwechsel bei Anmeldung von Elternzeit auf Verlangen des neuen Arbeitgebers die bereits genommene Elternzeit durch den früheren Arbeitgeber zu bescheinigen ist.

8a

8b

2. Fristversäumnis

Hat die Arbeitnehmerin die Erklärungsfrist von sieben Wochen aus einem von ihr **nicht zu vertretenden Grund** versäumt, kann sie die Elternzeit noch innerhalb einer Woche nach Wegfall des Grundes verlangen (**Abs. 2**). Voraussetzung ist, dass sich die Elternzeit unmittelbar an das Beschäftigungsverbot nach § 6 Abs. 1 MuSchG anschließen soll. Es reicht aus, dass die Arbeitnehmerin die Fristversäumung weder vorsätzlich noch fahrlässig zu vertreten hat. Mit dieser Regelung soll Härtefällen Rechnung getragen werden. Eine Krankheit oder ein Krankenhausaufenthalt ist nur dann ein von ihr nicht zu vertretender Grund, wenn die Krankheit so schwer wiegend ist, dass sie die Elternzeit auch durch Brief, Telefonat oder Beauftragung eines Angehörigen nicht geltend machen kann. Nach dieser

9

Bestimmung ist im Allgemeinen eine Korrektur der Versäumung der Siebenwochenfrist nicht möglich, sondern die **Elternzeit verkürzt** sich dann um den Zeitraum der Versäumung.

10 Wird ganz kurzfristig die Adoption eines neugeborenen Kindes ermöglicht, dürfte es nicht vertretbar sein, den Arbeitnehmer auf die Siebenwochenfrist zu verweisen, da er sich hierauf nicht rechtzeitig einstellen konnte.[20]

10a Beanstandet der Arbeitgeber die mangelnde Fristwahrung nicht bzw. hat er keine Einwände gegen das Elternzeitverlagen zu einem bestimmten Termin, so ist die Geltendmachung zum angegebenen Zeitpunkt als wirksam anzusehen.[21]

3. Vorzeitige Beendigung oder Verlängerung der Elternzeit

11 Hat der Arbeitnehmer ordnungsgemäß Elternzeit verlangt, ist er grundsätzlich daran gebunden. Die **vorzeitige Beendigung der Elternzeit** (abgesehen von dem Sonderfall des Abs. 4: Tod des Kindes) bedarf der Zustimmung des Arbeitgebers. Damit soll dem Arbeitgeber die Möglichkeit offen bleiben, seine getroffenen Personalentscheidungen beizubehalten oder anzupassen. Mit der vorzeitigen Beendigung der Elternzeit leben die Rechte und Pflichten aus dem Arbeitsvertrag wie mit der normalen Beendigung der Elternzeit voll auf. Mit der Regelung hat der Gesetzgeber in Abs. 3 Satz 2 an Stelle einer früheren Verweisung auf § 7 Abs. 2 Satz 3 und die dort enthaltene Definition der Härtefälle eine bessere Aufzählung gewählt. Die Elternzeit kann wegen der Geburt eines weiteren Kindes oder in Fällen besonderer Härte, insbesondere bei Eintritt einer schweren Krankheit, Schwerbehinderung oder Tod eines Elternteils oder eines Kindes der berechtigten Person oder bei einer nach Inanspruchnahme der Elternzeit eingetretenen erheblichen Gefährdung der wirtschaftlichen Existenz der Eltern vorzeitig beendet werden. Der Antrag ist schriftlich zu stellen. Die siebenwöchige Anmeldefrist gilt hier nicht. Der Arbeitgeber kann die vorzeitige Beendigung nur innerhalb von vier Wochen aus dringenden betrieblichen Gründen – ebenfalls schriftlich – ablehnen. Lehnt der Arbeitgeber ab, kann die Arbeitnehmerin die Arbeit nicht wieder aufnehmen. Sie ist vielmehr auf den Klageweg angewiesen. Im Gesetz ist nicht bestimmt, welche Anforderungen an die Ablehnung zu stellen sind und welche Folgen sich aus einer fehlenden oder nicht hinreichenden Begründung ergeben. Es ist daher das allgemeine Arbeitsvertragsrecht anzuwenden. In Betracht kommen z. B. Ansprüche des Arbeit-

---

20 BT-Drs. 14/3553 S. 22.
21 BAG 9.5.2006 – 9 AZR 278/05, NZA 2006, 1413.

nehmers aus Annahmeverzug.[22] Das Recht der Arbeitnehmerin, das Arbeitsverhältnis zu kündigen und die Elternzeit auf diese Weise zu beenden, bleibt ebenfalls unberührt.

Beispiel:
Frau Gerold hat Elternzeit für zwei Jahre verlangt. Acht Wochen später wird Herr Gerold arbeitslos. Aus finanziellen Gründen möchte Frau Gerold nun wieder arbeiten. Da der Arbeitgeber der vorzeitigen Beendigung nicht zustimmt, bleibt Frau Gerold – die den Klageweg nicht beschreiten möchte – nur die Kündigung des Arbeitsverhältnisses.

Beachte:
Hat Frau Gerold kein neues Arbeitsverhältnis abschließen können und sich arbeitslos gemeldet, muss sie damit rechnen, Arbeitslosengeld erst nach einer Sperrfrist zu erhalten. Es könnte jedoch auch das Vorliegen eines wichtigen Grundes in Frage kommen, sodass eine Sperrzeit nicht gerechtfertigt wäre. Das ist dann der Fall, wenn der Arbeitnehmerin unter Berücksichtigung aller Umstände und unter Abwägung ihrer Interessen gegen die Interessen der Versichertengemeinschaft ein anderes Verhalten nicht zugemutet werden kann (ständige Rechtsprechung des BSG, Urt. v. 29.11.1989, NZA 1990, 628). Der wichtige Grund muss die Beendigung des Beschäftigungsverhältnisses gerade zu diesem Zeitpunkt rechtfertigen. Das dürfte in obigem Beispiel zutreffen.

Bisher war die **vorzeitige Beendigung** der Elternzeit wegen der **bevorstehenden Geburt eines weiteren Kindes** und damit der Inanspruchnahme anfallender Mutterschutzfristen ausgeschlossen und wurde als missbräuchliche Anwendung angesehen.[23] Mit der Regelung in **Abs. 3 Satz 3** wird ausdrücklich das Recht eingeräumt, eine bereits in Anspruch genommene Elternzeit vorzeitig beenden zu dürfen, um die Schutzfristen des § 3 Abs. 2 und des § 6 Abs. 1 MuSchG auch **ohne Zustimmung des Arbeitgebers** in Anspruch nehmen zu können. Mit dieser Regelung wird gleichzeitig die Entscheidung des EuGH[24] in der Rechtssache »Kiiski« umgesetzt, wonach eine Beendigung der Elternzeit zur Inanspruchnahme der Schutzfristen europarechtlich geboten ist. Für die Anspruchsberechtigten ist diese Möglichkeit finanziell attraktiv. Während der Schutzfristen haben sie Anspruch auf das von der gesetzlichen Krankenkasse zu zahlende Mutterschaftsgeld (§ 13 MuSchG) und auf den vom Arbeitgeber zu gewährenden Zuschuss zum Mutterschaftsgeld (§ 14 MuSchG). Die Arbeitnehmerin soll in diesen Fällen dem Arbeitgeber die Beendigung der Elternzeit jedoch rechtzeitig mitteilen.

12

---

22 Reinecke, FA 2001, 10.
23 BT-Drs. 14/3553, S. 23.
24 EuGH 20.9.2007 – C 116/06, NZA 2007, 1274.

13 Wurde für die ersten beiden Lebensjahre des Kindes beispielsweise Elternzeit für 18 Monate verlangt, ist die Arbeitnehmerin nach allgemeinem Recht an die gegenüber dem Arbeitgeber abgegebene Erklärung gebunden (vgl. Rn. 3). Eine **Verlängerung der Elternzeit** über den zuvor festgelegten Zeitpunkt hinaus und wenn die Höchstdauer für die Inanspruchnahme noch nicht ausgeschöpft ist, bedarf der Zustimmung des Arbeitgebers. Mit der ihm vorbehaltenen Zustimmung soll der Arbeitgeber nach billigem Ermessen (§ 315 BGB) darüber entscheiden können, ob die Elternzeit verlängert wird oder nicht.

14 Kann ein vorgesehener Wechsel der Anspruchsberechtigten aus einem **wichtigen Grund** nicht erfolgen (**Abs. 3 Satz 4**), räumt das Gesetz den Interessen der Eltern absoluten Vorrang vor den Dispositionsinteressen des Arbeitgebers ein. Die Interessen des Arbeitgebers sollen, wie etwa durch ein Zustimmungserfordernis, keine Berücksichtigung finden. Zu denken ist hier an das Beispiel, dass die Anspruchsberechtigten einen Wechsel in den Elternzeiten vorgesehen hatten, der sich plötzlich nicht mehr verwirklichen lässt. Für das Verlangen gilt die **siebenwöchige Anmeldefrist nicht**.[25] Ein wichtiger Grund für die Verlängerung einer Elternzeit kann sich dadurch rechtfertigen, dass das Neugeborene unter krankheitsbedingten Entwicklungsstörungen leidet und der andere Elternteil weniger gut zur Betreuung des Neugeborenen geeignet ist.[26] Ferner kann ein wichtiger Grund beispielsweise vorliegen, wenn derjenige Elternteil, der die Betreuung übernehmen soll, sich wegen längerer stationärer Behandlung im Krankenhaus befindet, unter längerer ansteckender Krankheit leidet, von seinem Arbeitgeber längere Zeit ins Ausland gesandt wird, eine mehrmonatige Haftstrafe zu verbüßen hat oder stirbt. Ein wichtiger Grund könnte auch vorliegen, wenn der für den Wechsel vorgesehene Elternteil sich von dem Ehepartner trennt und den Haushalt verlässt. In diesen Fällen bedarf es für die Verlängerung der Elternzeit **nicht der Zustimmung des Arbeitgebers**.[27] Der wichtige Grund muss aber so schwerwiegend sein, dass die Erziehung und Betreuung des Kindes nicht mehr sichergestellt ist. Es kann allerdings auch eine entsprechende Vereinbarung mit dem Arbeitgeber über eine Verlängerung getroffen werden.

4. Tod des Kindes, Änderung in der Anspruchsberechtigung

15 **Stirbt das Kind** während der Elternzeit, endet die Elternzeit drei Wochen nach dem Tod des Kindes (**Abs. 4**), spätestens mit Ablauf des Tages, an dem das Kind drei Jahre alt geworden wäre (bei Adoptiv- oder Adoptions-

---

25 BAG 18.10.2011 – 9 AZR 315/10, NZA 2012, 262.
26 LAG Berlin 7.6.2001 – 10 Sa 2770/00, BB 2001, 2169.
27 S. a. Zmarzlik/Zipperer/Viethen, § 16 Rn. 12; Meisel/Sowka, § 16 Rn. 17 ff.

pflegekindern nach Ablauf der Anspruchsdauer, spätestens an dem Tag, an dem das Kind acht Jahre alt geworden wäre). Mit dieser Regelung sollen sowohl Arbeitnehmer als auch Arbeitgeber Zeit haben, sich auf die neue Situation einzustellen.

Der Arbeitnehmer ist gemäß **Abs.** 5 verpflichtet, dem Arbeitgeber unverzüglich Änderungen in der Anspruchsberechtigung mitzuteilen, so z.B. auch, wenn ein vorgesehener Wechsel in der Anspruchsberechtigung aus einem wichtigen Grund nicht erfolgen kann. 16

§ 17 Urlaub

(1) Der Arbeitgeber kann den Erholungsurlaub, der dem Arbeitnehmer oder der Arbeitnehmerin für das Urlaubsjahr zusteht, für jeden vollen Kalendermonat der Elternzeit um ein Zwölftel kürzen. Dies gilt nicht, wenn der Arbeitnehmer oder die Arbeitnehmerin während der Elternzeit bei seinem oder ihrem Arbeitgeber Teilzeitarbeit leistet.

(2) Hat der Arbeitnehmer oder die Arbeitnehmerin den ihm oder ihr zustehenden Urlaub vor dem Beginn der Elternzeit nicht oder nicht vollständig erhalten, hat der Arbeitgeber den Resturlaub nach der Elternzeit im laufenden oder im nächsten Urlaubsjahr zu gewähren.

(3) Endet das Arbeitsverhältnis während der Elternzeit oder wird es im Anschluss an die Elternzeit nicht fortgesetzt, so hat der Arbeitgeber den noch nicht gewährten Urlaub abzugelten.

(4) Hat der Arbeitnehmer oder die Arbeitnehmerin vor Beginn der Elternzeit mehr Urlaub erhalten, als ihm oder ihr nach Absatz 1 zusteht, kann der Arbeitgeber den Urlaub, der dem Arbeitnehmer oder der Arbeitnehmerin nach dem Ende der Elternzeit zusteht, um die zu viel gewährten Urlaubstage kürzen.

Inhaltsübersicht	Rn.
1. Grundsätzliches	1
2. Kürzung des Erholungsurlaubs	2–10
3. Gewährung von Resturlaub	11–14
4. Beendigung des Arbeitsverhältnisses, zuviel gewährter Urlaub	15–17

1. Grundsätzliches

Mit der Gesetzesänderung zum 1.1.2001 wurde in der Überschrift der Begriff »Erholungsurlaub« durch den Begriff »Urlaub« ersetzt. Dadurch soll zum Ausdruck gebracht werden, dass auch solche Urlaubstage erfasst werden, die als Resturlaub über **die Elternzeit** hinaus übertragen werden.[1] 1

---

1 BT-Drs. 14/3553, S. 23.

Geregelt ist die Kürzung des Urlaubs für die Dauer der Elternzeit, die Übertragung von u. U. restlichem bzw. gekürztem Erholungsurlaub auf die Zeit nach Ende der Elternzeit sowie die Abgeltung des Resturlaubs, wenn das Arbeitsverhältnis während oder nach der Elternzeit endet.

2. Kürzung des Erholungsurlaubs

2 Der Anspruch auf Erholungsurlaub setzt grundsätzlich das Bestehen eines Arbeitsverhältnisses voraus. Der **Zweck** dieser Vorschrift besteht nun zum einen darin, vorstehenden Grundsatz abzuändern. Während der Elternzeit, in dem das Arbeitsverhältnis ohne Arbeitsleistung fortbesteht, ist danach kein Anspruch auf Erholungsurlaub gegeben. **Andererseits** wird der **Zweck** verfolgt, dem Arbeitnehmer zustehenden, aber nicht gewährten Urlaub über die Elternzeit hinaus zu erhalten. Es kommt nicht darauf an, wann der Erholungsurlaub entstanden ist, sondern darauf, ob ein vor dem Beginn der Elternzeit noch zustehender Erholungsurlaub wegen der Inanspruchnahme von Elternzeit nicht mehr genommen werden konnte.[2]

3 Nach der Vorschrift hat der Arbeitgeber lediglich die Möglichkeit (»kann«), den **Erholungsurlaub zu kürzen (Abs. 1)**. Die Kürzung tritt nicht kraft Gesetzes ein. Die Kürzungsmöglichkeit verstößt auch nicht gegen europarechtliche Grundsätze.[3] Dem Arbeitgeber steht es also frei, den Erholungsurlaub voll zu gewähren oder ihn höchstens um die in § 17 bestimmte Zeit zu kürzen. Auch vertraglich kann er sich verpflichten, eine Kürzung nicht oder nur zu einem geringeren Teil als im Gesetz vorzunehmen. Durch Tarifvertrag oder Betriebsvereinbarung kann er hierzu allerdings auch verpflichtet werden. Die Kürzung muss ausdrücklich vom Arbeitgeber erklärt werden; auch durch stillschweigende Erklärung, etwa durch Erteilung des gekürzten Urlaubs, kann er von der Kürzungsmöglichkeit Gebrauch machen.

4 Unter **kürzbarem Urlaub** ist nicht nur der gesamte gesetzliche Erholungsurlaub jeder Art, nach dem Bundesurlaubsgesetz, dem Jugendarbeitsschutzgesetz und dem SGB IX – Schwerbehindertenrecht zu verstehen, sondern auch der Erholungsurlaub aufgrund eines Tarifvertrages oder eines Einzelarbeitsvertrages. Gekürzt werden kann der Erholungsurlaub für **jeden vollen Kalendermonat**, für den der Arbeitnehmer Elternzeit nimmt, um **ein Zwölftel**. Obwohl der Elternzeitraum von der Geburt und vom Lebensalter des Kindes abhängt und somit fast nie am Ersten eines Monats beginnt und am Letzten des Monats endet, hat der Gesetzgeber bei der Kürzungsmöglichkeit auf den vollen Kalendermonat abgestellt. Beginnt oder endet die Elternzeit im Laufe eines Monats, ist dieser Monat

---

2 LAG Düsseldorf 5. 3. 1996, LAGE § 17 BErzGG Nr. 2.
3 LAG Niedersachsen 29. 3. 2012 – 5 Sa 140/12.

also nicht zu berücksichtigen. Bei einer Elternzeit, die von Mitte Juli bis Mitte November dauert, ist damit eine Kürzung des Erholungsurlaubs nur für die Monate August, September und Oktober, also nur für drei Monate zulässig. Dies gilt auch dann, wenn die angebrochenen Monate zusammen einen vollen Monat ausmachen.[4] Nicht voll in Anspruch genommene Monate, und sei es bis auf den letzten Tag des Monats, an dem wegen anderweitiger Verteilung der Arbeitszeit nicht gearbeitet worden wäre, oder wenn an dem vollen Monat nur ein arbeitsfreier Sonntag fehlt, bleiben unberücksichtigt.[5]

Vor der Kürzung ist zunächst der dem Arbeitnehmer zustehende Jahresurlaub zu ermitteln. Von der so ermittelten Dauer wird die Kürzung um ein Zwölftel für jeden vollen Kalendermonat vorgenommen. Ergeben sich durch die Kürzung **Bruchteile von Urlaubstagen**, die mindestens Tag ausmachen, so ist auf volle Urlaubstage aufzurunden. 5

Liegt die Elternzeit **nur in** *einem* Urlaubsjahr, ist für die Kürzung auf dieses Urlaubsjahr abzustellen. 6

> **Beispiel:**
> Es besteht ein Anspruch auf 30 Urlaubstage im Kalenderjahr. Elternzeit wird vom 12.3.2015 bis zum 11.8.2015 genommen, also für fünf volle Kalendermonate. Der Erholungsurlaub ist um 4/12, nämlich für die Monate April bis Juli zu kürzen. Es besteht also für dieses Jahr noch ein Urlaubsanspruch von 20 Tagen (30 Tage minus 4 × 2,5).

Wird Elternzeit **über das Ende eines Urlaubsjahres hinaus** genommen, so ist die Kürzung für *jedes* Urlaubsjahr entsprechend vorzunehmen. 7

> **Beispiel:**
> Es besteht ein Anspruch auf 30 Urlaubstage im Kalenderjahr. Elternzeit wird vom 30.8.2014 bis zum 29.8.2016 genommen. Der Erholungsurlaub für 2014 kann um die Monate September bis Dezember, also um 4/12 gekürzt werden. Im Jahre 2015 kann der Erholungsurlaub völlig gestrichen und für das Jahr 2016 für die Monate Januar bis Juli um 7/12 gekürzt werden. Der Erholungsurlaub beträgt daher für 2014: 30 minus 10 = 20 Arbeitstage; für 2015: 0 Arbeitstage; für 2016: 30 minus 17,5 = 12,5, aufgerundet 13 Arbeitstage.

Der Arbeitgeber ist nicht verpflichtet, dem Arbeitnehmer vor Antritt der Elternzeit mitzuteilen, dass er den Erholungsurlaub anteilig kürzen will.[6] Dies wird damit begründet, dass erst nach Abwicklung der Elternzeit endgültig feststeht, in welchem Umfang gekürzt werden konnte. Der 8

---

4 Vgl. Zmarzlik/Zipperer/Viethen, § 17 Rn. 14.
5 Vgl. Zmarzlik/Zipperer/Viethen, § 17 Rn. 14 m.w.N.; a.A. Meisel/Sowka, § 17 Rn. 5 ff.
6 Vgl. BAG 28.7.1992, AP Nr. 3 zu § 17 BErzGG.

Arbeitgeber darf nicht willkürlich bei einem Arbeitnehmer eine Kürzung vornehmen und bei anderen nicht; insoweit ist der allgemeine Gleichbehandlungsgrundsatz zu wahren.[7]

9 Der Erholungsurlaub kann jedoch nicht gekürzt werden, wenn der Arbeitnehmer während der Elternzeit **bei seinem Arbeitgeber Teilzeitarbeit** leistet. Arbeitet der Arbeitnehmer **bei einem anderen Arbeitgeber in Teilzeit**, kann der bisherige Arbeitgeber den Erholungsurlaub kürzen. Keine Kürzungsmöglichkeit hat jedoch der andere Arbeitgeber, bei dem die Teilzeitarbeit geleistet wird. Ein teilzeitbeschäftigter Arbeitnehmer hat im gleichen Umfang Anspruch auf Erholungsurlaub wie der vollzeitbeschäftigte Arbeitnehmer. Nach dem Bundesurlaubsgesetz beträgt der Urlaubsanspruch 24 Werktage (Montag bis Samstag). Arbeitet ein Teilzeitbeschäftigter nicht an allen betrieblichen Arbeitstagen, muss er sich die für ihn arbeitsfreien Werktage in dem Verhältnis auf den Urlaub anrechnen lassen, in dem seine tatsächlichen Beschäftigungstage zu den Werktagen stehen.

> **Beispiel:**
> Eine Bäckereiverkäuferin arbeitet an drei Tagen in der Woche, und zwar dienstags, donnerstags und freitags. Wie den Vollzeitbeschäftigten steht ihr Urlaub von mindestens 24 Werktagen zu, der im Verhältnis zu den tatsächlichen Beschäftigungstagen umgerechnet zwölf Urlaubstage beträgt:
>
> $$\frac{24 \text{ Urlaubstage/Jahr} \times 3 \text{ Arbeitstage/Woche Teilzeit}}{6 \text{ Arbeitstage/Woche Vollzeit.}} = 12 \text{ Urlaubstage}$$

10 Die Kürzung des Erholungsurlaubs hat nicht nur eine Reduzierung der Freizeit, sondern **auch des Urlaubsentgelts** zur Folge. Für die Berechnung gilt § 11 BUrlG auch für Teilzeitbeschäftigte: Das Urlaubsentgelt bemisst sich für jeden Urlaubstag nach dem durchschnittlichen Arbeitsverdienst, den der Arbeitnehmer in den letzten 13 Wochen vor Beginn des Urlaubs erhalten hat. Ebenfalls kann die Kürzung auch zu einer entsprechenden Kürzung einer zusätzlichen Urlaubsvergütung, des **Urlaubsgeldes** führen. Zu prüfen ist, wovon der Anspruch auf die zusätzliche Urlaubsvergütung abhängt. Eine Kürzung kann erfolgen, wenn die zusätzliche Urlaubsvergütung vom Anspruch auf Urlaub und dem regelmäßigen Urlaubsentgelt abhängt.[8] Hat der Arbeitgeber jedoch in allgemeinen Arbeitsbedingungen die Zahlung von Urlaubsgeld ohne jede Einschränkung und unabhängig von der Urlaubsgewährung zugesagt, ist er nicht berechtigt, den Anspruch wegen der Inanspruchnahme von Elternzeit zu kürzen.[9] Macht ein Tarif-

---

7 S.a. Zmarzlik/Zipperer/Viethen, § 17 Rn. 5; Meisel/Sowka, § 17 Rn. 21.
8 BAG 14.8.1996, AiB 1997, 485.
9 BAG 18.3.1997, NZA 1997, 1168.

Urlaub § 17

vertrag die Zahlung des zusätzlichen Urlaubsentgelts von der Dauer der Betriebszugehörigkeit abhängig, scheidet eine Kürzung aus, weil das Arbeitsverhältnis während der Elternzeit fortbesteht und nur die Hauptpflichten ruhen.[10]

3. Gewährung von Resturlaub

Hat der Arbeitnehmer den ihm zustehenden Erholungsurlaub vor der Elternzeit nicht oder nicht vollständig erhalten, so ist ihm dieser **restliche Urlaub** nach der Elternzeit **im laufenden oder im nächsten Urlaubsjahr** zu gewähren (**Abs. 2**). Nicht entscheidend ist, aus welchen Gründen der Urlaub nicht genommen wurde. Ein aus dem Vorjahr übergegangener und noch nicht genommener restlicher Urlaubsanspruch ist in dem Umfang auf die Zeit nach der Elternzeit zu übertragen, in dem der Arbeitnehmer ihn wegen der Elternzeit nicht genommen hat.[11]

11

> **Beispiel:**
> Die Tochter von Frau Cera wurde am Montag, dem 6.7.2015 geboren. Die Schutzfrist endete am Montag, dem 17.8.2015. Aus dem Jahre 2014 hat Frau Cera noch einen Restanspruch von sieben Urlaubstagen. Im Anschluss an die Mutterschutzfrist, ab Dienstag, dem 18.8.2015 trat sie Elternzeit bis zum 5.7.2018 an.

Resturlaub **aus dem Vorjahr**, der vor Beginn der Elternzeit und während des Übertragungszeitraums z.B. wegen Erkrankung der Arbeitnehmerin nicht genommen werden kann, verfällt im Umfang des gesetzlichen Mindesturlaubs gem. § 3 Abs. 1 BurlG nicht[12] und kann daher an das Ende der Elternzeit weiter übertragen werden.[13].

12

Bisher verfiel Resturlaub, der **wegen der Inanspruchnahme einer zweiten Elternzeit** nicht genommen werden konnte.[14] Das BAG[15] hält an dieser bisherigen Rechtsprechung nun nicht mehr fest. Resturlaub wird danach weiter übertragen, wenn er nach dem Ende der ersten Elternzeit wegen einer weiteren Elternzeit nicht genommen werden kann.

Nach Beendigung des Arbeitsverhältnisses kann der Arbeitgeber den Erholungsurlaub nicht mehr wegen Elternzeit kürzen. Nach der Rechtsprechung des BAG[16] hat er diesen Urlaub daher abzugelten.

---

10 Zmarzlik/Zipperer/Viethen, § 17 Rn. 13 mit Nachweis von Rechtsprechung.
11 BAG 1.10.1991, AP Nr. 2 zu § 17 BErzGG.
12 BAG 24.3.2009 – 9 AZR 983/07, NZA 2009, 538.
13 Hk-MuSchG/BEEG/Rancke, § 17 BEEG Rn. 14.
14 BAG 21.10.1997, AiB 1998, 350.
15 BAG 20.5.2008 – 9 AZR 219/07, NZA 2008, 1237.
16 BAG 19.5.2015 – 9 AZR 725/13.

> **Beispiel:**
> Frau Wolter nahm nach Ablauf der Mutterschutzfrist ihres im Februar 2009 geborenen Kindes Elternzeit bis Februar 2012. Bei Beginn der Elternzeit stand ihr noch Resturlaub aus dem Jahre 2009 zu. Nach Ende der Elternzeit war sie erneut schwanger und nahm weitere Elternzeit bis Februar 2015. Danach ist das Arbeitsverhältnis beendet worden.
> Frau Wolter hat Anspruch auf Abgeltung von Urlaubstagen aus dem Jahr 2009.

13 Mit der Vorschrift des Abs. 2 wird von der Regelung des BUrlG, wonach der gesetzliche Erholungsurlaub spätestens mit dem 31. März des dem Urlaubsjahr folgenden Jahres erlischt, abgewichen. Abs. 2 ist eine gesetzliche Sonderregelung gegenüber § 7 Abs. 3 BUrlG.

14 Für die **Berechnung des Urlaubsentgelts** von übertragenem Erholungsurlaubsanspruch ist nach § 11 BUrlG auf das Arbeitsentgelt der letzten 13 Wochen vor Antritt des Urlaubs abzustellen. Die Berechnung macht keine Probleme, wenn die Arbeitnehmerin nach der Elternzeit zumindest noch 13 Wochen gearbeitet hat. Wird der Erholungsurlaub unmittelbar im Anschluss an die Elternzeit genommen, ist als Bezugszeitraum für die Berechnung des Urlaubsentgelts das abgerechnete Arbeitsentgelt der letzten 13 Wochen vor der Elternzeit anzusetzen. Zwischenzeitlich eingetretene Verdiensterhöhungen oder Verdienstkürzungen wirken sich auf das zu zahlende Urlaubsentgelt aus.

4. Beendigung des Arbeitsverhältnisses, zuviel gewährter Urlaub

15 Wird das Arbeitsverhältnis während der Elternzeit beendet oder im Anschluss an die Elternzeit nicht fortgesetzt, so ist der Urlaub **abzugelten** (**Abs. 3**). Der entstehende Abgeltungsanspruch könnte jedoch hinsichtlich des tarifvertraglichen Anteils von einer Ausschlussfrist erfasst werden. Der Anteil des gesetzlichen Mindesturlaubs bleibt allerdings unberührt.[17] Ohne Bedeutung ist, ob die Beendigung der Elternzeit durch den Arbeitgeber oder Arbeitnehmer erfolgt. So kann es z. B. zu einer Beendigung während der Elternzeit oder mit deren Ende bei befristeten Arbeitsverhältnissen kommen, die auch ohne Kündigung während der Elternzeit enden. Auch kann die Beendigung aufgrund der von der Behörde nach § 18 Abs. 1 Satz 2 ausnahmsweise für zulässig erklärten Kündigung des Arbeitgebers eintreten, oder der Arbeitnehmer kann das Arbeitsverhältnis durch die Kündigung zum Ende der Elternzeit nach § 19 beendet haben.

16 In dem Umfang, in dem der Arbeitgeber den Erholungsurlaub kürzen kann, kann auch bei der Abgeltung eine Kürzung vorgenommen werden. Ergeben sich bei dem ermittelten Urlaubsanspruch Bruchteile von wenigs-

---

17 BAG 23.4.1996, NZA 1997, 44.

tens einem halben Tag, ist der so aufgerundete Anspruch abzugelten. Bruchteile von weniger als halben Tagen können mangels entsprechender Vorschrift nicht abgerundet werden, sind aber in die Abgeltungsvergütung einzubeziehen.[18]

Hat der Arbeitnehmer **vor Beginn der Elternzeit mehr Urlaub** erhalten, als ihm unter Berücksichtigung der Kürzungsmöglichkeit zusteht, kann der Arbeitgeber den Erholungsurlaub, der dem Arbeitnehmer im Anschluss an die Elternzeit zusteht, um die zuviel gewährten Urlaubstage kürzen (**Abs. 4**). Ein zuviel gezahltes Urlaubsentgelt kann er jedoch nicht von einem ausscheidenden Arbeitnehmer zurückfordern.[19]   17

§ 18 Kündigungsschutz

(1) Der Arbeitgeber darf das Arbeitsverhältnis ab dem Zeitpunkt, von dem an Elternzeit verlangt worden ist, nicht kündigen. Der Kündigungsschutz nach Satz 1 beginnt
1. frühestens acht Wochen vor Beginn einer Elternzeit bis zum vollendeten dritten Lebensjahr des Kindes und
2. frühestens 14 Wochen vor Beginn einer Elternzeit zwischen dem dritten Geburtstag und dem vollendeten achten Lebensjahr des Kindes.

Während der Elternzeit darf der Arbeitgeber das Arbeitsverhältnis nicht kündigen. In besonderen Fällen kann ausnahmsweise eine Kündigung für zulässig erklärt werden. Die Zulässigkeitserklärung erfolgt durch die für den Arbeitsschutz zuständige oberste Landesbehörde oder die von ihr bestimmte Stelle. Die Bundesregierung kann mit Zustimmung des Bundesrates allgemeine Verwaltungsvorschriften zur Durchführung des Satzes 4 erlassen.

(2) Absatz 1 gilt entsprechend, wenn Arbeitnehmer oder Arbeitnehmerinnen
1. während der Elternzeit bei demselben Arbeitgeber Teilzeitarbeit leisten oder
2. ohne Elternzeit in Anspruch zu nehmen, Teilzeitarbeit leisten und Anspruch auf Elterngeld nach § 1 während des Zeitraums nach § 4 Absatz 1 Satz 1 und 3 haben.

Inhaltsübersicht	Rn.
1. Zweck	1
2. Kündigungsverbot	2–13

---

18 S. a. Buchner/Becker, § 17 Rn. 30 m. w. N. auch zur a. A., z. B. Meisel/Sowka § 17 Rn. 30 m. w. N.
19 S. a. Zmarzlik/Zipperer/Viethen, § 17 Rn. 18; Meisel/Sowka, § 17 Rn. 32.

3. Ausnahmen vom Kündigungsverbot 14–19
4. Geltung auch bei Teilzeitarbeit 20–22
5. Hinweise für Betriebs- und Personalräte 23–24

1. Zweck

1 Der **Zweck des Kündigungsverbots** liegt darin, dem Arbeitnehmer die Furcht vor einer Kündigung zu nehmen und damit das Ziel des Gesetzes zu erreichen, die Betreuung des Kindes durch einen Elternteil in der ersten Lebensphase zu fördern sowie mehr Wahlfreiheit für die Entscheidung zwischen Tätigkeit in der Familie und außerhäuslicher Erwerbsarbeit zu schaffen.[1] Nicht verbunden ist hiermit eine Arbeitsplatzgarantie. Es besteht kein Anspruch darauf, vom Arbeitgeber nach Beendigung der Elternzeit **auf demselben Arbeitsplatz** eingesetzt zu werden. Es dürfen andere Tätigkeiten übertragen werden, soweit diese vom Arbeitsvertrag umfasst sind (s. a. Rn. 13).

2. Kündigungsverbot

2 Durch das Gesetz zur Einführung von Elterngeld Plus hat es Änderungen im Hinblick auf den Beginn des Kündigungsschutzes gegeben. Nach **Abs. 1 Nr. 1** darf der Arbeitgeber das Arbeitsverhältnis bei einem Verlangen von Elternzeit bis zur Vollendung des dritten Lebensjahres des Kindes frühestens **acht Wochen** vor Beginn der gewünschten Elternzeit kündigen. Maßgeblich für die Berechnung ist der vom Arzt prognostizierte Entbindungstermin – bei einem Elternzeitverlangen des Vaters – wenn dieser vor dem Tag der tatsächlichen Geburt liegt.[2]

2a Eine zwischen dem dritten Geburtstag und dem achten vollendeten Lebensjahr des Kindes geltend gemachte Elternzeit führt zu einem Kündigungsschutz, der frühestens **vierzehn Wochen** vor Beginn der Elternzeit einsetzt. Wird die Elternzeit schon früher verlangt, so greift das Kündigungsverbot nicht schon mit dem Elternzeitverlangen, sondern erst mit Beginn der vorgenannten Frist.[3]

2b Während der Elternzeit besteht Kündigungsschutz fort, der mit dem Ende der Elternzeit endet.

3 Das Kündigungsverbot gilt **für alle Arbeitnehmerinnen und Arbeitnehmer** sowie die zu ihrer Berufsbildung oder die in Heimarbeit Beschäftigten und die ihnen Gleichgestellten, soweit sie Anspruch auf Elternzeit haben, die Elternzeit wirksam verlangt haben (höchstens jedoch acht bzw. vier-

---

1 BT-Drs. 10/3792, S. 20.
2 BAG 12.5.2011 – 2 AZR 384/10, NZA 2012, 208.
3 Wie vor.

zehn Wochen vor Beginn der Elternzeit) oder die Elternzeit bereits angetreten haben oder bei ihrem Arbeitgeber zulässige Teilzeitarbeit leisten. Es **erfasst alle Kündigungen**, sowohl ordentliche (fristgerechte) wie auch außerordentliche (fristlose) Kündigungen des Arbeitgebers, die Änderungskündigungen, Kündigungen aufgrund eines Sozialplans sowie im Insolvenzverfahren und von Massenentlassungen nach § 17 KSchG oder auch Kündigungen bei Betriebsstilllegungen.

Die Kündigungsverbote nach § 9 Abs. 1 MuSchG und § 18 BEEG bestehen nebeneinander. Bei Vorliegen von Mutterschaft und zusätzlich Elternzeit benötigt der Arbeitgeber für eine Kündigung die Zulässigkeitserklärung nach beiden Vorschriften.[4] Die Bedeutung liegt insbesondere darin, dass der persönliche Schutzbereich der beiden Vorschriften sich nicht deckt. § 9 MuSchG dient nur dem Schutz der Mutter (mit den in § 9 Abs. 1 Satz 2 MuSchG aufgeführten Ausnahmen), während das Kündigungsverbot des § 18 auch Väter erfasst. Die Kündigung des Arbeitsverhältnisses eines sich in Elternzeit befindlichen Arbeitnehmers ist nicht innerhalb einer bestimmten Frist ab Zustellung der Zulässigkeitserklärung durch die oberste Landesbehörde auszusprechen.[5] Das Kündigungsverbot besteht ebenfalls neben dem allgemeinen gesetzlichen Kündigungsschutz des Kündigungsschutzgesetzes oder neben einem etwaigen besonderen Kündigungsschutz z. B. für Schwerbehinderte oder Betriebsratsmitglieder. Das Arbeitsverhältnis kann auch weder bei Streik noch durch Aussperrung aufgelöst werden. Nach Beendigung des Arbeitskampfes besteht ein Anspruch auf Weiterbeschäftigung, ohne dass es einer besonderen Wiedereinstellung bedarf.[6] 4

Das Kündigungsverbot erstreckt sich nicht auf anderweitige Beendigungsgründe, wie z. B. Beendigung bei Befristungsende oder durch Aufhebungsvertrag. Dazu gehören auch Kündigung durch den Insolvenzverwalter[7] oder Kündigung während der Elternzeit wegen Betriebsstilllegung.[8] In beiden Fällen ist Voraussetzung aber die Zulässigkeitserklärung der zuständigen Behörde, die dem in Elternzeit befindlichen Arbeitnehmer bekannt zu geben ist.[9] 5

Das **Kündigungsverbot besteht**, wenn der Arbeitnehmer die Elternzeit wirksam **geltend gemacht** (höchstens acht bzw. vierzehn Wochen vor Beginn der Elternzeit) oder sie bereits **tatsächlich angetreten** hat. 6

---

4 BAG 31.3.1993, DB 1993, 1783 f.; LAG Berlin-Brandenburg 6.4.2011 – 15 Sa 2454/10.
5 BAG 22.6.2011 – 8 AZR 107/10, NZA-RR 2012, 119.
6 Schaub, § 170 Rn. 43; BAG 21.4.1971, AP Nr. 43 zu Art. 9 GG Arbeitskampf.
7 BAG 3.7.2003 – 2 AZR 487/02, AiB 2004, 698.
8 BAG 20.1.2005 – 2 AZR 500/03, NZA 2005, 687.
9 BAG 3.7.2003 – 2 AZR 487/02.

§ 18 Kündigungsschutz

> **Beispiel 1:**
> Herr Gellert möchte ab 1.10.2015 zur Betreuung seiner im Jahre 2015 geborenen Tochter in Elternzeit gehen. Dies hat er seinem Arbeitgeber Ende Juli 2009 mitgeteilt. Der Arbeitgeber kündigt das Arbeitsverhältnis am 3.8.2015, also vor dem 6.8.2015, dem Beginn des Achtwochenzeitraumes. Es besteht grundsätzlich kein Kündigungsverbot nach § 18 Abs. 1 BEEG.

Der Arbeitgeber hat aber umgehend nach Geltendmachung der Elternzeit gekündigt. Diese Kündigung könnte daher gegen das Maßregelungsverbot des § 612a BGB verstoßen und nichtig sein, da nahe liegt, dass dies wegen der Elternzeit erfolgte. Der Arbeitgeber muss diese Vermutung widerlegen und sachgerechte Kündigungsgründe nachweisen.[10]

> **Beispiel 2:**
> Herr Iden teilt seinem Arbeitgeber am 7.4.2015 mit, dass er ab 1.6.2015 zur Betreuung seines im Jahre 2015 geborenen Kindes in Elternzeit gehen will. Am 9.4.2015 geht ihm eine Kündigung zu. Diese verstößt gegen das Kündigungsverbot des BEEG.

7   Das Kündigungsverbot gilt **nicht für andere Freistellungen** (z. B. einer auf Tarifvertrag, Betriebsvereinbarung oder einzelvertraglicher Vereinbarung beruhenden Freistellung zur Betreuung eines Kindes) oder für eine von § 15 Abs. 1 abweichende Beurlaubung des Arbeitnehmers (z. B. unbezahlter Sonderurlaub nach § 28 TVöD).

8   Geht dem Arbeitnehmer eine Kündigung – bevor er die Elternzeit geltend gemacht hat – zu einem Termin zu, der in die geplante Elternzeit fallen würde, verstößt dies nicht gegen das Kündigungsverbot des § 18 BEEG. Vor Geltendmachung der Elternzeit oder nach Ende der Elternzeit ist der Arbeitnehmer jedoch im Rahmen des § 612a BGB gegen Kündigungen geschützt. Es könnte ein Verstoß gegen das Benachteiligungsverbot des § 612a BGB vorliegen, wenn der Arbeitgeber wegen der rechtmäßigen Inanspruchnahme der Elternzeit nach Ende der Elternzeit kündigt oder bei einer betriebsbedingten Kündigung nach § 1 Abs. 2 KSchG die Elternzeit im Rahmen der Sozialauswahl zuungunsten des Arbeitnehmers berücksichtigt. Die Kündigung wäre wegen Verstoßes gegen ein gesetzliches Verbot nach § 134 BGB nichtig.[11] Wegen der größeren Sachnähe trifft im Streitfall den Arbeitgeber die Beweislast.[12]

9   Wird die **Elternzeit in mehreren Abschnitten** genommen, besteht zwischen den einzelnen Abschnitten nicht der Sonderkündigungsschutz, sondern Sonderkündigungsschutz besteht bis zur Vollendung des dritten

---

10 LAG Nds. v. 12.9.2005 – 5 Sa 396/05, NZA-RR 2006, 346.
11 Vgl. Zmarzlik/Zipperer/Viethen, § 18 Rn. 15; Meisel/Sowka, § 18 Rn. 13.
12 Vgl. Zmarzlik/Zipperer/Viethen, § 18 Rn. 19; a. A.: Meisel/Sowka, § 18 Rn. 13.

Kündigungsschutz § 18

Lebensjahres nur acht Wochen vor Beginn der gewünschten Elternzeit und für zwischen dem dritten Geburtstag und dem vollendeten achten Lebensjahr des Kindes geltend gemachte Elternzeit nur frühestens vierzehn Wochen vor Beginn der Elternzeit. Aber auch hier kann bei einer Kündigung ein Verstoß gegen das Benachteiligungsverbot des § 612a BGB vorliegen.

Während der Elternzeit darf gegenüber dem Arbeitnehmer eine Kündigung nicht erklärt werden oder ihm zugehen. Ohne Bedeutung ist, zu welchem Zeitpunkt, z. B. nach Beendigung der Elternzeit, die Kündigung wirksam werden soll. 10

> **Beispiel:**
> Die 32-jährige Frau Klenner ist einschließlich der Elternzeit etwas mehr als fünf Jahre in dem Betrieb beschäftigt und bis zum 25.7.2015 in Elternzeit. Am 29.6.2015 erhält sie die Kündigung ihres Arbeitsverhältnisses zum 31.8.2015.
> Diese Kündigung wurde während der Elternzeit ausgesprochen und fällt somit unter das Kündigungsverbot des BEEG. Frau Klenner könnte frühestens nach Rückkehr aus der Elternzeit zum 30.9.2015 gekündigt werden. Es gilt die längere Kündigungsfrist von zwei Monaten zum Monatsende (§ 622 BGB). Wäre sie noch keine zwei Jahre beschäftigt, könnte fristgerecht frühestens am 26.7.2015 oder auch noch bis 3.8.2015 zum 31.8.2015 gekündigt werden.

Das **Kündigungsverbot** des § 18 ist **zwingend**; es ist ein **gesetzliches Verbot** im Sinne des § 134 BGB.[13] Der Kündigungsschutz kann weder im Voraus vertraglich ausgeschlossen oder beschränkt werden noch kann der Arbeitnehmer vor Ausspruch der Kündigung auf ihn verzichten.[14] 11

Wird unter **Verstoß gegen das Kündigungsverbot** gekündigt, ist die Kündigung unheilbar nichtig. Der Arbeitnehmer muss dieses jedoch durch eine gerichtliche Entscheidung feststellen lassen. Die **Klage** des Arbeitnehmers ist gem. § 4 KSchG innerhalb von drei Wochen ab Zugang der Kündigung beim Arbeitsgericht zu erheben. 12

Inwieweit dem Arbeitnehmer während der Elternzeit der bisherige **Arbeitsplatz** »garantiert« bleibt, richtet sich in erster Linie nach dem Inhalt des Arbeitsvertrages.[15] Ist im Arbeitsvertrag die Tätigkeit nicht konkret geregelt, kann der Arbeitgeber im Rahmen seines Weisungsrechts dem Arbeitnehmer eine vergleichbare Tätigkeit zuweisen, z.B. jede Tätigkeit, die den Merkmalen der tariflichen Vergütungsgruppe und seinen Kräften und Fähigkeiten entspricht. Nicht zulässig ist die Versetzung auf einen 13

---

13 Zmarzlik/Zipperer/Viethen, § 18 Rn. 12f.
14 Zmarzlik/Zipperer/Viethen, § 18 Rn. 13; Meisel/Sowka, § 18 Rn. 13.
15 Vgl. Zmarzlik/Zipperer/Viethen, § 18 Rn. 15; Meisel/Sowka, § 15 Rn. 32a.

geringwertigeren Arbeitsplatz, auch wenn die bisherige Vergütung weitergezahlt werden soll.[16] Grundsätzlich nicht erfasst vom Weisungsrecht ist eine Übertragung anderer Aufgaben, wenn im Arbeitsvertrag die Tätigkeit und Arbeitsstelle genau beschrieben sind (z.B. Buchhalterin in einer bestimmten Abteilung und Niederlassung). Eine Änderungskündigung ist wegen des Kündigungsverbots ausgeschlossen.

3. Ausnahmen vom Kündigungsverbot

14 In besonderen Fällen kann der Arbeitgeber durch eine **Zulässigkeitserklärung (Abs. 1 Satz 4 f.**) der für den Arbeitsschutz zuständigen obersten Landesbehörde oder der von ihr bestimmten Stelle vom Kündigungsverbot befreit werden. Diese besonderen Fälle können vorliegen, wenn es gerechtfertigt erscheint, dass das vom Gesetz als vorrangig angesehene Interesse des Arbeitnehmers am Fortbestand des Arbeitsverhältnisses wegen außergewöhnlicher Umstände hinter die Interessen des Arbeitgebers zurücktritt. Ein besonderer Grund soll jedoch **nicht** vorliegen, wenn ein Kirchenmusiker nach Scheidung trotz kirchlicher Ersthirat wieder heiratet.[17] Die vorzunehmende Abwägung der kirchlichen Belange mit dem Recht des Kirchenmusikers auf Achtung seines Privat- und Familienlebens fiel hier zu seinen Gunsten aus.

Nähere Einzelheiten, in welchen Fällen die Behörde einer Kündigung zustimmen soll, hat der Bundesminister für Familie, Senioren, Frauen und Jugend zeitnah zum Inkrafttreten des BEEG am 3.1.2007 in den **Allgemeinen Verwaltungsvorschriften zum Kündigungsschutz bei Elternzeit** geregelt (vgl. Anhang 1 Seite 232 ff.).

15 Die Zustimmung soll in folgenden Fällen erteilt werden können:
- Stilllegung oder Verlagerung eines Betriebes oder einer Betriebsabteilung, wenn der Arbeitnehmer nicht in einem anderen Betrieb/einer anderen Betriebsabteilung des Unternehmens oder an dem neuen Sitz des Betriebes/der Betriebsabteilung weiterbeschäftigt werden kann;
- Ablehnung des Arbeitnehmers (z.B. Verlagerung eines Betriebes oder einer Betriebsabteilung, Stilllegung einer Betriebsabteilung), eine angebotene zumutbare Weiterbeschäftigung auf einem anderen Arbeitsplatz anzunehmen;
- Gefährdung der wirtschaftlichen Existenz des Arbeitgebers bei Aufrechterhaltung des Arbeitsplatzes;
- besonders schwere Verstöße des Arbeitnehmers gegen arbeitsvertragliche Pflichten oder vorsätzliche strafbare Handlungen, wenn diese dem

---

16 Vgl. Zmarzlik/Zipperer/Viethen, § 18 Rn. 15.
17 VG Regensburg 9.4.2013 – RO 9 K 13 212.

Arbeitgeber die Aufrechterhaltung des Arbeitsplatzes unmöglich machen.

Mit der in Rn. 14 erwähnten Verwaltungsvorschrift soll eine gleichmäßige Anwendung des Gesetzes durch die Verwaltungsbehörden im gesamten Bundesgebiet im Interesse der Rechtssicherheit und Rechtsklarheit sichergestellt werden. 16

Zuständige Behörden für die Zulässigkeitserklärung der Kündigung sind in 17
Baden-Württemberg: Regierungspräsidien,
Bayern: Regierungen der jeweiligen Bezirke,
Berlin: Landesamt für Arbeitsschutz, Gesundheitsschutz und technische Sicherheit,
Brandenburg: Amt für Arbeitsschutz,
Bremen: Gewerbeaufsichtsamt,
Hamburg: Behörde für Soziales, Familie, Gesundheit und Verbraucherschutz, Amt für Arbeitsschutz,
Hessen: Regierungspräsidien,
Mecklenburg-Vorpommern: Landesamt für Gesundheit und Soziales, Abt. Arbeitsschutz,
Niedersachsen: Gewerbeaufsichtsämter,
Nordrhein-Westfalen: Gewerbeaufsichtsämter bzw. Ämter für Arbeitsschutz,
Rheinland-Pfalz: Struktur- und Genehmigungsdirektion, Abt. 2, Gewerbeaufsicht,
Saarland: Landesamt für Umwelt- und Arbeitsschutz,
Sachsen: Regierungspräsidien, Abteilung Arbeitsschutz,
Sachsen-Anhalt: Landesämter für Verbraucherschutz, Gewerbeaufsicht,
Schleswig-Holstein: Unfallkasse Nord, Kiel,
Thüringen: Landesbetriebe für Arbeitsschutz und technischen Verbraucherschutz.

Anträge, die an eine unzuständige Behörde gerichtet werden, werden in der Regel an die zuständige Stelle weitergeleitet. 18

Erst nach **Zulassung der Kündigung** durch die zuständige Behörde kann der Arbeitgeber rechtswirksam kündigen. Eine ohne Zulässigkeitserklärung ausgesprochene Kündigung ist unheilbar nichtig. Der Arbeitgeber kann eine Zurückweisung des Antrags auf Zulässigkeitserklärung und der Arbeitnehmer eine Erteilung der Genehmigung zur Kündigung im **Verwaltungsrechtsweg** anfechten. Das **Verwaltungsgericht** prüft die Entscheidung der Behörde auf richtige Rechtsanwendung, insbesondere auf Ermessensfehler. Auch wenn die gesetzliche Kündigungsfrist gem. § 4 S. 4 KSchG erst ab Bekanntgabe der Entscheidung der zuständigen Behörde an den Arbeitnehmer läuft, sollte für die Erhebung einer Klage beim Arbeits- 19 gericht vorsorglich die Dreiwochenfrist ab Zugang der schriftlichen Kündigung eingehalten und unverzüglich die zuständige Behörde informiert werden.

4. Geltung auch bei Teilzeitarbeit

20 Der Schutz vor arbeitgeberseitigen Kündigungen umfasst auch die Arbeitnehmer in Elternzeit, die **bei demselben Arbeitgeber Teilzeitarbeit** leisten (**Abs. 2 Nr. 1**). Das Kündigungsverbot gilt auch dann, wenn für die Teilzeitarbeit eine andere Tätigkeit als bisher vereinbart wurde (z. B. ganztags beschäftigte Sachbearbeiterin arbeitet halbtags im Empfang).

21 Das Kündigungsverbot gilt auch für **Teilzeitarbeitsverhältnisse ohne Elternzeit**, wenn der Arbeitnehmer Anspruch auf Elterngeld während des Bezugszeitraumes nach § 4 Abs. 1 hat (**Abs. 2 Nr. 2**). Mit dieser Regelung werden die Arbeitnehmer einbezogen, die schon **vorher eine zulässige Teilzeitarbeit** von 30 Wochenstunden oder weniger ausgeübt haben und diese weiter ausüben wollen. Der Kündigungsschutz besteht aber nur für die Zeit, für die Anspruch auf Elternzeit nach § 15 **und** Anspruch auf Elterngeld besteht.

22 Nach der bisherigen Rechtsprechung[18] galt der Kündigungsschutz auch für Arbeitnehmer, die während der Elternzeit in einem zweiten Arbeitsverhältnis **bei einem anderen Arbeitgeber** in Teilzeit arbeiteten und den Rest der beim früheren Arbeitgeber noch nicht vollständig genommenen Elternzeit gemäß § 15 und § 16 geltend gemacht hatten. Nunmehr hat das Bundesarbeitsgericht[19] jedoch entschieden, dass das Kündigungsverbot des § 18 nicht für Arbeitsverhältnisse mit dem »anderen« Arbeitgeber im Sinne des § 15 Abs. 4 S. 3 gelte. Dies wird damit begründet, dass sich das aus dem Wortlaut des Gesetzes ergebe, wonach dem Elternzeitberechtigten Sonderkündigungsschutz nur bei »seinem« Arbeitgeber gewährt werde.

5. Hinweise für Betriebs- und Personalräte

23 Vor dem Ausspruch der Kündigung ist der **Betriebs- bzw. Personalrat** zu hören (§ 102 BetrVG, § 79 BPersVG). Eine ohne Anhörung ausgesprochene Kündigung ist unwirksam. Hat der Arbeitgeber einer unter den Sonderkündigungsschutz fallenden Arbeitnehmerin nach Anhörung gekündigt, obwohl die erforderliche behördliche Genehmigung noch nicht vorlag, ist für die weitere Kündigung nach Eingang der behördlichen Zustimmung die neuerliche Anhörung des Betriebsrats erforderlich.[20]

---

18 BAG 11.3.1999, AiB 1999, 715 sowie BAG 27.3.2003 – 2 AZR 627/01.
19 BAG 2.2.2006 – 2 AZR 596/04, NZA 2006, 678.
20 Zmarzlik/Zipperer/Viethen, § 18 Rn. 28.

Die Mitwirkungsrechte des Betriebs- bzw. Personalrats haben ergänzende Funktion, da eine Kündigung des Arbeitsverhältnisses durch den Arbeitgeber ab Verlangen und während der Elternzeit ohne Zustimmung der zuständigen Landesbehörde ohnehin unwirksam ist.

Eine **wesentliche Aufgabe des Betriebs- bzw. Personalrats** besteht aber darin, sich dafür einzusetzen, dass die aus der Elternzeit zurückkehrenden Arbeitnehmerinnen und Arbeitnehmer ihren alten Arbeitsplatz erhalten. Auch wenn der Arbeitgeber individualrechtlich einseitig einen anderen Arbeitsplatz zuweisen kann, besteht unabhängig davon das Mitbestimmungsrecht des Betriebsrats nach § 99 BetrVG bzw. des Personalrats nach § 75 Abs. 1 BPersVG. Bei der Lage der Arbeitszeit und den Anforderungen an die Rückkehrer aus der Elternzeit muss der Arbeitgeber für eine Übergangszeit Rücksicht nehmen. Verspätungen und Schlechtleistungen sind in dieser Übergangszeit nicht geeignet, eine fristlose oder auch ordentliche Kündigung zu rechtfertigen.[21] Hierauf sollten Betriebsrat/Personalrat bei der Anhörung hinweisen und Bedenken zum Ausdruck bringen.

24

§ 19 Kündigung zum Ende der Elternzeit

Der Arbeitnehmer oder die Arbeitnehmerin kann das Arbeitsverhältnis zum Ende der Elternzeit nur unter Einhaltung einer Kündigungsfrist von drei Monaten kündigen.

Inhaltsübersicht	Rn.
1. Zweck	1–1a
2. Ausübung des Kündigungsrechts	2
3. Kündigungsfrist	3–7
4. Formvorschrift	8–9

1. Zweck

Der **Zweck** dieser Regelung besteht darin, dem erziehungsberechtigten Arbeitnehmer ein **Sonderkündigungsrecht zum Ende der Elternzeit** einzuräumen. Damit soll Arbeitnehmern in Elternzeit die Berücksichtigung der familiären Situation erleichtert werden. Mit der Dreimonatsfrist soll das Dispositionsinteresse des Arbeitgebers bzgl. der Personalplanung mit berücksichtigt werden.

1

Unabhängig davon kann der Arbeitnehmer das Arbeitsverhältnis unter Einhaltung der gesetzlichen, tarif- oder arbeitsvertraglichen Kündigungsfrist **zu einem anderen Zeitpunkt** während oder nach Ende der Elternzeit jederzeit kündigen. Auch eine einvernehmliche Vertragsaufhebung ist

1a

---

21 LAG Nürnberg 8.3.1999, Streit 2000, 85.

§ 19 Kündigung zum Ende der Elternzeit

nicht ausgeschlossen. Das Arbeitsverhältnis endet unbeschadet des Sonderkündigungsrechts nach § 19 z. B. mit dem Ablauf einer vereinbarten Befristung.

2. Ausübung des Kündigungsrechts

2   Nur Arbeitnehmern, die Elternzeit nach den §§ 15, 16 rechtswirksam in Anspruch nehmen, steht das Sonderkündigungsrecht zu. **Teilzeitbeschäftigte Arbeitnehmer** mit einer Wochenarbeitszeit bis zu 30 Stunden und mit Anspruch auf Elterngeld, die wegen ihrer Teilzeitarbeit aber keine Elternzeit in Anspruch genommen haben, steht das Sonderkündigungsrecht nicht zu.

3. Kündigungsfrist

3   Der Arbeitnehmer muss für die Kündigung zum Ende der Elternzeit die **Kündigungsfrist von drei Monaten** einhalten.

> **Beispiel:**
> Die Tochter von Frau Iden wurde am 22.7.2012 geboren. Frau Iden befindet sich in Elternzeit bis zum 21.7.2015. Will sie zum Ende der Elternzeit kündigen, muss dem Arbeitgeber ihre Kündigung spätestens am 20.4.2015 zugehen.

4   Ist der letzte Tag, an dem die Kündigungserklärung dem Arbeitgeber zugehen muss, ein Samstag, Sonntag oder Feiertag, muss sie spätestens am letzten Werktag davor zugehen.[1] Der Elternzeitberechtigte Arbeitnehmer kann die Kündigung zum Ende der Elternzeit aber auch früher als drei Monate vorher aussprechen. Es ist jedoch zu beachten, dass nach Zugang der Erklärung ein Widerruf nicht wirksam ist (§ 130 Abs. 1 BGB).

5   Wurde eine Elternzeit von kürzerer Dauer verlangt, ist die Dreimonatsfrist für das Sonderkündigungsrecht von diesem Beendigungszeitpunkt ab zurückzurechnen.

6   Zum Ende der Elternzeit kann weder mit einer längeren noch einer kürzeren gesetzlichen, tarif- oder arbeitsvertraglichen Kündigungsfrist gekündigt werden. Diese Fristen sind jedoch zu beachten, wenn die Kündigung zu einem früheren oder späteren Termin erklärt werden soll.

> **Beispiel:**
> Für das Arbeitsverhältnis von Frau Gellert gilt die gesetzliche Kündigungsfrist von vier Wochen zum 15. oder zum Ende eines Kalendermonats. Die Elternzeit von Frau Gellert endet am 21.9.2015. Sie möchte nach Ende der Elternzeit

---

1 BAG 5.3.1970, BAGE 22, 304; Zmarzlik/Zipperer/Viethen, § 19 Rn. 4.

nicht wieder arbeiten, hat aber die besondere Kündigungsfrist von drei Monaten versäumt.
Nach der gesetzlichen Vorschrift, bleiben ihr noch mehrere Termine zu denen sie mit der Vierwochenfrist kündigen kann, und zwar zum 31.8.2015 oder zum 15.9.2015.

Festgeschrieben ist nur der spätestmögliche Zeitpunkt für eine Kündigung zum Ende der Elternzeit. Der Arbeitgeber kann nicht vom Arbeitnehmer verlangen, dass dieser frühzeitig erklärt, ob er das Arbeitsverhältnis nach Ende der Elternzeit fortsetzen will. Der Arbeitnehmer kann aber auch bereits zu einem früheren oder nach Beendigung der Elternzeit liegenden Zeitpunkt kündigen. Der Arbeitgeber kann sich jedoch auch mit einer nicht fristgerecht zum Ende der Elternzeit ausgesprochenen Kündigung einverstanden erklären.[2] 7

4. Formvorschrift

Die Kündigung bedarf gem. § 623 BGB der Schriftform, wobei die elektronische Form gem. § 126a BGB ausgeschlossen ist. Diese Vorschrift dient der Rechtssicherheit und der Erleichterung der Beweisführung. Wurde diese Formvorschrift nicht eingehalten, ist die Kündigung nichtig. 8

Der Arbeitnehmer ist nicht verpflichtet, für die Kündigung einen Grund anzugeben. Das Sonderkündigungsrecht nach § 19 ist auch nicht an die Voraussetzung geknüpft, dass wegen der Betreuung des Kindes gekündigt wird. 9

§ 20 Zur Berufsbildung Beschäftigte, in Heimarbeit Beschäftigte

(1) Die zu ihrer Berufsbildung Beschäftigten gelten als Arbeitnehmer oder Arbeitnehmerinnen im Sinne dieses Gesetzes. Die Elternzeit wird auf Berufsbildungszeiten nicht angerechnet.

(2) Anspruch auf Elternzeit haben auch die in Heimarbeit Beschäftigten und die ihnen Gleichgestellten (§ 1 Abs. 1 und 2 des Heimarbeitsgesetzes), soweit sie am Stück mitarbeiten. Für sie tritt an die Stelle des Arbeitgebers der Auftraggeber oder Zwischenmeister und an die Stelle des Arbeitsverhältnisses das Beschäftigungsverhältnis.

Inhaltsübersicht	Rn.
1. Grundsatz	1
2. Zur Berufsbildung Beschäftigte	2–4

---

2 Vgl. Zmarzlik/Zipperer/Viethen, § 19 Rn. 5.

§ 20 Zur Berufsbildung Beschäftigte, in Heimarbeit Beschäftigte

3. Verlängerung der Berufsbildungszeit 5–7
4. In Heimarbeit Beschäftigte 8–9

1. Grundsatz

1   § 20 stellt sicher, dass auch die zur Berufsbildung und die in Heimarbeit Beschäftigten und ihnen Gleichgestellten einen Anspruch auf Elternzeit haben. Nach dem Gesetz werden die zur Berufsbildung und in Heimarbeit Beschäftigten hinsichtlich der Elternzeit wie Arbeitnehmer behandelt. Ihre Einbeziehung führt zur Anwendung aller Vorschriften des BEEG mit Arbeitnehmerbezug, die evtl. neben den Vorschriften des BBiG schutzverstärkend wirken können.

2. Zur Berufsbildung Beschäftigte

2   Mit dem **Begriff »zur Berufsbildung Beschäftigte«** werden alle Bildungsverhältnisse, die zu einer beruflichen Qualifikation führen, erfasst (**Abs. 1 Satz 1**). Damit werden nicht nur Auszubildende im Sinne des § 3 BBiG, sondern auch Vertragsverhältnisse im Sinne des § 19 BBiG erfasst, nämlich Anlernlinge, Volontäre, Praktikanten sowie auch zur Fortbildung, Weiterbildung oder Umschulung Beschäftigte, ferner auch Lernschwestern, bei denen die praktische Unterweisung im Vordergrund steht. Praktika, die im Rahmen eines Fach- oder Hochschulstudiums vorgeschrieben sind, können als Berufsbildungsverhältnisse im Sinne des § 20 angesehen werden, wenn sie nicht unselbständiger Teil der Hochschulausbildung sind. Praktikantentätigkeit, bei der beispielsweise die Praxisbetreuung am Arbeitsplatz von der Hochschule wahrgenommen wird, ist derart in das Hochschulstudium integriert, dass grundsätzlich nicht von einem Berufsbildungsverhältnis im Sinne des BBiG gesprochen werden kann. Vielfach wird die Frage, ob die Praktikantentätigkeit unselbständiger Teil der Ausbildung ist oder nicht, schwierig zu beantworten und der Einzelfall zu werten sein. Auf die Zahlung einer Vergütung kommt es nicht an, sondern allein auf das Ziel einer beruflichen Bildung. Nicht unter diese Vorschrift fallen Berufsbildungsverhältnisse in einem öffentlich-rechtlichen Dienstverhältnis mit dem ausschließlichen Ziel der späteren Verwendung als Beamter sowie alle schulischen oder universitären Formen der Aus- und Weiterbildung.[1]

3   Eine **Teilzeitausbildung** ist während der Elternzeit möglich. Die Vorschriften über Teilzeitarbeit während der Elternzeit sind auf die zur Berufsausbildung Beschäftigten entsprechend anzuwenden. Es besteht jedoch kein Anspruch auf eine Teilzeitausbildung. Ausbildungsverhält-

---

[1] Hambüchen/Appel/Kaiser, § 20 BEEG, Rn. 9 ff.

nisse mit einer derart reduzierten Ausbildungszeit gibt es bisher nicht – sie werden jedoch vom Gesetzgeber als zukünftige Möglichkeit angesehen.[2] Sie sind jedoch solange wenig praktisch wie es keine entsprechenden Ausbildungspläne für die Ausbildung in Teilzeit gibt.[3]

Der zur Berufsausbildung Beschäftigte hat aber auch die Möglichkeit, die Ausbildung fortzusetzen. Er verliert auch dann nicht den Anspruch auf Elterngeld, wenn die Zeit der Berufsbildung mehr als 30 Wochenstunden beträgt. 4

3. Verlängerung der Berufsbildungszeit

Nimmt der zur Berufsbildung Beschäftigte Elternzeit in Anspruch, wird 5 diese Zeit nicht auf Berufsbildungszeiten angerechnet. Der **Berufsbildungsvertrag verlängert sich** um die Zeit der in Anspruch genommenen Elternzeit. Es soll mit dieser Vorschrift gewährleistet werden, dass die für eine qualifizierte berufliche Bildung erforderliche Zeit zur Verfügung steht. Eine Vereinbarung mit dem Ziel, die automatische Verlängerung der Berufsbildung auszuschließen, ist unzulässig.

Eine Abs. 1 Satz 2 entsprechende Regelung enthält § 2 Abs. 5 Nr. 3 Wissenschaftszeitvertragsgesetz (früher: § 57b Abs. 4 Nr. 3 HRG) für die Nichtanrechnung von Beurlaubungen nach dem BEEG im Einverständnis mit dem Mitarbeiter auf befristete Arbeitsverträge mit wissenschaftlichem Personal an Hochschulen und Forschungseinrichtungen. 6

Verkürzungsmöglichkeiten der Ausbildung nach dem BBiG werden mit 7 dieser Vorschrift nicht ausgeschlossen. So kann gemäß § 29 Abs. 2 BBiG die Ausbildungszeit auf Antrag verkürzt werden, wenn zu erwarten ist, dass der Auszubildende das Ausbildungsziel in der gekürzten Zeit erreicht. Auch eine vorzeitige Zulassung zur Abschlussprüfung gemäß § 40 BBiG ist möglich.[4] Auf die zur Berufsbildung Beschäftigten finden die Vorschriften des BEEG entsprechende Anwendung; an die Stelle des Arbeitgebers tritt die Ausbildungsstelle.

4. In Heimarbeit Beschäftigte

Die in Heimarbeit Beschäftigen und die ihnen Gleichgestellten haben 8 ebenfalls Anspruch auf Elternzeit. Die Vorschrift des **Abs. 2** hat den Zweck, die Vorschriften des BEEG den **Besonderheiten des Heimarbeitsverhältnisses** anzupassen. In Heimarbeit Beschäftigte und die ihnen Gleichgestellten dürfen nach Ende der Elternzeit nicht gegen ihren Willen

---

2 BT-Drs. 10/3792, S. 21.
3 Ebenso Zmarzlik/Zipperer/Viethen, § 20 Rn. 5.
4 Vgl. Zmarzlik/Zipperer/Viethen, § 20 Rn. 4; Meisel/Sowka, § 20 Rn. 6.

bei der Ausgabe von Heimarbeit ausgeschlossen werden. Ebenfalls dürfen die in Heimarbeit Beschäftigten, die zwar keine Elternzeit nehmen, aber während des Bezuges von Elterngeld für ihren bisherigen Auftraggeber in nach § 2 zulässigem Umfang Heimarbeit leisten, nicht bei der Ausgabe von Heimarbeit ausgeschlossen werden.[5]

9 Auf die in Heimarbeit Beschäftigen und die ihnen Gleichgestellten finden die Vorschriften des BEEG entsprechende Anwendung; an die Stelle des Arbeitgebers tritt der Auftraggeber oder Zwischenmeister und an die Stelle des Arbeitsverhältnisses das Beschäftigungsverhältnis.

§ 21 Befristete Arbeitsverträge

(1) Ein sachlicher Grund, der die Befristung eines Arbeitsverhältnisses rechtfertigt, liegt vor, wenn ein Arbeitnehmer oder eine Arbeitnehmerin zur Vertretung eines anderen Arbeitnehmers oder einer anderen Arbeitnehmerin für die Dauer eines Beschäftigungsverbotes nach dem Mutterschutzgesetz, einer Elternzeit, einer auf Tarifvertrag, Betriebsvereinbarung oder einzelvertraglicher Vereinbarung beruhenden Arbeitsfreistellung zur Betreuung eines Kindes oder für diese Zeiten zusammen oder für Teile davon eingestellt wird.

(2) Über die Dauer der Vertretung nach Absatz 1 hinaus ist die Befristung für notwendige Zeiten einer Einarbeitung zulässig.

(3) Die Dauer der Befristung des Arbeitsvertrags muss kalendermäßig bestimmt oder bestimmbar oder den in den Absätzen 1 und 2 genannten Zwecken zu entnehmen sein.

(4) Der Arbeitgeber kann den befristeten Arbeitsvertrag unter Einhaltung einer Frist von mindestens drei Wochen, jedoch frühestens zum Ende der Elternzeit, kündigen, wenn die Elternzeit ohne Zustimmung des Arbeitgebers vorzeitig endet und der Arbeitnehmer oder die Arbeitnehmerin die vorzeitige Beendigung der Elternzeit mitgeteilt hat. Satz 1 gilt entsprechend, wenn der Arbeitgeber die vorzeitige Beendigung der Elternzeit in den Fällen des § 16 Absatz 3 Satz 2 nicht ablehnen darf.

(5) Das Kündigungsschutzgesetz ist im Falle des Absatzes 4 nicht anzuwenden.

(6) Absatz 4 gilt nicht, soweit seine Anwendung vertraglich ausgeschlossen ist.

(7) Wird im Rahmen arbeitsrechtlicher Gesetze oder Verordnungen auf die Zahl der beschäftigten Arbeitnehmer und Arbeitnehmerinnen abgestellt, so sind bei der Ermittlung dieser Zahl Arbeitnehmer und Arbeitnehmerinnen, die sich in der Elternzeit befinden oder zur Betreu-

---

[5] S.a. Zmarzlik/Zipperer/Viethen, § 20 Rn. 11.

ung eines Kindes freigestellt sind, nicht mitzuzählen, solange für sie aufgrund von Absatz 1 ein Vertreter oder eine Vertreterin eingestellt ist. Dies gilt nicht, wenn der Vertreter oder die Vertreterin nicht mitzuzählen ist. Die Sätze 1 und 2 gelten entsprechend, wenn im Rahmen arbeitsrechtlicher Gesetze oder Verordnungen auf die Zahl der Arbeitsplätze abgestellt wird.

Inhaltsübersicht Rn.
1. Zielsetzung 1– 2
2. Allgemeines 3– 5
3. Verhältnis zu weiteren Befristungsregelungen 6–10
4. Gründe für die Befristung 11–16
5. Einarbeitungszeit 17
6. Zeit-/Zweckbefristung 18–20
7. Kündigung der Vertretungskraft 21–24
8. Verbot der Doppelzählung 25–27

1. Zielsetzung

Die Vorschrift hat zum **Ziel**, organisatorische Belastungen der Betriebe dadurch auszuräumen, dass **befristete Einstellungen** von Arbeitnehmern für die Dauer der Beschäftigungsverbote nach dem MuSchG, der Elternzeit nach dem BEEG oder einer auf Tarifvertrag, Betriebsvereinbarung oder Arbeitsvertrag beruhenden Elternzeit sowie für Zeiten einer notwendigen Einarbeitung ermöglicht werden (**Abs. 1**). Es handelt sich bei dieser Regelung um die gesetzliche Anerkennung eines Vertretungsfalles als sachlichen Grund für die Befristung.[1]

Mit dieser Vorschrift soll jedoch **nicht bezweckt** werden, **unbefristete Arbeitsverträge** z.B. von Dauervertretungen für verschiedene Mutterschaftsfälle in Großbetrieben **durch befristete Arbeitsverträge zu ersetzen**. Dies wird in der Regel auch dem Interesse des Arbeitgebers entsprechen, qualifizierte und eingearbeitete Arbeitnehmer als sog. Springer einsetzen zu können.

1

2

2. Allgemeines

Europarechtliche Vorgaben führten dazu, dass der Gesetzgeber das gesamte Befristungsrecht auf eine gesetzliche Grundlage zu stellen hatte. Befristete Arbeitsverhältnisse sind seither im TzBfG umfassend geregelt.
Gem. § 14 Abs. 1 TzBfG bedarf die wirksame Befristung grundsätzlich eines sachlich rechtfertigenden Grundes. Ohne Vorliegen eines sachlichen Grundes ist die Befristung nur bei einer Neueinstellung bis zur Dauer von

3

---

1 Vgl. Zmarzlik/Zipperer/Viethen, § 21 Rn. 1 m.w.N.

zwei Jahren zulässig (§ 14 Abs. 2 TzBfG). Innerhalb dieser Zeit ist zudem höchstens eine dreimalige Verlängerung eines befristeten Arbeitsvertrages zulässig. Der Möglichkeit, ein Arbeitsverhältnis ohne Sachgrund bis zu zwei Jahre zu befristen, steht ein früheres Arbeitsverhältnis des Arbeitnehmers mit demselben Arbeitgeber nicht entgegen, wenn das Ende des vorangegangenen Arbeitsverhältnisses mehr als drei Jahre zurückliegt.[2]

4 **Besondere Regelungen** in anderen gesetzlichen Vorschriften bleiben nach § 23 TzBfG jedoch unberührt. Eine solche spezielle Regelung stellt § 21 dar. Daneben gelten weitere Formvorschriften und Verfahrensregelungen aus dem allgemeinen Befristungsrecht.[3] So gilt auch hier, dass die Befristung der Schriftform bedarf und von beiden Arbeitsvertragsparteien unterzeichnet werden muss. Es reicht allerdings, wenn der Arbeitgeber dem Arbeitnehmer in einem Schreiben den Abschluss eines befristeten Vertrages anbietet und dieser das Angebot annimmt, indem er das Schreiben ebenfalls unterzeichnet und zurückgibt.[4]

5 Befristete Arbeitsverträge dürfen nicht abgeschlossen werden, wenn damit gesetzliche Arbeitnehmerschutzvorschriften umgangen werden sollen, wie z.B. die des allgemeinen Kündigungsschutzes (§§ 1 ff. KSchG), Bestandsschutzregeln für Schwerbehinderte (§ 85 SGB IX) oder Schutzvorschriften für Schwangere (§ 9 MuSchG).

3. Verhältnis zu weiteren Befristungsregelungen

6 Befristete Arbeitsverhältnisse können ebenfalls auf folgende weitere **gesetzliche Regelungen** gestützt werden:
- Das **Gesetz über befristete Arbeitsverträge in der Wissenschaft (Wissenschaftszeitvertragsgesetz – WissZeitVG)** unterscheidet zwischen einer im Allgemeinen 6-jährigen sachgrundlosen Befristung für wissenschaftliches und künstlerisches Personal und einer Befristung wegen Drittmittelfinanzierung, die sich auch auf nichtwissenschaftliches Personal erstreckt.
- Das **Gesetz über befristete Arbeitsverträge mit Ärzten in der Weiterbildung** fordert das Vorliegen eines sachlichen Grundes und nennt als zulässig die Weiterbildung zum Gebietsarzt oder zum Zwecke des Erwerbs der Anerkennung für ein Teilgebiet oder eine Zusatzbezeichnung.

7 Die Befristung aufgrund anderer Vorschriften über befristete Arbeitsverträge wird durch § 21 nicht ausgeschlossen. Im Unterschied zum nach dem bis 31.12.2000 geltenden Beschäftigungsförderungsgesetz ist der An-

---

2 BAG 6.4.2011 – 7 AZR 716/09, NZA 2011, 905.
3 BT-Drs. 14/4371 S. 13.
4 BAG 26.7.2006 – 7 AZR 514/05, NZA 2006, 1402.

schluss einer erleichterten Befristung (ohne Sachgrund) an eine Befristung mit sachlichem Grund bei demselben Arbeitgeber nach dem TzBfG ausgeschlossen. Befristungsketten, die durch einen mehrfachen Wechsel zwischen Befristungen mit und ohne Sachgrund entstehen, werden damit verhindert.

> **Beispiel:**
> Frau Klenner wird zunächst als Vertretung für Frau Abel, die für zwei Jahre Elternzeit verlangt hat, beschäftigt. Im unmittelbaren Anschluss hieran wird sie befristet für 18 Monate nach dem TzBfG weiterbeschäftigt.
> Die zweite Befristung ist rechtsunwirksam. Die Folge gemäß § 16 TzBfG ist das Zustandekommen eines Arbeitsvertrages auf unbestimmte Zeit.

Zur Klarstellung empfiehlt sich, im Arbeitsvertrag aufzunehmen, ob die Befristung aufgrund von § 21 oder eines anderen sachlichen Grundes erfolgt, da an die verschiedenen Befristungstatbestände unterschiedliche Rechtsfolgen geknüpft sind. Der Arbeitgeber muss den sachlichen Grund für die Befristung darlegen und beweisen. Insbesondere muss er beim Sachgrund der Vertretung den befristeten Bedarf und den Kausalzusammenhang zwischen dem zeitweiligen Ausfall des einen Arbeitnehmers und der Einstellung des Vertreters im Einzelnen darlegen.[5] Auch kann der Arbeitgeber sich beispielsweise auf das Sonderkündigungsrecht nach Abs. 4 nur dann stützen, wenn es sich um eine nach § 21 begründete Befristung handelt. **8**

Die Befristungsregelung im **Arbeitnehmerüberlassungsgesetz (AÜG)** ist mit Wirkung zum 1.1.2003 entfallen. Leiharbeitsverhältnisse dürfen nun wiederholt befristet werden. Der Verleiher kann seither den Leiharbeitnehmer auch nur für die Zeit seiner Überlassung an den Entleiher einstellen; das Synchronisationsverbot ist entfallen. Das Arbeitsverhältnis darf an die Einsatzdauer im Entleihbetrieb gekoppelt werden. Die Zulässigkeit der Befristung richtet sich jeweils nach den allgemeinen Grundsätzen des TzBfG. **9**

Ein Leiharbeitnehmer kann somit in einem befristeten Arbeitsverhältnis zur Vertretung eines Arbeitnehmers während der Elternzeit nach § 21 oder für die Zeit des Beschäftigungsverbots eingestellt werden.

Tarifvertragliche günstigere Befristungsregelungen sind mit § 21 nicht ausgeschlossen. Ist in Tarifverträgen z. B. geregelt, dass ein befristetes Arbeitsverhältnis zur Vertretung eines anderen Arbeitnehmers die Dauer von drei Monaten nicht überschreiten darf, kann der Arbeitgeber für die Dauer der Elternzeit nur einen Arbeitnehmer in einem unbefristeten Arbeitsverhältnis einstellen. **10**

---

5 BAG 15.2.2006 – 7 AZR 232/05, NZA 2006, 781.

4. Gründe für die Befristung

11 Nach **Abs. 1** liegt ein sachlicher Grund für die Befristung eines Arbeitsvertrages vor, bei:
- Vertretung eines anderen Arbeitnehmers für Zeiten eines **Beschäftigungsverbotes** nach dem MuSchG. Dazu zählen die Zeiten der Schutzfristen vor und nach der Entbindung (§§ 3 Abs. 2, 6 Abs. 1 MuSchG) sowie die Beschäftigungsverbote nach §§ 3 Abs. 1, 4 MuSchG;
- Vertretung eines anderen Arbeitnehmers für die Dauer der von ihm verlangten **Elternzeit**.
- Vertretung eines anderen Arbeitnehmers für Zeiten einer **Arbeitsfreistellung zur Betreuung eines Kindes** aufgrund einer Regelung im Tarifvertrag, in einer Betriebsvereinbarung oder einer einzelvertraglichen Vereinbarung.

12 **Arbeitsfreistellung** bedeutet die Freistellung des Arbeitnehmers von der Pflicht zur Arbeitsleistung. Unerheblich ist, ob das Arbeitsentgelt fortgezahlt wird oder nicht. Ist in einer Vereinbarung über die Arbeitsfreistellung keine Regelung über die Vergütung oder Teilen davon aufgenommen worden, so ist im Zweifel davon auszugehen, dass der Anspruch auf Arbeitsentgelt nach § 323 BGB entfällt.[6]

13 Ein Tarifvertrag in der **Privatwirtschaft**, der eine Arbeitsfreistellung zur Betreuung eines Kindes vorsieht, ist der Manteltarifvertrag für die Arbeitnehmer im Einzelhandel in Nordrhein-Westfalen. Nach § 17 dieses Tarifvertrages wird in Betrieben mit mehr als 100 Arbeitnehmern im Anschluss an die gesetzliche Elternzeit Elternurlaub zur Fortsetzung der Kinderbetreuung – Höchstdauer von Elternzeit und Elternurlaub insgesamt vier Jahre – gewährt. Der Tarifvertrag für den **öffentlichen Dienst (TVöD)** enthält ebenfalls einen Anspruch auf unbezahlten Sonderurlaub (§ 28 TVöD) im Sinne des § 21. Die Manteltarifverträge der Metallindustrie, des Groß- und Außenhandels Nordrhein-Westfalens, des privaten Bankgewerbes und des privaten Versicherungsgewerbes enthalten zwar keinen Anspruch auf Arbeitsfreistellung im Sinne des § 21, jedoch einen Anspruch auf **bevorzugte Wiedereinstellung** nach Ausscheiden aus dem Betrieb wegen Betreuung eines Kindes.

14 In Niedersachsen wurden ungefähr ab Anfang 1990 unter Federführung des Niedersächsischen Frauenministeriums Koordinierungsstellen gefördert. Diese Koordinierungsstellen, die es zwischenzeitlich in vielen Städten gibt, informieren und beraten zu beruflicher und betrieblicher Frauenförderung und organisieren einen Zusammenschluss von Betrieben, den überbetrieblichen Verbund, u. a. mit dem Angebot einer unterschiedlich ausgestalteten Elternzeit.

---

6 Zmarzlik/Zipperer/Viethen, § 21 Rn. 13.

Befristete Arbeitsverträge § 21

Der befristet für die Dauer der Elternzeit eingestellte Arbeitnehmer muss nicht dieselben Aufgaben verrichten, die dem in Elternzeit befindlichen Arbeitnehmer übertragen waren.[7] Durch Umorganisation können dessen Aufgaben einem Mitarbeiter übertragen werden, dessen bisherige Aufgaben nun von dem befristet eingestellten Arbeitnehmer wahrgenommen werden. Für die Anerkennung eines Vertretungsfalls zwischen dem zeitweiligen Ausfall eines Mitarbeiters und dem dadurch hervorgerufenen Vertretungsbedarf einerseits und dem der befristeten Einstellung der Vertretungskraft andererseits muss jedoch ein ursächlicher Zusammenhang bestehen. Nach der Rechtsprechung des BAG,[8] soll durch das Erfordernis des Kausalzusammenhangs vermieden werden, dass der Sachgrund der Vertretung nur vorgeschoben wird. 15

Ein befristeter Arbeitsvertrag kann nur für die Zeiten der Mutterschutzfristen vor und nach der Entbindung, für die Dauer der Elternzeit (wird diese in einzelnen Abschnitten genommen, auch für einzelne Abschnitte) oder für die Zeit der Arbeitsfreistellung – auch mit verschiedenen Arbeitnehmern – abgeschlossen werden. Eine Befristung für die Zeiten der mutterschutzrechtlichen Beschäftigungsverbote, die Dauer einer anschließenden Elternzeit und die Zeit einer anschließenden Arbeitsfreistellung ist nicht zulässig, wenn der Arbeitgeber bei Abschluss des befristeten Vertrages am Beginn der Mutterschutzfrist nur vermutet, dass die Mutter auch Elternzeit und Arbeitsfreistellung in Anspruch nehmen wird. In diesem Fall kann der Arbeitgeber nur für die Dauer der Beschäftigungsverbote einen befristeten Vertrag abschließen und, wenn später Elternzeit verlangt wird, einen befristeten Vertrag für die Dauer der Elternzeit. 16

5. Einarbeitungszeit

Bei einer erforderlichen Einarbeitung des befristet eingestellten Arbeitnehmers, ist eine **Verlängerung** der sich nach Abs. 1 um die für die Einarbeitung ergebende Dauer zulässig (**Abs. 2**). Damit soll eine effektive Überbrückungsphase ermöglicht werden. Die Dauer zur Aneignung der erforderlichen Kenntnisse und Fähigkeiten lässt sich pauschal kaum bestimmen, weshalb eine Höchstdauer im Gesetz nicht vorgesehen ist. Der Erwerb allgemeiner Kenntnisse gehört allerdings nicht zur Einarbeitung, so dass es sich immer um eine relativ kurze Zeit handeln wird. 17

6. Zeit-/Zweckbefristung

Vor der Gesetzesänderung 1996 ging es dem Gesetzgeber darum sicher- 18

---

7 LAG Rheinland-Pfalz 15.6.2011 – 7 Sa 62/11.
8 BAG 15.2.2006 – 7 AZR 232/05, BB 2006, 1453.

zustellen, dass das Befristungsende von Anfang an für die Vertragspartner klar ist.[9] Das Bundesarbeitsgericht hat **Abs. 3** vor dem 1.10.1996 dann auch dahingehend ausgelegt, dass eine Zweckbefristung zur Vertretung bei Mutterschutz und Elternzeit nicht zulässig sei, vielmehr die **Dauer der Befristung** kalendermäßig bestimmt oder bestimmbar sein müsse.[10] Das ist eine Befristung, wenn im Vertrag die Laufzeit z.B. vom 1.8. bis 31.12. festgeschrieben wurde. Kalendermäßig nicht bestimmbar ist die Befristungsdauer, wenn der Arbeitnehmer »bis zum Ende der Elternzeit« eingestellt werden soll. Dies ist seit dem 1.10.1996 jedoch als Zweckbefristung zulässig, so dass der Arbeitgeber zwischen **Zeit- und Zweckbefristung** wählen kann.[11]

Es kann also grundsätzlich ein befristetes Arbeitsverhältnis auch zum Zwecke der Vertretung eines Arbeitnehmers für die Dauer der Elternzeit und eine ggf. darüber hinausgehende weitere Beurlaubung zulässig vereinbart werden.

19 Das wirksam befristete Arbeitsverhältnis **endet mit Ablauf der Frist**. Einer Kündigung bedarf es nicht. Es ist ohne Bedeutung, ob nunmehr ein besonderer Kündigungsschutz (z.B. für Schwangere, Schwerbehinderte) zur Anwendung kommen könnte. Auch die Anhörung des Betriebsrats nach § 102 BetrVG ist nicht erforderlich; eine Widerspruchsmöglichkeit besteht für ihn selbst dann nicht, wenn eine Weiterbeschäftigung im Betrieb möglich wäre.

20 Das befristete Arbeitsverhältnis kann sich jedoch in ein unbefristetes umwandeln, wenn der Arbeitnehmer das Arbeitsverhältnis nach Fristende mit Wissen des Arbeitgebers fortsetzt, ohne dass dieser unverzüglich widerspricht. Ist die Befristung weder nach § 21 noch nach anderen Befristungsregelungen wirksam, wird das **unwirksam befristete durch ein unbefristetes Arbeitsverhältnis ersetzt**.[12] Erklärt der Arbeitgeber, dass er den Arbeitnehmer über den ursprünglichen Beendigungszeitpunkt hinaus nicht beschäftigen werde, muss dieser die Unwirksamkeit der Befristung gemäß § 17 TzBfG mit einer Klage auf Feststellung innerhalb von drei Wochen nach dem vereinbarten Ende des befristeten Vertrages umgehend beim Arbeitsgericht geltend machen.

7. Kündigung der Vertretungskraft

21 Fehlt eine Vereinbarung über die **ordentliche Kündigung** des Arbeitsverhältnisses mit der Vertretungskraft und sind die Voraussetzungen für

---

9 BT-Drs. 10/3792, S. 22.
10 BAG 9.11.1994, NZA 1995, 575; AP Nr. 1 zu § 21 BErzGG.
11 Meisel/Sowka, § 21 Rn. 20; s.a. Rn. 18.
12 Vgl. st. Rspr. seit BAG 3.7.1990, AP Nr. 33 zu § 620 BGB Befristeter Arbeitsvertrag.

eine außerordentliche Kündigung (§ 626 BGB) nicht erfüllt, kann der Arbeitgeber den Arbeitsvertrag nur unter Einhaltung einer **Frist von mindestens drei Wochen**, jedoch **frühestens zum Ende der Elternzeit** kündigen. Dies gilt sowohl für den Fall, wenn die Elternzeit vorzeitig endet, weil das Kind gestorben ist, als auch, wenn der Arbeitgeber die vorzeitige Beendigung der Elternzeit wegen der Geburt eines weiteren Kindes oder eines besonderen Härtefalles nicht ablehnen darf (**Abs. 4**).

Der Arbeitgeber soll sich darauf verlassen können, dass er nicht zwei Arbeitnehmer – den aus der Elternzeit zurückkehrenden Arbeitnehmer und den zur Vertretung eingestellten Arbeitnehmer – beschäftigen muss. Eine vorzeitige Beendigung ohne Zustimmung des Arbeitgebers kommt nur in zwei Fällen in Betracht: bei Tod des Kindes oder bei Kündigung des Arbeitnehmers während der Elternzeit. Zu beachten ist für diese Fälle, dass nach **Abs. 5** das **Kündigungsschutzgesetz nicht anwendbar** ist; die gesetzlichen, tarifvertraglichen oder einzelvertraglichen Kündigungsfristen gelten ebenfalls nicht. Die Kündigung des befristet eingestellten Arbeitnehmers ist nur dann unwirksam, wenn ein Sonderkündigungsschutz zum Tragen kommt, z.B. für Schwangere oder Schwerbehinderte. Mit dem vorgesehenen Ende der Befristung würde jedoch das Arbeitsverhältnis enden. Über das Ende der Elternzeit hinaus hat die Vertretungskraft selbst dann keinen Anspruch auf Weiterbeschäftigung, wenn der vertretene Arbeitnehmer nach der Elternzeit nicht zurückkommt und die Stelle neu besetzt werden muss.[13] 22

Bei Vorliegen der Voraussetzungen des § 626 Abs. 1 BGB kann der nach § 21 zulässig befristete Arbeitsvertrag aus wichtigem Grund **außerordentlich gekündigt** werden. 23

Das **Sonderkündigungsrecht** des Arbeitgebers nach Abs. 4 kann **vertraglich ausgeschlossen** werden (**Abs. 6**). Dieser Ausschluss kann individualrechtlich oder durch Tarifvertrag vereinbart werden und im Ergebnis dazu führen, dass der Arbeitgeber gleichzeitig zwei Arbeitnehmern gegenüber zur Beschäftigung und zur Entgeltzahlung verpflichtet ist, weshalb ein derartiger Ausschluss in der Praxis kaum vorkommen dürfte. 24

8. Verbot der Doppelzählung

Kommt es im Rahmen arbeitsrechtlicher Gesetze oder Verordnungen auf die Zahl der beschäftigten Arbeitnehmer an, ist der sich in Elternzeit befindliche Arbeitnehmer oder der zur Kinderbetreuung freigestellte Arbeitnehmer nicht mitzuzählen, solange ein Vertreter eingestellt ist (**Abs. 7**). Beispielhaft werden nachfolgend einige Vorschriften aufgeführt, die die Anwendung von der Beschäftigtenzahl abhängig machen: 25

---

13 LAG Rheinland-Pfalz 26.10.2007 – 9 Sa 120/2007.

§ 21 Befristete Arbeitsverträge

a) KSchG
- Gemäß §§ 17 ff. besteht ab 21 Arbeitnehmer nach Betriebsgröße und Zahl der betroffenen Arbeitnehmer gestaffelt eine Anzeigepflicht bei Massenentlassungen.
- Nach § 23 Abs. 1 Satz 2 besteht bei zehn (begann das Arbeitsverhältnis vor dem 1.1.2004: fünf) oder weniger Arbeitnehmern kein Kündigungsschutz. Bei der Feststellung dieser Beschäftigungszahl zählen Auszubildende nicht mit und Teilzeitbeschäftigte mit einer regelmäßigen wöchentlichen Arbeitszeit von nicht mehr als 20 Stunden mit 0,5 und nicht mehr als 30 Stunden mit 0,75.

b) BetrVG
- Nach § 1 ist ab fünf Arbeitnehmer ein Betriebsrat zu errichten; die Zahl der Betriebsratsmitglieder richtet sich nach der Zahl der Beschäftigen (Berechnungsstaffel in § 9). Arbeitnehmergrenzzahlen bestehen ebenfalls für die Bildung eines Wirtschaftsausschusses (§ 106), des Betriebsausschusses (§ 27) und für die Freistellung von Betriebsratsmitgliedern (§ 38).
- Bestimmte Beteiligungsrechte sind ebenfalls abhängig von der Beschäftigtenzahl. Die Beteiligungsrechte in personellen Angelegenheiten (§§ 99 ff.) und bei Betriebsänderungen (§§ 111 ff.) bestehen erst bei mehr als 20 wahlberechtigten Arbeitnehmern; die Mitbestimmung bei Auswahlrichtlinien (§ 95) setzt voraus, dass 501 Arbeitnehmer beschäftigt sind.

c) Arbeitschutzrecht
Auch im Arbeitsschutzrecht ist die Anwendung der gesetzlichen Bestimmungen von Arbeitnehmergrenzzahlen abhängig.
- Die Arbeitsstättenverordnung vom 12.8.2004, zuletzt geändert durch Verordnung vom 19.7.2010, kennt beispielsweise die Regelung, dass bei mehr als zehn Beschäftigten, oder wenn Sicherheits- und Gesundheitsgründe dies erfordern, ein Pausenraum zur Verfügung zu stellen ist (§ 6 Abs. 3). Die in der zuvor geltenden Arbeitsstättenverordnung enthaltenen Arbeitnehmergrenzzahlen werden durch Formulierungen wie: »Art der Tätigkeit oder gesundheitliche Gründe erfordern es, ausreichend oder geeignet« abgelöst. Den Betriebsräten ist aufgrund dessen, dass z.B. bei der Bereitstellung oder Einrichtung von Räumen ein Ermessen auszuüben ist, ein größerer Handlungsspielraum gegeben.
- Nach § 22 SGB VII sind in Unternehmen mit mehr als 20 Beschäftigten ein oder mehrere Sicherheitsbeauftragte zu bestellen. Für Betriebe mit

geringerer Unfallzahl können die Berufsgenossenschaften die Zahl 20 in ihrer Satzung erhöhen. Durch **Unfallverhütungsvorschriften** wird die Zahl der Sicherheitsbeauftragten näher bestimmt.

Der in Elternzeit befindliche Arbeitnehmer und der zur Kinderbetreuung freigestellte Arbeitnehmer sind jedoch dann bei der Berechnung der Beschäftigtenzahl zu berücksichtigen, wenn der Vertreter (befristet für ihn Eingestellte) nicht mitzuzählen ist. Vorübergehend Beschäftigte, somit auch Vertreter, bleiben z. B. nach §§ 17, 23 KSchG, §§ 1, 9 Abs. 1, 38 Abs. 1, 99 Abs. 1, 106 Abs. 1, 111 Satz 1, 115 Abs. 1, 116 Abs. 1 BetrVG grundsätzlich außer Ansatz. 26

Ist ein Arbeitnehmer befristet zur Vertretung eines in Elternzeit befindlichen Arbeitnehmers oder eines Arbeitnehmers der zur Kinderbetreuung freigestellt ist, eingestellt worden, ist damit entweder der vertretene Arbeitnehmer in Elternzeit oder der zu seiner Vertretung eingestellte Arbeitnehmer nicht mitzuzählen. Das Gleiche gilt, wenn die Zahl der Arbeitsplätze für die Anwendung arbeitsrechtlicher Gesetze und Vorschriften zugrunde gelegt wird. Mit dieser Regelung sollen **Doppelzählungen verhindert** werden. Abhängig von der jeweiligen Fallgestaltung birgt diese Regelung jedoch auch Nachteile für den Arbeitgeber. War beispielsweise der in Elternzeit befindliche Arbeitnehmer schwerbehindert, könnte der Arbeitgeber die Pflichtquote dann ggf. nicht mehr erfüllen, wenn er keinen schwerbehinderten Arbeitnehmer zur Vertretung einstellt. 27

Abschnitt 5
Statistik und Schlussvorschriften

§ 22 Bundesstatistik

(1) Zur Beurteilung der Auswirkungen dieses Gesetzes sowie zu seiner Fortentwicklung sind laufende Erhebungen zum Bezug von Elterngeld und Betreuungsgeld als Bundesstatistiken durchzuführen. Die Erhebungen erfolgen zentral beim Statistischen Bundesamt.
(2) Die Statistik zum Bezug von Elterngeld erfasst vierteljährlich zum jeweils letzten Tag des aktuellen und der vorangegangenen zwei Kalendermonate für Personen, die in einem dieser Kalendermonate Elterngeld bezogen haben, für jedes den Anspruch auslösende Kind folgende Erhebungsmerkmale:
1. Art der Berechtigung nach § 1,
2. Grundlagen der Berechnung des zustehenden Monatsbetrags nach Art und Höhe (§ 2 Absatz 1, 2, 3 oder 4, § 2a Absatz 1 oder 4, § 2c, die § 2d, 2e oder 2f),

3. Höhe und Art des zustehenden Monatsbetrags (§ 4 Absatz 2 Satz 2 und Absatz 3 Satz 1) ohne die Berücksichtigung der Einnahmen nach § 3,
4. Art und Höhe der Einnahmen nach § 3,
5. Inanspruchnahme der als Partnerschaftsbonus gewährten Monatsbeträge nach § 4 Absatz 4 Satz 3 und der weiteren Monatsbeträge Elterngeld Plus nach § 4 Absatz 6 Satz 2,
6. Höhe des monatlichen Auszahlungsbetrags,
7. Geburtstag des Kindes,
8. für die Elterngeld beziehende Person:
    a) Geschlecht, Geburtsjahr und -monat,
    b) Staatsangehörigkeit,
    c) Wohnsitz oder gewöhnlicher Aufenthalt,
    d) Familienstand und unverheiratetes Zusammenleben mit dem anderen Elternteil und
    e) Anzahl der im Haushalt lebenden Kinder.

Die Angaben nach den Nummern 2, 3, 5 und 6 sind für jeden Lebensmonat des Kindes bezogen auf den nach § 4 Absatz 1 möglichen Zeitraum des Leistungsbezugs zu melden.

(3) Die Statistik zum Bezug von Betreuungsgeld erfasst vierteljährlich zum jeweils letzten Tag des aktuellen und der vorangegangenen zwei Kalendermonate erstmalig zum 30. September 2013 für Personen, die in einem dieser Kalendermonate Betreuungsgeld bezogen haben, für jedes den Anspruch auslösende Kind folgende Erhebungsmerkmale:
1. Art der Berechtigung nach § 4a,
2. Höhe des monatlichen Auszahlungsbetrags,
3. Geburtstag des Kindes,
4. für die Betreuungsgeld beziehende Person:
    a) Geschlecht, Geburtsjahr und -monat,
    b) Staatsangehörigkeit,
    c) Wohnsitz oder gewöhnlicher Aufenthalt,
    d) Familienstand und unverheiratetes Zusammenleben mit dem anderen Elternteil und
    e) Anzahl der im Haushalt lebenden Kinder.

Die Angaben nach Nummer 2 sind für jeden Lebensmonat des Kindes bezogen auf den nach § 4d Absatz 1 möglichen Zeitraum des Leistungsbezugs zu melden.

(4) Hilfsmerkmale sind:
1. Name und Anschrift der zuständigen Behörde,
2. Name und Telefonnummer sowie Adresse für elektronische Post der für eventuelle Rückfragen zur Verfügung stehenden Person und
3. Kennnummer des Antragstellers oder der Antragstellerin.

Bundesstatistik § 22

Mit dem Gesetz zur Einführung eines Betreuungsgeldes (Betreuungsgeldgesetz) vom 15.2.2013[1] wurde § 22 neu strukturiert und die statistische Erfassung des Betreuungsgeldes aufgenommen. Auch durch das Gesetz zur Einführung des Elterngeld Plus mit Partnerschaftsbonus und einer flexibleren Elternzeit im BEEG[2] hat die Vorschrift in § 22 Abs. 2 Änderungen erfahren. Es handelt sich hierbei um Folgeänderungen zur statistischen Erfassung des Elterngeld Plus und zum Partnerschaftsbonus.[3] Die Erfassung der bisherigen Verlängerungsoption aus § 6 Satz 2 BEEG a. F. ist von der Einführung des Elterngeld Plus abgelöst worden.[4] Gemäß **Abs. 1** wird die Datenerhebung zum Elterngeld und zum Betreuungsgeld im Rahmen einer Bundesstatistik geregelt. Nur auf der Grundlage einer fundierten Statistik lassen sich die grundsätzlichen Fragen zum Elterngeld und Betreuungsgeld und ihrer Weiterentwicklung im Hinblick auf die Ziele des Gesetzgebers beantworten. Sie ist für die Familienpolitik des Bundes, aber auch der Länder wichtig, um mögliche oder ergänzende Vorhaben zur Förderung junger Familien beurteilen zu können. Zuständige Behörde ist das **Statistische Bundesamt**. 1

Der genaue Katalog der Erhebungsmerkmale für das **Elterngeld** ist in **Abs. 2** geregelt. Nach den gewählten Merkmalen können die einzelnen Voraussetzungen für den Bezug des Elterngeldes präzise statistisch abgebildet werden. Die Angaben über die Inanspruchnahme von Elterngeld werden vierteljährlich erhoben, damit die Informationen zeitnah vorliegen. Von Interesse sind z. B. die Höhe des monatlichen Auszahlungsbetrages, die jeweiligen Grundlagen für die Berechnung der Leistung, die Inanspruchnahme des Basiselterngeldes und des Elterngeld Plus, Art und Höhe der Einnahmen nach § 3, die Inanspruchnahme des Partnerschaftsbonus, die Zuordnung zum Kreis der Berechtigten und der Geburtstag des Kindes. Hinzu kommen in Bezug auf die Elterngeld beziehende Person u. a. Angaben zum Geschlecht, zur Staatsangehörigkeit, zum Familienstand bzw. unverheiratetes Zusammenleben mit dem anderen Elternteil sowie zur Anzahl der im Haushalt insgesamt lebenden Kinder. Aus diesen Informationen können entsprechende Erkenntnisse abgeleitet werden. Weggefallen ist durch das Gesetz zur Vereinfachung des Elterngeldbezugs vom 10.9.2012[5] z. B. die Erfassung der Partnermonate – diese ergibt sich bereits aus Abs. 2 Nr. 7 in Verbindung mit der nach Abs. 4 Nr. 3 dem jeweiligen Antragsteller zugeteilten Kennnummer.[6] 2

---

1 BGBl. I, S. 254.
2 BGBl. I, S. 2325.
3 BT-Drs. 18/2583, S. 38.
4 BT-Drs. 18/2583, S. 38.
5 BGBl. I, S. 1878.
6 BT-Drs. 17/9841, S. 31.

Graue 223

§ 23 Auskunftspflicht; Datenübermittlung an das Statistische Bundesamt

3 Abs. 3 beinhaltet die Erhebungsmerkmale für die Statistik zum **Betreuungsgeld**. Auch hier ist die vierteljährliche Erfassung vorgesehen – die Statistik ist erstmalig zum 30.9.2013 erhoben worden. Erhoben werden u. a. die Art der Berechtigung, Höhe des monatlichen Auszahlungsbetrags und der Geburtstag des Kindes. Wie beim Elterngeld auch werden für die Betreuungsgeld beziehende Person noch das Geschlecht, Geburtsjahr und -monat, Staatsangehörigkeit, Wohnsitz oder gewöhnlicher Aufenthalt, Familienstand bzw. unverheiratetes Zusammenleben mit dem anderen Elternteil und die Anzahl der im Haushalt lebenden Kinder erfasst. Hinzuweisen ist in diesem Zusammenhang auf die durch das BVerfG mit Urteil vom 21.7.2015[7] festgestellte Verfassungswidrigkeit des Betreuungsgeldes, das ab dem 21.7.2015 unwirksam ist. Bis zu diesem Zeitpunkt bewilligte Betreuungsgelder werden jedoch weiterhin statistisch erfasst werden. Die statistische Erfassung ist längstens bis 2017 möglich, da das Betreuungsgeld nach § 4d Abs. 1 Satz 1 maximal für 22 Lebensmonate des Kindes gezahlt wird.

4 Bei den Hilfsmerkmalen nach **Abs. 4** handelt es sich um »Angaben, die der technischen Durchführung von Bundesstatistiken dienen«, vgl. § 10 Abs. 1 Satz 3 BStG.

§ 23 Auskunftspflicht; Datenübermittlung an das Statistische Bundesamt

(1) Für die Erhebung nach § 22 besteht Auskunftspflicht. Die Angaben nach § 22 Abs. 4 Nr. 2 sind freiwillig. Auskunftspflichtig sind die nach § 12 Abs. 1 zuständigen Stellen.

(2) Der Antragsteller oder die Antragstellerin ist gegenüber den nach § 12 Absatz 1 zuständigen Stellen zu den Erhebungsmerkmalen nach § 22 Absatz 2 und 3 auskunftspflichtig. Die zuständigen Stellen nach § 12 Absatz 1 dürfen die Angaben nach § 22 Absatz 2 Satz 1 Nummer 8 und Absatz 3 Satz 1 Nummer 4, soweit sie für den Vollzug dieses Gesetzes nicht erforderlich sind, nur durch technische und organisatorische Maßnahmen getrennt von den übrigen Daten nach § 22 Absatz 2 und 3 und nur für die Übermittlung an das Statistische Bundesamt verwenden und haben diese unverzüglich nach Übermittlung an das Statistische Bundesamt zu löschen.

(3) Die in sich schlüssigen Angaben sind als Einzeldatensätze elektronisch bis zum Ablauf von 30 Arbeitstagen nach Ablauf des Berichtszeitraums an das Statistische Bundesamt zu übermitteln.

---

7 BVerfG 21.7.2015 – 1 BvF 2/13.

Mit dem Gesetz zur Vereinfachung des Elterngeldvollzugs vom 10.9.2012[1] wurde zunächst die Überschrift redaktionell der Überschrift des § 24 angepasst.[2] Durch das Betreuungsgeldgesetz vom 15.2.2013[3] ist § 23 um die Auskunftspflicht in Bezug auf die statistischen Erhebungsmerkmale für das Betreuungsgeld ergänzt worden.

Die Auskunftspflicht der Elterngeldstellen gegenüber dem Statistischen Bundesamt ist in **Abs. 1** geregelt. In **Abs. 2** ist eine Auskunftspflicht der Antragsteller gegenüber den nach § 12 Abs. 1 zuständigen Stellen ausdrücklich festgeschrieben. Die Auskunftspflicht soll dazu dienen, die Auswirkungen der Familiengröße und deren Zusammensetzung auf die Höhe des Eltern- und Betreuungsgeldes, die Dauer der Inanspruchnahme sowie die grundsätzlichen Fragen zum Eltern- bzw. Betreuungsgeld und seiner Weiterentwicklung zu beantworten[4]. **Abs. 3** bestimmt schließlich die Form und Frist für die Lieferung der erhobenen Angaben.

§ 24 Übermittlung von Tabellen mit statistischen Ergebnissen durch das Statistische Bundesamt

Zur Verwendung gegenüber den gesetzgebenden Körperschaften und zu Zwecken der Planung, jedoch nicht zur Regelung von Einzelfällen, übermittelt das Statistische Bundesamt Tabellen mit statistischen Ergebnissen, auch soweit Tabellenfelder nur einen einzigen Fall ausweisen, an die fachlich zuständigen obersten Bundes- oder Landesbehörden. Tabellen, deren Tabellenfelder nur einen einzigen Fall ausweisen, dürfen nur dann übermittelt werden, wenn sie nicht differenzierter als auf Regierungsbezirksebene, im Falle der Stadtstaaten auf Bezirksebene, aufbereitet sind.

Mit dem Gesetz zur Vereinfachung des Elterngeldvollzugs vom 10.9.2012[1] wurde die Überschrift aus Klarstellungsgründen ergänzt und redaktionell den weiteren Änderungen des Gesetzes angepasst.[2] Die Vorschrift selbst regelt die Verwendung der statistischen Ergebnisse gegenüber den gesetzgebenden Körperschaften und für Zwecke der Planung.

---

1 BGBl. I, S. 1878.
2 BT-Drs. 17/9841, S. 32.
3 BGBl. I, S. 254.
4 BR-Drs. 341/08, S. 119.
1 BGBl. I, S. 1878.
2 BT-Drs. 17/9841, S. 32.

§ 24a Übermittlung von Einzelangaben durch das Statistische Bundesamt

(1) Zur Abschätzung von Auswirkungen der Änderungen dieses Gesetzes im Rahmen der Zwecke nach § 24 übermittelt das Statistische Bundesamt auf Anforderung des fachlich zuständigen Bundesministeriums diesem oder von ihm beauftragten Forschungseinrichtungen Einzelangaben ab dem Jahr 2007 ohne Hilfsmerkmale mit Ausnahme des Merkmals nach § 22 Absatz 4 Nummer 3 für die Entwicklung und den Betrieb von Mikrosimulationsmodellen. Die Einzelangaben dürfen nur im hierfür erforderlichen Umfang und mittels eines sicheren Datentransfers übermittelt werden.

(2) Bei der Verarbeitung und Nutzung der Daten nach Absatz 1 ist das Statistikgeheimnis nach § 16 des Bundesstatistikgesetzes zu wahren. Dafür ist die Trennung von statistischen und nichtstatistischen Aufgaben durch Organisation und Verfahren zu gewährleisten. Die nach Absatz 1 übermittelten Daten dürfen nur für die Zwecke verwendet werden, für die sie übermittelt wurden. Die übermittelten Einzeldaten sind nach dem Erreichen des Zweckes zu löschen, zu dem sie übermittelt wurden.

(3) Personen, die Empfängerinnen und Empfänger von Einzelangaben nach Absatz 1 Satz 1 sind, unterliegen der Pflicht zur Geheimhaltung nach § 16 Absatz 1 und 10 des Bundesstatistikgesetzes. Personen, die Einzelangaben nach Absatz 1 Satz 1 erhalten sollen, müssen Amtsträger oder für den öffentlichen Dienst besonders Verpflichtete sein. Personen, die Einzelangaben erhalten sollen und die nicht Amtsträger oder für den öffentlichen Dienst besonders Verpflichtete sind, sind vor der Übermittlung zur Geheimhaltung zu verpflichten. § 1 Absatz 2, 3 und 4 Nummer 2 des Verpflichtungsgesetzes vom 2. März 1974 (BGBl. I S. 469, 547), das durch § 1 Nummer 4 des Gesetzes vom 15. August 1974 (BGBl. I S. 1942) geändert worden ist, gilt in der jeweils geltenden Fassung entsprechend. Die Empfängerinnen und Empfänger von Einzelangaben dürfen aus ihrer Tätigkeit gewonnene Erkenntnisse nur für die in Absatz 1 genannten Zwecke verwenden.

§ 25 Bericht

Die Bundesregierung legt dem Deutschen Bundestag bis zum 31. Dezember 2015 einen Bericht über die Auswirkungen des Betreuungsgeldes vor. Bis zum 31. Dezember 2017 legt sie einen Bericht über die Auswirkungen der Regelungen zum Elterngeld Plus und zum Partnerschaftsbonus sowie zur Elternzeit vor. Die Berichte dürfen keine personenbezogenen Daten enthalten.

Als neues, aber durch das Urteil des BVerfG vom 21.7.2015[1] schon wieder abgeschafftes Instrument der Familienpolitik ist das Betreuungsgeld auf seine Wirksamkeit hin von der Bundesregierung zu prüfen. Bis zum 31.12.2015 wird sie dem Deutschen Bundestag über die Erfahrungen und die Folgerungen für eine mögliche Weiterentwicklung berichten. § 25 ist durch das Gesetz zur Einführung des Elterngeld Plus mit Partnerschaftsbonus und einer flexibleren Elternzeit im BEEG vom 18.12.2014[2] um einen neuen Satz 2 ergänzt worden. Danach sollen die neuen Regelungen zum Elterngeld Plus, zum Partnerschaftsbonus und zur Elternzeit erstmalig im Jahr 2017 evaluiert werden[3] – der Bericht der Bundesregierung muss dem Bundestag deshalb bis zum 31.12.2017 vorgelegt werden.

§ 26 Anwendung der Bücher des Sozialgesetzbuches

(1) Soweit dieses Gesetz zum Elterngeld oder Betreuungsgeld keine ausdrückliche Regelung trifft, ist bei der Ausführung des Ersten, Zweiten und Dritten Abschnitts das Erste Kapitel des Zehnten Buches Sozialgesetzbuch anzuwenden.
(2) § 328 Absatz 3 und § 331 des Dritten Buches Sozialgesetzbuch gelten entsprechend.

Soweit das Bundeselterngeld- und Elternzeitgesetz in den §§ 1 bis 14 den Geldleistungsteil, d.h. Elterngeld und Betreuungsgeld, betrifft, ist das Sozialgesetzbuch X anwendbar. Dies geht aus **Abs. 1** hervor. Bei Bekanntwerden von leistungsausschließenden Tatsachen erfolgt die vorläufige Zahlungseinstellung entsprechend der aus dem Sozialgesetzbuch III für das Arbeitslosengeld in § 331 folgenden Regelungen, **Abs. 2**. Der § 328 Abs. 3 SGB III betrifft demgegenüber die vorläufige Entscheidung über die Zahlung. Danach sind bereits erbrachte Leistungen auf die tatsächlich zustehenden Beträge anzurechnen und bei etwaiger Überzahlung auch zurückzuerstatten. Wichtig ist in diesem Zusammenhang zu wissen, dass vorläufige Bewilligungen von Eltern- und Betreuungsgeld grundsätzlich keinen Vertrauensschutz begründen.[1]

§ 27 Übergangsvorschrift

(1) Für die vor dem 1. Januar 2015 geborenen oder mit dem Ziel der Adoption aufgenommenen Kinder ist § 1 in der bis zum 31. Dezember

---
1 1 BvF 2/13.
2 BGBl. I, S. 2325.
3 BT-Drs. 18/2583, S. 38.
1 BT-Drs. 17/9841, S. 34.

§ 27 Übergangsvorschrift

2014 geltenden Fassung weiter anzuwenden. Für die vor dem 1. Juli 2015 geborenen oder mit dem Ziel der Adoption aufgenommenen Kinder sind die §§ 2 bis 22 in der bis zum 31. Dezember 2014 geltenden Fassung weiter anzuwenden. Satz 2 gilt nicht für § 2c Absatz 1 Satz 2 und § 22 Absatz 2 Satz 1 Nummer 2.

(1a) Soweit dieses Gesetz Mutterschaftsgeld nach dem Fünften Buch Sozialgesetzbuch oder nach dem Zweiten Gesetz über die Krankenversicherung der Landwirte in Bezug nimmt, gelten die betreffenden Regelungen für Mutterschaftsgeld nach der Reichsversicherungsordnung oder nach dem Gesetz über die Krankenversicherung der Landwirte entsprechend.

(2) Für die dem Erziehungsgeld vergleichbaren Leistungen der Länder sind § 8 Absatz 1 und § 9 des Bundeserziehungsgeldgesetzes in der bis zum 31. Dezember 2006 geltenden Fassung weiter anzuwenden.

(3) Betreuungsgeld wird nicht für vor dem 1. August 2012 geborenen Kinder gezahlt. Bis zum 31. Juli 2014 beträgt das Betreuungsgeld abweichend von § 4b 100 Euro pro Monat.

1 § 27 ist eine Übergangsvorschrift, die die jeweilige Geltung der Vorschriften vor der Gesetzesänderung durch das Gesetz zur Einführung eines Elterngeld Plus mit Partnerschaftsbonus und einer flexibleren Elternzeit im BEEG vom 18.12.2014[1] und im Zusammenhang mit dem Betreuungsgeld eine Stichtagsregelung sowie die von § 4b abweichende Höhe der Leistung bis zum 31.7.2014 festlegt.

2 Für alle Kinder, die vor dem 1.1.2015 geboren oder mit dem Ziel der Adoption aufgenommen worden sind, gilt der § 1 in der bis zum 31.12.2014 geltenden Fassung, **Abs. 1 Satz 1**. Hintergrund ist die Rechtsprechung des BSG zum Elterngeld für Mehrlinge.[2] Aus **Abs. 1 Satz 2** geht weiter hervor, dass für die vor dem 1. Juli 2015 geborenen oder mit dem Ziel der Adoption aufgenommenen Kinder die §§ 2 bis 22 in der bis zum 31. 12.2014 geltenden Fassung weiter anwendbar sind. Damit wird klargestellt, dass insbesondere das Elterngeld Plus und der Partnerschaftsbonus erst für ab dem 1.7.2015 geborene Kinder gelten.[3] **Abs. 1 Satz 3** bestimmt, dass § 2c und § 22 Abs. 2 Satz 1 Nummer 2 ohne eine Übergangsregelung Anwendung finden.[4]

3 **Abs. 1a** bestimmt, dass die Regelungen im BEEG, die Bezug auf das Mutterschaftsgeld nach dem SGB V bzw. dem 2. KVLG nehmen, die entsprechende Geltung der Vorschriften aus der RVO und dem KVLG

---

1 BGBl. I, S. 2325.
2 BSG 27.6.2013 – B 10 EG 3/12 R und B 10 EG 8/12 R; vgl. dazu § 1 Rn. 19.
3 BT-Drs. 18/2583, S. 38.
4 BT-Drs. 18/2583, S. 38.

Übergangsvorschrift § 27

nicht ausschließen. Damit wird sichergestellt, dass unabhängig von der jeweiligen Rechtsgrundlage für die Zahlung des Mutterschaftsgeldes insbesondere die Anrechnung auf das Elterngeld Berücksichtigung findet. In Abs. 1a ist der bisherige Abs. 1b aufgegangen.[5] Wegen der nach § 2b angeordneten Verschiebung der Bemessungszeiträume für die Berechnung der Höhe des Elterngeldes ist diese Übergangsregelung weiterhin erforderlich.[6]

Die Anrechnungsvorschriften für die bisher von einigen Ländern im Anschluss an das Bundeserziehungsgeld gezahlten vergleichbaren Leistungen – sog. Landeserziehungsgelder – gelten nach **Abs. 2** in der Fassung des bis zum 31.12.2006 geltenden BErzGG weiter.[7] Es handelt sich dabei um die ehemaligen §§ 8 und 9 BErzGG a.F. 4

Aus **Abs. 3 Satz 1** geht hervor, dass das Betreuungsgeld nicht für Kinder gezahlt wird, die vor dem 1.8.2012 geboren worden sind. Dabei handelt es sich um eine Stichtagsregelung, denn die Leistung kann nur für die Kinder in Anspruch genommen werden, die am 1.8.2013 (Start des Betreuungsgeldes) wenigstens ein Jahr alt sind. **Abs. 3 Satz 2** legt schließlich fest, dass das Betreuungsgeld, welches nach § 4b 150 € monatlich beträgt, für die Übergangszeit vom 1.8.2013 bis zum 31.7.2014 lediglich 100 € monatlich beträgt. Hinzuweisen ist an dieser Stelle auf die vom BVerfG am 21.7.2015[8] festgestellte Verfassungswidrigkeit des Betreuungsgeldes, die dazu führt, dass seit dem 21.7.2015 keine Anträge auf Betreuungsgeld mehr bewilligt werden. Eltern, die vor dem 21.7.2015 bereits Betreuungsgeld erhalten haben oder deren Anträge bereits vorher bewilligt worden sind, genießen einen umfassenden Vertrauensschutz,[9] d.h. Rückforderungen sind ausgeschlossen und bewilligtes Betreuungsgeld wird für den jeweiligen Zeitraum auch gezahlt. Dabei soll die Anwendung des Vertrauensschutzes im Einzelfall auch dann geprüft werden, wenn Eltern den Bewilligungsbescheid erst nach dem 21.7.2015 bekommen haben.[10] Alle anderen Eltern erhalten zukünftig kein Betreuungsgeld mehr. 5

---

5 BT-Drs. 18/2583, S. 39.
6 BT-Drs. 18/2583, S. 39.
7 Vgl. dazu auch § 10 Rn. 8.
8 BVerfG 21.7.2015 – 1 BvF 2/13.
9 Dau in jurisPR-SozR 18/2015 Anm. 1.
10 Dau in jurisPR-SozR 18/2015 Anm. 1, der auf die Aussagen des BMFSFJ zum Vertrauensschutz Bezug nimmt.

Anhang

1. Allgemeine Verwaltungsvorschrift zum Kündigungsschutz bei Elternzeit
2. Verordnung über den Mutterschutz für Beamtinnen des Bundes und die Elternzeit für Beamtinnen und Beamte des Bundes (Mutterschutz- und Elternzeitverordnung – MuSchEltZV)
3. Verordnung über die Elternzeit für Soldatinnen und Soldaten (Elternzeitverordnung für Soldatinnen und Soldaten – EltZSoldV)
4. Gesetz zur Neuordnung des Bayerischen Landeserziehungsgeldes (Bayerisches Landeserziehungsgeldgesetz – BayLErzGG)
5. Gesetz über die Gewährung von Landeserziehungsgeld im Freistaat Sachsen (Sächsisches Landeserziehungsgeldgesetz – SächsLErzGG)
6. Thüringer Landeserziehungsgeldgesetz

Anhang

1. Allgemeine Verwaltungsvorschrift zum Kündigungsschutz bei Elternzeit

Allgemeine Verwaltungsvorschrift zum Kündigungsschutz bei Elternzeit (§ 18 Abs. 1 Satz 4 des Bundeselterngeld- und Elternzeitgesetzes)

Nach § 18 Abs. 1 Satz 4 des Bundeselterngeld- und Elternzeitgesetzes vom 11.12.2006 (BGBl. I S. 2748) wird folgende Allgemeine Verwaltungsvorschrift erlassen:

1. Aufgabe der Behörde

Die für den Arbeitsschutz zuständige oberste Landesbehörde oder die von ihr bestimmte Stelle (Behörde) hat zu prüfen, ob ein besonderer Fall gegeben ist. Ein solcher besonderer Fall liegt vor, wenn es gerechtfertigt erscheint, dass das nach § 18 Abs. 1 Satz 1 des Gesetzes als vorrangig angesehene Interesse des Arbeitnehmers oder der Arbeitnehmerin am Fortbestand des Arbeitsverhältnisses wegen außergewöhnlicher Umstände hinter die Interessen des Arbeitgebers zurücktritt.

2. Vorliegen eines besonderen Falles

2.1 Bei der Prüfung nach Maßgabe der Nummer 1 hat die Behörde davon auszugehen, dass ein besonderer Fall im Sinne des § 18 Abs. 1 Satz 2 des Gesetzes insbesondere dann gegeben ist, wenn

2.1.1. der Betrieb, in dem der Arbeitnehmer oder die Arbeitnehmerin beschäftigt ist, stillgelegt wird und der Arbeitnehmer oder die Arbeitnehmerin nicht in einem anderen Betrieb des Unternehmens weiterbeschäftigt werden kann,

2.1.2. die Betriebsabteilung, in der der Arbeitnehmer oder die Arbeitnehmerin beschäftigt ist, stillgelegt wird und der Arbeitnehmer oder die Arbeitnehmerin nicht in einer anderen Betriebsabteilung des Betriebes oder in einem anderen Betrieb des Unternehmens weiterbeschäftigt werden kann,

2.1.3. der Betrieb oder die Betriebsabteilung, in denen der Arbeitnehmer oder die Arbeitnehmerin beschäftigt ist, verlagert wird und der Arbeit-

1. Allgemeine Verwaltungsvorschrift

nehmer oder die Arbeitnehmerin an dem neuen Sitz des Betriebes oder der Betriebsabteilung und auch in einer anderen Betriebsabteilung oder in einem anderen Betrieb des Unternehmens nicht weiterbeschäftigt werden kann,

2.1.4. der Arbeitnehmer oder die Arbeitnehmerin in den Fällen der Nummern 1 bis 3 eine ihm vom Arbeitgeber angebotene, zumutbare Weiterbeschäftigung auf einem anderen Arbeitsplatz ablehnt,

2.1.5. durch die Aufrechterhaltung des Arbeitsverhältnisses nach Beendigung der Elternzeit die Existenz des Betriebes oder die wirtschaftliche Existenz des Arbeitgebers gefährdet wird,

2.1.6. besonders schwere Verstöße des Arbeitnehmers oder der Arbeitnehmerin gegen arbeitsvertragliche Pflichten oder vorsätzliche strafbare Handlungen des Arbeitnehmers oder der Arbeitnehmerin dem Arbeitgeber die Aufrechterhaltung des Arbeitsverhältnisses unzumutbar machen.

2.2 Ein besonderer Fall im Sinne des § 18 Abs. 1 Satz 2 des Gesetzes kann auch dann gegeben sein, wenn die wirtschaftliche Existenz des Arbeitgebers durch die Aufrechterhaltung des Arbeitsverhältnisses nach Beendigung der Elternzeit unbillig erschwert wird, so dass er in die Nähe der Existenzgefährdung kommt. Eine solche unbillige Erschwerung kann auch dann angenommen werden, wenn der Arbeitgeber in die Nähe der Existenzgefährdung kommt, weil

2.2.1. der Arbeitnehmer oder die Arbeitnehmerin in einem Betrieb mit in der Regel 5 oder weniger Arbeitnehmern und Arbeitnehmerinnen ausschließlich der zu ihrer Berufsbildung Beschäftigten beschäftigt ist und der Arbeitgeber zur Fortführung des Betriebes dringend auf eine entsprechend qualifizierte Ersatzkraft angewiesen ist, die er nur einstellen kann, wenn er mit ihr einen unbefristeten Arbeitsvertrag abschließt; bei der Feststellung der Zahl der beschäftigten Arbeitnehmerinnen und Arbeitnehmer sind teilzeitbeschäftigte Arbeitnehmerinnen und Arbeitnehmer mit einer regelmäßigen wöchentlichen Arbeitszeit von nicht mehr als 20 Stunden mit 0,5 und nicht mehr als 30 Stunden mit 0,75 zu berücksichtigen, oder

2.2.2. der Arbeitgeber wegen der Aufrechterhaltung des Arbeitsverhältnisses nach Beendigung der Elternzeit keine entsprechend qualifizierte Ersatzkraft für einen nur befristeten Arbeitsvertrag findet und deshalb mehrere Arbeitsplätze wegfallen müssten.

3. Ermessen

Kommt die Behörde zu dem Ergebnis, dass ein besonderer Fall im Sinne des § 18 Abs. 1 Satz 2 des Gesetzes gegeben ist, so hat sie im Rahmen ihres pflichtgemäßen Ermessens zu entscheiden, ob das Interesse des Arbeitgebers an einer Kündigung während der Elternzeit so erheblich überwiegt,

Anhang

dass ausnahmsweise die vom Arbeitgeber beabsichtigte Kündigung für zulässig zu erklären ist.

4. Form des Antrages

Die Zulässigkeitserklärung der Kündigung hat der Arbeitgeber bei der für den Sitz des Betriebes oder der Dienststelle zuständigen Behörde schriftlich oder zu Protokoll zu beantragen. Im Antrag ist der Arbeitsort und die vollständige Anschrift des Arbeitnehmers, dem oder der gekündigt werden soll, anzugeben. Der Antrag ist zu begründen; etwaige Beweismittel sind beizufügen oder zu benennen.

5. Entscheidung; vorherige Anhörung

5.1. Die Behörde hat die Entscheidung unverzüglich zu treffen.
5.2. Die Behörde hat vor ihrer Entscheidung dem betroffenen Arbeitnehmer oder betroffenen Arbeitnehmerin sowie dem Betriebs- oder Personalrat Gelegenheit zu geben, sich mündlich oder schriftlich zu dem Antrag nach § 4 zu äußern.

6. Zulässigkeitserklärung unter Bedingungen

Die Zulässigkeit der Kündigung kann unter Bedingungen erklärt werden, z. B., dass sie erst zum Ende des Erziehungsurlaubs ausgesprochen wird.

7. Form der Entscheidung

Die Behörde hat ihre Entscheidung (Zulässigkeitserklärung oder Ablehnung mit Rechtsbehelfsbelehrung) schriftlich zu erlassen, schriftlich zu begründen und dem Arbeitgeber und dem Arbeitnehmer oder der Arbeitnehmerin zuzustellen. Dem Betriebs- oder Personalrat ist eine Abschrift zu übersenden.

8. Zur Berufsbildung Beschäftigte, in Heimarbeit Beschäftigte

8.1. Die zu ihrer Berufsbildung Beschäftigten gelten als Arbeitnehmer oder Arbeitnehmerinnen im Sinne der vorstehenden Vorschriften.
8.2. Für die in Heimarbeit Beschäftigten und die ihnen Gleichgestellten (§ 1 Abs. 1 und 2 des Heimarbeitgesetzes), soweit sie am Stück mitarbeiten, gelten die vorstehenden Vorschriften entsprechend mit der Maßgabe, dass an die Stelle des Arbeitgebers der Auftraggeber oder der Zwischenmeister tritt (vgl. § 20 des Gesetzes).

1. Allgemeine Verwaltungsvorschrift

9. Inkrafttreten

Diese Allgemeine Verwaltungsvorschrift tritt mit Wirkung vom 01. Januar 2007 in Kraft.

2. Verordnung über den Mutterschutz für Beamtinnen des Bundes und die Elternzeit für Beamtinnen und Beamte des Bundes (Mutterschutz- und Elternzeitverordnung – MuSchEltZV)

Die Verordnung wurde als Artikel 1 der Verordnung vom 12.2.2009 (BGBl. I S. 320) von der Bundesregierung erlassen. Sie ist gem. Art. 4 Satz 1 dieser Verordnung am 14.2.2009 in Kraft getreten. Geändert durch Artikel 9 Absatz 1 des Gesetzes vom 11.6.2013 (BGBl. I S. 1514) sowie zuletzt geändert durch Art. 3 des Gesetzes zur Einführung des Elterngeld Plus mit Partnerschaftsbonus und einer flexiblen Elternzeit im Bundeselterngeld- und Elternzeitgesetz vom 18.12.2014 (BGBl. I 2014, 2325).

Abschnitt 1
Mutterschutz und Stillzeit

§ 1 Anwendung des Mutterschutzgesetzes

(1) Auf die Beschäftigung schwangerer oder stillender Beamtinnen sind die Vorschriften des Mutterschutzgesetzes
1. zur Gestaltung des Arbeitsplatzes (§ 2 Absatz 1 bis 3 des Mutterschutzgesetzes),
2. zu Beschäftigungsverboten (§§ 3 und 4 Absatz 1 bis 3, §§ 6 und 8 des Mutterschutzgesetzes),
3. zur Mitteilung der Schwangerschaft und zu ärztlichen Zeugnissen (§ 5 des Mutterschutzgesetzes) und
4. zu Stillzeiten (§ 7 Absatz 1 bis 3 des Mutterschutzgesetzes)
entsprechend anzuwenden. An die Stelle der Aufsichtsbehörde tritt die oberste Dienstbehörde. Diese kann die Befugnis entsprechend § 8 Absatz 6 des Mutterschutzgesetzes auf die unmittelbar nachgeordnete Behörde übertragen.

(2) Die §§ 1 bis 5 der Verordnung zum Schutze der Mütter am Arbeitsplatz vom 15. April 1997 (BGBl. I S. 782), die zuletzt durch Artikel 440 der Verordnung vom 31. Oktober 2006 (BGBl. I S. 2407) geändert worden ist, in der jeweils geltenden Fassung sind entsprechend anzuwenden.

2. MuSchEltZV

§ 2 Besoldung bei Beschäftigungsverbot und Stillzeit

Durch die mutterschutzrechtlichen Beschäftigungsverbote nach § 1 Absatz 1 Satz 1 Nummer 2 mit Ausnahme des Verbots der Mehrarbeit wird die Zahlung der Dienst- und Anwärterbezüge nicht berührt. Das Gleiche gilt für das Dienstversäumnis während der Stillzeit (§ 7 des Mutterschutzgesetzes). Bemessungsgrundlage für die Zahlung von Erschwerniszulagen nach der Erschwerniszulagenverordnung sowie für die Vergütung nach der Vollstreckungsvergütungsverordnung ist der Durchschnitt der Zulagen und der Vergütungen der letzten drei Monate vor Beginn des Monats, in dem die Schwangerschaft eingetreten ist.

§ 3 Zuschuss bei Beschäftigungsverbot während einer Elternzeit

Beamtinnen erhalten einen Zuschuss von 13 Euro für jeden Kalendertag eines Beschäftigungsverbots in den letzten sechs Wochen vor der Entbindung und eines Beschäftigungsverbots nach der Entbindung – einschließlich des Entbindungstages –, der in eine Elternzeit fällt. Dies gilt nicht, wenn sie während der Elternzeit teilzeitbeschäftigt sind. Der Zuschuss ist auf 210 Euro begrenzt, wenn die Dienst- oder Anwärterbezüge ohne die mit Rücksicht auf den Familienstand gewährten Zuschläge und ohne Leistungen nach Abschnitt 5 des Bundesbesoldungsgesetzes die Versicherungspflichtgrenze in der gesetzlichen Krankenversicherung überschreiten oder überschreiten würden.

§ 4 Entlassung während der Schwangerschaft und nach der Entbindung

(1) Während der Schwangerschaft und innerhalb von vier Monaten nach der Entbindung darf die Entlassung von Beamtinnen auf Probe und von Beamtinnen auf Widerruf gegen ihren Willen nicht ausgesprochen werden, wenn der oder dem Dienstvorgesetzten die Schwangerschaft oder die Entbindung bekannt ist. Eine ohne diese Kenntnis ergangene Entlassungsverfügung ist zurückzunehmen, wenn innerhalb von zwei Wochen nach ihrer Zustellung der oder dem Dienstvorgesetzten die Schwangerschaft oder die Entbindung mitgeteilt wird. Das Überschreiten dieser Frist ist unbeachtlich, wenn es auf einem von der Beamtin nicht zu vertretenden Grund beruht und die Mitteilung unverzüglich nachgeholt wird.

(2) Die oberste Dienstbehörde kann abweichend von Absatz 1 die Entlassung aussprechen, wenn ein Sachverhalt vorliegt, bei dem eine Beamtin auf Lebenszeit im Wege eines Disziplinarverfahrens aus dem Beamtenverhältnis zu entfernen wäre.

(3) Die §§ 31 und 32 des Bundesbeamtengesetzes bleiben unberührt.

Anhang

§ 5 Auslage des Mutterschutzgesetzes und dieser Verordnung

In jeder Dienststelle, bei der regelmäßig mehr als drei Beamtinnen tätig sind, sind ein Abdruck des Mutterschutzgesetzes sowie ein Abdruck dieser Verordnung an geeigneter Stelle zur Einsicht auszulegen.

Abschnitt 2
Elternzeit

§ 6 Anwendung des Bundeselterngeld- und Elternzeitgesetzes

Beamtinnen und Beamte haben Anspruch auf Elternzeit ohne Dienst- oder Anwärterbezüge in entsprechender Anwendung des § 15 Absatz 1 bis 3 und § 16 des Bundeselterngeld- und Elternzeitgesetzes vom 5. Dezember 2006 (BGBl. I S. 2748), das durch Artikel 6 Absatz 8 des Gesetzes vom 19. August 2007 (BGBl. I S. 1970) geändert worden ist, in der jeweils geltenden Fassung.

§ 7 Teilzeitbeschäftigung während der Elternzeit

(1) Während der Elternzeit ist Beamtinnen und Beamten, die Anspruch auf Dienst- oder Anwärterbezüge haben, auf Antrag eine Teilzeitbeschäftigung bei ihrem Dienstherrn bis zu 30 Stunden wöchentlich zu bewilligen, wenn zwingende dienstliche Belange nicht entgegenstehen.

(2) Mit Genehmigung der zuständigen Dienstbehörde darf während der Elternzeit auch eine Teilzeitbeschäftigung außerhalb des Beamtenverhältnisses in dem in Absatz 1 genannten Umfang ausgeübt werden. Die Genehmigung kann nur innerhalb von vier Wochen ab Antragstellung versagt werden, wenn dringende dienstliche Belange entgegenstehen. Sie ist zu versagen, wenn einer der in § 99 Absatz 2 Satz 2 Nummer 2 bis 6 des Bundesbeamtengesetzes genannten Gründe vorliegt.

§ 8 Entlassung während der Elternzeit

(1) Während der Elternzeit darf die Entlassung von Beamtinnen und Beamten auf Probe und von Beamtinnen und Beamten auf Widerruf gegen ihren Willen nicht ausgesprochen werden. Dies gilt nicht für Zeiten einer Teilzeitbeschäftigung nach § 7 Absatz 1.

(2) Die oberste Dienstbehörde kann abweichend von Absatz 1 Satz 1 die Entlassung aussprechen, wenn ein Sachverhalt vorliegt, bei dem eine

Beamtin oder ein Beamter auf Lebenszeit im Wege eines Disziplinarverfahrens aus dem Dienst zu entfernen wäre.

(3) Die §§ 31 und 32 des Bundesbeamtengesetzes bleiben unberührt.

§ 9 Erstattung von Krankenversicherungsbeiträgen

(1) Beamtinnen und Beamten werden für die Dauer der Elternzeit die Beiträge für ihre Kranken- und Pflegeversicherung bis zu monatlich 31 Euro erstattet, wenn ihre Dienst- oder Anwärterbezüge vor Beginn der Elternzeit die Versicherungspflichtgrenze in der gesetzlichen Krankenversicherung nicht überschritten haben oder überschritten hätten. Hierbei werden die mit Rücksicht auf den Familienstand gewährten Zuschläge sowie Leistungen nach Abschnitt 5 des Bundesbesoldungsgesetzes nicht berücksichtigt. Nehmen die Eltern gemeinsam Elternzeit, steht die Beitragserstattung nur dem Elternteil zu, bei dem das Kind im Familienzuschlag berücksichtigt wird oder berücksichtigt werden soll.

(2) Für die Zeit, für die sie Elterngeld nach § 4 des Bundeselterngeld- und Elternzeitgesetzes beziehen, werden Beamtinnen und Beamten mit Dienstbezügen bis einschließlich der Besoldungsgruppe A 8 sowie Beamtinnen und Beamten mit Anwärterbezügen auf Antrag die Beiträge für die Kranken- und Pflegeversicherung über die Erstattung nach Absatz 1 hinaus in voller Höhe erstattet, soweit sie auf einen auf den Beihilfebemessungssatz abgestimmten Prozenttarif oder einen die jeweilige Beihilfe ergänzenden Tarif einschließlich etwaiger darin enthaltener Altersrückstellungen entfallen. Für andere Monate einer Elternzeit wird die Beitragserstattung nach Satz 1 weitergezahlt, solange keine Beschäftigung mit mindestens der Hälfte der regelmäßigen Arbeitszeit ausgeübt wird.

(3) Die Absätze 1 und 2 gelten entsprechend für auf die Beamtin oder den Beamten entfallende Beiträge für die freiwillige gesetzliche Krankenversicherung und Pflegeversicherung.

§ 10 Sonderregelung für Richterinnen und Richter im Bundesdienst

Während der Elternzeit ist eine Teilzeitbeschäftigung als Richterin oder Richter von mindestens der Hälfte bis zu drei Vierteln des regelmäßigen Dienstes zulässig.

Anhang

Abschnitt 3
Übergangs- und Schlussvorschriften

§ 11 Übergangsvorschrift

(1) Auf die vor dem 1. Januar 2007 geborenen Kinder oder für die vor diesem Zeitpunkt mit dem Ziel der Adoption aufgenommenen Kinder ist § 5 Absatz 3 der Elternzeitverordnung in der Fassung der Bekanntmachung vom 11. November 2004 (BGBl. I S. 2841) in der bis zum 31. Dezember 2006 geltenden Fassung weiter anzuwenden.

(2) Auf die vor dem 14. Februar 2009 geborenen Kinder oder auf die vor diesem Zeitpunkt mit dem Ziel der Adoption aufgenommenen Kinder ist § 1 Absatz 2 Satz 2 und 3 der Elternzeitverordnung in der bis zum 13. Februar 2009 geltenden Fassung anzuwenden.

3. Verordnung über die Elternzeit für Soldatinnen und Soldaten (Elternzeitverordnung für Soldatinnen und Soldaten – EltZSoldV)

»Elternzeitverordnung für Soldatinnen und Soldaten in der Fassung der Bekanntmachung vom 18.11.2004 (BGBl. I S. 2855), zuletzt geändert durch Artikel 5a des Gesetzes vom 13.5.2015 (BGBl. I S. 706).

§ 1 Beginn und Ende des Anspruchs

(1) Soldatinnen und Soldaten haben nach Maßgabe des § 15 Absatz 1 oder 1a des Bundeselterngeld- und Elternzeitgesetzes Anspruch auf Elternzeit unter Wegfall der Geld- und Sachbezüge mit Ausnahme der unentgeltlichen truppenärztlichen Versorgung und ohne Leistungen nach dem Unterhaltssicherungsgesetz.

(2) Der Anspruch auf Elternzeit besteht bis zur Vollendung des dritten Lebensjahres des Kindes, bei einem angenommenen, in Vollzeitpflege oder in Adoptionspflege genommenen Kind bis zu drei Jahren ab der Aufnahme bei der berechtigten Person, längstens bis zur Vollendung des achten Lebensjahres des Kindes. Ein Anteil von bis zu 24 Monaten kann jedoch zu einem späteren Zeitpunkt nach Maßgabe des § 28 Abs. 5 Satz 1 Nr. 1 des Soldatengesetzes genommen werden. Insgesamt kann die Elternzeit auf bis zu vier Zeitabschnitte verteilt werden. Die Übertragung eines Anteils der Elternzeit muss rechtzeitig vor Beginn des zu übertragenden Zeitraums beantragt werden. Sie bedarf nicht der Zustimmung der Elternzeit erteilenden Stelle.

(3) Die Elternzeit steht beiden Eltern zu; sie können sie, auch anteilig, jeweils allein oder gemeinsam nehmen. Satz 1 gilt auch für Adoptiveltern, Adoptivpflegeeltern und Vollzeitpflegeeltern.

(4) Die Elternzeit kann vorzeitig beendet oder im Rahmen des Absatzes 2 verlängert werden, wenn die nach § 3 Abs. 1 zuständige Stelle zustimmt. Die vorzeitige Beendigung wegen der Geburt eines weiteren Kindes oder wegen eines besonderen Härtefalles (§ 7 Absatz 2 Satz 3 des Bundeselterngeld- und Elternzeitgesetzes) kann nur innerhalb von vier Wochen nach Antragstellung aus zwingenden dienstlichen Gründen abgelehnt werden. Die Elternzeit kann zur Inanspruchnahme der Schutzfristen nach § 5 Absatz 1 Satz 1 der Mutterschutzverordnung für Soldatinnen auch ohne

Anhang

Zustimmung des Dienstherrn vorzeitig beendet werden; in diesen Fällen soll die Soldatin die Beendigung der Elternzeit rechtzeitig mitteilen. Die Elternzeit ist auf Wunsch zu verlängern, wenn ein vorgesehener Wechsel in der Anspruchsberechtigung aus einem wichtigen Grund nicht erfolgen kann.

(5) Stirbt das Kind während der Elternzeit, so endet diese spätestens drei Wochen nach dem Tod des Kindes.

(6) Die von der Bundeswehr erteilte Elternzeit endet ferner mit der Beendigung des Wehrdienstverhältnisses.

§ 2 Antrag

(1) Die Elternzeit soll, wenn sie unmittelbar nach der Geburt des Kindes oder nach Ablauf der Mutterschutzfrist (§ 5 Abs. 1 Satz 1 der Mutterschutzverordnung für Soldatinnen) beginnen soll, sechs Wochen, andernfalls acht Wochen vor Beginn schriftlich beantragt werden. Dabei ist anzugeben, für welche Zeiträume innerhalb von zwei Jahren Elternzeit beantragt wird. Nimmt die Mutter die Elternzeit im Anschluss an die Mutterschutzfrist, wird die Zeit der Mutterschutzfrist nach § 5 Abs. 1 der Mutterschutzverordnung für Soldatinnen auf den Zweijahreszeitraum nach Satz 2 angerechnet. Nimmt die Mutter die Elternzeit im Anschluss an einen auf die Mutterschutzfrist folgenden Erholungsurlaub, werden die Zeit der Mutterschutzfrist nach § 5 Abs. 1 der Mutterschutzverordnung für Soldatinnen und die Zeit des Erholungsurlaubs auf den Zweijahreszeitraum nach Satz 2 angerechnet.

(2) Können Soldatinnen und Soldaten aus einem von ihnen nicht zu vertretenden Grund eine sich unmittelbar an das Beschäftigungsverbot des § 6 Abs. 1 des Mutterschutzgesetzes oder des § 5 Abs. 1 der Mutterschutzverordnung für Soldatinnen anschließende Elternzeit nicht rechtzeitig beantragen, können sie dies innerhalb einer Woche nach Wegfall des Grundes nachholen.

(3) Die Soldatin oder der Soldat hat eine Änderung der Anspruchsberechtigung der oder dem nächsten Disziplinarvorgesetzten unverzüglich mitzuteilen.

§ 3 Verfahren

(1) Die Elternzeit erteilt das Bundesministerium der Verteidigung oder eine von ihm beauftragte Stelle.

(2) Aus zwingenden Gründen der Verteidigung kann das Bundesministerium der Verteidigung die Erteilung der beantragten Elternzeit ablehnen oder bereits gewährte Elternzeit widerrufen.

(3) Mit Zustimmung des Bundesministeriums der Verteidigung oder einer

von ihm beauftragten Stelle kann auf bereits bewilligte Elternzeit verzichtet werden.

§ 4 Nicht volle Erwerbstätigkeit

Während der Elternzeit darf die Soldatin oder der Soldat mit Zustimmung des Bundesministeriums der Verteidigung oder der von ihm beauftragten Stelle eine Teilzeitbeschäftigung außerhalb des Soldatenverhältnisses ausüben, wenn die Teilzeitbeschäftigung den Umfang von 30 Stunden in der Woche nicht überschreitet.

§ 5 (weggefallen)

§ 6 (weggefallen)

§ 7

Die Vorschriften dieser Verordnung sind nur in den Fällen anzuwenden, in denen das Kind nach Inkrafttreten dieser Verordnung geboren wird.

§ 7a

Für die vor dem 1. Januar 2004 geborenen Kinder oder für die vor diesem Zeitpunkt mit dem Ziel der Adoption aufgenommenen Kinder sind die Vorschriften dieser Verordnung in der bis zum 31. Dezember 2003 geltenden Fassung weiter anzuwenden.

§ 8 (Aufhebung anderer Vorschriften)

§ 9 (Inkrafttreten)

4. Gesetz zur Neuordnung des Bayerischen Landeserziehungsgeldes (Bayerisches Landeserziehungsgeldgesetz – BayLErzGG)

vom 9.7.2007 (GVBl. 2007 S. 442), zuletzt geändert durch § 1 ÄndG vom 22.7.2014 (GVBl S. 286)

Art. 1 Berechtigte

(1) Anspruch auf Landeserziehungsgeld hat, wer
1. seine Hauptwohnung oder seinen gewöhnlichen Aufenthalt seit mindestens zwölf Monaten vor Leistungsbeginn in Bayern hat,
2. mit einem Kind, für das ihm die Personensorge zusteht, in einem Haushalt lebt,
3. dieses Kind selbst betreut und erzieht,
4. für dieses Kind
a.) bei Leistungsbeginn zwischen dem 13. und dem 24. Lebensmonat den Nachweis über die Durchführung der Früherkennungsuntersuchung für Kinder U 6 gemäß den Richtlinien des Bundesausschusses der Ärzte und Krankenkassen über die Früherkennung von Krankheiten bei Kindern bis zur Vollendung des sechsten Lebensjahres (Kinder-Richtlinien),
b.) bei Leistungsbeginn zwischen dem 25. und dem 29. Lebensmonat den Nachweis über die Durchführung der Früherkennungsuntersuchung für Kinder U 7 gemäß den Kinder-Richtlinien oder
c.) bei späterem Leistungsbeginn (Art. 4 Nr. 2) den Nachweis über eine zeitnahe Früherkennungsuntersuchung für Kinder gemäß den Kinder-Richtlinien **führt,**
5. keine oder keine volle Erwerbstätigkeit ausübt und
6. die Staatsangehörigkeit eines Mitgliedstaats der Europäischen Union oder eines anderen Vertragsstaats des Abkommens über den Europäischen Wirtschaftsraum besitzt (EU/EWR-Bürger) oder wer aufgrund völkerrechtlicher oder gemeinschaftsrechtlicher Abkommen mit Drittstaaten den EU/EWR-Bürgern insoweit gleich gestellt ist.
Auf die Vorwohndauer im Sinn von Satz 1 Nr. 1 wird verzichtet, wenn der Berechtigte aus einem Land zuzieht, das eine vergleichbare Leistung vorsieht, und die Gegenseitigkeit sichergestellt ist.

4. BayLErzGG

(2) Die Voraussetzungen des Abs. 1 Satz 1 Nr. 1 kann ein Antragsteller, der

1. im Rahmen seines in Deutschland bestehenden Beschäftigungsverhältnisses vom Freistaat Bayern aus vorübergehend in ein anderes Land oder ins Ausland entsandt ist und im Fall der Entsendung ins Ausland aufgrund über- oder zwischenstaatlichen Rechts oder nach § 4 des Vierten Buchs Sozialgesetzbuch (SGB IV) dem deutschen Sozialversicherungsrecht unterliegt,
2. im Rahmen seines in Deutschland bestehenden öffentlich-rechtlichen Dienst- oder Amtsverhältnisses vorübergehend in ein Gebiet außerhalb des Freistaates Bayern abgeordnet, versetzt oder kommandiert ist, oder
3. Entwicklungshelfer im Sinn des § 1 des Entwicklungshelfer-Gesetzes ist, auch durch Zeiten vor Beginn dieser Tätigkeiten erfüllen.

Satz 1 gilt auch für den mit dem Antragsteller in einem Haushalt lebenden Ehegatten, wenn dieser im Ausland keine Erwerbstätigkeit ausübt, welche den dortigen Vorschriften der sozialen Sicherheit unterliegt.

(3) Einem in Abs. 1 Satz 1 Nr. 2 genannten Kind stehen gleich

1. ein Kind, das mit dem Ziel der Annahme als Kind bei der berechtigten Person aufgenommen ist,
2. ein Kind des Ehegatten oder Lebenspartners, das der Antragsteller in seinen Haushalt aufgenommen hat,
3. ein leibliches Kind des nicht sorgeberechtigten Antragstellers, mit dem dieser in einem Haushalt lebt.

(4) Lebt das Kind im Ausland, genügt der Nachweis über die Durchführung einer der Früherkennungsuntersuchung gemäß Abs. 1 Satz 1 Nr. 4 vergleichbaren ärztlichen Untersuchung.

(5) Der Anspruch auf Landeserziehungsgeld besteht auch, wenn der Antragsteller nicht die Voraussetzungen gemäß Abs. 1 Satz 1 Nr. 6 erfüllt, jedoch das Kind, für das Landeserziehungsgeld beantragt wird, die deutsche Staatsangehörigkeit besitzt.

Bei Ehepaaren, Lebenspartnern und Eltern in eheähnlicher Gemeinschaft gilt Absatz 1 Satz 1 Nr. 6 auch dann als erfüllt, wenn der Partner EU/EWR-Bürger ist oder aufgrund völkerrechtlicher oder gemeinschaftsrechtlicher Abkommen mit Drittstaaten den EU/EWR-Bürgern in soweit gleich gestellt ist und der Antragsteller

1) eine Niederlassungserlaubnis besitzt,
2) eine Aufenthaltserlaubnis besitzt, die zur Ausübung einer Erwerbstätigkeit berechtigt oder berechtigt hat, es sei denn, die Aufenthaltserlaubnis wurde
a) nach § 16 oder § 17 des Aufenthaltsgesetzes (AufenthG) erteilt,
b) nach § 18 Abs. 2 AufenthG erteilt und die Zustimmung der Bundesagentur für Arbeit darf nach der Beschäftigungsverordnung nur für einen bestimmten Höchstzeitraum erteilt werden,

Anhang

c) nach § 23 Abs. 1 AufenthG wegen eines Kriegs in seinem Heimatland oder nach den §§ 23a, 24, 25 Abs. 3 bis 5 AufenthG erteilt
oder
3) eine in Nr. 2 Buchst. c genannte Aufenthaltserlaubnis besitzt und
a) sich seit mindestens drei Jahren rechtmäßig gestattet oder geduldet im Bundesgebiet aufhält und
b) im Bundesgebiet berechtigt erwerbstätig ist, laufende Geldleistungen nach dem Dritten Buch Sozialgesetzbuch (SGB III) bezieht oder Elternzeit in Anspruch nimmt.
Maßgebend ist der Monat, in dem die Voraussetzungen des Satzes 2 eintreten.
(6) Der Anspruch auf Landeserziehungsgeld bleibt unberührt, wenn der Antragsteller aus einem wichtigen Grund die Betreuung und Erziehung des Kindes nicht sofort aufnehmen kann oder sie unterbrechen muss.
(7) Eine Person ist nicht voll erwerbstätig, wenn ihre wöchentliche Arbeitszeit 30 Wochenstunden im Durchschnitt des Monats nicht übersteigt, sie eine Beschäftigung zur Berufsbildung ausübt oder sie eine geeignete Tagespflegeperson im Sinn des § 23 des Achten Buches Sozialgesetzbuch ist und nicht mehr als fünf Kinder in Tagespflege betreut.
(8) Der Bezug von vergleichbaren Leistungen anderer Länder schließt den Bezug des Bayerischen Landeserziehungsgeldes aus.

Art. 2 Härtefallregelung

(1) In Fällen besonderer Härte, insbesondere bei schwerer Krankheit, Behinderung oder Tod eines Elternteils oder bei erheblich gefährdeter wirtschaftlicher Existenz kann von dem Erfordernis der Personensorge oder den Voraussetzungen des Art. 1 Abs. 1 Satz 1 Nrn. 3 und 5 abgesehen werden. Das Erfordernis der Personensorge kann jedoch nur entfallen, wenn die sonstigen Voraussetzungen des Art. 1 Abs. 1 erfüllt sind, das Kind mit einem Verwandten bis dritten Grades oder dessen Ehegatten in einem Haushalt lebt und für dieses Kind kein Landeserziehungsgeld von einem Personensorgeberechtigten in Anspruch genommen wird.
(2) In Fällen besonderer Härte, insbesondere bei längerem Krankenhausaufenthalt des Kindes, kann von dem Nachweis nach Art. 1 Abs. 1 Satz 1 Nr. 4, Abs. 4 abgesehen werden.

Art. 3 Zusammentreffen von Ansprüchen

(1) Für die Betreuung und Erziehung eines Kindes wird nur einer Person Landeserziehungsgeld gezahlt. Werden in einem Haushalt mehrere Kinder betreut und erzogen, wird für jedes Kind Landeserziehungsgeld gezahlt.
(2) Erfüllen beide Elternteile oder Lebenspartner die Anspruchsvoraus-

setzungen, so wird das Landeserziehungsgeld demjenigen gezahlt, den sie zum Berechtigten bestimmen.

Die Bestimmung kann nur geändert werden, wenn die Betreuung des Kindes nicht mehr sichergestellt werden kann.

(3) Einem nicht sorgeberechtigten Elternteil kann das Landeserziehungsgeld nur mit Zustimmung des sorgeberechtigten Elternteils gezahlt werden.

(4) Ein Wechsel in der Anspruchsberechtigung wird mit Beginn des folgenden Lebensmonats des Kindes wirksam.

Art. 4 Beginn, Dauer und Ende des Anspruchs

(1) Landeserziehungsgeld wird ab dem 13. Lebensmonat des Kindes gewährt, jedoch nicht vor dem Ablauf des letzten Auszahlungsmonats des Elterngeldes nach dem Bundeselterngeld- und Elternzeitgesetz (BEEG). Landeserziehungsgeld wird für das erste Kind für sechs Monate und jedes weitere Kind für zwölf Monate gewährt, längstens jedoch bis zur Vollendung des 36. Lebensmonats des Kindes. Der Antrag kann frühestens ab dem neunten Lebensmonat des Kindes gestellt werden.

(2) Für angenommene Kinder und Kinder im Sinn des Art. 1 Abs. 3 Nr. 1 wird Landeserziehungsgeld entsprechend Abs. 1 gewährt. An die Stelle des Geburtstags tritt der Tag der Aufnahme mit dem Ziel der Annahme als Kind bei der berechtigten Person. Der Anspruch endet spätestens mit der Vollendung des neunten Lebensjahres des Kindes. Landeserziehungsgeld wird auch dann gezahlt, wenn bereits zuvor eine andere Person für dieses Kind Landeserziehungsgeld bezogen hat.

(3) Das Landeserziehungsgeld wird auf schriftlichen Antrag gewährt, rückwirkend höchstens für die letzten drei Lebensmonate vor Beginn des Monats, in dem der Antrag auf Landeserziehungsgeld eingegangen ist.

(4) Vor Ende der in Abs. 1 und 2 genannten Zeiträume endet der Anspruch mit dem Ablauf des Lebensmonats, in dem eine der Anspruchsvoraussetzungen entfallen ist.

Art. 5 Höhe des Landeserziehungsgeldes

(1) Landeserziehungsgeld wird für das erste Kind bis zu einer Höhe von 150 € monatlich, für das zweite Kind bis zu einer Höhe von 200 € monatlich, für das dritte und jedes weitere Kind bis zu einer Höhe von 300 € monatlich gezahlt. Es zählen nur Kinder des Berechtigten oder seines nicht dauernd von ihm getrennt lebenden Ehegatten, für das ihm oder seinem Ehegatten Kindergeld gezahlt wird oder ohne die Anwendung des § 65

Abs. 1 des Einkommensteuergesetzes (EStG) oder des § 4 Abs. 1 des Bundeskindergeldgesetzes (BKGG) gezahlt würde.
(2) Das Landeserziehungsgeld ist einkommensabhängig. Es verringert sich, wenn das Einkommen im Sinn von Art. 6 bei Ehegatten, die nicht dauernd getrennt leben, 25 000 € und bei anderen Berechtigten 22 000 € übersteigt. Die Beträge der Einkommensgrenzen nach Satz 1 erhöhen sich um 3140 € für jedes weitere Kind im Sinn von Abs. 1 Satz 2. Für Eltern in einer eheähnlichen Gemeinschaft gelten die Vorschriften zur Einkommensgrenze für Verheiratete, die nicht dauernd getrennt leben. Für Lebenspartner gilt die Einkommensgrenze für Verheiratete entsprechend.
(3) Das Landeserziehungsgeld wird bei Überschreiten der in Abs. 2 geregelten Einkommensgrenzen beim ersten Kind um fünf v. H., beim zweiten Kind um sechs v. H., beim dritten und jedem weiteren Kind um sieben v. H. des die Einkommensgrenzen übersteigenden Betrags gemindert.
(4) Das Landeserziehungsgeld wird im Laufe des Lebensmonats gezahlt, für den es bestimmt ist. Soweit das Landeserziehungsgeld für Teile von Monaten zu leisten ist, beträgt es für einen Kalendertag ein Dreißigstel des jeweiligen Monatsbetrags. Ein Betrag von monatlich weniger als zehn Euro wird nicht gezahlt. Auszuzahlende Beträge, die nicht volle Euro ergeben, sind bis zu 0,49 € abzurunden und von 0,50 € aufzurunden.
(5) Maßgeblich sind die Familienverhältnisse zum Zeitpunkt der Antragstellung.

Art. 6 Einkommen

(1) Als Einkommen gilt die nicht um Verluste in einzelnen Einkommensarten zu vermindernde Summe der positiven Einkünfte im Sinn des § 2 Abs. 1 und 2 EStG abzüglich 24 v. H., bei Personen im Sinn des § 10c Abs. 3 EStG abzüglich 19 v. H. und der Entgeltersatzleistungen, gemindert um folgende Beträge:
1. Unterhaltsleistungen an andere Kinder, für die die Einkommensgrenze nicht nach Art. 5 Abs. 2 Satz 3 erhöht worden ist, bis zu dem durch Unterhaltstitel oder durch Vereinbarung festgelegten Betrag,
2. Unterhaltsleistungen an sonstige Personen, soweit sie nach § 10 Abs. 1 Nr. 1 oder § 33a Abs. 1 EStG berücksichtigt werden,
3. Pauschbetrag nach § 33b Abs. 1 bis 3 EStG wegen der Behinderung eines Kindes, für das die Eltern Kindergeld erhalten oder ohne die Anwendung des § 65 Abs. 1 EStG oder des § 4 Abs. 1 BKGG erhalten würden, oder wegen der Behinderung der berechtigten Person, ihres Ehegatten, ihres Lebenspartners oder des anderen Elternteils im Sinn von Abs. 3 Satz 2 Halbsatz 1.
Als Einkommen gelten nicht Einkünfte, die gemäß §§ 40 bis 40b EStG

pauschal versteuert werden können. Entgeltersatzleistungen im Sinn von Satz 1 sind das Elterngeld, soweit es nicht nach § 10 BEEG unberücksichtigt bleibt, Arbeitslosengeld, Krankengeld, Verletztengeld oder eine vergleichbare Entgeltersatzleistung des Dritten, Fünften, Sechsten oder Siebten Buches Sozialgesetzbuch, des Soldatenversorgungsgesetzes oder einer aus dem Europäischen Sozialfonds finanzierten vergleichbaren Entgeltersatzleistung.

(2) Für die Berechnung des Landeserziehungsgeldes ist das Einkommen im Kalenderjahr der Geburt des Kindes, beim angenommenen Kind das Einkommen im Kalenderjahr seiner Aufnahme mit dem Ziel der Annahme als Kind bei der berechtigten Person maßgebend.

(3) Zu berücksichtigen ist das Einkommen der berechtigten Person und ihres Ehegatten oder Lebenspartners, soweit sie nicht dauernd getrennt leben.

Leben die Eltern in einer eheähnlichen Gemeinschaft, ist auch das Einkommen des Partners zu berücksichtigen; dabei reicht die formlose Erklärung über die gemeinsame Elternschaft und das Zusammenleben aus.

(4) Soweit ein ausreichender Nachweis der Einkünfte in dem maßgebenden Kalenderjahr nicht möglich ist, werden der Ermittlung die Einkünfte in dem Kalenderjahr davor zugrunde gelegt.

(5) Bei Einkünften aus nicht selbständiger Arbeit, die allein nach ausländischem Steuerrecht zu versteuern sind oder keiner staatlichen Besteuerung unterliegen, ist von dem um den Arbeitnehmer-Pauschbetrag gemäß § 9a Satz 1 Nr. 1 EStG verminderten Bruttobetrag auszugehen. Andere Einkünfte, die allein nach ausländischem Steuerrecht zu versteuern sind oder keiner staatlichen Besteuerung unterliegen, sind entsprechend § 2 Abs. 1 und 2 EStG zu ermitteln. Beträge in ausländischer Währung werden in Euro umgerechnet.

(6) Ist die berechtigte Person während des Bezugs von Landeserziehungsgeld nicht erwerbstätig, bleiben ihre Einkünfte aus einer vorherigen Erwerbstätigkeit unberücksichtigt. Ist sie während des Bezugs von Landeserziehungsgeld erwerbstätig, sind ihre voraussichtlichen Erwerbseinkünfte in dieser Zeit maßgebend. Sonderzuwendungen bleiben unberücksichtigt. Entgeltersatzleistungen der berechtigten Person werden nur während des Bezugs des Landeserziehungsgeldes berücksichtigt. Für die anderen Einkünfte gelten die übrigen Vorschriften des Art. 6.

(7) Ist das durchschnittliche monatliche Einkommen während des Bezugszeitraums des Landeserziehungsgeldes um mindestens 20 v. H. geringer als das im nach Abs. 2 maßgeblichen Zeitraum erzielte durchschnittliche monatliche Einkommen wird das Einkommen auf Antrag neu ermittelt. Dabei sind die insoweit verringerten voraussichtlichen Einkünfte während des Bezugszeitraums zusammen mit den übrigen Einkünften nach Art. 6 maßgebend.

Anhang

Art. 7 Berücksichtigung bei anderen Sozialleistungen, Pfändungen

(1) Das Landeserziehungsgeld ist eine vergleichbare Leistung des Landes im Sinn von § 27 Abs. 4 BEEG und § 54 Abs. 3 Nr. 1 des Ersten Buches Sozialgesetzbuch (SGB I).

(2) Die dem Landeserziehungsgeld, dem Elterngeld und dem Mutterschaftsgeld vergleichbaren Leistungen, die im Ausland in Anspruch genommen werden können, sind, soweit sich aus dem vorrangigen Recht der Europäischen Union über Familienleistungen nichts Abweichendes ergibt, anzurechnen und schließen insoweit Landeserziehungsgeld aus.

Art. 8 Mitwirkungspflichten, Einkommens- und Arbeitszeitnachweis, Auskunftspflicht des Arbeitgebers

(1) § 60 Abs. 1 SGB I gilt auch für den Ehegatten oder Lebenspartner des Antragstellers und für den Partner der eheähnlichen Gemeinschaft.

(2) Soweit es zum Nachweis des Einkommens oder der wöchentlichen Arbeitszeit erforderlich ist, hat der Arbeitgeber dem Arbeitnehmer dessen Brutto-Arbeitsentgelt und Sonderzuwendungen sowie die Arbeitszeit zu bescheinigen.

(3) Die zuständigen Behörden können eine schriftliche Erklärung des Arbeitgebers oder des Selbstständigen darüber verlangen, ob und wie lange die Elternzeit beziehungsweise die Unterbrechung der Erwerbstätigkeit andauert oder eine Teilzeittätigkeit nach Art. 1 Abs. 7 ausgeübt wird.

Art. 9 Rechtsweg

Über öffentlich-rechtliche Streitigkeiten in Angelegenheiten der Art. 1 bis 8 entscheiden die Gerichte der Sozialgerichtsbarkeit. Widerspruch und Anfechtungsklage haben keine aufschiebende Wirkung.

Art. 10 Ordnungswidrigkeiten

(1) Ordnungswidrig handelt, wer vorsätzlich oder fahrlässig
1. entgegen § 60 Abs. 1 Nrn. 1 oder 3 SGB I in Verbindung mit Art. 8 Abs. 1 auf Verlangen die leistungserheblichen Tatsachen nicht angibt oder Beweisurkunden nicht vorlegt,
2. entgegen § 60 Abs. 1 Nr. 2 SGB I eine Änderung in den Verhältnissen, die für den Anspruch auf Landeserziehungsgeld erheblich ist, der zuständigen Behörde nicht, nicht richtig, nicht vollständig oder nicht rechtzeitig mitteilt,

3. entgegen Art. 8 Abs. 2 auf Verlangen eine Bescheinigung nicht, nicht richtig oder nicht vollständig ausfüllt
oder
4. einer vollziehbaren Anordnung nach Art. 8 Abs. 3 zuwiderhandelt
(2) Die Ordnungswidrigkeit kann mit einer Geldbuße geahndet werden.
(3) Verwaltungsbehörden im Sinn des § 36 Abs. 1 Nr. 1 des Gesetzes über Ordnungswidrigkeiten sind die gemäß Art. 12 Abs. 1 zuständigen Behörden.

Art. 11 Ergänzendes Verfahren

(1) Soweit dieses Gesetz keine ausdrückliche Regelung trifft, ist bei der Ausführung das Erste Kapitel des Zehnten Buches Sozialgesetzbuch anzuwenden. Das Erste Buch Sozialgesetzbuch findet entsprechende Anwendung.
(2) Erhöht sich die Anzahl der Kinder oder treten die Voraussetzungen nach Art. 2, 6 Abs. 1 Satz 1 Nr. 3, Abs. 6 und 7 nach der Entscheidung über das Landeserziehungsgeld ein, werden sie mit Ausnahme des Art. 6 Abs. 6 nur auf Antrag berücksichtigt. Soweit diese Voraussetzungen danach wieder entfallen, ist das unerheblich. Die Regelungen nach Art. 4 Abs. 4, Art. 8 Abs. 1 und 3 bleiben unberührt.
(3) Mit Ausnahme von Abs. 2 sind nachträgliche Veränderungen im Familienstand einschließlich der Familiengröße und im Einkommen nicht zu berücksichtigen.
(4) In den Fällen des Abs. 2 und, mit Ausnahme von Abs. 3, bei sonstigen wesentlichen Veränderungen in den tatsächlichen oder rechtlichen Verhältnissen, die für den Anspruch auf Landeserziehungsgeld erheblich sind, ist über das Landeserziehungsgeld mit Beginn des nächsten Lebensmonats nach der wesentlichen Änderung der Verhältnisse durch Aufhebung oder Änderung des Bescheids neu zu entscheiden. Art. 4 Abs. 3 und 4 bleiben unberührt.
(5) § 331 SGB III gilt entsprechend.

Art. 12 Verordnungsermächtigungen

(1) Die Staatsregierung wird ermächtigt, durch Rechtsverordnung die für den Vollzug dieses Gesetzes zuständigen Behörden zu bestimmen.
(2) Das Staatsministerium für Arbeit und Soziales, Familie und Integration wird ermächtigt, durch Rechtsverordnung die für den Vollzug des § 18 BEEG zuständige Stelle zu bestimmen.
(3) Das Staatsministerium für Arbeit und Soziales, Familie und Integration wird ermächtigt, im Einvernehmen mit dem Staatsministerium der Finanzen, für Landesentwicklung und Heimat durch Rechtsverordnung die

Anhang

Einkommensgrenzen gemäß Art. 5 Abs. 2 anzupassen. Dabei ist der Entwicklung der Einkommensverhältnisse, den Veränderungen der Lebenshaltungskosten sowie der finanzwirtschaftlichen Entwicklung Rechnung zu tragen.

Art. 13 Statistik

(1) Zum Landeserziehungsgeld werden nach diesem Gesetz statistische Angaben (Statistik) erfasst.
(2) Die Statistik erfasst jährlich für das vorangegangene Kalenderjahr für jede Bewilligung von Landeserziehungsgeld folgende Erhebungsmerkmale der Empfängerin oder des Empfängers:
1. Geschlecht, Geburtsmonat und Geburtsjahr,
2. Staatsangehörigkeit,
3. Wohnsitz/gewöhnlicher Aufenthalt,
4. Familienstand,
5. Anzahl der Kinder,
6. Dauer des Landeserziehungsgeldbezugs,
7. Höhe des monatlichen Landeserziehungsgeldes,
8. Umfang der Erwerbstätigkeit während des Bezugs von Landeserziehungsgeld.
(3) Hilfsmerkmale sind Geburtsjahr und -monat des Kindes sowie Bezeichnung und Anschrift der zuständigen Behörden.
(4) Die statistischen Daten werden von den für die Ausführung dieses Gesetzes zuständigen Behörden bei der Bearbeitung der Anträge auf Landeserziehungsgeld erfasst. Die Antragsteller sind auskunftspflichtig.

Art. 14 Übergangsregelungen

(1) Für Kinder, die vor dem 1. Januar 2001 oder vor dem 1. Juli 2002 geboren oder bei der berechtigten Person mit dem Ziel der Annahme als Kind aufgenommen worden sind, gilt Art. 9 des Bayerischen Landeserziehungsgeldgesetzes in der Fassung der Bekanntmachung vom 13. April 2004 (GVBl S. 132, BayRS 2170-3-A).
(2) Für Kinder, die vor dem 1. Januar 2007 geboren oder bei der berechtigten Person mit dem Ziel der Annahme als Kind aufgenommen worden sind, gilt das Bayerische Landeserziehungsgeldgesetz in der Fassung der Bekanntmachung vom 13. April 2004 (GVBl S. 132, BayRS 2170-3-A), geändert durch Art. 34 des Gesetzes vom 26. Juli 2005 (GVBl S. 287), in der bis zum 31. Dezember 2006 geltenden Fassung.
(3) Für Kinder, die ab dem 1. Januar 2007 und vor dem 1. Januar 2009 geboren oder bei der berechtigten Person mit dem Ziel der Annahme als Kind aufgenommen worden sind, gilt das Bayerische Landeserziehungs-

geldgesetz in der vorliegenden Fassung mit der Maßgabe, dass in Art. 5 Abs. 2 Satz 2 die Worte »25 000 € und bei anderen Berechtigten 22 000 €« durch die Worte »16 500 € und bei anderen Berechtigten 13 500 €« ersetzt werden.

Art. 15 Änderung anderer Rechtsvorschriften

(1) In Art. 1 Abs. 2 Nr. 6 des Bayerischen Gesetzes über die Zuständigkeit zum Vollzug von Vorschriften auf dem Gebiet des Arbeitsschutzes, der Anlagen- und Produktsicherheit und des Chemikalienrechts (Bayerisches Arbeitsschutz-Zuständigkeitsgesetz – BayArbZustG) vom 24. Juli 1998 (GVBl S. 423, BayRS 805-1-UG), zuletzt geändert durch Art. 25 des Gesetzes vom 26. Juli 2005 (GVBl S. 287), wird das Wort »Bundeserziehungsgeldgesetz« durch die Worte »Bundeselterngeld- und Elternzeitgesetz« ersetzt.

(2) In Art. 88 Abs. 1 Satz 1 Nr. 2 des Bayerischen Beamtengesetzes (BayBG) in der Fassung der Bekanntmachung vom 27. August 1998 (GVBl S. 702, BayRS 2030-1-1-F), zuletzt geändert durch § 1 des Gesetzes vom 8. Dezember 2006 (GVBl S. 987), wird das Wort »Bundeserziehungsgeldgesetzes« durch die Worte »Bundeselterngeld- und Elternzeitgesetzes« ersetzt.

(3) In Art. 61 Abs. 2 Satz 3 Nr. 5 des Bayerischen Hochschulgesetzes (BayHSchG) vom 23. Mai 2006 (GVBl S. 245, BayRS 2210-1-1-WFK), geändert durch Art. 12 Abs. 1 des Gesetzes vom 9. Mai 2007 (GVBl S. 320), werden die Worte »zum Erziehungsgeld und zur Elternzeit (Bundeserziehungsgeldgesetz – BErzGG) in der Fassung der Bekanntmachung vom 9. Februar 2004 (BGBl I S. 206)« durch die Worte »zum Elterngeld und zur Elternzeit (Bundeselterngeld- und Elternzeitgesetz – BEEG) vom 5. Dezember 2006 (BGBl I S. 2748)« ersetzt.

(4) In Art. 52 Nr. 2 des Gesetzes über kommunale Wahlbeamte – KWBG – (BayRS 2022-1-I), zuletzt geändert durch § 6 des Gesetzes vom 26. Juli 2006 (GVBl S. 405), wird das Wort »Bundeserziehungsgeldgesetzes« durch die Worte »Bundeselterngeld- und Elternzeitgesetzes« ersetzt.

Art. 16 Inkrafttreten, Außerkrafttreten

Dieses Gesetz tritt mit Wirkung vom 1. Januar 2007 in Kraft.
Mit Ablauf des 31. Dezember 2006 tritt das Bayerische Gesetz zur Zahlung eines Landeserziehungsgeldes und zur Ausführung des Bundeserziehungsgeldgesetzes (Bayerisches Landeserziehungsgeldgesetz – BayLErzGG) in der Fassung der Bekanntmachung vom 13. April 2004 (GVBl S. 132, BayRS 2170-3-A), geändert durch Art. 34 des Gesetzes vom 26. Juli 2005 (GVBl S. 287), außer Kraft.

Anhang

5. Gesetz über die Gewährung von Landeserziehungsgeld im Freistaat Sachsen (Sächsisches Landeserziehungsgeldgesetz – SächsLErzGG)

in der Fassung der Bekanntmachung vom 7. Januar 2008 (SächsGVBl. S. 60), zuletzt durch Artikel 10 des Gesetzes vom 29. April 2015 (SächsGVBl. S. 349) geändert

§ 1 Berechtigte

(1) Anspruch auf Landeserziehungsgeld hat, wer
1. seinen Hauptwohnsitz oder seinen gewöhnlichen Aufenthalt im Freistaat Sachsen hat,
2. mit einem nach dem 31. Dezember 2006 geborenen Kind, für das ihm die Personensorge zusteht, in einem Haushalt lebt,
3. dieses Kind selbst betreut und erzieht,
4. für dieses Kind keinen mit staatlichen Mitteln geförderten Platz in einer Kindertageseinrichtung oder staatlich geförderte Kindertagespflege im Sinne von § 1 des Sächsischen Gesetzes zur Förderung von Kindern in Tageseinrichtungen (Gesetz über Kindertageseinrichtungen – SächsKitaG) in der Fassung der Bekanntmachung vom 29. Dezember 2005 (SächsGVB. 2006 S. 2), in der jeweils geltenden Fassung, beansprucht,
5. keine oder keine volle Erwerbstätigkeit im Sinne von § 2 des Gesetzes zum Erziehungsgeld und zur Elternzeit (Bundeserziehungsgeldgesetz – BErzGG) in der Fassung der Bekanntmachung vom 9. Februar 2004 (BGBl. I S. 206), das zuletzt durch Artikel 3 des Gesetzes vom 13. Dezember 2006 (BGBl. I S. 2915, 2917) geändert worden ist, ausübt.
§ 1 Abs. 1 Satz 2 und 3, Abs. 2 bis 9 BErzGG ist entsprechend anzuwenden. Anspruch auf Landeserziehungsgeld hat auch, wer zwar nicht die Anspruchsvoraussetzungen gemäß Satz 2 erfüllt, aber im Bezugszeitraum von Landeserziehungsgeld als Berechtigter für den Bezug von Elterngeld gemäß § 1 des Gesetzes zum Elterngeld und zur Elternzeit (Bundeselterngeld- und Elternzeitgesetz – BEEG) vom 5. Dezember 2006 (BGBl. I S. 2748), in der jeweils geltenden Fassung, gelten würde und die übrigen Voraussetzungen nach Satz 1 erfüllt.
(2) Von den Voraussetzungen des Absatzes 1 Nr. 4 soll abgesehen werden, wenn

1. auf Grund eines Härtefalls im Sinne von § 1 Abs. 5 Satz 1 BErzGG vom Erfordernis der Betreuung und Erziehung sowie vom Verzicht auf eine volle Erwerbstätigkeit (§ 1 Abs. 1 Nr. 3 und 4 BErzGG) abgesehen werden kann,
2. eine Beschäftigung zur Berufsbildung ausgeübt wird,
3. die Schulausbildung oder ein Studium noch nicht abgeschlossen ist,
4. das Kind eine Kindertagesstätte zur Eingewöhnung stundenweise besucht,
5. der Berechtigte aus einem wichtigen Grund die Betreuung und Erziehung des Kindes unterbrechen muss oder
6. ein ärztliches Attest ausweist, dass der stundenweise Besuch einer Kindertageseinrichtung für den Therapieerfolg hinsichtlich einer umschriebenen Entwicklungsauffälligkeit des Kindes erforderlich ist. Bei begründetem Zweifel können die für den Vollzug dieses Gesetzes zuständigen Stellen ein amtsärztliches Zeugnis anfordern.
(3) Der Bezug von Landeserziehungsgeld oder von vergleichbaren Leistungen anderer Länder schließt den Bezug des Sächsischen Landeserziehungsgeldes aus.

§ 2 Leistungsdauer und -zeitraum

(1) Landeserziehungsgeld wird im dritten Lebensjahr des Kindes, längstens bis zur Vollendung des dritten Lebensjahres gewährt. Die Leistungsdauer beträgt beim ersten und beim zweiten Kind neun Monate, ab dem dritten Kind zwölf Monate, wenn für dieses Kind seit seinem vollendeten 14. Lebensmonat die Voraussetzungen des § 1 Abs. 1 Nr. 4 vorgelegen haben. Andernfalls beträgt die Leistungsdauer beim ersten Kind fünf Monate, beim zweiten Kind sechs Monate und ab dem dritten Kind sieben Monate. Berücksichtigt werden nur Kinder des Berechtigten oder seines nicht dauernd von ihm getrennt lebenden Ehegatten oder Lebenspartners oder Partners in eheähnlicher Gemeinschaft, die mit dem Berechtigten in einem Haushalt leben und für die ihm oder seinem Ehegatten oder Lebenspartner oder Partner in eheähnlicher Gemeinschaft Kindergeld gezahlt wird oder ohne die Anwendung des § 65 Abs. 1 des Einkommensteuergesetzes (EStG) in der Fassung der Bekanntmachung vom 19. Oktober 2002 (BGBl. I S. 4210, 2003 I S. 179), das zuletzt durch Artikel 1 des Gesetzes vom 14. August 2007 (BGBl. I S. 1912) geändert worden ist, in der jeweils geltenden Fassung, oder des § 4 Abs. 1 des Bundeskindergeldgesetzes (BKGG) in der Fassung der Bekanntmachung vom 22. Februar 2005 (BGBl. I S. 458), das zuletzt durch Artikel 1 des Gesetzes vom 13. Dezember 2006 (BGBl. I S. 2915) geändert worden ist, in der jeweils geltenden Fassung, zu zahlen wäre.
(2) Abweichend von Absatz 1 Satz 1 wird Landeserziehungsgeld auf An-

Anhang

trag des Berechtigten beginnend bereits im zweiten Lebensjahr des Kindes gewährt, jedoch nicht vor dem Ende des Anspruchs des Berechtigten auf Elterngeld. Die Leistungsdauer beträgt in diesen Fällen beim ersten Kind fünf Monate, beim zweiten Kind sechs Monate und ab dem dritten Kind sieben Monate.

(3) Für angenommene Kinder und Kinder im Sinne von § 1 Abs. 3 Nr. 1 BErzGG sind die Absätze 1 und 2 mit der Maßgabe anzuwenden, dass für die Bestimmung des Leistungszeitraumes statt des Tages der Geburt der Zeitpunkt der Aufnahme des Kindes bei der berechtigten Person maßgeblich ist, und dass Landeserziehungsgeld längstens bis zur Vollendung des achten Lebensjahres gewährt wird.

(4) Der Anspruch auf Landeserziehungsgeld endet vorzeitig mit Ablauf des Monats, in dem eine der Anspruchsvoraussetzungen entfallen ist.

§ 3 Höhe des Landeserziehungsgeldes

(1) Das Landeserziehungsgeld beträgt für das erste Kind 150 EUR, für das zweite Kind 200 EUR und ab dem dritten Kind 300 EUR monatlich. § 2 Abs. 1 Satz 4 gilt entsprechend.

(2) Überschreitet das nach § 6 BErzGG ermittelte Einkommen bei Ehegatten, die nicht dauernd getrennt leben, 17 100 EUR und bei anderen Berechtigten 14 100 EUR, wird das Landeserziehungsgeld in entsprechender Anwendung von § 5 Abs. 4 BErzGG gemindert. Die Beträge der in Satz 1 genannten Einkommensgrenzen erhöhen sich um 3140 EUR für jedes weitere Kind des Berechtigten oder seines nicht dauernd von ihm getrennt lebenden Ehegatten, für das ihm oder seinem Ehegatten Kindergeld gezahlt wird oder ohne die Anwendung des § 65 Abs. 1 EStG oder des § 4 Abs. 1 BKGG gezahlt werden würde. Ein Betrag von weniger als 10 EUR monatlich wird nicht gewährt. Die Sätze 1 und 2 gelten nicht ab dem dritten Kind.

(3) In entsprechender Anwendung von § 6 Abs. 2 BErzGG wird für die Berechnung des Landeserziehungsgeldes nach § 2 Abs. 1 das Einkommen aus dem Kalenderjahr nach der Geburt des Kindes und in den Fällen des § 2 Abs. 2 aus dem Kalenderjahr der Geburt berücksichtigt. In den Fällen des § 2 Abs. 3 ist entsprechend das Kalenderjahr nach der Aufnahme oder das Kalenderjahr der Aufnahme des Kindes maßgeblich.

§ 4 Antragstellung

Das Landeserziehungsgeld wird auf Antrag gewährt, rückwirkend nur für den Monat vor Antragstellung. Der Antrag ist schriftlich zu stellen, frühestens drei Monate vor Beginn des gewählten Leistungszeitraumes.

§ 5 Zuständigkeit

Sachlich zuständig für den Vollzug dieses Gesetzes sowie für die Ausführung des Bundeselterngeld- und Elternzeitgesetzes in der jeweils geltenden Fassung und für die Ausführung des Bundeserziehungsgeldgesetzes sind
1. die Landkreise und Kreisfreien Städte als untere Verwaltungsbehörden und
2. der Kommunale Sozialverband Sachsen als obere Verwaltungsbehörde.

Sie nehmen diese Aufgabe als Weisungsaufgabe wahr. Über die Landkreise und Kreisfreien Städte übt der Kommunale Sozialverband Sachsen, über diesen das Staatsministerium für Soziales die Fachaufsicht aus. Das Weisungsrecht ist unbeschränkt.

Er ist zuständig für Grundsatzangelegenheiten, insbesondere für
1. die Klärung vollzugsrelevanter Fach- und Rechtsfragen,
2. die fachliche Verfahrensgestaltung einschließlich der Entwicklung und Betreuung des EDV-Verfahrens für die in Satz 1 genannten Gesetze,
3. die Übermittlung vollzugsrelevanter aggregierter statistischer Daten an das Staatsministerium für Soziales.

§ 6 Kostentragung

Die Kosten für das Landeserziehungsgeld trägt der Freistaat Sachsen. Die im Landeshaushalt für das Landeserziehungsgeld veranschlagten Mittel sowie die vom Bund dem Freistaat Sachsen zur Bewirtschaftung zugewiesenen Haushaltsmittel für das Bundeselterngeld und für das Bundeserziehungsgeld werden den Landkreisen und Kreisfreien Städten zur Bewirtschaftung übertragen. Für das Jahr 2008 werden die Mittel anteilig entsprechend der zeitanteiligen Zuständigkeit bereitgestellt.

§ 7 Andere Sozialleistungen

Landeserziehungsgeld ist eine dem Bundeserziehungsgeld vergleichbare Leistung im Sinne des § 8 BErzGG.

§ 8 Anwendung des Bundeserziehungsgeldgesetzes

(1) Soweit in diesem Gesetz auf Rechtsvorschriften des Bundeserziehungsgeldgesetzes verwiesen wird, bezieht sich diese Verweisung auf die am 31. Dezember 2006 geltende Fassung.

(2) Bei der Ausführung dieses Gesetzes finden, soweit dieses Gesetz nicht ausdrücklich etwas anderes bestimmt, die §§ 2, 3, 5 Abs. 3 Satz 5 bis 7,

Anhang

Abs. 4 und 5, § 6 Abs. 1 und 3 bis 7, §§ 8, 9, 12, 13 Abs. 2, §§ 14 und 22 Abs. 2 bis 5 BErzGG entsprechende Anwendung.

§ 9 Verfahren und Rechtsweg

(1) Soweit sich aus diesem Gesetz nichts anderes ergibt, finden das Erste Buch Sozialgesetzbuch (SGB I) – Allgemeiner Teil – (Artikel 1 des Gesetzes vom 11. Dezember 1975, BGBl. I S. 3015), zuletzt geändert durch Artikel 2 Abs. 15 des Gesetzes vom 5. Dezember 2006 (BGBl. I S. 2748, 2756), und das Zehnte Buch Sozialgesetzbuch – Sozialverwaltungsverfahren und Sozialdatenschutz – (SGB X) in der Fassung der Bekanntmachung vom 18. Januar 2001 (BGBl. I S. 130), zuletzt geändert durch Artikel 263 der Verordnung vom 31. Oktober 2006 (BGBl. I S. 2407, 2441), in den jeweils geltenden Fassungen, entsprechende Anwendung.
(2) Über öffentlich-rechtliche Streitigkeiten in Angelegenheiten dieses Gesetzes entscheiden die Gerichte der Sozialgerichtsbarkeit.

§ 10 Übergangsregelung

§ 3 Absatz 2 Satz 4 gilt für Kinder, die nach dem 31. Dezember 2014 geboren, angenommen oder mit dem Ziel der Annahme als Kind in den Haushalt aufgenommen worden sind.

§ 11 (Inkrafttreten)

6. Thüringer Erziehungsgeldgesetz

vom 03. Februar 2006 (GVBl. 2006 S. 46), zuletzt mehrfach geändert durch Artikel 3 des Gesetzes vom 4. Mai 2010 (GVBl. S. 105, 110)

> **Hinweis:**
> Das Thüringer Erziehungsgeldgesetz ist zum 1. Juli 2015 aufgehoben worden durch das »Gesetz zur Aufhebung des Thüringer Erziehungsgeldgesetzes und der Verordnung zur Durchführung des Thüringer Erziehungsgeldgesetzes« vom 23. Juni 2015.
> Artikel 1 (Aufhebung des Thüringer Erziehungsgeldgesetzes) Abs. 2 besagt, dass »Für die vor dem 1. Juli 2015 geborenen oder die vor diesem Zeitpunkt bei der berechtigten Person aufgenommenen Kinder sind die Bestimmungen des Thüringer Erziehungsgeldgesetzes in der bis zum 30. Juni 2015 geltenden Fassung weiter anzuwenden.«
> Artikel 2 (Aufhebung der Verordnung zur Durchführung des Thüringer Erziehungsgeldgesetzes) Abs. 2 besagt, dass »Für die vor dem 1. Juli 2015 geborenen oder die vor diesem Zeitpunkt bei der berechtigten Person aufgenommenen Kinder sind die Bestimmungen der Verordnung zur Durchführung des Thüringer Erziehungsgeldgesetzes in der bis zum 30. Juni 2015 geltenden Fassung weiter anzuwenden.«

§ 1 Berechtigte

(1) Anspruch auf Gewährung von Erziehungsgeld nach diesem Gesetz hat, wer

1. seine Hauptwohnung oder seinen gewöhnlichen Aufenthalt in Thüringen hat,
2. mit einem Kind, für das ihm die Personensorge zusteht, in einem Haushalt lebt,
3. dieses Kind nicht oder nicht mehr als fünf Stunden täglich in einer Kindertageseinrichtung oder von einer Kindertagespflegeperson betreuen lässt,
4. den Nachweis über die Teilnahme seines Kindes an der nach § 26 Abs. 1 und § 25 Abs. 4 Satz 2 des Fünften Buchs Sozialgesetzbuch (SGB V) in Verbindung mit den Richtlinien des Bundesausschusses der Ärzte und Krankenkassen über die Früherkennung von Krankheiten bei Kindern bis

Anhang

zur Vollendung des 6. Lebensjahres (Kinder-Richtlinien) zwischen dem 9. und 14. Lebensmonat vorgesehenen Früherkennungsuntersuchung oder an einer vergleichbaren Früherkennungsuntersuchung führt oder nach Ablauf des dafür vorgesehenen Untersuchungszeitraum den Nachweis über die Vorstellung seines Kindes beim zuständigen Gesundheitsamt führt und

5. die Staatsangehörigkeit eines Mitgliedsstaates der Europäischen Union oder eines anderen Vertragsstaates des Abkommens über den Europäischen Wirtschaftsraum besitzt (EU/EWR-Bürger) oder wer auf Grund völkerrechtlicher oder gemeinschaftsrechtlicher Abkommen mit Drittstaaten den EU/EWR-Bürgern insoweit gleichgestellt ist.

(2) In besonderen Fällen, insbesondere bei längerem Krankenhausaufenthalt des Kindes, kann von dem Nachweis nach Absatz 1 Nr. 4 abgesehen werden.

(3) Anspruch auf den Erhöhungsbetrag nach § 3 Satz 1 Nr. 2 bis 4 abzüglich des Betrages nach § 3 Satz 1 Nr. 1 hat auch derjenige, der das Kind mehr als fünf Stunden täglich in einer Kindertageseinrichtung oder von einer Kindertagespflegeperson betreuen lässt.

(4) Die Voraussetzungen des Absatzes 1 Nr. 1 erfüllt auch ein Antragsteller, der

1. im Rahmen seines in Deutschland bestehenden Beschäftigungsverhältnisses von Thüringen aus vorübergehend in ein anderes Land oder ins Ausland entsandt ist und im Fall der Entsendung ins Ausland auf Grund über- oder zwischenstaatlichen Rechts oder nach § 4 des Vierten Buches Sozialgesetzbuch (SGB IV) dem deutschen Sozialversicherungsrecht unterliegt,

2. im Rahmen seines in Deutschland bestehenden öffentlich-rechtlichen Dienst- oder Amtsverhältnisses vorübergehend in ein Gebiet außerhalb von Thüringen abgeordnet, versetzt oder kommandiert ist, oder

3. Entwicklungshelfer im Sinne des § 1 des Entwicklungshelfer-Gesetzes ist.

Satz 1 gilt auch für den mit dem Antragsteller in einem Haushalt lebenden Ehegatten, wenn dieser im Ausland keine Erwerbstätigkeit ausübt, welche den dortigen Vorschriften der sozialen Sicherheit unterliegt.

(5) Einem in Absatz 1 Nr. 2 genannten Kind steht gleich

1. ein Kind, das mit dem Ziel der Annahme als Kind bei der berechtigten Person aufgenommen ist,

2. ein Kind des Ehegatten oder Lebenspartners, das der Antragsteller in seinen Haushalt aufgenommen hat,

3. ein leibliches Kind des nicht sorgeberechtigten Antragstellers, mit dem dieser in einem Haushalt lebt,

4. ein Kind, das mit dem nicht sorgeberechtigten Antragsteller, dessen von ihm erklärte Anerkennung der Vaterschaft nach § 1594 Abs. 2 des Bür-

6. Thüringer Erziehungsgeldgesetz

gerlichen Gesetzbuchs noch nicht wirksam oder über dessen von ihm beantragte Vaterschaftsfeststellung nach § 1600 d des Bürgerlichen Gesetzbuchs noch nicht entschieden ist, in einem Haushalt lebt.

(6) Der Anspruch auf Erziehungsgeld besteht auch, wenn der Antragsteller nicht die Voraussetzungen nach Absatz 1 Nr. 5 erfüllt, jedoch das Kind, für das Erziehungsgeld beantragt wird, die deutsche Staatsangehörigkeit besitzt. Bei Ehepaaren, Lebenspartnern und Eltern in eheähnlicher Gemeinschaft gilt Absatz 1 Nr. 5 auch dann als erfüllt, wenn der Partner EU/EWR-Bürger ist oder auf Grund völkerrechtlicher oder gemeinschaftsrechtlicher Abkommen mit Drittstaaten den EU/EWR-Bürgern insoweit gleichgestellt ist und der Antragsteller

1. eine Niederlassungserlaubnis besitzt,

2. eine Aufenthaltserlaubnis besitzt, die zur Ausübung einer Erwerbstätigkeit berechtigt oder berechtigt hat, es sei denn, die Aufenthaltserlaubnis wurde

a) nach § 16 oder § 17 des Aufenthaltsgesetzes (AufenthG) erteilt,

b) nach § 18 Abs. 2 AufenthG erteilt und die Zustimmung der Bundesagentur für Arbeit darf nach der Beschäftigungsverordnung nur für einen bestimmten Höchstzeitraum erteilt werden,

c) nach § 23 Abs. 1 AufenthG wegen eines Krieges in seinem Heimatland oder nach §§ 23 a, 24, 25 Abs. 3 bis 5 AufenthG erteilt

oder

3. eine in Nummer 2 Buchst. c genannte Aufenthaltserlaubnis besitzt und

a) sich seit mindestens drei Jahren rechtmäßig, gestattet oder geduldet im Bundesgebiet aufhält und

b) im Bundesgebiet berechtigt erwerbstätig ist, laufende Geldleistungen nach dem Dritten Buch Sozialgesetzbuch (SGB III) bezieht oder Elternzeit in Anspruch nimmt.

(7) Der Bezug von vergleichbaren Leistungen anderer Länder schließt den Bezug von Erziehungsgeld aus.

(8) In Fällen besonderer Härte, insbesondere bei schwerer Krankheit, Behinderung oder Tod eines Elternteils oder bei erheblich gefährdeter wirtschaftlicher Existenz, kann von dem Erfordernis der Personensorge oder der Voraussetzungen des Absatzes 1 Nr. 3 abgesehen werden. Das Erfordernis der Personensorge kann jedoch nur entfallen, wenn die sonstigen Voraussetzungen des Absatzes 1 erfüllt sind, das Kind mit einem Verwandten bis dritten Grades oder dessen Ehegatten oder Lebenspartner in einem Haushalt lebt und für dieses Kind kein Erziehungsgeld von einem Personensorgeberechtigten in Anspruch genommen wird.

Anhang

§ 2 Beginn und Ende des Anspruchs

(1) Erziehungsgeld wird ab dem 13. Lebensmonat des Kindes für die Dauer von höchstens zwölf Lebensmonaten gewährt, jedoch nicht vor dem Ende des Bezuges des Elterngeldes nach dem Bundeselterngeld- und Elternzeitgesetz (BEEG).
(2) Erziehungsgeld wird auf schriftlichen Antrag gewährt, rückwirkend höchstens für drei Monate vor Antragstellung. Vor Ende der Bezugsdauer nach Absatz 1 endet der Anspruch auf Erziehungsgeld mit dem Ablauf des Lebensmonats, in dem eine der Anspruchsvoraussetzungen entfallen ist.
(3) Für angenommene Kinder und Kinder im Sinne des § 1 Abs. 5 wird Erziehungsgeld entsprechend Absatz 1 gewährt. An die Stelle des Geburtstages tritt der Tag der Aufnahme des Kindes bei der berechtigten Person. Der Anspruch endet spätestens mit der Vollendung des neunten Lebensjahres des Kindes.

§ 3 Höhe des Erziehungsgeldes

(1) Das Erziehungsgeld beträgt:
1. für das erste Kind 150 Euro,
2. für das zweite Kind 200 Euro,
3. für das dritte Kind 250 Euro und
4. für das vierte und jedes weitere Kind 300 Euro monatlich.

Für die Festlegung der Ordnungszahl der Kinder nach Satz 1 ist die Kindergeldberechtigung maßgeblich. Wird das Kind nicht mehr als fünf Stunden täglich in einer Kindertageseinrichtung oder von einer Kindertagespflegeperson betreut, verringert sich der Monatsbetrag nach Satz 1 um 75 Euro.
(2) (aufgehoben)

§ 3a Zusammentreffen von Ansprüchen

(1) Für die Betreuung und Erziehung eines Kindes wird nur einer Person Erziehungsgeld gezahlt. Werden in einem Haushalt mehrere Kinder betreut und erzogen, wird für jedes Kind Erziehungsgeld gezahlt.
(2) Erfüllen beide Elternteile oder Lebenspartner die Anspruchsvoraussetzungen, so wird das Erziehungsgeld demjenigen gezahlt, den sie zum Berechtigten bestimmen. Die Bestimmung kann nur geändert werden, wenn die Betreuung des Kindes nicht mehr sichergestellt werden kann.
(3) Einem nicht sorgeberechtigten Elternteil kann das Erziehungsgeld nur mit Zustimmung des sorgeberechtigten Elternteils gezahlt werden.
(4) Ein Wechsel in der Anspruchsberechtigung wird mit Beginn des folgenden Lebensmonats des Kindes wirksam.

6. Thüringer Erziehungsgeldgesetz

§ 4 Berücksichtigung bei anderen Sozialleistungen, Pfändung

(1) Erziehungsgeld nach diesem Gesetz ist eine vergleichbare Leistung des Landes im Sinne des § 27 Abs. 4 BEEG und des § 54 Abs. 3 Nr. 1 des Ersten Buches Sozialgesetzbuch (SGB I).

(2) Die dem Erziehungsgeld, dem Elterngeld und dem Mutterschaftsgeld vergleichbaren Leistungen, die im Ausland in Anspruch genommen werden können, sind, soweit sich aus dem vorrangigen Recht der Europäischen Union über Familienleistungen nichts Abweichendes ergibt, anzurechnen und schließen insoweit Erziehungsgeld aus.

§ 5 Zuständigkeit, Rechtsweg

(1) Zuständige Behörde für die Ausführung des Bundeselterngeld- und Elternzeitgesetzes sind die Landkreise und die kreisfreien Städte im übertragenen Wirkungskreis. Zuständig für die Ausführung dieses Gesetzes sind die Wohnsitzgemeinden im übertragenen Wirkungskreis. Wohnsitzgemeinden sind die Gemeinden nach § 1 Abs. 5 Thüringer Kindertageseinrichtungsgesetz.

(2) Obere Fachaufsichtsbehörde ist das Landesverwaltungsamt. Oberste Fachaufsichtsbehörde ist das für Familienpolitik zuständige Ministerium.

(3) Über öffentlich-rechtliche Streitigkeiten in Angelegenheiten der §§ 1 bis 4 entscheiden die Gerichte der Sozialgerichtsbarkeit. Widerspruch und Anfechtungsklage haben keine aufschiebende Wirkung.

§ 6 Anwendung sonstiger Vorschriften

Soweit dieses Gesetz nichts anderes bestimmt, sind die Bestimmungen des Ersten und des Zehnten Buches Sozialgesetzbuch (SGB I, SGB X) entsprechend anzuwenden. § 60 Abs. 1 SGB I gilt auch für den Ehegatten oder Lebenspartner des Antragstellers und für den Partner der eheähnlichen Gemeinschaft.

§ 7 Bußgeldbestimmung

(1) Ordnungswidrig handelt, wer vorsätzlich oder fahrlässig entgegen
1. § 60 Abs. 1 Nr. 1 oder 3 SGB I auf Verlangen die leistungserheblichen Tatsachen nicht angibt oder Beweisurkunden nicht vorlegt oder
2. § 60 Abs. 1 Nr. 2 SGB I eine Änderung in den Verhältnissen, die für den Anspruch auf Erziehungsgeld erheblich ist, der nach § 5 zuständigen Behörde nicht, nicht richtig, nicht vollständig oder nicht rechtzeitig mitteilt.

Anhang

(2) Die Ordnungswidrigkeit kann mit einer Geldbuße geahndet werden.
(3) Verwaltungsbehörden im Sinne des § 36 Abs. 1 Nr. 1 des Gesetzes über Ordnungswidrigkeiten sind die nach § 5 Abs. 1 und 2 Satz 1 zuständigen Behörden.

§ 8 Übergangsbestimmung

(1) Die für zwischen dem 1. August 2007 und dem 31. Juli 2008 geborenen oder bei der berechtigten Person mit dem Ziel der Annahme als Kind aufgenommenen Kinder erlassenen Bescheide sind dem Thüringer Erziehungsgeldgesetz in der ab dem 1. August 2010 geltenden Fassung anzupassen. § 2 Abs. 1 des Thüringer Erziehungsgeldgesetzes in der bisher geltenden Fassung findet Anwendung.
(2) Für die zwischen dem 1. August 2007 und dem 31. Juli 2008 geborenen oder bei der berechtigten Person mit dem Ziel der Annahme als Kind aufgenommenen Kinder, für die noch kein Erziehungsgeld nach dem Thüringer Erziehungsgeldgesetz in der bisher geltenden Fassung beantragt wurde, gilt das Thüringer Erziehungsgeldgesetz in der ab dem 1. August 2010 geltenden Fassung entsprechend. § 2 Abs. 1 und 2 des Thüringer Erziehungsgeldgesetzes in der bisher geltenden Fassung findet Anwendung.
(3) Für die zwischen dem 1. August 2008 und dem 31. Juli 2009 geborenen oder bei der berechtigten Person mit dem Ziel der Annahme als Kind aufgenommenen Kinder gilt das Thüringer Erziehungsgeldgesetz in der ab dem 1. August 2010 geltenden Fassung mit der Maßgabe, dass der Anspruch auf Erziehungsgeld im Sinne von § 2 Abs. 1 frühestens am 1. August 2010 beginnt.

§ 9 Verordnungsermächtigung

Das Nähere zu den §§ 3 bis 8 regelt das für Erziehungsgeld zuständige Ministerium.

§ 10 Gleichstellungsbestimmung

Status- und Funktionsbezeichnungen in diesem Gesetz gelten jeweils in männlicher und weiblicher Form.

§ 11 Inkrafttreten

(1) (Inkrafttreten)
(2) Gleichzeitig tritt § 2 Buchst. c der Anordnung über die Errichtung, den Sitz und den Zuständigkeitsbereich des Landesamtes für Soziales und

6. Thüringer Erziehungsgeldgesetz

Familie (Landesversorgungsamt) sowie der Ämter für Soziales und Familie (Versorgungsämter) vom 13. Mai 1991 (GVBl. S. 102) außer Kraft.

Stichwortverzeichnis

(Die fett gedruckten Zahlen verweisen auf die Paragrafen, die mageren auf die Randnummer der Anmerkungen.)

A

Abfindung **2**, 5; **2c**, 3; **2e**, 5; **15**, 26 b
Ablehnung **10**, 2; **15**, 22; **18**, 15;
Adoption **1**, 20; **16**, 10; **15**, 6; **27**, 2
Adoptiveltern **15**, 55
Adoptionspflegekinder **1**, 17; **4**, 6; **17**, 15
Änderungskündigung **15**, 26; **18**, 3
Anfechtung
– der Zulässigkeitserklärung **18**, 19
Anlernlinge **1**, 30; **20**, 2
Anrechnung von Einnahmen/ Mutterschaftsgeld auf das Elterngeld **3**, 2, 6 ff.
Anspruchsvoraussetzungen
– für Elternzeit **15**, 1 ff.
– für Elterngeld **1**, 7 ff.
Antrag
– auf Ausnahme von Kündigungsverbot **18**, 14
– auf Gewährung von Elternzeit **16**, 1
– auf Gewährung von Elterngeld **7**, 1
Antritt
– der Elternzeit **16**, 7
Arbeitsentgelt
– Berechnung des Elterngeldes **2**, 1 ff., 8
Arbeitgeber
– Auskunftspflicht **9**, 1
– Elternzeit während der Teilzeit **15**, 11 f.
– Elterngeld **9**, 1
Arbeitsgericht **13**, 2; **15**, 23; **18**, 19; **21**, 20
Arbeitnehmer/in
– Anspruch auf Elternzeit **15**, 1
– Anspruch auf Elterngeld **1**, 8
– Arbeitnehmerfreizügigkeit **1**, 32; **2**, 4; **3**, 5, 10; **4a**, 7
– Arbeitnehmer-Pauschbetrag **2e**, 6
Arbeitslosengeld **2**, 5; **2e**, 1, 5; **3**, 7; **10**, 4; **15**, 64
Arbeitslosenversicherung **2f**, 3 ff.; **15**, 3, 62 ff.
Arbeitsort im Ausland **1**, 10 ff.
Arbeitspflichten während Elternzeit **15**, 25
Arbeitsplatzgarantie **15**, 26; **18**, 1, 13
Arbeitsunfähigkeit **15**, 35; **16**, 7
Arbeitsverhältnis und Elternzeit **15**, 24 ff.
Arbeitsvertrag, befristet **21**, 1 ff.
Arbeitszeit **1**, 27; **15**, 11 ff.
Arbeitszeitverringerung **15**, 17 ff.
Aufenthaltserlaubnis **1**, 33 ff.
Aufhebungsvertrag **18**, 5
Aufsichtsbehörde **18**, 16 ff.
Ausbildung
– und Elternzeit **15**, 1; **20**, 1 ff.
– und Elterngeld **1**, 27 ff.

Stichwortverzeichnis

Ausbildungsförderung **10**, 4
Auskunft **8**; **9**; **23**
Ausländer **1**, 32 ff.; **4a**, 6; **7**, 3
Auslandsbeschäftigung **1**, 13
Ausnahmegenehmigung vom Kündigungsverbot **18**, 9 ff.
Ausschlussfrist
- Erholungsurlaub während Elternzeit **17**, 13
- Elterngeld **4**, 3, 7 f.

B

Beamte **1**, 16; **15**, 1, 55
Beendigung
- der Elternzeit **15**, 26; **16**, 11 ff.
- des Elterngeldbezugs **4**, 3; **4d**, 4

Befristetes Arbeitsverhältnis
- allgemeine Grundsätze **21**, 1 f.
- Angabe des sachlichen Grundes **21**, 7 f., 11
- Dauer der Befristung **21**, 18
- mit Ersatzkraft **21**, 27
- Klage **21**, 20
- Kündigung **21**, 21
- mehrfache Befristung **21**, 7 f.,
- Rechtsfolge unzulässiger Befristung **21**, 20
- sachlicher Grund **21**, 7 f.
- Tarifvertragliche Regelungen **21**, 10
- Wissenschaftszeitvertragsgesetz **21**, 6
- Zweckbefristung **21**, 18

Beginn
- der Elternzeit **15**, 4 ff.; **16**, 1
- des Elterngeldbezugs **4**, 3 ff.

Behörde **12**, 2; **18**, 17
Bemessungszeitraum Elterngeld
- Ausnahme **2b**, 7
- nichtselbstständige Erwerbstätigkeit **2b**, 2 ff.
- selbständige Arbeit **2b**, 5 ff.
- Zeitraum verschieben **2b**, 6

Benachteiligungsverbot **18**, 8 f.
Berechnung des Elterngeldes **2**, 1 ff., 8
Berufsausbildungsverhältnis *s. Ausbildung*
Berechtigung
- Bestimmung des Berechtigten **5**, 2
- Wechsel des Elterngeldberechtigten **5**, 1; **16**, 14

Beschäftigungsverbot **15**, 4
Besonderer Fall als Voraussetzung der Befreiung vom Kündigungsverbot **18**, 15
Betreuung des Kindes **1**, 23 ff.; **15**, 1
Betreuungsgeld **1**, 3; **3**, 1; **4a**, 1 ff.; **4b**, 1 f.; **4c**, 1 ff.; **4d**, 1 ff.; **5**, 1 ff.; **6**, 1 f.; **7**, 1, 6, 8 f., 11 f.; **8**, 1 f., 4; **10**, 1 ff.; **11**, 1, 4; **12**, 1, 3 ff.; **13**, 1, 3, 5; **14**, 1, 2; **22**, 1, 3; **23**, 1 f.; **25**; **26**; **27**, 1, 5
Betreuungsgeldgesetz **1**, 3; **3**, 1; **4a**, 1; **5**, 1; **7**, 1, 2; **11**, 1; **12**, 1; **14**, 1; **22**, 1; **23**, 1
Betriebliche Altersversorgung **2**, 5; **15**, 37
Betriebsrat
- Änderungskündigung **15**, 26
- Aufgaben **15**, 40; **18**, 24
- Beteiligung bei Kündigungen **18**, 23 f.
- Beteiligung bei Versetzungen **15**, 26, 40
- Mitbestimmung bei Teilzeit **15**, 18
- Wahlberechtigung und Wählbarkeit **15**, 39

Betriebszugehörigkeit **15**, 25, 37
Betriebsversammlung **15**, 39
Bundesfreiwilligendienst
- Wehrpflicht, Zivildienst **1**, 2 f.; **2b**, 4

Stichwortverzeichnis

D
Dauer
- der Elternzeit **15**, 4 ff.
- der Elterngeldzahlung **4**, 3

Direktionsrecht **15**, 26
Diskriminierungsverbot **2**, 4; **7**, 4
Dreizehntes Monatsgehalt **2e**, 5; **15**, 28
Dringende betriebliche Gründe **15**, 13, 17

E
Ehegattenwahlrecht **5**, 2 ff.; **15**, 56; **16**, 8
Eheähnliche Gemeinschaft **1**, 18
Einkommen **2**, 2 ff.
Einkommen, Abzugsmerkmale für Steuern **2c**, 7
Einkommensberechnung nichtselbstständige Arbeit **2c**, 2 ff.
Einkommensberechnung selbstständige Arbeit **2d**
Einkommensnachweis **2d**, 7; **9**, 1
Entsendung ins Ausland **1**, 15 f.
Eltern **1**, 7, 26; **16**, 2
Elterngeld
- Adoptionspflegekinder **1**, 21; **4**, 6
- Adoptiveltern **1**, 20; **15**, 55
- Anspruchsvoraussetzungen **1**, 8 ff.
- Anrechnung anderer Einnahmen **3**
- Antrag auf Elterngeld **7**, 1 f.
- Arbeitslosengeld **2**, 5; **3**, 7
- Arbeitslosengeld II **2**, 5; **10**, 4
- Arbeitslosigkeit **2**, 5
- Arbeitsunfähigkeit **15**, 35
- Arbeitszeit **1**, 27; **9**, 1
- Asylbewerber **1**, 32 ff.; **4a**, 7
- Aufenthaltserlaubnis **1**, 32 ff.
- Ausbildungsförderung **10**, 4
- Ausländer **1**, 32 ff.
- Auslandsbeschäftigung **1**, 15 ff.
- Ausschlussfrist **17**, 5
- Auszubildende **1**, 30
- Auszubildende **1**, 29
- Basiselterngeld **1**, 5, 7 ff., 20, 25; **2**, 3 f., 6 ff., 10, 12; **2a**, 2; **2b**, 3; **3**, 9; **4**, 1 ff.; **4d**, 1; **5**, 1, 3; **7**, 1, 7; **14**, 1; **22**, 2
- Beamte **1**, 17
- Beendigung, vorzeitige **4**, 7
- Behörde **12**, 2
- Bemessungszeitraum **2b**, 1
- Berechnung der Höhe **2**, 3
- Berechtigter des Elterngeldes **1**, 8 f.
- Betreuung des Kindes **15**, 5, 23, 65; **18**, 1
- Dauer des Anspruchs **4**, 3 f.
- EU-/EWR-Bürger **1**, 32; **15**, 2
- Ehegattenwahlrecht **5**, 2 ff.
- Einkommensberechnung **2**, 2 ff.; **2c**, 1 ff.; **2d**, 1 ff.; **2d**, 1 ff.; **2f**, 1 ff.
- Einkommensnachweis **2d**, 7; **9**, 1
- Entsendung ins Ausland **1**, 15 f.
- Erwerbstätigkeit **1**, 27 ff.
- Elterngeld Plus **1**, 5, 7 ff., 20, 25, 28; **2**, 3 f., 6 f., 9 f., 12; **2a**, 1, 9; **2b**, 3, 6; **2c**, 3; **2f**, 7; **3**, 1, 7, 9; **4**, 1 ff.; **4d**, 1; **5**, 1, 3 f.; **6**, 1 f.; **7**, 1, 7, 11 f.; **9**, 1, 6 f., 11; **11**, 1, 4; **14**, 1; **22**, 1 f.; **25**
- Erziehung des Kindes **1**, 23 ff.
- Elternzeit **2**, 4
- Formulare **7**, 1
- Fristberechnung **4**, 3
- Fälligkeit **6**, 1
- Geltendmachung **1**, 8 f.; **4**, 3; **7**, 1 ff.
- Geldbuße **14**, 9
- Geschwisterbonus **2a**, 2 ff.

Stichwortverzeichnis

- Gewährung bei Berechtigtenwechsel 7, 10 f.
- Gewinneinkünfte **2c**, 7 f.
- Gewöhnlicher Aufenthalt **1**, 10
- Großeltern **1**, 22; **15**, 3 f.
- Härteklausel **1**, 26; **7**, 7 ff.
- Haushalt **1**, 8, 22 ff.
- Heimarbeiter **1**, 28; **9**, 3; **15**, 1; **18**, 3; **20**, 1, 8 f.
- Höhe des Elterngeldes **2**, 1 ff.
- Kurzarbeit **2**, 9
- Lohnersatzleistungen **3**, 7
- Lohnnachweise **2c**, 6; **9**, 1
- Mehrlingsgeburten **2a**, 8 f.
- Minderjährige **7**, 5
- Mutterschaftsgeld **3**, 2 ff.
- Mutterschutzfrist **3**, 2
- Nachweispflicht Arbeitnehmer **1**, 25
- nichtehelicher Vater **1**, 17, 20
- Partnermonate **1**, 5; **4**, 12 ff.
- Ordnungswidrigkeit **14**, 5 ff.
- Rechtsweg **13**, 1
- rückwirkende Gewährung **7**, 6
- Schüler **1**, 8, 29
- Soldaten **1**, 16
- Sozialgerichte **13**, 1
- Sozialhilfe **4a**, 3; **10**, 8 ff.
- Sozialleistungen **3**, 10
- Stiefkinder **1**, 20; **4**, 20, 26
- Studenten **1**, 8, 29
- Teilzeitbeschäftigung **2**, 9
- Tod des Kindes **4**, 24
- Unterhaltspflichten **11**, 1 f.
- Vereinbarung der Eltern über Elterngeldberechtigung **5**, 2
- Wahlrecht der Eltern **5**, 2
- Wechsel der Berechtigten **5**, 1
- weiteres Kind **2a**, 1 ff.
- Wichtiger Grund **1**, 25
- Winterausfallgeld **2**, 9
- Wohngeld **10**, 4
- Wohnsitz **1**, 10 ff.
- Zuschuss des Arbeitgebers zum Mutterschaftsgeld **3**, 2
- Vordrucke **7**, 1
- zuständige Behörde **12**
- Zweck des Elterngeldes **1**, 1 ff.

Elternzeit
- Abkopplung von Elterngeld **15**, 1
- Adoption **15**, 6; **16**, 10
- Anspruchsberechtigte **15**, 1, 3
- Anspruchsvoraussetzungen **15**, 1 f.
- Antrag des Arbeitnehmers s. *Geltendmachung*
- Antritt der Elternzeit **16**, 5
- Arbeitsplatzgarantie **15**, 26; **18**, 13
- Arbeitsunfähigkeit **15**, 35 f.; **16**, 7
- Arbeitslosenversicherung **15**, 3, 62 ff.
- Ausbildung **15**, 1; **20**, 1 ff.
- Beamte **15**, 1, 55
- Beendigung **16**, 11 ff.
- Beendigung, vorzeitige **16**, 11 ff.
- Befristung des Arbeitsverhältnisses mit Ersatzkraft **15**, 17
- Beginn **15**, 4; **16**, 1
- Beiträge **15**, 42 ff.
- Beschäftigungsverbot **2b**, 3; **15**, 4
- Berufsausbildung **20**, 1 ff.
- Betriebsrat **15**, 40
- Betriebsversammlung **15**, 39
- betriebliche Altersversorgung **15**, 37
- Bindung an Elternzeitverlangen **15**, 20; **16**, 2 ff.
- Dauer **15**, 4 ff., 10
- Direktionsrecht des Arbeitgebers **15**, 26
- Elternurlaubsrichtlinie **15**, 26

Stichwortverzeichnis

- Entgeltfortzahlung im Krankheitsfall **15**, 35
- Erholungsurlaub s. *Urlaub*
- Ersatzkraft **15**, 17
- Erwerbstätigkeit **1**, 27 ff.; **15**, 11 ff.
- Freistellung außerhalb des BEEG **18**, 7; **21**, 13
- Form zur Geltendmachung **16**, 1
- Frist für Sonderkündigungsrecht des Arbeitnehmers **19**, 3
- Geltendmachung **15**, 21; **16**, 1
- gemeinsame **15**, 10
- Gratifikation **15**, 27 ff.
- Grenzgänger **15**, 2
- Großeltern **1**, 22; **15**, 3 f.
- Heimarbeiter **1**, 28; **15**, 1; **18**, 3; **20**, 1, 8 f.
- Krankengeld s. *Arbeitsunfähigkeit*
- Krankenversicherung **2 e**, 7; **2 f**, 3 ff.; **15**, 41 ff.
- Krankheit s. *Arbeitsunfähigkeit*
- Kündigung s. *Kündigung*
- Lohnfortzahlung s. *Entgeltfortzahlung*
- mehrere Arbeitsverhältnisse **15**, 1
- Mitbestimmung des Betriebsrats **15**, 40
- Mutterschutzfrist **15**, 4; **16**, 1
- Personensorge **15**, 3
- Praktikanten **20**, 2
- Rechtsweg **13**, 2; **15**, 23
- Rentenversicherung **15**, 51 ff.
- Resturlaub **17**, 11 ff.
- Ruhen des Arbeitsverhältnisses **15**, 25, 30
- Sachbezüge **15**, 33
- Schutzfrist **15**, 4; **16**, 1
- Sonderurlaub **18**, 7
- Streitigkeit zwischen Arbeitgeber und Arbeitnehmer **15**, 23
- Teilzeitarbeit **15**, 11 ff.; **17**, 9; **18**, 20 ff.
- Teilzeitarbeit und Kündigungsschutz **18**, 20 ff.
- Teilzeitausbildung **20**, 3
- Tod des Kindes **16**, 11, 15
- Unabdingbarkeit **15**, 9
- Urlaub s. *Urlaub*
- Urlaubsgeld **17**, 10
- Vater **1**, 5, 7; **18**, 2
- Verbot der Tätigkeit bei anderem Arbeitgeber **15**, 13
- Verlängerung der Elternzeit **16**, 11 ff.
- Vermögenswirksame Leistungen **15**, 34
- Versetzung des Arbeitnehmers **15**, 26, 40
- Verzicht **16**, 6; **18**, 11
- Voraussetzungen **15**, 1 ff.
- Vorzeitige Beendigung der Elternzeit **16**, 11
- Wechsel zwischen Berechtigten **16**, 14
- Wegfall der Elternzeitvoraussetzungen **16**, 9
- Weihnachtsgeld **15**, 27 ff.
- Wichtiger Grund **16**, 14
- Verlangen **16**, 2
- Zulässigkeitserklärung der Behörde **18**, 4, 17

Ende
- der Elternzeit **15**, 4
- des Elterngeldbezugs **4**, 3 ff.

Enkel **15**, 3 a
Entgeltfortzahlung **15**, 35 f.
Erholungsurlaub s. *Urlaub*
Ersatzkraft **15**, 17
Erwerbstätigkeit **1**, 27 ff.; **2**, 2; **2 c**; **2 d**; **15**, 11
EU-/EWR-Bürger **1**, 32; **2**, 9; **15**, 2

Stichwortverzeichnis

F
Fälligkeit **6**, 2
Fiktives Nettoeinkommen **2**, 1
Fortzahlung des Arbeitsentgelts **15**, 35
Freibeträge **2c**, 9; **2e**, 12
Freie Berufe **1**, 28
Freiwillig Versicherte **15**, 42, 45
Frist **4**, 3 ff.; **16**, 1 ff.; **19**, 3
Fristversäumnis **7**, 4; **15**, 23; **16**, 9

G
Geltendmachung
– der Elternzeit **15**, 21; **16**, 1 ff.
– des Elterngeldes **1**, 8 f.; **4**, 3; **7**, 1 ff.
– geringfügige Beschäftigung **2**, 7; **2c**, 4; **2f**, 6
Geschwisterbonus **2a**, 2 ff.
– zusätzlicher **2a**, 8
Gewöhnlicher Aufenthalt **1**, 13 ff.
Gratifikationen **15**, 27 ff.
Grenzgänger **15**, 2
Großeltern **1**, 22; **15**, 3 f.
Grund
– dringend betrieblicher **15**, 13 f., 17

H
Härteklausel **1**, 26
Hartz IV *s. Arbeitslosengeld II*
Haushalt **1**, 8, 20 ff.
Heimarbeiter **1**, 28; **9**, 3; **15**, 1; **18**, 3; **20**, 1, 8 f.

K
Kinder
– Adoptivkinder/Adoptionspflegekinder **4**, 6; **15**, 55; **16**, 15
– Kind des Ehegatten **1**, 20
– Stiefkinder **1**, 20; **4**, 20, 26
– weiteres Kind **2a**, 2 ff.
Kinderberücksichtigungszeiten **15**, 60

Kindererziehungszeiten **15**, 57
Kindergeld **10**, 4; **11**, 10
Klage
– auf Elterngeld **13**, 1
– auf Zustimmungserklärung zur Teilzeit **15**, 23
– bei Kündigungsverbot **18**, 12
Krankgeld neben Erziehungsgeld **15**, 49
Krankenversicherung **15**, 41 ff.
Krankheit *s. Arbeitsunfähigkeit*
Kündigung durch den Arbeitgeber
– Änderungskündigung **15**, 26; **18**, 3
– Anhörung des Betriebsrats **18**, 24
– bei Freistellung außerhalb des BEEG **18**, 7; **21**, 13
– vor der Elternzeit **18**, 2
– während der Elternzeit **18**, 2
– Zulässigkeitserklärung der Behörde **18**, 14
– fristgerechte Kündigung **19**, 3 ff., 7
– Klage **18**, 12
– zum Ende der Elternzeit **19**, 3 ff.
Kündigungsfrist **19**, 3
Kündigungsschutz **18**

L
Landeserziehungsgeld **10**, 2 ff., 6 ff.; **11**, 1, 4; **27**, 4; Anhänge 4–6
Landwirt **2f**, 3
Lebenspartner **1**, 18; **4a**, 7, 9; **12**, 3
Lehrverhältnis **20**, 1 f.
Leistungsbezug **4**, 3 f., 7 f.; **4d**, 4
Lohnersatzleistungen **3**, 7
Lohnfortzahlung *s. Arbeitsunfähigkeit*
Lohnnachweise **9**, 1

M
Mehrere Arbeitsverhältnisse **15**, 1

Stichwortverzeichnis

Mehrlingsgeburten 2a, 8; 3, 7; 10, 7; 11, 3
Mehrlingszuschlag 2a, 8 ff.
Minderjährige 5, 5; 7, 5
Mitbestimmung des Betriebsrats 15, 40
Mutter 1, 7; 18, 4
Mutterschaftsgeld 3, 1 ff.
Mutterschutzfrist 3, 2 ff.

N
Nachweispflicht des Arbeitnehmers 9, 1

O
Ordnungswidrigkeit 14

P
Pauschalen 2c, 9; 2e, 12
Partnermonate 1, 5; 4, 9, 12 f.
Partnerschaftsbonus 1, 5, 7; 4, 11, 14 f., 24 f.; 4d, 1; 5, 1; 7, 1, 12; 8, 1 f., 4; 14, 1; 22, 1 f.; 25
Personalrat *s. Betriebsrat*
Pflegeversicherung 2e, 7; 2f, 3 ff., 5; 15, 50a
Praktikanten 20, 2
Private Krankenversicherung 15, 46 ff.

R
Rechtsweg 13, 1 f.; 15, 23
Rentenversicherung 2f, 3 ff.; 15, 51 ff.
Resturlaub 17, 11 ff.
Ruhendes Arbeitsverhältnis 15, 1

S
Sachbezüge 15, 33
Schüler 1, 8, 29
Schutzfristen 15, 4; 16, 4
Selbstständige 1, 8, 28; 2d

Sozialabgaben 2f
- Abzüge 2f, 2
- Berechnung 2f, 6 ff.
Sozialgericht 13, 1
Sozialhilfe 10, 1, 8 ff.
Sozialleistungen 3, 10; 10
Sozialplan 15, 26 b
Spitzenverdiener 1, 37; 8, 1
Sperrzeit 15, 65
Statistik 22
Steuerbescheid 2d, 3 ff., 9
Steuerklassenwahl 2c, 8
Steuerklassenwechsel 2c, 8
Steuern 2, 3, 5 (s. a. Vorwort); 2e
- Abzüge 2e
- Kirchensteuer 2e, 11
- Solidaritätszuschlag 2e, 10
Stiefkind 1, 20; 4, 20, 26
Streitigkeiten zwischen Arbeitgeber und Arbeitnehmer 15, 23
Studtentinnen (Bafög) 1, 2; 2, 5

T
Tagespflege 1, 31; 15, 11
Teilzeitarbeit 1, 8; 15, 11 ff., 36; 17, 9; 18, 20
Teilzeitausbildung 20, 3
Teilzeit- und Befristungsgesetz 15, 17; 21, 4
Tod des Kindes 4, 24; 16, 11, 15

U
Unabdingbarkeit des Elternzeitanspruchs 15, 9
Übergangsvorschrift 10, 8; 27
Unterhaltspflichten 11
Urlaub gleich Erholungsurlaub
- Abgeltung 17, 15 f.
- Bruchteile 17, 5, 16
- Erholungsurlaub 17, 1
- Kürzung wegen Elternzeit 17, 2 f.
- Sonderurlaub 21, 13

Stichwortverzeichnis

- spätere Kürzung **17**, 8
- Tarifvertrag **17**, 3
- Teilzeitbeschäftigte **17**, 9
- Übertragung **17**, 11
- Urlaubsentgelt **17**, 10
- Urlaubsgeld **17**, 10

V
Vater **1**, 7; **18**, 2
Verbot der Tätigkeit bei anderem Arbeitgeber **15**, 13
Verlängerung der Elternzeit **16**, 11 ff.
Vermögenswirksame Leistungen **15**, 34
Versetzung des Arbeitnehmers **15**, 26, 40
Versorgungswerke, berufsständische **2f**, 3
Verspätete Geltendmachung der Elternzeit **16**, 1
Vertrag über die Arbeitsweise der Europäischen Union (AEUV) **2**, 4; **3**, 5; **7**, 4
Verwaltungsgericht **13**, 1 f.; **18**, 19
Verzicht
- auf Kündigungsschutz **18**, 11
Voraussetzungen
- für Elternzeit **15**, 1 ff.
- für Elterngeld **1**, 7 ff.

Vordrucke **7**, 1
Vorzeitige Beendigung der Elternzeit **16**, 11

W
Wahlrecht der Eltern **2 b**, 6; **15**, 56
Wechsel der Erziehungsberechtigten **5**, 2 f.
Wegfall der Elternzeitvoraussetzungen **16**, 9
Weihnachtsgeld *s. Gratifikation*
Wichtiger Grund **1**, 25; **16**, 14
Wohngeld **2 c**, 1; **10**, 4, 7
Wohnsitz **1**, 10 ff.

Z
Zivilgericht **13**, 1 f.
Zulässigkeitserklärung zur Kündigung **18**, 14 f.
Zuständige Behörde **12**, 2; **18**, 17
Zustimmung
- des bisherigen Arbeitgebers **15**, 13
- des Betriebsrats zu Teilzeitarbeit **15**, 12, 40
- des Betriebsrats zu Änderungskündigungen/Versetzungen **15**, 12, 40
Zweck des Kündigungsverbots **18**, 1
Zeugnis **15**, 26 a

Kompetenz verbindet

Bertram Zwanziger / Silke Altmann
Heike Schneppendahl

Kündigungsschutzgesetz

Basiskommentar zu KSchG,
§§ 622, 623 und 626 BGB,
§§ 102, 103 BetrVG
4., aktualisierte Auflage
2015. 415 Seiten, kartoniert
€ 34,90
ISBN 978-3-7663-6347-3

Kompakt und leicht verständlich erläutert der Basiskommentar das Kündigungsschutzgesetz. Ergänzend beleuchten die Autoren weitere wesentliche Vorschriften zum Kündigungsschutz, wie die §§ 622, 623 und 626 BGB, ferner die §§ 102 und 103 BetrVG über die Beteiligung des Betriebsrats bei Kündigungen.

Aus dem Inhalt:
- Kündigungsgründe nach dem Kündigungsschutzgesetz und bei außerordentlichen/fristlosen Kündigungen
- Kündigungsschutzprozess
- Mitwirkungsmöglichkeiten des Betriebsrats im Rahmen des Anhörungsverfahrens
- Regeln der Massenentlassung
- Besonderer Kündigungsschutz im Rahmen der Betriebsverfassung

Bund-Verlag

Kompetenz verbindet

Rudolf Buschmann / Jürgen Ulber

Arbeitszeitgesetz

Basiskommentar mit Nebengesetzen
und Europäischem Recht
8., überarbeitete Auflage
2015. 558 Seiten, kartoniert
€ 39,90
ISBN 978-3-7663-6307-7

Mit zunehmender Arbeitszeitflexibilisierung gewinnen die Schutzbestimmungen des Arbeitszeitrechts verstärkt an Bedeutung. Tarifliche und betriebliche Arbeitszeitregelungen müssen sich ebenso wie Arbeitsverträge an ihnen ausrichten. Die Kommentierung gibt einen zuverlässigen und aktuellen Überblick über den gesetzlichen Rahmen zulässiger – auch flexibler – Einsatzzeiten einschließlich Nacht- und Wochenendarbeit, Schichtarbeit und Bereitschaft.

Immer mehr werden Regelungen der Arbeitszeit durch Europarecht geprägt – ein Schwerpunkt diese Kommentars von Anfang an. Deshalb kommentiert und dokumentiert er besonders die Europäische Arbeitszeitrichtlinie und die europäische Lenkzeitverordnung. Vor allem befasst sich die vollständig überarbeitete Neuauflage intensiv mit der aktuellen Rechtsprechung des Europäischen Gerichtshofs, aber auch nationaler Gerichte.

Bund-Verlag

Kompetenz verbindet

Michael Kossens

Pflegezeitgesetz und Familienpflegezeitgesetz

Basiskommentar
3., aktualisierte Auflage
2016. 211 Seiten, kartoniert
€ 24,90
ISBN 978-3-7663-6479-1

Klar, prägnant und gut verständlich erläutert der Basiskommentar die einzelnen Vorschriften des gesamten Rechts zu Pflegezeiten und Familienpflegezeiten. Die dritte Auflage berücksichtigt die aktuelle Rechtsprechung.

Die wichtigsten Verbesserungen:
- Für die zehntägige Auszeit, die Beschäftigte in akuten Fällen beanspruchen können, gibt es seit 1. Januar 2015 das so genannte Pflegeunterstützungsgeld – eine Lohnersatzleistung.

- Wer sechs Monate ganz oder teilweise aus dem Beruf aussteigt, um nahe Angehörige zu pflegen, hat einen Rechtsanspruch auf ein zinsloses Darlehen.

- Auf eine maximal 24-monatige Familienpflegezeit gibt es einen Rechtsanspruch. Pflegende Beschäftigte können ihre Arbeitszeit bis auf eine Mindestarbeitszeit von 15 Wochenstunden reduzieren.

Bund-Verlag